Die GmbH nach ihrer Löschung aus dem Handelsregister

# Schriftenreihe zum Gesellschafts- und Kapitalmarktrecht

Herausgegeben von Lutz Michalski,
Axel Jäger und Klaus-Rudolf Wagner

Band 40

PL ACADEMIC RESEARCH

Anja Wiedemann

# Die GmbH nach ihrer Löschung aus dem Handelsregister

## Erfordernis einer „Nach-GmbH"?

PL ACADEMIC RESEARCH

**Bibliografische Information der Deutschen Nationalbibliothek**
Die Deutsche Nationalbibliothek verzeichnet diese Publikation in der Deutschen Nationalbibliografie; detaillierte bibliografische Daten sind im Internet über http://dnb.d-nb.de abrufbar.

Zugl.: Freiburg (Breisgau), Univ., Diss., 2012

D 25
ISSN 1619-117X
ISBN 978-3-631-64041-8


PL Academic Research ist ein Imprint der Peter Lang GmbH



www.peterlang.de

*Meinen Eltern*

# Vorwort

Die vorliegende Arbeit wurde im Sommersemester 2012 von der Rechtswissenschaftlichen Fakultät der Albert-Ludwigs-Universität Freiburg als Dissertation angenommen. Für die Veröffentlichung konnten Rechtsprechung und Literatur bis Mitte Dezember 2012 berücksichtigt werden.

Mein besonderer Dank gilt meinem Doktorvater Herrn Professor Dr. *Hanno Merkt*, LL.M. für die Betreuung während der gesamten Promotionszeit und die zeitnahe Begutachtung der Arbeit. Er gab die Anregung zur Bearbeitung dieses Themas und trug mit wichtigen Impulsen zu ihrem Gelingen bei. Herrn Professor Dr. *Marc-Philippe Weller* danke ich für die zügige Erstellung des Zweitgutachtens.

Weiter möchte ich Herrn Professor Dr. *Lutz Michalski* für die überaus schnelle Beantwortung meiner Anfrage und ihm und den anderen Mitherausgebern für die freundliche Aufnahme in die „Schriftenreihe zum Gesellschafts- und Kapitalmarktrecht“ danken.

Herzlicher Dank gebührt auch *Nicole Richlich*, *Oliver Krauß*, *Jenny Bäuchle*, *Patrick Köppen*, *Elmar Kuntz*, *Marita Wiedemann* sowie *Katharina Engels* für viele wertvolle Anregungen und die hilfreiche Unterstützung bei der Durchsicht des Manuskripts, die von ihnen mit viel Sorgfalt vorgenommen wurde.

Ganz besonders danken möchte ich schließlich meinen Eltern und auch Großeltern für die Unterstützung und großzügige Förderung, die sie mir während meiner ganz Studien- und Promotionszeit haben zukommen lassen. Vor allem meine Eltern haben mir so den Freiraum verschafft, durch den sie mir die Erstellung der vorliegenden Dissertation ermöglicht haben. Meinen Eltern widme ich diese Arbeit.

Hamburg, im Januar 2013 *Anja Wiedemann*

# Inhalt

# A. Einführung

Eine Gesellschaft mit beschränkter Haftung kann aus verschiedenen Gründen aus dem Handelsregister gelöscht werden. Den regulären Fall stellt die Löschung gemäß § 74 Abs. 1 S. 2 GmbHG nach Beendigung der Liquidation dar. Daneben sieht § 394 Abs. 1 S. 1 FamFG die Löschung einer vermögenslosen GmbH vor; § 394 Abs. 1 S. 2 FamFG die nach Durchführung des Insolvenzverfahren, wenn keine weiteren Anhaltspunkte für das Vorliegen von Vermögen gegeben sind. Gemäß § 397 FamFG kann eine GmbH des Weiteren als nichtig gelöscht werden, wenn die Voraussetzungen für die Erhebung der Nichtigkeitsklage nach §§ 75, 76 GmbHG vorliegen. In diesem Fall lautet die Löschungseintragung nach § 45 Abs. 2 S. 1 HRV allerdings im Unterschied zu den anderen Fällen nicht auf Löschung der Gesellschaft, sondern drückt aus, dass die Gesellschaft nichtig und deshalb aufgelöst ist. Der Löschung folgt dementsprechend eine Abwicklung. Diese „Löschungseintragung" führt also nur zur Auflösung der Gesellschaft und hat keinerlei Auswirkungen auf ihren Bestand als Rechtssubjekt.[1] Sie ist hier auszuklammern. In den anderen Fällen ist allerdings zu hinterfragen, welche Wirkung die Löschung hat. Dabei interessiert vor allem, wie ihr Verhältnis zur vollständigen Beendigung der Gesellschaft ist, namentlich ob sie für die Vollbeendigung der GmbH erforderlich oder sogar ausreichend oder aber völlig irrelevant ist.

Das Gesetz schweigt zu der Frage der Löschungswirkung und enthält auch sonst keine Aussage zu dem genauen Beendigungszeitpunkt der GmbH. Dies führt dazu, dass über die Voraussetzungen, die für die Beendigung der GmbH vorliegen müssen, Streit herrscht.[2] Damit einhergeht die Uneinigkeit in Rechtsprechung und Literatur hinsichtlich des Zeitpunktes ihres genauen Unterganges. Daran anknüpfend ist wiederum umstritten, wer nach der Löschung der Gesellschaft aus dem Handelsregister gegebenenfalls Träger von später hervortretenden Rechten und Pflichten sein soll. Das Vorhandensein eines Zuordnungssubjekts für Rechte und Pflichten der gelöschten Gesellschaft kann noch erforderlich werden, wenn die Rechte und Pflichten vor der Löschung übersehen wurden oder bekannte Ansprüche nicht werthaltig waren und damit einer Löschung nicht entgegenstanden. Solange jedenfalls der GmbH als solcher Exis-

---

1 Vgl. dazu Michalski – *Rühland*, Anh. § 77, Rdn. 16.

2 Vgl. nur Lutter/Hommelhoff – *Kleindiek*, § 74, Rdn. 6 f.; Michalski – *Nerlich*, § 74, Rdn. 31 ff.; MüKoGmbHG – *Merkt*, § 13, Rdn. 10; Rowedder/Schmidt-Leithoff – *Rasner*, § 60, Rdn. 53 ff.; *H. Schmidt*, S. 20 ff.; Scholz – *K. Schmidt*, § 74, Rdn. 12 ff.; Ulmer – *Paura*, § 74, Rdn. 28 ff. sowie die eingehende Darstellung im folgenden Abschnitt B.

tenz zugeschrieben wird, ist sie selbst Trägerin ihrer noch bestehenden Rechte und Pflichten. Dies kann sie aber nur sein, solange sie tatsächlich fortbesteht und noch nicht vollständig aus dem Rechtsleben verschwunden ist. Es muss deshalb der Zeitpunkt des endgültigen Unterganges der juristischen Person GmbH genau bestimmt werden. Existiert die GmbH trotz der Löschung fort, können ihr selbst etwaige noch vorhandene Rechte und Pflichten zugeordnet werden. Sollte sie durch die Löschung hingegen untergegangen sein, stellt sich die Frage, welches Schicksal die fortbestehenden Rechte und Pflichten erleiden. Es ist zu bezweifeln, dass sie subjektlos fortbestehen können, so dass ein anderes Gebilde notwendig wäre, dem die Rechte und Pflichten nun zugeordnet werden könnten. Um in dieser Hinsicht Rechtssicherheit zu schaffen, muss geklärt werden, welche Wirkung die Handelsregisterlöschung hat und was hinterher mit gegebenenfalls noch vorhandenen Rechten und Pflichten geschieht. Eine wie auch immer ausgestaltete „Nach-GmbH" ist jedenfalls nur denkbar, wenn die GmbH nicht mehr existiert, mithin ihr Untergang angenommen wird, aber noch Rechte oder Pflichten bestehen, welche ihr zuvor zugeordnet waren. Die Beendigung der GmbH als juristische Person wäre von dem Untergang eines etwaig danach bestehenden Gebildes zu unterscheiden.

Nicht nur Normen mit Bezug zur Beendigung fehlen im Gesetz, sondern es enthält auch kaum Vorschriften zur Situation nach Löschung der GmbH. Im GmbH-Recht findet sich lediglich in § 66 Abs. 5 eine Norm mit Bezug auf dieses Stadium. Darin ist die Durchführung einer Liquidation nach der Löschung aufgrund Vermögenslosigkeit gemäß § 394 Abs. 1 FamFG angeordnet, falls sich noch Vermögen der GmbH zeigt. Es ist somit unstreitig, dass in diesem Fall aufgrund der expliziten Regelung eine Liquidation stattfinden muss.[3] Für den Fall der Löschung nach einer regulären Abwicklung enthält lediglich das Aktienrecht in § 273 Abs. 4 AktG eine entsprechende Vorschrift. Nicht umgesetzte Reformbestrebungen im Recht der GmbH sahen eine Übernahme der aktienrechtlichen Norm in § 225 Abs. 4 S. 1 RegE 1971/1973[4] vor. In späteren Reformen wurde die Einführung einer solchen Regelung abermals nicht realisiert. Dennoch wurde mit der entsprechenden Anwendung der aktienrechtlichen Regelung insbesondere seit dem – insofern mit dem Regierungsentwurf von 1971/1973 übereinstimmenden – Referentenentwurf von 1969 begonnen.[5] Die Heranziehung des Aktienrechts dauert mangels einer ausdrücklichen Normie-

---

3 Statt aller Baumbach/Hueck – *Haas*, § 66, Rdn. 36; Michalski – *Nerlich*, § 66, Rdn. 85.

4 BT-Drucks. 6/3088, S. 62.

5 Z. B. BGHZ 53, 264, 267, wo ausdrücklich auf den Referentenentwurf verwiesen wird.

rung im GmbH-Recht bis heute an[6]. Dies betrifft zunächst sämtliche Fälle, in denen nach einer regulären Abwicklung und Löschung gemäß § 74 Abs. 1 S. 2 GmbHG Vermögen oder sonstiger Abwicklungsbedarf auftaucht.[7] Darüber hinaus ist aber auch die Situation erfasst, dass nach einer Löschung aufgrund Vermögenslosigkeit lediglich nichtvermögensrechtlicher Liquidationsbedarf offenbar wird, denn § 66 Abs. 5 GmbHG greift nur, wenn sich noch Vermögen zeigt.[8] Es steht jedenfalls außer Frage, dass eine nachträgliche Abwicklung trotz Löschung aus dem Handelsregister bei späterem Offenbarwerden von Liquidationsbedarf stattfinden muss.[9] Etwaig hervortretendes Vermögen muss dabei gegebenenfalls an die früheren Gesellschafter verteilt werden, wenn keine vermögenswerten Ansprüche mehr gegen die Gesellschaft bestehen, die vorrangig zu befriedigen wären.[10] Vermögensneutrale Verbindlichkeiten müssen erfüllt werden, soweit dies möglich ist.[11] Weil Uneinigkeit im Hinblick auf den Zeitpunkt der Beendigung der GmbH herrscht, ist ungewiss, wie genau die restliche Abwicklung durchgeführt wird. Darüber soll die folgende Untersuchung Klarheit bringen. Hierfür ist es erforderlich, zu bestimmen, wer das Zuordnungssubjekt der noch bestehenden Rechte und Pflichten ist und wie dieses ausgestaltet ist. Weiter müssen die Zuständigkeiten für das Verfahren der restlichen Abwicklung und die Haftungsverfassung in dieser Phase geklärt werden.

Insgesamt muss für den Fall, dass sich nach der Löschung der Gesellschaft aus dem Register noch Rechte und Pflichten derselben zeigen, das dann gegebene Stadium im Leben der Personenvereinigung bis in die Einzelheiten definiert werden. Dafür ist es notwendig, die Frage nach der Wirkung der Löschung aus dem Handelsregister zu beantworten. Weiter ist herauszuarbeiten, wann die GmbH als solche untergeht, um zu klären, ob noch sie selbst oder ein anderes Gebilde als Zuordnungssubjekt nach der Löschung vorhanden ist. Eine hinterher durchzuführende Liquidation ist jedenfalls auf die dann vorhandene Wirkungseinheit bezogen. Die genaue Klärung dieser Situation ist erforderlich, um Si-

---

6 BGH NJW-RR 10, 544, 546; OLG München NZG 08, 555, 556; OLG Düsseldorf MittBayNot 11, 303, 304.

7 BGHZ 53, 264, 267; Lutter/Hommelhoff – *Kleindiek*, § 74, Rdn. 19; Rowedder/Schmidt-Leithoff – *Rasner*, § 74, Rdn. 18.

8 H. M., vgl. KG BB 01, 324; Baumbach/Hueck – *Haas*, § 66, Rdn. 37; Michalski – *Nerlich*, § 66, Rdn. 92.

9 Siehe die unter den beiden vorstehenden Fn. Genannten sowie RGZ 109, 387, 392; BGHZ 48, 303, 307; Hachenburg – *Hohner*, § 74, Rdn. 29; Michalski – *Nerlich*, § 74, Rdn. 43; Roth/*Altmeppen*, § 74, Rdn. 21; a. A. jedoch Ensthaler/Füller/Schmidt – *Ensthaler*, § 66, Rdn. 18 sowie Ensthaler/Füller/Schmidt – *Zech*, § 60, Rdn. 19.

10 Rowedder/Schmidt-Leithoff – *Rasner*, § 74, Rdn. 28.

11 *Passarge*/Torwegge, Rdn. 530.

cherheit für den Rechtsverkehr zu schaffen, insbesondere für die bislang unbefriedigt gebliebenen Gläubiger, die ihre Ansprüche gegebenenfalls noch gegenüber der Gesellschaft geltend machen wollen. Es liegt aber auch im Interesse der Gesellschafter, dass die Rechtslage nach der Löschung der GmbH im Einzelnen aufgeschlüsselt wird. Für sie ist vor allem von Bedeutung, zu erfahren, ob sie durch die Wiedereröffnung der Liquidation Haftungsgefahren ausgesetzt sein können oder ob sie noch Pflichten in Bezug auf die Durchführung der Abwicklung treffen. Die folgende Arbeit versucht, ein in sich schlüssiges System für dieses letzte Stadium der Existenz einer GmbH zu erarbeiten.

Die Frage nach dem Zuordnungssubjekt für nach der Löschung auftauchende Rechte und Pflichten kann sich nicht nur bei der Gesellschaft mit beschränkter Haftung stellen, sondern auch bei anderen körperschaftlichen juristischen Personen des Privatrechts, die mit der Eintragung in ein Register zur Entstehung gelangen und am Ende ihrer Existenz wieder aus dem Register gelöscht werden. Mit der Konstellation bei der GmbH vergleichbar ist insbesondere die Situation bei den anderen Kapitalgesellschaften wie der Aktiengesellschaft und der Kommanditgesellschaft auf Aktien. Auch die Lage bei der Genossenschaft entspricht weitgehend derjenigen bei der GmbH. Dennoch beschränkt sich die nachstehende Untersuchung auf die GmbH und wird nur ganz vereinzelt auf andere Gesellschaftsformen eingehen. Hinsichtlich der Ergebnisse kann jedoch für die vergleichbaren Personenvereinigungen nichts anderes gelten. Dies verdeutlicht zum einen das Vorhandensein von Parallelvorschriften bei sämtlichen der GmbH ähnelnden Verbänden, welche die Durchführung einer Abwicklung nach Löschung aufgrund Vermögenslosigkeit anordnen[12]. Zum anderen wird in den weiteren Fällen, in denen nach der Löschung eine Abwicklung notwendig werden kann, auf alle diese Personenvereinigungen die Regelung des § 273 Abs. 4 AktG (entsprechend) angewandt.[13] Infolgedessen können die Ergebnisse der nachstehenden Untersuchung zur GmbH auch für die vergleichbaren Gesellschaftsformen fruchtbar gemacht werden.

Um das Stadium der Liquidation nach der Löschung der GmbH im Einzelnen zu bestimmen, wird in der folgenden Untersuchung zunächst ein Blick auf die Beendigung der GmbH und die dazu vertretenen Meinungen geworfen. Hierbei ist insbesondere zu klären, welche Wirkung der Löschung beigemessen wird (Teil B.). In Teil C. sollen sodann diverse Konstellationen betrachtet werden, die nach der Löschung für die Gesellschaft noch relevant werden können.

---

12 Für die AG § 264 Abs. 2 AktG; für die KGaA § 290 Abs. 3 AktG; für die eG § 83 Abs. 5 GenG.

13 Für die KG über den Verweis in § 278 Abs. 3 AktG; für die eG vgl. Beck'sches Handbuch Gen – *Terbrack*, § 15, Rdn. 94.

Hier ist primär von Interesse, wie die einzelnen Ansichten zur Beendigung der GmbH diese Situationen behandeln. Dabei geht es vor allem um nach der Löschung offenbar werdende Rechte und Pflichten und um eine Klarstellung, in welchen Fällen noch eine Liquidation nachzuholen ist. Es wird zu untersuchen sein, wie die verschiedenen Auffassungen zur Frage der Erforderlichkeit einer Nachtragsliquidation stehen und wie die Abwicklung nach ihren Vertretern im Einzelnen durchgeführt wird. Das Augenmerk ist hier insbesondere darauf zu richten, welche Art von Subjekt abgewickelt wird sowie welche Rechtsnatur und Ausgestaltung dieses hat. Darüber hinaus wird aber auch geschaut, inwieweit dem Gebilde nach der Löschung zugebilligt wird, noch anderweitig tätig zu werden.

Im sich anschließenden Teil D. soll untersucht werden, welche Charakteristika eine GmbH ausmachen, während in Teil E. die Bedeutung bestimmter Faktoren für die GmbH näher betrachtet wird, damit auf diese Weise die Meinungen zum Untergang der GmbH auf ihre Richtigkeit und Schlüssigkeit überprüft werden. So soll eine Antwort auf die Frage gefunden werden, wann exakt die Beendigung der GmbH eintritt, insbesondere ob sie nach der Löschung noch als eine solche bestehen kann oder ob nun ein Gebilde anderer Art als Zuordnungssubjekt der Rechte und Pflichten existieren muss. Dabei ist in Teil E. auf einige Merkmale einzugehen, die nach den verschiedenen Ansichten relevant für die Beendigung oder den Fortbestand der GmbH sind. Es ist mithin zu hinterfragen, welche Bedeutung das Vorhandensein von Vermögen und von einem Betrieb für die Existenz der GmbH haben und weiter wie die Organisation ausgestaltet sein muss, um einer GmbH zu genügen. Ferner soll untersucht werden, welche Tragweite einer autonomen Liquidationsabwicklung für den Fortbestand der Kapitalgesellschaft zukommt. Im letzten Abschnitt von Teil E. wird auf die Bedeutung der Eintragung ins Handelsregister eingegangen. Daran anknüpfend soll der Streitpunkt geklärt werden, welche Wirkung der Löschung der GmbH aus dem Register richtigerweise beizumessen ist.

Aufgrund dieser Untersuchung soll die Frage nach der Erforderlichkeit einer „Nach-GmbH" beantwortet werden. Sollte das Ergebnis der Untersuchung für eine konstitutive Wirkung der Löschung streiten, bedeutet dies, dass die GmbH selbst durch die Löschung untergegangen ist, so dass eine „Nach-GmbH" erforderlich wird. Dann wäre in einem folgenden Teil zu untersuchen, wie dieses nach der Löschung vorhandene Gebilde, dem die übersehenen Rechte und Pflichten der gelöschten GmbH zugeordnet werden, ausgestaltet ist. Damit Rechtssicherheit geschafft wird, müsste insbesondere die Rechtsnatur eines solchen Gebildes herausgearbeitet werden. Weiter wäre sodann zu klären, in welchem Verhältnis dieses Gebilde zu der GmbH steht. Im Rahmen der Analyse der genauen Ausgestaltung wäre vor allem auf die Organisation und die Haftungsverfassung einzugehen. Sollte die Untersuchung aber ergeben, dass die GmbH als solche über die Löschung hinaus Bestand haben kann, müssten etwaige Besonderheiten zum werbenden Stadium und zur regulären Liquidation aufgezeigt werden.

Nur wenn für dieses besondere Stadium der Liquidation, die auf die Handelsregisterlöschung folgt, eine schlüssige Lösung gefunden werden kann, ist die nötige Rechtssicherheit für die Betroffenen und den Rechtsverkehr gegeben. Dem versucht die hier anzustellende Untersuchung zu genügen.

# B. Beendigung der GmbH

Wie bereits erwähnt, beinhaltet das geltende Recht keine Vorschrift, die bestimmt, wie die Beendigung der GmbH eintritt. Es regelt jedoch das Stadium der Auflösung, welches zum Untergang der Gesellschaft führen soll (§§ 66 ff. GmbHG) und enthält die bereits einführend erwähnten Vorschriften zur Löschung aus dem Handelsregister.

## I. Gesetzlich vorgesehener regulärer Ablauf bis zur Beendigung

Das vorgesehene reguläre Verfahren zur Beendigung der GmbH gliedert sich in drei Phasen: Zunächst wird die Gesellschaft aufgelöst, dann liquidiert und am Ende erlischt sie, wird also vollständig aus dem Rechtsverkehr beseitigt.[14] Zeigt sich hinterher noch Vermögen oder anderer Abwicklungsbedarf, schließt sich eine sogenannte Nachtragsliquidation an.[15] Weil diese für den Fall, dass schon vorher eine Abwicklung stattgefunden hat, nicht im GmbH-Gesetz geregelt ist, wird hier § 273 Abs. 4 AktG entsprechend angewandt.[16]

### 1. Auflösung und ihre Folgen

Die Auflösung kann auf einer autonomen Entscheidung der Gesellschafter beruhen, die damit zum Ausdruck bringen, dass sie die GmbH ihrem Ende zuführen wollen (vgl. § 60 Abs. 1 Nr. 1, 2 sowie Abs. 2 GmbHG). Sie kann aber auch gesetzlich vorgegeben sein (insbesondere § 60 Abs. 1 Nr. 4–7 GmbHG) oder durch die Entscheidung einer staatlichen Stelle (§ 60 Abs. 1 Nr. 3 i. V. m. §§ 61, 62 GmbHG) angeordnet werden.[17] In diesen Fällen erfolgt die Auflösung hauptsächlich, um Gefahren für den Rechtsverkehr zu begegnen, die von der GmbH ausgehen, oder zum Schutze der Gesellschafterminderheit.[18] Durch die Auflösung geht die GmbH unstreitig noch nicht unter.[19] Sie tritt vielmehr ins Abwick-

---

14 Lutter/Hommelhoff – *Kleindiek*, § 60, Rdn. 1.

15 Vgl. Roth/*Altmeppen*, § 74, Rdn. 21.

16 So ganz herrschende Meinung, vgl. statt aller BGHZ 53, 264, 267 f.; Lutter/Hommelhoff – *Kleindiek*, § 74, Rdn. 19; Rowedder/Schmidt-Leithoff – *Rasner*, § 74, Rdn. 18.

17 S. auch MüKoGmbHG – *Berner*, § 60, Rdn. 2.

18 Zu §§ 61, 62 GmbHG MüKoGmbHG – *Berner*, § 60, Rdn. 108.

19 Statt aller Baumbach/Hueck – *Haas*, § 60, Rdn. 2 f.

lungsstadium ein, wodurch sich lediglich der Zweck der Gesellschaft ändert: der Liquidationszweck überlagert in der Folge den Zweck der werbenden Gesellschaft.[20] Die GmbH ist nicht mehr vorrangig auf den Betrieb eines Unternehmens gerichtet, um Gewinne zu erzielen. Ihr Ziel stellt nun primär die Gläubigerbefriedigung und sekundär die Verteilung des verbleibenden Vermögens an die Gesellschafter dar.[21]

### 2. Liquidation und Löschung

Durch die Liquidation soll die GmbH ihrem ordnungsgemäßem Ende zugeführt werden.[22] Das Vermögen muss verflüssigt, die Gläubiger befriedigt und das übrigbleibende Vermögen unter die Gesellschafter verteilt werden (§§ 70, 72 GmbHG). Die erforderlichen Handlungen für die Erfüllung der Verpflichtungen der GmbH und die Geltendmachung ihrer Rechte müssen vorgenommen werden. Dadurch wird der vollständige Untergang der Gesellschaft angestrebt. Während der Abwicklung besteht die GmbH unverändert als juristische Person fort.[23] Nach der Liquidation ist deren Ende gemäß § 74 Abs. 1 S. 1 GmbHG zur Eintragung ins Handelsregister anzumelden, woraufhin die Gesellschaft nach § 74 Abs. 1 S. 2 GmbHG gelöscht wird. Die Registerlöschung stellt grundsätzlich den Abschluss des Beendigungsverfahrens der GmbH dar.

## II. Löschung aufgrund Vermögenslosigkeit

Bei Vermögenslosigkeit der GmbH findet demgegenüber kein Liquidationsverfahren statt, weil in diesem Fall keine Aktiva zur Verflüssigung sowie Befriedigung der Gläubiger und späteren Verteilung an die Gesellschafter vorhanden sind.[24] Das Registergericht kann die GmbH dann gemäß § 394 Abs. 1 FamFG ohne Abwicklung löschen.[25] Grund hierfür ist der Schutz des Rechtsverkehrs vor vermögenslosen Gesellschaften, die als lebensunfähig angesehen werden.[26] Durch die noch bestehende Eintragung entsteht der Eindruck, die GmbH verfüge weiterhin über das erforderliche Haftungskapital und könne noch aktiv am

---

20 Scholz – *K. Schmidt*, § 69, Rdn. 3.
21 Roth/*Altmeppen*, § 70, Rdn. 2.
22 MüKoGmbHG – *Berner*, § 60, Rdn. 9.
23 *Passarge*/Torwegge, Rdn. 17.
24 Michalski – *Nerlich*, § 60, Rdn. 16.
25 MüKoGmbHG – *Berner*, § 60, Rdn. 62.
26 BayObLG Rpfleger 96, 72.

Rechtsleben teilnehmen.[27] Um Schäden potentieller Gläubiger zu vermeiden, ist deshalb die Löschung vorzunehmen.[28] Dafür ist es unerheblich, wie es zu der Vermögenslosigkeit gekommen ist. Die Löschung nach § 394 Abs. 1 FamFG kann auch nach der Durchführung eines Insolvenzverfahrens erfolgen, wenn infolgedessen Vermögenslosigkeit vorliegt. Findet sich nach der Amtslöschung noch Vermögen, sieht § 66 Abs. 5 GmbHG eine Liquidation vor. Der für die Liquidation nach Löschung gemäß § 74 Abs. 1 S. 2 GmbHG verwendete Begriff der Nachtragsliquidation passt in diesem Fall eigentlich nicht[29], da zuvor noch keine Liquidation stattgefunden haben muss, der jene gemäß § 66 Abs. 5 GmbHG nun nachfolgt. Dennoch wird er der Einfachheit halber und aufgrund der Vergleichbarkeit mit der Situation, in der bereits eine Abwicklung vorausging, im Folgenden sowohl für die Liquidation gemäß § 66 Abs. 5 GmbHG als auch für jene analog § 273 Abs. 4 AktG verwendet.

# III. Löschungswirkung und Beendigungstatbestände

Hinsichtlich beider Arten der Löschung ist umstritten, ob sie lediglich den vorher schon eingetretenen Untergang der juristischen Person bekunden oder das Ende erst durch die Löschungseintragung eintritt. Jedenfalls wird dem Rechtsverkehr dadurch publiziert, dass im Grunde von dem vollkommenen Untergang der Personenvereinigung auszugehen ist.[30] Mit dem Streit um die Löschungswirkung unmittelbar verbunden ist der, zu welchem Zeitpunkt genau die Beendigung der GmbH eintritt. Im Folgenden soll der Streitstand hinsichtlich der Löschungswirkung dargestellt werden. Sollte der Löschung nach den dargestellten Meinungen keine Bedeutung für den Untergang der GmbH beigemessen werden, wird gleichzeitig darauf eingegangen, woran das Ende der Gesellschaft geknüpft wird.

## 1. Deklaratorische Wirkung der Löschung

Früher herrschte die Meinung vor, die Löschung im Handelsregister habe lediglich deklaratorische Bedeutung.[31] Danach beeinflusst die Handelsregisterlö-

---

27 *Müther*, Rpfleger 99, 10, 11.

28 MüKoGmbHG – *Berner*, § 60, Rdn. 153.

29 Rowedder/Schmidt-Leithoff – *Rasner*, § 60, Rdn. 64; vgl. dazu auch *Galla*, S. 1 f.

30 MüKoGmbHG – *Berner*, § 60, Rdn. 11.

31 Vgl. auch zum Nachstehenden z. B. RGZ 109, 387, 391; BGH LM Nr. 1 zu § 74 GmbHG; BGHZ 48, 303, 307; OLG Stuttgart NJW 69, 1493; *Nebelung*, DNotZ 35,

schung den Bestand der GmbH als solcher nicht. Die Löschung sei keine Bedingung für die Beendigung der GmbH, da sich diese komplett außerhalb des Registers vollziehe. Durch die Löschung werde lediglich die widerlegbare Vermutung begründet, dass die Gesellschaft erloschen sei.[32]

## a. Begründung der deklaratorischen Wirkung der Löschung

Begründet wurde die deklaratorische Wirkung der Löschung mit § 2 Abs. 3 LöschG[33], der nunmehr sinngemäß in § 66 Abs. 5 GmbHG und für die Aktiengesellschaft in § 264 Abs. 2 AktG enthalten ist[34]. Danach ist eine Liquidation durchzuführen, falls sich nach der Löschung aufgrund Vermögenslosigkeit doch noch Vermögen zeigt. Aus der Notwendigkeit einer Liquidation wird der nach dieser Ansicht zwingende Schluss gezogen, dass die Gesellschaft noch als Rechtspersönlichkeit besteht, denn die Liquidation eines nichtexistenten Gebildes sei nicht denkbar.[35]

Zum Teil wurden auch § 2 Abs. 1 S. 2 und 3 LöschG zur Untermauerung der Auffassung herangezogen[36], die bestimmten, dass die Gesellschaft mit Löschung als aufgelöst gilt und eine Liquidation nicht stattfindet.[37] Daraus wurde gefolgert, dass die Gesellschaft so zu behandeln sei, als habe eine Liquidation stattgefunden. Da die Liquidation mit ihrem Abschluss, das heißt der Verteilung des Vermögens, zum Erlöschen der GmbH führe, müsse dasselbe für die Löschung nach § 2 LöschG gelten.[38]

---

451, 452; *Marowski*, JW 38, 11; zur AG KGJ 41, 138; GroßKomm – *Wiedemann*, § 273, Anm. 3; noch heute OLG Düsseldorf MittBayNot 11, 303, 304 (der 3. Zivilsenat erkennt dort der Löschung „nur rechtsbekundende, nicht jedoch rechtsgestaltende Wirkung“ zu und weicht damit von der Ansicht des 16. Zivilsenats desselben Gerichts ab, der in GmbHR 04, 572, 574 der sogleich zu behandelnden Lehre vom Doppeltatbestand folgt); Bartl – *Koch*, § 74, Rdn. 4.

32 OLG Düsseldorf JR 51, 666; *Däubler*, GmbHR 64, 246, 247.

33 Gesetz über die Auflösung und Löschung von Gesellschaften und Genossenschaften vom 9. Oktober 1934, RGBl. S. 914, kurz LöschG; auf § 2 Abs. 3 LöschG beruft sich beispielsweise *Marowski*, JW 38, 11.

34 Für die KGaA § 290 Abs. 3 AktG; für die eG § 83 Abs. 5 GenG; für OHG und KG ohne natürliche Person als persönlich haftenden Gesellschafter § 145 Abs. 3 HGB.

35 RGZ 155, 42, 45.

36 *J. Müller*, JurBüro 85, 335, 339.

37 Von 1986 bis 1994 § 2 Abs. 1 S. 3 und 4 LöschG; jetzt bestimmt § 60 Abs. 1 Nr. 7 GmbHG die Auflösung und aus § 66 Abs. 5 GmbHG ergibt sich, dass grundsätzlich in diesem Fall keine Liquidation stattfindet.

38 *J. Müller*, JurBüro 85, 335, 339.

Zur Unterstützung der Meinung wurde auch die amtliche Begründung zum LöschG[39] angeführt. In dieser wird erwähnt, dass die Regelung des LöschG nur die bisherige Rechtsprechung, die von einer Beendigung außerhalb des Registers ausging, bestätigen und ihr eine klare gesetzliche Grundlage geben, aber keine Rechtsänderung herbeiführen sollte. Dies deute darauf hin, dass der Untergang der Gesellschaft sich weiterhin unabhängig von der Registereintragung vollzieht.[40]

Des Weiteren spreche für die Annahme einer deklaratorisch wirkenden Löschung, dass das GmbH-Recht eben nicht die konstitutive Wirkung der Löschung vorsehe, im Gegensatz zu der konstitutiven Eintragung gemäß § 11 Abs. 1 GmbHG.[41]

In der Vergangenheit herrschte allerdings nach dieser Ansicht keine völlige Einigkeit darüber, welche Kriterien zum Erlöschen einer Kapitalgesellschaft führen. Es wurden vielmehr unterschiedliche Merkmale herangezogen.

## b. Beendigungskriterium: Vermögenslosigkeit

Die meisten Befürworter der deklaratorischen Wirkung der Löschung stellen allein auf das Kriterium Vermögenslosigkeit ab.[42] Nur diese sei entscheidend für die Beendigung der Gesellschaft.[43] Vermögenslosigkeit liegt in der Regel mit dem Schluss der Liquidation vor, wenn also kein verteilungsfähiges Vermögen mehr vorhanden ist.[44] Da die Liquidation die Zersetzung der Gesellschaft zum Ziel hat, muss nach dieser Ansicht mit ihrem Ende auch der Untergang der Gesellschaft einhergehen.[45] Die Vermögenslosigkeit kann aber auch, wie § 394 Abs. 1 FamFG zeigt, ohne Liquidation eintreten, wenn die GmbH während ihrer werbenden Tätigkeit oder infolge eines durchgeführten Insolvenzverfahrens vermögenslos geworden ist.

Weist die Gesellschaft jedoch noch Vermögen auf, hat die Löschung nach § 394 Abs.1 FamFG aufgrund Vermögenslosigkeit, der nicht zwingend eine Auflösung vorangeht, insofern konstitutive Wirkung, als die Gesellschaft da-

---

39 Reichsanzeiger 1934, Nr. 243, vom 17.10.34, abgedruckt bei *Bergmann*, S. 35.

40 RGZ 155, 42, 45.

41 *Bretschneider*, S. 15.

42 Siehe nur RGZ 109, 387, 391; BGH LM Nr. 1 zu § 74 GmbHG; KGJ 31, A267; OLG Frankfurt DB 81, 83; *Groschuff*, JW 35, 1738, 1742; *Schumann*, S. 17, 22.

43 Noch heute Zöller – *Vollkommer*, § 50, Rdn. 4.

44 *Bretschneider*, S. 21.

45 *Schumann*, S. 21 f.

durch nun jedenfalls aufgelöst ist und dementsprechend in das Abwicklungsstadium eintritt.[46]

### c. Beendigungskriterium: Vermögenslosigkeit und Betriebseinstellung beziehungsweise Wille zur Betriebseinstellung

Insbesondere vor Erlass des Löschungsgesetzes vom 09.10.1934 wurde in der Rechtsprechung erwogen, für das Erlöschen einer Kapitalgesellschaft neben der Vermögenslosigkeit auch die dauerhafte Betriebseinstellung zu verlangen.[47]

Zunächst wurde die Einstellung des Geschäftsbetriebes nicht als Auflösungs- oder sogar Beendigungsgrund angesehen, da das Gesetz dies nicht bestimme.[48] Vielmehr sehe § 60 Abs. 1 Nr. 2 GmbHG (beziehungsweise für die AG § 262 Abs. 1 Nr. 2 AktG) vor, dass die Gesellschafter einen Auflösungsbeschluss zu fassen haben, so dass ihr Wille, den Betrieb fortzuführen, entscheidend sei.[49] Auf diesen Willen zur Betriebsfortführung sei zu schließen, wenn die Gesellschafter den entsprechenden Auflösungsbeschluss nicht fassten.[50]

In einer späteren Entscheidung zur Aktiengesellschaft hat das Kammergericht allerdings auf einen solchen förmlichen Auflösungsbeschluss verzichtet und es für das Erlöschen als ausreichend erachtet, wenn neben der Vermögenslosigkeit auch die dauernde Einstellung der geschäftlichen Tätigkeit vorliege und aus den Umständen zu schließen sei, dass der Gesellschaft und ihren Organen der Wille zur Fortsetzung des Betriebes fehle.[51] Dann wurde die Gesellschaft als aufgelöst angesehen und ihre Liquidation mangels Abwicklungsbedarfs für gegenstandslos gehalten, so dass die Gesellschaft als vollbeendigt galt.[52]

Auch später hat diese Meinung noch vereinzelt Zustimmung gefunden.[53] Danach wurde Vollbeendigung angenommen, wenn die Gesellschaft wegen ihrer Vermögenslosigkeit aufgrund des Löschungsgesetzes aus dem Handelsregister gelöscht wurde.[54] Falls die Löschung der vermögenslosen GmbH aber nicht erfolgte, wurde für das Erlöschen der Gesellschaft neben der Vermögenslosig-

---

46 *Crisolli/Groschuff/Kaemmel*, § 2 LöschG, Anm. 14 f.

47 KG JW 27, 1383; LG Berlin JW 34, 2719.

48 KGJ 45, 178, 179.

49 Staub – *Pinner*, § 292, Anm. 23.

50 Ebd.

51 KG JW 27, 1383; für die GmbH bestätigt durch RGZ 149, 293, 296.

52 KG JW 27, 1383.

53 OLG Karlsruhe DB 78, 1219, 1220; LG Ravensburg NJW 64, 597, 598; LG Stuttgart Die Justiz 64, 89; *Winnefeld*, BB 75, 70, 71.

54 OLG Karlsruhe DB 78, 1219, 1220; LG Ravensburg NJW 64, 597, 598.

keit entweder die dauernde Betriebseinstellung[55] oder der fehlende Wille zur Betriebsfortführung[56] gefordert. Nach der letzten Variante dieser Ansicht reicht allein die Tatsache der Betriebseinstellung neben der Vermögenslosigkeit nicht für den Untergang der Gesellschaft, solange die Gesellschafter noch den Willen zur Aufrechterhaltung der Gesellschaft erkennen lassen.[57] Erst wenn aufgrund der Vermögenslosigkeit eine Wiederaufnahme des Betriebes nicht möglich sei und aus dem Verhalten der Leitungsorgane geschlossen werden könne, dass der Geschäftsbetrieb dauerhaft eingestellt sei, erlösche die GmbH außerhalb des Registers von allein.[58]

Für das Erfordernis eines weiteren Merkmals neben der Vermögenslosigkeit wurde angeführt, der Begriff der Vermögenslosigkeit sei unklar, weswegen keine zu weitreichenden Folgen an ihn geknüpft werden sollten.[59] Des Weiteren haben die Verfechter dieser Auffassung den Wortlaut des § 2 Abs. 1 LöschG vorgebracht, nach dem eine Kapitalgesellschaft bei Vermögenslosigkeit gelöscht werden „kann".[60] Daraus wurde geschlossen, dass die vermögenslose Gesellschaft nicht in jedem Fall ihre Rechtspersönlichkeit verlieren soll. Der Richter habe vielmehr ein Ermessen und könne beispielsweise von einer Löschung absehen, wenn konkrete Nachweise bestehen, dass die Gesellschaft ihren Betrieb bald wieder aufnehmen werde.[61]

### d. Beendigungskriterium: Vermögenslosigkeit und Wegfall der Organisation

Andere Autoren haben zusätzlich zur Vermögenslosigkeit noch den Wegfall der gesamten Organisation der Gesellschaft für ihre Beendigung gefordert.[62] Allein der Wille zur Betriebsfortführung reiche nicht für den Fortbestand der GmbH, sondern dieser Wille müsse sich durch die Beibehaltung der Organisation in Form der Organe manifestieren.[63] Die Vermögenslosigkeit allein genüge für den Untergang der Gesellschaft demgegenüber auch nicht, weil dadurch das Vor-

---

55 *E. Ulmer*, SJZ 47, 195, 198; so auch schon *Crisolli*, JW 34, 963, 964.

56 OLG Karlsruhe DB 78, 1219, 1220; *Winnefeld*, BB 75, 70, 72.

57 OLG Karlsruhe DB 78, 1219, 1220.

58 *Winnefeld*, BB 75, 70, 72.

59 LG Stuttgart Die Justiz 64, 89.

60 *Winnefeld*, BB 75, 70, 72.

61 Ebd.; so auch OLG Frankfurt DB 81, 83.

62 *Butz*, GmbHR 72, 270, 275; *Schlutius*, S. 14; für die AG *Godin/Wilhelmi*, § 273, Anm. 3; ähnlich *Cramer*, S. 33; auch von Wegfall der Organisation spricht RGZ 155, 42, 48.

63 *Butz*, S. 157.

handensein von Vermögen überbewertet werde, was das Gesetz so nicht vorsehe.[64] Die Gesellschaftsorganisation und der ihr zugrunde liegende Wille der Mitglieder zur Verfolgung des Gesellschaftszwecks bewirkten ein System der Vermögensbindung, das die wesentliche Eigenschaft der GmbH darstelle, die nicht schon im Vorhandensein von Vermögen allein zu sehen sei.[65] Dieses System der Vermögensbindung beziehe auch künftiges Vermögen mit ein.[66] Solange die Gesellschaft noch Vermögen erwerben oder auch nur annehmen könne, sei dies ein Beweis, dass noch ein Organismus vorhanden sei, der sie am Leben erhalte.[67] Erst wenn die Aussicht auf Vermögenserwerb durch das Aufgeben der Zweckverfolgung der Mitglieder und dem damit einhergehenden Fortfall der Organisation praktisch nicht mehr vorhanden sei, ende die Rechtspersönlichkeit der Gesellschaft.[68] Von den Vertretern der hier behandelten Auffassung wird also für den Fortbestand der Kapitalgesellschaft zusätzlich gefordert, dass sie noch in der Lage ist, neues Vermögen zu erwerben.[69] Werde die Kapitalbasis auf Dauer entzogen, könne die Gesellschaft nicht mehr existieren.[70] Allerdings sei nicht erforderlich, dass der Gesellschaft auch tatsächlich Vermögen zugewendet werde, damit sie weiterbestehe. Auch bei lediglich nichtvermögensrechtlichem Handlungsbedarf sei noch ein Organismus zur Vornahme der Handlungen vorhanden, der die Gesellschaft am Leben erhalte.[71] Liege allein Vermögenslosigkeit vor, ohne Löschung aus dem Handelsregister, bestehe des Weiteren die Vermutung, dass die Gesellschaft noch fähig sei, erneut Vermögen zu erwerben und sich zukünftig wieder am Wirtschaftsleben zu beteiligen.[72] In diesem Fall könne die GmbH demnach noch nicht untergegangen sein.

Als Argument dafür, dass die Vermögenslosigkeit allein nicht für die Beendigung der Gesellschaft ausreiche, wird ebenso wie bei der vorstehend dargestellten Meinung angeführt, dass § 2 LöschG eine Kannvorschrift sei, so dass nach dem Willen des Gesetzgebers eine vermögenslose Gesellschaft nicht zwingend erlöschen müsse.[73]

---

64 *Butz*, S. 157 f.
65 *Butz*, GmbHR 72, 270, 275; ähnlich auch schon *Kronstein*, S. 69 f.
66 *Butz*, GmbHR 72, 270, 275.
67 *Cramer*, S. 33; *Schlutius*, S. 14.
68 *Butz*, S. 158.
69 Vgl. *Schlutius*, S. 14.
70 Ebd.
71 *Cramer*, S. 33.
72 *Schlutius*, S. 14.
73 *Butz*, S. 159; *Schlutius*, S. 13 f.

### e. Beendigungskriterium: Fehlen jeglichen Abwicklungsbedarfs

Bisweilen wurde die Rechtsfähigkeit auch noch angenommen, wenn die GmbH zwar vermögenslos war, aber noch anderer Abwicklungsbedarf bestand, insbesondere wenn noch eine Vertretung der Gesellschaft notwendig war, wie zum Beispiel im Falle einer Zustimmung zur Grundbuchberichtigung.[74] Solche oder ähnliche Erklärungen stellten noch Liquidationsgeschäfte dar, so dass eine Nachtragsliquidation stattfinden müsse.[75] Vollbeendigt sei die Gesellschaft erst dann, wenn jeglicher Abwicklungsbedarf fehle, der eine Nachtragsliquidation erforderlich mache. Dass eine solche tatsächlich notwendig sei, zeige das Interesse eines Gläubigers an der Abgabe bestimmter Erklärungen im Namen der Gesellschaft.[76] Der frühere Vertreter (Geschäftsführer/Liquidator) der Gesellschaft stehe aber, unabhängig davon, ob er seine Vertretungsmacht verloren habe oder nicht, möglicherweise nicht mehr für die Abgabe einer Erklärung zur Verfügung, weil er beispielsweise verstorben oder unauffindbar sein könnte.[77] Deshalb müsse es möglich sein, einen neuen Liquidator zu bestellen, was nur für eine noch bestehende rechtsfähige Gesellschaft erfolgen könne.[78] Der Bundesfinanzhof vertritt in ständiger Rechtsprechung seit den 1960ern, dass eine GmbH nach ihrer Löschung aus dem Handelsregister zumindest steuerrechtlich als fortbestehend anzusehen ist, solange sie noch steuerrechtliche Pflichten zu erfüllen hat oder gegen sie ergangene Steuer- oder Haftungsbescheide angreift.[79] Vermögen wird also auch vom Bundesfinanzhof nicht für den steuerrechtlichen Fortbestand der juristischen Person gefordert, sondern nur das Vorhandensein weiterer Abwicklungsmaßnahmen.[80]

---

74 *Marowski*, JW 38, 11, 12 f., insbesondere S. 13; die Merkmale Vermögenslosigkeit und kein sonstiger Abwicklungsbedarf für die Vollbeendigung erwähnt OLG Koblenz NZG 98, 637, 638; nach OLG Oldenburg NJW-RR 96, 160, 161 spricht Vorliegen von weiterem Abwicklungsbedarf gegen die Vollbeendigung der Gesellschaft; siehe auch *Nebelung*, DNotZ 35, 451, 452, der in einem solchen Fall eine Löschung aufgrund Vermögenslosigkeit als unzweckmäßig ansieht, da noch eine Vertretung der Gesellschaft erforderlich ist.

75 *Cramer*, S. 21, vgl. aber auch S. 33: *Cramer* nimmt in einem Fall von nichtvermögensrechtlichem Abwicklungsbedarf an, dass noch eine gewisse Organisation der Gesellschaft vorhanden ist, so dass sie als solche auch noch besteht (dazu schon unter B. III. 1. d.).

76 Hierzu Beispiele bei *Cramer*, S. 22 ff.

77 *Cramer*, S. 24 f.

78 *Cramer*, S. 24 f.; *Marowski*, JW 38, 11, 13.

79 Siehe nur BFHE 72, 468, 471; BFHE 96, 335, 336; aus jüngerer Zeit BFH/NV 09, 1473, 1475.

80 Vgl. BFHE 191, 494, 495.

## f. Beendigungskriterium: Vermögenslosigkeit und Nichtvorhandensein von Schulden

Vereinzelt wurde eine juristische Person noch als existent angesehen, solange sie Verbindlichkeiten hat.[81] Diese Meinung findet sich besonders in Bezug auf den bürgerlich-rechtlichen Verein, kann jedoch auf die GmbH übertragen werden, da der Verein die Grundform der körperschaftlichen juristischen Personen des Privatrechts ist. Für diese Ansicht wurde vorgebracht, dass die Liquidatoren ansonsten durch Verteilung des Vermögens an bestimmte Gläubiger oder die Gesellschafter die Beendigung der Rechtsperson herbeiführen könnten.[82] Allerdings stehen der Gesellschaft im Fall der Verletzung von Abwicklungsvorschriften oder bei Umgehung zwingender Insolvenzvorschriften Ersatzansprüche gegen die Liquidatoren beziehungsweise Geschäftsführer und/oder Gesellschafter zu, so dass sie in diesem Fall nicht nur Passiva, sondern auch Aktiva aufweist und deshalb auch nach den anderen Varianten der Auffassung noch bestehen würde. Sind solche Ersatzansprüche jedoch nicht gegeben, würden Verbindlichkeiten nach der hier behandelten Ansicht bei Vorliegen von Vermögenslosigkeit einem Untergang der Gesellschaft entgegenstehen und ihr Leben unnötig verlängern.

## g. Kritik

Die Ansicht vom automatischen Erlöschen der Gesellschaft außerhalb des Handelsregisters hat viel Kritik erfahren.

### *aa. Rechtsunsicherheit*

Der Auffassung wurde insbesondere entgegengesetzt, dass der Eintritt der Vermögenslosigkeit oder auch die anderen Beendigungskriterien für den Rechtsverkehr nicht offensichtlich genug seien.[83] Auch sei unklar, wann genau der Tatbestand der Vermögenslosigkeit vorliege.[84] Infolgedessen bestehe eine gewisse Rechtsunsicherheit, wann die GmbH wirklich vollbeendigt sei.[85] Dies wird da-

---

81 BGB-RGRK – *Steffen*, § 41, Rdn. 5; Erman – *Herrmann*, § 767, Rdn. 7; *Süß*, ZAkDR 37, 335, 337 f.; *Theil*, JZ 79, 567, 568; die Kriterien kein Vermögen und keine Schulden für den Wegfall der Rechtspersönlichkeit einer GmbH erwähnt auch RGZ 155, 42, 48.

82 *Theil*, JZ 79, 567 f.

83 *Brandes*, NZG 99, 33, 34; Scholz – *K. Schmidt*, § 74, Rdn. 14.

84 Vgl. nur *Held*, S. 24 ff.; *Heller*, S. 24 ff.

85 *Hönn*, ZHR 138 (1974), 50, 54; MüKoGmbHG – *H. F. Müller*, § 74, Rdn. 30.

durch untermauert, dass sich auch nach einer Löschung aufgrund Vermögenslosigkeit noch Vermögen zeigen könne, obwohl dort eine eingehende Analyse durch das Registergericht vorauszugehen habe[86]. Dadurch wird offensichtlich, dass sogar trotz einer solchen Prüfung nicht immer die wahre Rechtslage aufgedeckt wird. Dritten ist deshalb die Vermögenslosigkeit erst recht nicht einfach und deutlich erkennbar.[87]

Weil nie klar sei, ob noch Vermögen oder sonstiger Abwicklungsbedarf auftaucht oder jeglicher Liquidationsbedarf nun beseitigt ist, könnte sich ein „potentiell ewiges Leben"[88] der juristischen Person GmbH ergeben.

### *bb. Rechtsklarheit und Publizität des Handelsregisters*

Die Rechtsklarheit[89] und die Publizitätsfunktion des Handelsregisters[90] werden ebenfalls als Argumente gegen die lediglich deklaratorisch wirkende Löschung vorgebracht. Eine Gesellschaft solle mindestens so lange bestehen, wie sie im Register eingetragen sei.[91] Bei schwerwiegenden Satzungsmängeln gehe die Gesellschaft ebenfalls nicht einfach außerhalb des Handelsregisters unter, wie §§ 75 Abs. 1, 77 GmbHG zeigten.[92] Der Rechtsverkehr bleibe vielmehr für die Dauer der Registereintragung geschützt.[93] Deshalb könne eine Gesellschaft erst recht nicht untergehen, sobald sie kein Vermögen mehr habe oder andere für Dritte nicht ersichtliche Tatbestände eingetreten seien.[94]

### *cc. System der Normativbestimmungen*

Die Ansicht von der deklaratorisch wirkenden Löschung sei darüber hinaus unvereinbar mit dem geltenden Normativsystem und der Bedeutung, die der Eintragung der GmbH danach zukomme.[95] Vielmehr stehe der Fortbestand der Ge-

---

86 BayObLG Rpfleger 82, 384.

87 Vgl. auch *Buchner*, S. 98, der argumentiert, dass der Rechtsverkehr überfordert sei, mit der Bestimmung, ob eine Organisation die Merkmale der juristischen Person aufweise, so dass diese Beurteilung das Gericht vornehmen müsse; sowie *Heller*, S. 80.

88 *Hönn*, ZHR 138 (1974), 50, 54.

89 OLG Stuttgart ZIP 86, 647; Scholz[8] – *K. Schmidt*, Anh. § 60, Rdn. 18.

90 *Buchner*, S. 97.

91 *Hüffer*, GS-Schultz, S. 99, 103; *K. Schmidt*, GmbHR 88, 209, 210.

92 *Hönn*, ZHR 138 (1974), 50, 63 f.; *Kantak*, S. 105.

93 Ebd.

94 *Hönn*, ZHR 138 (1974), 50, 63 f.

95 Ulmer – *Casper*, § 60, Rdn. 20.

sellschaft trotz Registerlöschung eher im Einklang mit einem System freier Körperschaftsbildung, nicht aber mit dem der Normativbestimmungen.[96]

*dd. Erschwerte Rechtsverfolgung gegen die Gesellschaft*

Bei Verlust der Rechtsfähigkeit aufgrund von Vermögenslosigkeit bestünde des Weiteren die Gefahr, dass die GmbH versuche, Prozessen zu entgehen, indem sie die Vermögenslosigkeit selbst herbeiführen oder diese einfach behaupten würde und sich sodann auf den Wegfall ihrer Parteifähigkeit beriefe.[97]

Ebenso führe diese Meinung in der engsten Form, die für die Beendigung nur auf die Vermögenslosigkeit abstellt, zu einer Unbilligkeit, wenn nichtvermögensrechtliche Ansprüche gegen die vermögenslose Gesellschaft bestünden.[98] Hat die Gesellschaft beispielsweise noch eine Sache in Besitz, die schon an den Gläubiger übereignet wurde, hat dieser grundsätzlich einen Herausgabeanspruch gegen die Gesellschaft. Ein solcher Anspruch wäre infolge der Vermögenslosigkeit aber mangels Parteifähigkeit der Gesellschaft nicht mehr durchsetzbar.[99] Dasselbe würde auch für Ansprüche auf Erteilung eines Arbeitszeugnisses[100] oder auf Abgabe von Willenserklärungen[101] gelten.

*ee. Rechtsfähigkeit nicht durch Vermögen bedingt*

Kritisiert wird auch, dass die Rechtsfähigkeit und der Bestand einer juristischen Person generell nicht vom Vorhandensein ihr zuzuordnenden Vermögens abhängen könnten, denn auch natürliche Personen verlören ihre Rechtsfähigkeit nicht, wenn sie kein Vermögen hätten.[102] Außerdem führe auch bei einer vermögenslosen Vor-GmbH die Eintragung zur Entstehung der juristischen Person.[103]

---

96 *Hönn*, ZHR 138 (1974), 50, 65.

97 *K. Schmidt*, GmbHR 88, 209, 210; ähnlich auch schon OLG Stuttgart NJW 69, 1493.

98 *Bergmann*, S. 162; vgl. dazu auch die Ausführungen von *H. Schmidt*, S. 109 ff.

99 *Held*, S. 63 f.

100 Dazu BAGE 36, 125, 129.

101 Vgl. die Beispiele bei *Passarge*/Torwegge, Rdn. 530.

102 *Cramer*, S. 31; *Hönn*, ZHR 138 (1974), 50, 62.

103 MüKoGmbHG – *Merkt*, § 13, Rdn. 10; für die Bestimmung der Vermögenslosigkeit der Vor-GmbH müssen allerdings die Ansprüche gegen die Gesellschafter aufgrund Verlustdeckungshaftung (bzw. Vorbelastungshaftung nach Eintragung) außer Betracht bleiben, denn sonst würde niemals eine vermögenslose Vorgesellschaft gegeben sein.

### *ff. Keine zwingende Löschung aufgrund Vermögenslosigkeit*

Weiter wird vorgebracht, es erscheine bei Annahme des Erlöschens außerhalb des Registers widersprüchlich, dass § 2 Abs. 1 S. 1 LöschG und nun § 394 Abs. 1 S. 1 FamFG Kannvorschriften seien und so der Anschein bestünde, als ob der Registerrichter einen Ermessenspielraum hinsichtlich der Löschung der Gesellschaft habe.[104] Sei die Gesellschaft aber aufgrund der Vermögenslosigkeit schon untergegangen, sei kein Grund ersichtlich, warum sie nicht zwingend aus dem Register gelöscht werden müsse.[105] Allerdings ist streitig, ob die Vorschrift dem Registergericht wirklich ein Ermessen zugesteht.[106] Dagegen spreche zum Beispiel, dass das Ziel des LöschG und seiner Nachfolgevorschriften, vermögenslose und deshalb lebensunfähige Gesellschaften aus dem Verkehr zu ziehen[107], damit nicht im Einklang stehe.[108]

Gegen die lediglich deklaratorische Löschungswirkung spreche aber auch, dass es keine Regelung im Gesetz gibt, durch die die Anmeldung des Endes der Abwicklung und die daraufhin erfolgende Eintragung der Löschung erzwungen werden könne.[109] Es sei lediglich die Festsetzung eines Zwangsgeldes nach § 14 HGB möglich.[110] Werde der Anmeldepflicht trotzdem nicht nachgekommen, können sie und die Löschung gemäß § 74 Abs. 1 GmbHG jedoch nicht durch eine gerichtliche Handlung ersetzt werden.[111] Dies wäre jedoch aufgrund eines öffentlichen Interesses an der Richtigkeit des Handelsregisters geboten, wenn die Gesellschaft schon durch die mit der Liquidationsbeendigung einhergehende Vermögenslosigkeit untergegangen wäre.[112] Nach der geltenden Rechtslage bliebe dem Gericht als einzige Möglichkeit der Umweg über die Löschung nach § 394 Abs. 1 FamFG.[113]

### *gg. Gerichtliche Bestimmung der Liquidatoren*

Gegen das automatische Erlöschen der GmbH außerhalb des Registers spreche ferner, dass das Gericht, falls doch noch eine Liquidation notwendig wird, nach

104 *Hönn*, ZHR 138 (1974), 50, 66 f., der ausdrücklich für eine Ermessen des Registerrichters eintritt.

105 *Buchner*, S. 90.

106 Zum Streit *Held*, S. 61 ff.

107 Vgl. Amtliche Begründung, a. a. O. (Fn. 39), abgedruckt bei *Bergmann*, S. 35.

108 Scholz[8] – *K. Schmidt*, Anh. § 60, Rdn. 15.

109 *Hönn*, ZHR 138 (1974), 50, 66.

110 Vgl. Scholz – *K. Schmidt*, § 74, Rdn. 7.

111 *Hönn*, ZHR 138 (1974), 50, 66 f.; vgl. auch Scholz – *K. Schmidt*, § 74, Rdn. 9.

112 *Hönn*, ZHR 138 (1974), 50, 66.

113 *Hönn*, ZHR 138 (1974), 50, 69; so auch Scholz – *K. Schmidt*, § 74, Rdn. 9.

§ 66 Abs. 5 GmbHG beziehungsweise analog § 273 Abs. 4 S. 1 AktG die Liquidatoren bestellt.[114] Würde die juristische Person aber noch existieren, sei nicht einsichtig, warum ihre Mitglieder die Abwickler nicht selbst bestellen können.[115]

*hh. Handlungsunfähigkeit der Gesellschaft*

Außerdem ziehe der Untergang der Gesellschaft den Verlust der Handlungsfähigkeit ihrer Vertreter für sie nach sich, denn für eine nicht mehr bestehende Gesellschaft könne nicht gehandelt werden. Bei einem automatischen Erlöschen wäre dann die nach § 74 Abs. 1 S. 1 GmbHG nötige Schlussrechnung und Anmeldung zum Handelsregister durch die Liquidatoren nicht mehr möglich, da sie ihre Vertretungsbefugnis mit Wegfall des Vertretenen verlieren würden.[116] Dies überzeugt, da eine Vertretung für eine nicht existente Person nicht möglich ist und die GmbH nicht wie eine natürliche Person Erben als Rechtsnachfolger hat, für die der Vertreter handeln könnte.

*ii. Wortlaut des § 2 Abs. 1 S. 2 LöschG: keine Auflösung allein durch Vermögenslosigkeit*

So wie die Befürworter der deklaratorischen Wirkung der Löschung den Wortlaut des § 2 Abs. 1 S. 2 LöschG, der bestimmte, dass die Gesellschaft mit der Löschung als aufgelöst gilt[117], zur Untermauerung ihrer Auffassung heranzogen[118], führten im Gegensatz dazu deren Gegner bereits kurz nach Erlass der Vorschrift diesen Wortlaut gegen ein automatisches Erlöschen und damit gegen die lediglich deklaratorisch wirkende Löschung an.[119] Denn wenn die Vermögenslosigkeit noch nicht einmal für sich allein zur Auflösung der GmbH führen könne, dann doch erst recht nicht zu ihrer Beendigung.[120] Eine Norm, die den Untergang der Löschung bei Vermögenslosigkeit anordne, existiere demgegenüber nicht.[121] Dies wäre aber erforderlich, damit solch eine schwerwiegende Rechtsfolge eintreten könnte.[122]

---

114 Hachenburg – *Ulmer*, Anh. § 60, Rdn. 37; *Hüffer*, GS-Schultz, S. 99, 105.

115 *Heller*, S. 109.

116 Vgl. *Hönn*, ZHR 138 (1974), 50, 54.

117 Heute bestimmt § 60 Abs. 1 Nr. 7 GmbHG, dass die Gesellschaft in diesem Fall aufgelöst wird.

118 S. oben B. III. 1. a.

119 *Herbig*, DNotZ 35, 787, 790.

120 Ebd.

121 *Bärwaldt/Schabacker*, GmbHR 98, 1005, 1006 f.

122 Ebd.

### *jj. Veraltete Normen als Stütze der deklaratorischen Löschungswirkung*

Gegen die Ansicht von der deklaratorischen Wirkung der Löschung wird des Weiteren vorgebracht, sie stütze sich auf überholte Gesetze.[123] Früher enthielt das GmbHG keine Vorschrift hinsichtlich der Löschung der Gesellschaft, wie sie heute in § 74 Abs. 1 S. 2 GmbHG enthalten ist, der im Jahre 1993 in das Gesetz eingefügt wurde. Lediglich das Erlöschen der Firma war nach § 31 Abs. 2 HGB zur Eintragung ins Handelsregister anzumelden.[124] Diese Eintragung hatte rein deklaratorische Bedeutung, da das Erlöschen der Firma schon mit dem Untergang der Gesellschaft und ihrem Verlust der Kaufmannseigenschaft einherging, die Eintragung aber erst hinterher vorgenommen wurde.[125] Dieselbe Wirkung könne aber nicht einfach auf die später erlassenen, anderslautenden Vorschriften des GmbHG und AktG übertragen werden, denn nunmehr sei die Gesellschaft zu löschen und nicht das Erlöschen der Firma einzutragen.[126]

### *kk. Möglichkeit des Mantelkaufs*

Auch spreche gegen die Annahme der deklaratorischen Löschungswirkung, dass sie nur schwer mit der Praxis des Mantelkaufs in Einklang gebracht werden könne.[127] Denn zumindest wenn der Mantel vermögenslos sei, müsse er danach untergehen und könne auch nach der Zufuhr von neuem Vermögen nicht mehr Gegenstand eines Kaufvertrages sein.[128]

### *ll. Kritik an Teilansichten: keine zusätzlichen Kriterien nötig für Beendigung*

Besondere Kritik haben darüber hinaus die einzelnen Spielarten der Auffassung erfahren, nach denen neben der Vermögenslosigkeit zusätzliche Merkmale für den Untergang der Gesellschaft vorliegen müssen.[129] Insbesondere wurde gegen das Erfordernis weiterer Kriterien eingewandt, das Löschungsgesetz fordere ebenso wenig wie dessen Nachfolgevorschriften (jetzt § 394 Abs. 1 S. 1 FamFG) weitere Kriterien.[130] Speziell die vorher teils geforderte vorübergehen-

---

123 *Hönn*, ZHR 138 (1974), 50, 57 ff.; *Hüffer*, GS-Schultz, S 99, 104.
124 *Hönn*, ZHR 138 (1974), 50, 58.
125 *Galla*, S. 14; *Heller*, S. 46.
126 Vgl. *Buchner*, S. 95; *Hönn*, ZHR 138 (1974), 50, 60 f.
127 Hachenburg – *Ulmer*, Anh. § 60, Rdn. 35.
128 *Brandes*, NZG 99, 33, 34; *Heller*, S. 43.
129 *Hönn*, ZHR 138 (1974), 50, 56 f.
130 OLG Frankfurt OLGZ 1978, 48, 50; *Heerma*, S. 39; *Held*, S. 89.

de oder dauerhafte Betriebseinstellung werde nicht erwähnt[131] und auch sonst finde sich für diese Ansicht keine Stütze im Gesetz oder in den Materialien[132]. Ebenso wenig sprächen die Vorschriften von einem Wegfall der Organisation oder etwaigen subjektiven Merkmalen. Die Normen stellten vielmehr nur auf die Vermögenslosigkeit ab.[133] Nach Erlass des Löschungsgesetzes konnten deshalb schwerlich weitere Kriterien für die Beendigung der GmbH gefordert werden.

α. Subjektive Kriterien schwer feststellbar und willkürlich

Des Weiteren seien insbesondere die Betriebseinstellung oder der Wille dazu oftmals nur schwer feststellbar.[134] Gegen ein Abstellen auf ein subjektives Merkmal wie den Fortsetzungswillen spreche außerdem, dass die GmbH so der Willkür ihrer Gesellschafter beziehungsweise ihrer Organe ausgesetzt sei, wodurch der Rechtsverkehr stärker gefährdet sei, weil der Wille der Gesellschafter als subjektives Element äußerst schwer nachzuweisen sei.[135] Welche Rolle das objektive Vorhandensein eines Betriebes für den Bestand der GmbH spielt, wird unter Punkt E. noch genauer untersucht.

β. Organisation ohne Vermögen nicht vorstellbar

Der Ansicht, die den Wegfall der Organisation als zusätzliches Merkmal neben der Vermögenslosigkeit für den Untergang der Gesellschaft fordert, wird besonders entgegengehalten, dass eine Organisation dann nicht mehr vorstellbar sei, wenn die Gesellschaft auf Dauer ohne jegliches Vermögen sei.[136] Denn infolgedessen breche die Organisation über kurz oder lang aufgrund der fehlenden Bezahlung der Geschäftsführer und Angestellten zusammen, so dass daraufhin auch der Geschäftsverkehr nicht mehr aufrechterhalten werden könne.[137] Dadurch zerschlage sich dann jegliche Hoffnung auf einen künftigen Vermögenserwerb.[138] Demnach gebe dieses Kriterium nichts weiter her und es mache keinen Sinn, es neben der Vermögenslosigkeit zu fordern. Könnte die Gesellschaft aber andererseits trotz Vermögenslosigkeit aufgrund noch vorhandener Organisation zumindest für eine Weile weiter tätig sein, könnten dadurch mehr und

131 Siehe *Crisolli*, JW 34, 2657, 2658.
132 *Heerma*, S. 39.
133 *J. Müller*, JurBür 85, 335 f.
134 *Lange-Ronneberg*, Wirtschaftsbl. der Ind.- und Handelsk. Berlin 35, 60, 61.
135 *Heller*, S. 83 f.
136 *Winnefeld*, BB 75, 70, 71.
137 *Held*, S. 86.
138 Ebd.

auch neue Gläubiger geschädigt werden, da eine Realisierung ihrer Forderungen aufgrund mangelnder Haftungsmasse aussichtslos erscheine.[139]

γ. Stellenwert des Vermögens

Kritisiert wird weiter, dass dem Vermögen bei der GmbH eben doch ein höherer Stellenwert zukomme, als ihm die Ansichten beimessen, die noch weitere Merkmale für den Untergang der Gesellschaft verlangen.[140] Die Wichtigkeit des Vermögens ergebe sich daraus, dass es die alleinige Haftungsmasse für die Gläubiger der GmbH sei.[141] Dies werde auch durch die Gesetzesvorschriften deutlich, die der Erbringung und Erhaltung des Stammkapitals dienen.[142] Ob diese Normen allerdings tatsächlich so verstanden werden müssen, dass eine GmbH zwingend Vermögen haben muss, um als solche zu bestehen, soll ebenfalls im Teil E. genauer untersucht werden.

δ. Mangel in der Organisation behebbar

Weiter wird angeführt, dass der Wegfall der Organisation durch die gerichtliche Bestellung von Notgeschäftsführern behebbar sei.[143] Sei ein Mangel aber reparabel, müsse er nicht den Untergang der Gesellschaft herbeiführen.[144] Wie erwähnt, sprechen § 394 Abs. 1 S. 1 FamFG und seine Vorgängervorschriften auch nicht von dem Wegfall der Organisation. Deshalb fragt es sich, ob ansonsten das Vorliegen einer gewissen Organisation gesetzlich vorausgesetzt ist. Eine Antwort darauf soll wiederum in Teil E. gefunden werden.

## 2. Lehre vom Doppeltatbestand

Die von *Karsten Schmidt* entwickelte Lehre vom Doppeltatbestand fordert für die Vollbeendigung der GmbH ihre Vermögenslosigkeit und die Löschung aus dem Handelsregister.[145] Die Gesellschaft stelle so lange eine juristische Person

---

139 *Held*, S. 88.
140 *Held*, S. 86.
141 *Held*, S. 86 f.
142 Ebd.
143 *Hönn*, ZHR 138 (1974), 50, 57; die Bestellung erfolgt bei der GmbH mangels spezieller Vorschrift analog § 29 BGB, dazu später noch näher unter E. III. 3. a. cc. γ. sowie E. IV. 2.
144 *Hönn*, ZHR 138 (1974), 50, 57.
145 *K. Schmidt*, GmbHR 88, 209, 211; diese Merkmale wurden auch schon von *E. Ulmer*, SJZ 47, 195, 198 als eine Möglichkeit (von mehreren) für die Beendigung einer Kapi-

dar, bis die zwei Voraussetzungen nicht kumulativ vorlägen, sondern nur eine der beiden gegeben sei.[146] Die Löschung aufgrund Vermögenslosigkeit gemäß § 394 Abs. 1 FamFG, der keine Auflösung der Gesellschaft vorangegangen ist, habe danach auf jeden Fall eine konstitutive Wirkung: Entweder werde die GmbH beendet, wenn sie im Zeitpunkt der Löschung tatsächlich vermögenslos war, oder sie werde nach § 60 Abs. 1 Nr. 7 GmbHG aufgelöst.[147]

Ähnliches hatte nach Erlass des LöschG bereits *Bergmann* vertreten, welcher allerdings der Löschung ausdrücklich eine konstitutive Wirkung beimisst.[148] Dabei stellt er dann jedoch klar, dass durch diese nur deren Organisation wegfällt, was er als Vollbeendigung bezeichnet.[149] Für das Ende der Rechtspersönlichkeit, also das Erlöschen der GmbH als juristische Person, sei dann auch das Fehlen jeglicher Schulden und sonstiger Rechtspositionen der Gesellschaft neben der Vermögenslosigkeit erforderlich.[150] Ansonsten bestehe die juristische Person fort.[151] Dadurch kommt er zu einem ähnlichen Ergebnis wie die Lehre vom Doppeltatbestand.

Im Laufe der Jahre hat die Lehre vom Doppeltatbestand viele Anhänger im Schrifttum gefunden.[152] Auch die instanzgerichtliche Rechtsprechung hat sich seit 1986 mehr und mehr dieser Ansicht angeschlossen.[153] Höchstrichterlich hat sich bisher lediglich das Bundesarbeitsgericht unmissverständlich zu dieser Lehre bekannt.[154]

### a. Begründung

Für das Erfordernis der Löschung neben der Vermögenslosigkeit wird angeführt, dass dadurch mehr Rechtssicherheit gegeben sei als bei Annahme eines automatischen Erlöschens, denn eine im Handelsregister eingetragene Gesellschaft bestehe auf jeden Fall noch.[155] Auch gebe es kein Zuordnungsproblem, wenn sich

---

talgesellschaft genannt.

146 Scholz – *K. Schmidt/Bitter*, § 60, Rdn. 56.

147 Ebd.

148 *Bergmann*, S. 160 und in DNotZ 35, 782.

149 *Bergmann*, S. 161 und in DNotZ 35, 782, 786.

150 Ebd.

151 *Bergmann*, S. 161.

152 Z. B. *Held*, S. 91 f.; *Schmelz*, NZG 07, 135, 137; Ulmer – *Casper*, § 60, Rdn. 97 f.; Ulmer – *Paura*, § 74, Rdn. 32.

153 Siehe nur OLG Stuttgart ZIP 86, 647; OLG Köln GmbHR 92, 536; OLG Düsseldorf GmbHR 04, 572, 574; KG GmbHR 04, 1286; OLG Celle NZG 08, 271; LAG Hessen GmbHR 94, 483, 484; LG Lübeck GmbHR 94, 539, 540.

154 BAGE 106, 217, 220.

155 *Bork*, JZ 91, 841, 844; Scholz – *K. Schmidt*, § 74, Rdn. 14; Ulmer – *Paura*, § 74,

nach der Löschung noch Vermögen zeige, da die in diesem Fall noch immer existierende GmbH dessen Rechtsträger, das heißt Subjekt einer noch durchzuführenden Liquidation sei.[156] Die Vollbeendigung einer Kapitalgesellschaft könne demnach nicht eintreten, solange die Gesellschaft nicht vermögenslos sei, denn sonst würde dieses Vermögen herrenlos werden.[157] Dies machten auch § 66 Abs. 5 GmbHG und seine Vorgängerregelung in § 2 Abs. 3 LöschG deutlich, die im Falle des Auftauchens von Vermögen nach der Handelsregisterlöschung eine Liquidation anordneten.[158] Dadurch setzten sie den Fortbestand der gelöschten GmbH als eine solche voraus, denn die vorgesehene Liquidation sei eine, die nach dem Recht der GmbH erfolge.[159]

Weiter wird gesagt, der Doppeltatbestand aus Registerlöschung und Vermögenslosigkeit als Beendigungskriterium erscheine angemessen, denn das System der beschränkten Haftung lebe von der Zur-Verfügung-Stellung eines Haftungssubstrats.[160] Dieses fehle aber im Falle der Vermögenslosigkeit, so dass keine Haftungsmasse für die Gläubiger mehr vorhanden sei. Damit sei die beschränkte Haftung nicht mehr gerechtfertigt. Der Wegfall des Haftungssubstrats müsse dann aber auch noch zum Schutze des Rechtsverkehrs, insbesondere von potentiellen neuen Gläubigern, durch die Löschung im Register publik gemacht werden, damit die Vollbeendigung der Gesellschaft eintreten könne.[161]

Ferner wird für die Beendigung aufgrund des Doppeltatbestandes vorgebracht, die Gesellschaft, die ein Zweckgebilde darstelle, müsse so lange bestehen, bis sie ihren Zweck erfüllt habe.[162] Dazu gehöre auch, die erforderlichen Liquidationsmaßnahmen zu ihrem Ende zu bringen.[163]

### b. Erweiterter Doppeltatbestand

Zum Teil wird der Doppeltatbestand dahingehend erweitert, dass für die Vollbeendigung neben der Löschung nicht nur das Vermögen, sondern jeglicher Abwicklungsbedarf fehlen muss.[164] Auch bei nichtvermögensrechtlichem Abwick-

---

Rdn. 32.

156 *K. Schmidt*, GmbHR 88, 209, 211.

157 Ebd.

158 Ulmer – *Casper*, § 60, Rdn. 97.

159 Scholz – *K. Schmidt/Bitter*, § 60, Rdn. 56a; Ulmer – *Casper*, § 60, Rdn. 97.

160 *Held*, S. 92.

161 Ebd.

162 Scholz – *K. Schmidt/Bitter*, § 60, Rdn. 56.

163 Ebd.

164 Baumbach/Hueck – *Haas*, § 60, Rdn. 7; *Bork*, JZ 91, 841, 845; *Galla*, GmbHR 06, 635, 637; Lutter/Hommelhoff – *Kleindiek*, § 74, Rdn. 6; *Meyer-Landrut*/Miller/Niehus,

lungsbedarf bestehe die GmbH weiter, denn eine Nachtragsliquidation analog § 273 Abs. 4 AktG könne nur stattfinden, wenn die Gesellschaft noch als Rechtssubjekt erhalten bleibe, dem die Abwicklungsmaßnahmen zugeordnet werden könnten.[165] Weil die Interessenlage bei einer GmbH in einem solchen Fall derjenigen bei einer AG entspreche, sei die analoge Anwendung der aktienrechtlichen Vorschrift hier gerechtfertigt.[166] Es sei deshalb nicht nachvollziehbar, dass die Gesellschaft untergehen könne, obwohl dann sofort eine Nachtragsliquidation eröffnet werden müsse, um den noch bestehenden Abwicklungsbedarf zu erledigen.[167] Dass nur Vermögenslosigkeit neben der Löschung nicht zur Beendigung reiche, zeige auch die Existenz von vermögenslosen Gesellschaftsmänteln, die noch eine funktionierende Organisation haben.[168] Wie schon im Zusammenhang mit der entsprechenden Parallelansicht von der deklaratorischen Löschungswirkung erwähnt, hätten Gläubiger oft ein Interesse daran, auch nichtvermögensrechtliche Ansprüche noch gegen die vermögenslose Gesellschaft durchzusetzen.[169] Dazu gehörten Herausgabeansprüche, Ansprüche auf Erteilung eines Zeugnisses, auf Abgabe einer Willenserklärung und auf Zustimmung zur Grundbuchberichtigung. Diese Ansprüche würden auch Abwicklungsmaßnahmen darstellen.[170] Weil der Zweck der Liquidation auf die Befriedigung aller Gläubiger gerichtet sei, müssten auch nichtvermögensrechtliche Ansprüche trotz Vermögenslosigkeit durchgesetzt werden können.[171] Damit dies möglich sei, müsse die Gesellschaft weiterhin bestehen.[172]

### c. Kritik

#### *aa. Rechtsunsicherheit*

Gegen die Lehre des Doppeltatbestandes wird ebenso wie gegen das automatische Erlöschen bei Vermögenslosigkeit eingewandt, dass Unsicherheit für den

---

§ 74, Rdn. 5; Roth/*Altmeppen*, § 65, Rdn. 25; Rowedder/Schmidt-Leithoff – *Rasner*, § 60, Rdn. 55; *I. Saenger*, GmbHR 94, 300, 302; *Sammeck*, S. 107; *Uhlenbruck*, ZIP 96, 1641, 1648; hinsichtlich der Beendigung der Verbandsexistenz auch auf einen erweiterten Doppeltatbestand abstellend *H. Schmidt*, S. 122 ff.; ebenfalls in diese Richtung denkt bereits *John*, AcP 185 (1985), 209, 235.

165 *Galla*, S. 20; Michalski – *Nerlich*, § 60, Rdn. 13.

166 *Sammeck*, S. 103.

167 *Galla*, S. 20.

168 Rowedder/Schmidt-Leithoff – *Rasner*, § 74, Rdn. 12.

169 *Bork*, JZ 91, 841, 847.

170 *Bork*, JZ 91, 841, 844.

171 Vgl. MüKoGmbHG – *Berner*, § 60, Rdn. 43, 56.

172 Michalski – *Nerlich*, § 60, Rdn. 13 a. E., § 66, Rdn. 91.

Rechtsverkehr bestehe, ob eine gelöschte Gesellschaft noch existiere, da das Vorhandensein von Vermögen oder die Notwendigkeit von weiteren Abwicklungsmaßnahmen für Dritte nicht ersichtlich seien.[173] Verglichen mit der Ansicht, die die Gesellschaft vollkommen außerhalb des Registers untergehen lässt, schaffe die Lehre vom Doppeltatbestand lediglich insoweit etwas mehr Rechtssicherheit, als eine noch eingetragene Gesellschaft auf jeden Fall weiterhin als solche existiere.[174] Der Kritik wird allerdings entgegnet, dass für eine fortbestehende Gesellschaft lediglich dann ein Bedürfnis bestehe, wenn sie für die Nachtragsliquidation erforderlich sei.[175] Nur wenn dieses Bedürfnis, also der Abwicklungsbedarf offensichtlich werde, existiere die GmbH weiter.[176] Das unbemerkte Fortbestehen bis zu diesem Zeitpunkt sei unschädlich, da niemand davon Kenntnis nehme.[177] Weil noch vorhandenes Vermögen nicht subjektlos werden könne, müsse in jedem Fall ein Gebilde vorhanden sein, dem die Rechte und Pflichten zugeordnet werden könnten, so dass bei Annahme des Fortbestandes der GmbH allenfalls dieselbe Rechtsunsicherheit bestünde, wie nach anderen Lösungen, die für die Existenz eines anderen Gebildes als Zuordnungssubjekt einträten.[178]

*bb. Strukturwandel durch Löschung*

Des Weiteren wird an der Lehre vom Doppeltatbestand kritisiert, dass sie ebenso wie die Ansicht von der deklaratorischen Löschungswirkung den grundsätzlichen Strukturwandel nicht beachte, den die Löschung herbeiführe und der durch die Verlagerung der Befugnis zur Liquidatorenbestellung auf die Gerichte deutlich werde.[179]

*cc. Normativsystem*

Darüber hinaus sei diese Ansicht genauso wie die Ansicht der deklaratorischen Löschungswirkung nicht mit dem Normativsystem vereinbar.[180] Dagegen wird allerdings von den Befürwortern der Lehre vom Doppeltatbestand eingewandt,

---

173 *Buchner*, S. 91 f.

174 In diese Richtung auch MüKoGmbHG – *Merkt*, § 13, Rdn. 10: Annahme des Fortbestandes der GmbH bis zur Löschungseintragung überzeugt.

175 Scholz – *K. Schmidt*, § 74, Rdn. 14.

176 Ebd.

177 Scholz – *K. Schmidt/Bitter*, § 60, Rdn. 56; Scholz – *K. Schmidt*, § 74, Rdn. 14.

178 Ulmer – *Casper*, § 60, Rdn. 97.

179 Hachenburg – *Ulmer*, Anh. § 60, Rdn. 37.

180 *Hüffer*, GS-Schultz, S. 99, 106.

die Löschung sei zu Unrecht und damit materiell unberechtigt erfolgt, wenn noch Abwicklungsbedarf, insbesondere in Form von Vermögen vorhanden sei.[181] Eine zu Unrecht vorgenommene Löschung könne aber nicht die Existenz der Gesellschaft in Frage stellen, sondern müsse korrigiert werden.[182] Deshalb sei es gerechtfertigt, den Fortbestand der Gesellschaft anzunehmen.[183]

*dd. Unterschiedliche Wirkungen der Löschung nicht überzeugend*

Gegen die Ansicht vom Doppeltatbestand wird ferner vorgebracht, sie könne nicht erklären, warum die Löschung je nach Abhängigkeit von der Vermögenslage unterschiedliche Wirkung haben solle, namentlich Vollbeendigung oder Auflösung im Fall des § 394 Abs. 1 FamFG oder sogar keine Wirkung bei nur vermeintlicher Liquidationsbeendigung.[184]

## 3. Konstitutive Wirkung der Löschung

Nach einer dritten Ansicht hat die Löschung aus dem Handelsregister konstitutive Wirkung, so dass die Gesellschaft als solche mit der Löschung auch untergehe.[185] In der Folge bestehe sie nicht mehr als juristische Person.[186] Wer dann Rechtsträger von doch noch vorhandenem Vermögen sein soll, beurteilen die Vertreter dieser Ansicht unterschiedlich.[187] Allerdings machen die Anhänger

---

181 *Bork*, JZ 91, 841, 844; Ulmer – *Casper*, § 60, Rdn. 98.

182 MüKoGmbHG – *H. F. Müller*, § 74, Rdn. 32.

183 *Bork*, JZ 91, 841, 844; MüKoGmbHG – *H. F. Müller*, § 74, Rdn. 32.

184 MüKoAktG – *Hüffer*, § 262, Rdn. 90.

185 Z. B. *Bärwaldt/Schabacker*, GmbHR 98, 1005, 1007; Ensthaler/Füller/Schmidt – *Ensthaler*, § 13, Rdn. 8, § 74, Rdn. 9; Ensthaler/Füller/Schmidt – *Zech*, § 60, Rdn. 4, 19; *Gehrlein*, DStR 97, 31 f.; Hachenburg – *Ulmer*, Anh. § 60, Rdn. 14; *Heerma*, S. 41 ff., 85; *Hönn*, ZHR 138 (1974), 50, 52, 79; *Hüffer*, GS-Schultz, S. 99, 105 f.; MüKoGmbHG – *Merkt*, § 13, Rdn. 10, der den Begriff „dekonstitutiv" verwendet; Rowedder/Schmidt-Leithoff – *Pentz*, § 13, Rdn. 9; *Schulz*, S. 230, der allerdings vor Löschung ein obligatorisches Liquidationsverfahren verlangt; *Windbichler*, § 24, Rdn. 5; für die AG Heidel – *Wermeckes*, § 262, Rdn. 6, § 273, Rdn. 7; KölnerKomm-AktG – *Kraft*, Vorb. § 262, Rdn. 10, § 273, Rdn. 37; MüKoAktG – *Hüffer*, § 262, Rdn. 90, § 273, Rdn. 16; Spindler/Stilz – *Bachmann*, § 262, Rdn. 90; beachtliche Gründe spricht auch der BGH dieser Auffassung in seiner Entscheidung in NJW-RR 86, 394 zu, distanziert sich sonst aber nicht weiter von der von ihm vertretenen Ansicht der deklaratorisch wirkenden Löschung.

186 Vgl. statt aller Hachenburg – *Ulmer*, Anh. § 60, Rdn. 14.

187 Näher dazu unter C. in den jeweils die hier dargestellte Meinung behandelnden Teilen.

dieser Auffassung eine Ausnahme von der grundsätzlich befürworteten Beendigungswirkung der Löschung: Wenn die Löschung unzulässig war und nach § 395 FamFG wieder zu löschen ist.[188]

Zuweilen wird der Löschung lediglich eine teilkonstitutive[189] Wirkung beigemessen, in dem Sinne, dass die Gesellschaft dadurch ihre Vollrechtsfähigkeit und damit ihren Status als juristische Person verliert.[190] Sie stehe dann aber hinterher in anderer Form für später auftauchenden Abwicklungsbedarf zur Verfügung.[191]

## a. Begründung

### *aa. Kontrolle erforderlich*

Begründet wird die konstitutive Löschungswirkung vornehmlich damit, dass es nach dem System der Normativbedingungen keine vollrechtsfähige Rechtspersönlichkeit außerhalb des Registers geben könne.[192] Weil die Eintragung der GmbH erst ihre Rechtspersönlichkeit erschaffe, führe dementsprechend auch erst ihre Löschung als actus contrarius zu ihrer Beendigung.[193] Denn ebenso wie bei der Gründung müsse auch beim Untergang der Gesellschaft wegen des Gläubigerschutzes eine gewisse Kontrolle stattfinden, die durch die notwendige Tätigkeit des Registergerichts bei der Löschung gewährleistet sei.[194] So könne dann beispielsweise sichergestellt werden, dass durch eine gesetzeswidrige Liquidation keine Gläubiger geschädigt werden.[195]

### *bb. Rechtssicherheit*

Die Situation bei der Beendigung sei mit der bei der Gründung auch deshalb vergleichbar, weil es neben der Kontrolle ebenfalls darum gehe, den genauen Zeitpunkt des Bestandes der Gesellschaft einzugrenzen.[196] Da die Eintragung

---

188 Noch zu § 142 FGG, dem § 395 FamFG nachgebildet ist, *Hüffer*, GS-Schultz, S. 99, 106.

189 Begriff z. B. bei *Heller*, S. 142.

190 *Buchner*, S. 113, 115; *Heller*, S. 128 ff., 140; *Lindacher*, FS-Henckel, S. 549, 553 f.; *H. Schmidt*, S. 133, 184 spricht von Beendigung der Rechtspersönlichkeit.

191 Zu den vertretenen Meinungen Näheres unter C. I. 3. d.

192 *Hüffer*, GS-Schultz, S. 99, 105.

193 Hachenburg – *Ulmer*, § 60, Rdn. 18.

194 *Heller*, S. 72 f.; *Hüffer*, GS-Schultz, S. 99, 105.

195 Den gläubigerschützenden Charakter der Abwicklungsvorschriften stellt *Hüffer*, GS-Schultz, S. 99, 105 heraus; vgl. auch *Heller*, S. 72.

196 MüKoAktG – *Hüffer*, § 262, Rdn. 85.

der Gesellschaft in jedem Fall zunächst zu ihrer Entstehung als juristische Person führe, auch wenn die Voraussetzungen der Eintragung nicht vorlägen, weil im Interesse der Rechtssicherheit die Existenz der juristischen Person an die Eintragung gebunden sei, müsse Entsprechendes auch für die Löschung gelten.[197] Folglich gehe die GmbH durch die Löschung unter, unabhängig davon, ob deren Voraussetzungen gegeben seien oder nicht.[198]

### *cc. Wortlaut § 74 Abs. 1 GmbHG und Wortlaut der Löschungseintragung*

Auch der Wortlaut von § 74 Abs. 1 GmbHG wird zur Untermauerung der konstitutiven Löschungswirkung herangezogen.[199] Danach ist der Schluss der Liquidation zur Eintragung ins Handelsregister anzumelden, woraufhin die Gesellschaft zu löschen ist. Es sei gerade nicht das bereits eingetretene Erlöschen oder Ähnliches anzumelden und einzutragen.[200] Dies zeige, dass die Gesellschaft nicht schon vor der Eintragung untergehe, das heißt mit Eintritt der Vermögenslosigkeit, die in der Regel mit dem Ende der Abwicklung bestehe, oder Ähnlichem.[201] Im Gegensatz dazu galt zu der Zeit, als Literatur und Rechtsprechung die deklaratorische Löschungswirkung entwickelten und annahmen, für die Aktiengesellschaft zunächst § 302 Abs. 1 HGB 1897, der explizit die Anmeldung des Erlöschens der Firma zur Eintragung vorsah.[202] Wie oben gezeigt, wurde bei der GmbH mangels spezieller Regelung gemäß § 31 Abs. 2 HGB das Erlöschen der Firma angemeldet, welches zwangsläufig nicht vor Vollbeendigung der Gesellschaft eintreten könne, so dass die GmbH schon außerhalb des Registers untergegangen sein müsse.[203] Die Annahme der deklaratorischen Wirkung der Löschung stehe somit im Einklang mit den alten Gesetzen, nicht aber mit den geltenden, denn der Gesetzgeber habe mit Einführung des Aktiengesetzes 1937 die Regelung des § 302 Abs. 1 HGB 1897 nicht so ins Aktienrecht übernommen

---

197 *Heerma*, S. 84 f.

198 Hachenburg – *Ulmer*, Anh. § 60, Rdn. 14; *Hüffer*, GS-Schultz, S. 99, 105.

199 *Heerma*, S. 41 f.; für die insoweit gleichlautenden § 214 Abs. 1 AktG 1973 und § 273 Abs. 1 AktG 1965 vgl. *Hönn*, ZHR 138 (1974), 50, 60 f.

200 Vgl. *Hüffer*, GS-Schultz, S. 99, 103.

201 Zu den Vorschriften des Aktienrechts s. *Hönn*, ZHR 138 (1974), 50, 60 f.; *Hüffer*, GS-Schultz, S. 99, 103.

202 Vgl. *Heller*, S. 46.

203 *Hönn*, ZHR 138 (1974), 50, 57 f.; *Heerma*, S. 41 f.; viele Befürworter der konstitutiven Löschungswirkung sind auch schon früher für eine analoge Anwendung des § 273 AktG auf die GmbH eingetreten, um ihre Ansicht zu stützen, da die aktienrechtliche Regelung besser passe als die allgemeine Norm des § 31 Abs. 2 HGB; so z. B. Hachenburg – *Ulmer*, § 60, Rdn. 14; *Hüffer*, GS-Schultz, S. 99, 111; *H. Schmidt*, S. 185.

(siehe § 214 Abs. 1 AktG 1937, heute § 273 Abs. 1 AktG).[204] Damit habe er deutlich zum Ausdruck gebracht, dass er nicht an der Praxis des Erlöschens außerhalb des Handelsregisters festhalten wollte, denn ansonsten wäre eine Gesetzesänderung überflüssig gewesen.[205] Dasselbe müsse spätestens seit der Einführung des § 74 Abs. 1 GmbHG auch für die GmbH gelten.[206]

#### *dd. Gerichtliche Liquidatorenbestellung*

Für den Untergang allein durch die Löschung wird ferner die Tatsache angeführt, dass bei einer hinterher noch erforderlichen Liquidation nach § 66 Abs. 5 GmbHG beziehungsweise analog § 273 Abs. 4 AktG die Liquidatoren vom Gericht bestellt werden.[207] Daraus wird geschlossen, dass die Löschung zum Untergang der Gesellschaft als handlungsfähiger Verband geführt habe und Gesellschafterversammlung und Geschäftsführer ihre Organkompetenz verloren hätten.[208]

### b. Kritik

#### *aa. Zuordnung der Rechte und Pflichten zu Rechtssubjekt nötig*

Gegen die Annahme des Unterganges der GmbH allein aufgrund der Löschung wird vorgebracht, dass so die Vorschriften über die Nachtragsliquidation (§ 66 Abs. 5 GmbHG, § 273 Abs. 4 AktG analog) nicht genügend berücksichtigt würden.[209] Insbesondere setze eine Liquidation zwingend ein Rechtssubjekt voraus, welches liquidiert werden müsse, also Träger der noch bestehenden Rechte und Pflichten sei.[210] Werde die Gesellschaft aber allein durch die Löschung vernichtet, ergäbe sich ein Zuordnungsproblem hinsichtlich des später auftauchenden Vermögens oder etwaigen anderen Rechten.[211] Diese würden subjektlos werden, was generell abzulehnen sei, da Rechte einem Subjekt zugeordnet werden müssten.[212] Um diese Subjektlosigkeit zu vermeiden, müssten die Vertreter der hier

---

204 Vgl. die Ausführungen von *Hönn*, ZHR 138 (1974), 50, 57 ff.; darauf berufen sich auch *Buchner*, S. 95 und *Heller*, S. 45 ff.

205 *Heller*, S. 47 f.

206 *Heerma*, S. 42 f.

207 Vgl. Hachenburg – *Ulmer*, § 60, Rdn. 18; Anh. § 60, Rdn. 37.

208 Hachenburg – *Ulmer*, § 60, Rdn. 18.

209 Zu § 66 Abs. 5 GmbHG MüKoGmbHG – *Berner*, § 60, Rdn. 38; MüKoGmbHG – *H. F. Müller*, § 74, Rdn. 31; der Sache nach auch Michalski – *Nerlich*, § 74, Rdn. 33.

210 *Held*, S. 72; Ulmer – *Casper*, § 60, Rdn. 97.

211 Vgl. *Galla*, S. 15.

212 Ulmer – *Paura*, § 74, Rdn. 32; vgl. auch *K. Schmidt*, GmbHR 88, 209, 210, der von

interessierenden Ansicht deshalb auf „zweifelhafte Hilfskonstruktionen“ zurückgreifen.[213] Dagegen spreche dann wiederum, dass die Liquidation gemäß § 66 Abs. 5 GmbHG nach dem Recht der GmbH erfolge und nicht die Abwicklung von anderen Gebilden vorsehe.[214]

*bb. Überbewertung der Handelsregistereintragung*

Weiter wird kritisiert, die Handelsregistereintragung werde überbewertet.[215] Es sei nicht gerechtfertigt, eine juristische Person nur deshalb noch als fortbestehend anzusehen, weil sie noch im Register stehe, obwohl sie schon lange ihren Betrieb eingestellt habe und über keinerlei Vermögen mehr verfüge.[216]

*cc. Gerichtliche Bestellung durch Interesse des Rechtsverkehrs begründet*

Auch der Schluss, die Gesellschaft müsse weggefallen sein, weil das Gericht die Abwickler bestelle, wenn später eine Liquidation notwendig werde, sei nicht zwingend.[217] Vielmehr diene die Bestellung durch das Gericht dem Interesse des Rechtsverkehrs am Vorhandensein von handlungsfähigen Organen, damit die nötige Abwicklung möglichst schnell durchgeführt werde.[218] Die gerichtliche Bestellung sei erforderlich, weil die vorherigen Abwickler oftmals nicht mehr fähig oder gewillt seien, die Abwicklung wieder aufzunehmen.[219] Die GmbH als solche könne demnach trotzdem noch bestehen.[220] Ob sich die Bestimmung des Vertretungsorgans durch das Gericht auf den Bestand der GmbH als typisierte Personenvereinigung auswirkt, wird in Teil E. im Einzelnen untersucht, so dass an dieser Stelle nicht näher darauf eingegangen wird.

---

dem Problem der subjektiven Rechten redet, aber wohl die Problematik der Subjektlosigkeit meint.

213 *I. Saenger*, GmbHR 94, 300, 302; ähnlich auch schon *K. Schmidt*, GmbHR 88, 209, 210.

214 Ulmer – *Casper*, § 60, Rdn. 97.

215 *E. Ulmer*, SJZ 47, 195, 197; *Winnefeld*, BB 75, 70, 71.

216 Ebd.

217 Vgl. *Bork*, JZ 91, 841, 843.

218 Ebd.

219 BGHZ 53, 264, 268.

220 *Bork*, JZ 91, 841, 843.

*dd. Wortlaut § 60 Abs. 1 Nr. 7 GmbHG: Auflösung*

Des Weiteren bestimme § 60 Abs. 1 Nr. 7 GmbHG die Auflösung der Gesellschaft durch die Löschung, spreche aber nicht von Vollbeendigung oder Ähnlichem.[221] Da die Auflösung jedoch nicht die Rechtspersönlichkeit der Gesellschaft berühre, könne die Löschung allein nicht zum Untergang der GmbH führen.[222]

## 4. Löschungseintragung ohne Bedeutung

### a. Fortbestand der GmbH nach der Löschung als Regelfall

*Fichtelmann* ist der Auffassung, die GmbH besteht auch nach ihrer Löschung im Regelfall mit unveränderter Rechtsfähigkeit fort.[223] Solange eine Nachtragsliquidation erforderlich werden könnte, existiere die Gesellschaft weiter.[224] Dabei kommt es nach dieser Ansicht gar nicht darauf an, dass das Vermögen der GmbH bereits vor der Löschung zustand, sondern eine Nachtragsliquidation sei auch durchzuführen, wenn es ihr später noch zugewendet wird.[225] Weil die Notwendigkeit einer Nachtragsliquidation niemals definitiv ausgeschlossen werden könne, sei mit der Löschung immer nur der „Anschein des Todes der Gesellschaft" verbunden.[226] Die so weiter existierende Gesellschaft trete entweder wieder in Erscheinung, wenn eine Nachtragsliquidation erforderlich werde, oder sie falle dem Vergessen anheim.[227] Eine Ausnahme und damit die tatsächliche Beendigung der rechtlichen Existenz der Gesellschaft liege nur vor, wenn die GmbH in rechtlicher Hinsicht kein Vermögen mehr erlangen könne.[228] Dies sei aber nur denkbar, wenn das komplette Vermögen der GmbH durch einen Gesamtakt auf einen anderen Rechtsträger übertragen wurde, dem künftig anfallendes Vermögen dann zustehe.[229]

221 *Held*, S. 77 ff.; *Kantak*, S. 112.
222 *Kantak*, S. 112.
223 *Fichtelmann*, GmbHR 11, 912, 913.
224 Ebd.
225 *Fichtelmann*, GmbHR 11, 912, 914.
226 *Fichtelmann*, GmbHR 11, 912, 913.
227 *Fichtelmann*, GmbHR 11, 912, 914.
228 *Fichtelmann*, GmbHR 11, 912, 913.
229 Ebd.

### b. Kritik

Diese Ansicht ist abzulehnen. Sie führt zu einem übertriebenen Fortbestand der juristischen Person. Ist eine GmbH in objektiver Hinsicht vermögenslos und wird sie aus dem Register gelöscht, besteht kein Bedürfnis, ihren Fortbestand anzunehmen, nur weil es sein könnte, dass Vermögen übersehen wurde oder ihr sogar neues zugewendet wird. Die Existenz der juristischen Person wird auf diese Weise viel zu weit ausgedehnt. Es kann nicht sein, dass tausende aus dem Handelsregister gelöschte juristische Personen fortexistieren, denen keinerlei Rechte und Pflichten mehr zugeordnet werden. Das, was *Fichtelmann* als das Vergessen bezeichnet, wenn sich eine Nachtragsliquidation nicht als erforderlich erweist, ist tatsächlich ihre Beendigung. Wann diese genau eingetreten ist, wird noch zu klären sein. Die Meinung von *Fichtelmann* ist jedenfalls unzutreffend und deshalb im Folgenden außer Betracht zu lassen.

## IV. Zwischenfazit

Allein aus der abstrakten Darstellung der Meinungen kann noch nicht überzeugend eine Entscheidung für die Vorzugswürdigkeit einer der Ansichten getroffen werden. Dafür muss auch betrachtet werden, welche Folgen sich nach den verschiedenen Auffassungen für das weitere Leben der Personenvereinigung ergeben und ob diese schlüssig und mit der Rechtsordnung vereinbar sind. Dies wird im folgenden Teil behandelt. Darüber hinaus ist für eine Entscheidung hinsichtlich der Beendigung der GmbH zu bedenken, welche Punkte essentiell für das Vorhandensein einer solchen sind. Darauf wird in Teil E. eingegangen.

# C. Die GmbH nach der Löschung: Meinungsüberblick

Da die Vertreter der unterschiedlichen Meinungen der Registerlöschung der Gesellschaft verschiedene Wirkung beimessen, behandeln sie die Situationen, welche die gelöschte GmbH danach noch betreffen können, uneinheitlich. Im Folgenden sollen die Konsequenzen, die sich aus den divergierenden Meinungen in den verschiedenen Situationen ergeben, betrachtet werden. Es stellt sich vor allem die Frage, was mit hinterher noch auftauchendem Vermögen der Gesellschaft oder anderem Abwicklungsbedarf geschieht. Weiter ist zu untersuchen, welches Schicksal die Verbindlichkeiten der Gesellschaft ereilt und wie die Lage zu beurteilen ist, wenn die GmbH noch an einem Prozess beteiligt ist oder nach Löschung selbst klagen möchte. Außerdem ist ein kurzer Blick darauf zu werfen, wie die einzelnen Meinungen zu der Frage der Fortsetzungsfähigkeit der Gesellschaft nach der Löschung stehen. Im Zusammenhang damit ist zu hinterfragen, ob die GmbH, beziehungsweise was von ihr übrig ist, nach ihrer Löschung erneut Vermögen erwerben kann. Letztendlich ist zu überlegen, ob die verschiedenen Vorgehensweisen im Hinblick auf die gelöschte GmbH zu einer Stichhaltigkeit der jeweiligen Auffassung führen.

## I. Auftauchen von Vermögen nach der Löschung

Obwohl die Löschung der GmbH aus dem Handelsregister grundsätzlich nur bei Vorliegen von Vermögenslosigkeit und nach Beendigung des Liquidationsverfahrens, das regelmäßig die Vermögenslosigkeit mit sich bringt, vorgenommen wird, ist dies doch keine Garantie dafür, dass der Gesellschaft tatsächlich keine vermögenswerten Rechte mehr zuzuordnen sind.[230] Solche Rechte können bei der Liquidation oder der Überprüfung der Vermögenslosigkeit übersehen werden. Auch kann es vorkommen, dass Forderungen aufgrund Illiquidität des Schuldners vor der Löschung nicht durchsetzbar sind und deshalb nicht als die Löschung hinderndes Vermögen im Sinne von § 394 Abs. 1 FamFG gelten[231] beziehungsweise der Beendigung der Liquidation nicht entgegenstehen. Später können sie aber werthaltig und auch durchsetzbar werden, weil der Schuldner nun liquide ist. Ebenfalls können Ansprüche der Gesellschaft gegen die Liquida-

230 Ähnlich MüKoGmbHG – *Berner*, § 60, Rdn. 29; Rowedder/Schmidt-Leithoff – *Rasner*, § 60, Rdn. 52.

231 BayObLG ZIP 85, 33, 34; OLG Hamm NJW-RR 93, 547, 549; *Heller*, S. 21.

toren oder auch gegen die Gesellschafter erst aufgrund einer nicht ordnungsgemäßen Durchführung des Liquidationsverfahrens entstehen.[232] Es herrscht Einigkeit darüber, dass eine Nachtragsliquidation gemäß § 66 Abs. 5 GmbHG beziehungsweise analog § 273 Abs. 4 AktG durchzuführen ist, falls nach der Löschung ersichtlich wird, dass noch Vermögen der GmbH vorhanden ist.[233] Umstritten ist aber, ob noch die GmbH als solche besteht und liquidiert wird oder ein anderes Gebilde vorliegt, das zu liquidieren ist. Wie dies beurteilt wird, hängt entscheidend davon ab, ob der Löschung der GmbH konstitutive oder deklaratorische Wirkung beigemessen wird und in welchem Moment der Untergang der Gesellschaft angenommen wird. Die nachstehende Untersuchung soll aufzeigen, wie die oben dargestellten Meinungen die hier interessierende Situation handhaben.

## 1. Lösung der Verfechter einer deklaratorisch wirkenden Löschung

### a. Fortbestand der Gesellschaft

Wird der Löschung lediglich deklaratorische Bedeutung beigemessen, besteht die GmbH als juristische Person trotz Löschung so lange fort, wie sie noch über Vermögen verfügt.[234] Insbesondere also dann, wenn bislang unentdeckt gebliebenes Vermögen im Nachhinein offenbar wird, denn dann war die GmbH nie vermögenslos.[235] In diesem Fall ist es egal, welche Kriterien genau als die entscheidenden für das Erlöschen der GmbH angesehen werden, weil wie oben gezeigt insoweit Einigkeit herrscht, als das Vorhandensein von Vermögen den Untergang der Gesellschaft nach allen Varianten der Auffassung hindert. Weil die GmbH als juristische Person danach weiterexistiert, gibt es keine Probleme hinsichtlich der Trägerschaft von Rechten und Pflichten. Diese bleiben der GmbH

---

232 RGZ 109, 387, 392 f.; BGHZ 53, 264, 266; Rowedder/Schmidt-Leithoff – *Rasner*, § 74, Rdn. 18.

233 Statt aller RGZ 109, 387, 392; BGHZ 48, 303, 307; Hachenburg – *Hohner*, § 74, Rdn. 29; Lutter/Hommelhoff – *Kleindiek*, § 74, Rdn. 19; Michalski – *Nerlich*, § 74, Rdn. 43; Roth/*Altmeppen*, § 74, Rdn. 21; Rowedder/Schmidt-Leithoff – *Rasner*, § 74, Rdn. 18; a. A. jedoch Ensthaler/Füller/Schmidt – *Ensthaler*, § 66, Rdn. 18 sowie Ensthaler/Füller/Schmidt – *Zech*, § 60, Rdn. 19.

234 RGZ 109, 387, 391.

235 Vgl. *Marowski*, JW 38, 11, 12.

selbst zugeordnet.[236] Die Liquidation der Gesellschaft ist dann einfach fortzusetzen beziehungsweise zu beginnen, wenn vorher noch keine stattgefunden hat.[237]

## b. Liquidatoren und Vertretungsmacht

Es war nicht immer ganz klar, wer die Liquidation durchführt und als Vertreter der Gesellschaft auftritt. Das GmbH-Recht enthielt zunächst anders als das Aktienrecht gar keine Regelung zu dieser Frage. Die Vorschrift des § 302 Abs. 4 HGB 1897 (später § 214 Abs. 4 AktG 1937, jetzt § 237 Abs. 4 AktG), die eine gerichtliche Liquidatorenbestellung vorsah, wurde als eine aktienrechtliche Sonderbestimmung angesehen und deshalb nicht auf die GmbH angewandt, weil sie laut Gesetzgebungsverfahren ausdrücklich nicht für andere Gesellschaften als die Aktiengesellschaft und Kommanditgesellschaft auf Aktien gelten sollte.[238] Zunächst wurde deshalb in der Anmeldung der Beendigung der Liquidation und des Erlöschens der Firma nicht zugleich eine Amtsniederlegung durch den Liquidator erblickt.[239] Dessen Vertretungsmacht bestand vielmehr fort, da der Eintragung des Erlöschens der Firma eben nur deklaratorische Wirkung beigemessen wurde.[240] Wenn die Gesellschaft aber noch fortbestehe, weil noch Vermögen vorhanden sei, lebe mit ihr der gesamte Organismus wieder auf, so dass die früheren Liquidatoren ohne Weiteres wieder in Tätigkeit träten.[241] Eine gerichtliche Bestellung gemäß §§ 29, 48 BGB wurde danach nur erforderlich, wenn der alte Liquidator nicht mehr vorhanden war und kein neuer gemäß § 66 GmbHG von der Gesellschafterversammlung bestellt wurde.[242]

Später wurde dann allerdings in der Anmeldung des Endes der Liquidation doch eine gleichzeitige Amtsniederlegung durch den Liquidator gesehen.[243] Dabei wurde davon ausgegangen, dass dieser nicht gewillt sei, sein Amt bei Auftauchen von Vermögen wieder aufleben zu lassen.[244] Letztlich wurde also die aktienrechtliche Regelung zur Liquidatorenbestellung nun doch analog auf die GmbH angewandt[245], weil keine sachlichen Gründe dagegen ersichtlich seien

---

236 *Bretschneider*, S. 21; *Marowski*, JW 38, 11, 12.
237 *Bretschneider*, S. 21, 24.
238 KGJ 45, 184, 186.
239 RGZ 109, 387, 394.
240 RGZ 109, 387, 393; KG Recht 1916, Nr. 1998.
241 *Peus*, JW 35, 1585; *Bretschneider*, S. 23.
242 KGJ 45, 184, 186 f.
243 BFHE 96, 335, 336; so auch schon RFHE 12, 16, 20.
244 BGHZ 53, 264, 267; BayObLG NJW-RR 93, 359, 360; *Bokelmann*, NJW 77, 1130.
245 So früher bereits *Marcus*, Holdheim 17 (1908), 27.

und die Interessenlage vergleichbar sei.[246] Außerdem liege die Anwendung der aktienrechtlichen Vorschriften näher als die Anwendung der allgemeinen Normen der §§ 29, 48 BGB, da die GmbH wie die Aktiengesellschaft eine Handelsgesellschaft sei.[247]

Im Fall der Löschung aufgrund Vermögenslosigkeit wurde nach Erlass des Löschungsgesetzes 1934 eine gerichtliche Liquidatorenbestellung nach § 2 Abs. 3 LöschG (jetzt § 66 Abs. 5 GmbHG) zwingend erforderlich.[248] Denn in diesem Fall gab es vorher mangels Durchführung einer Liquidation in der Regel noch keine Liquidatoren.[249] Außerdem sollte so zur Rechtssicherheit beigetragen werden.[250] Ebenso sollte durch die gerichtliche Liquidatorenbestellung sichergestellt werden, dass das Ziel des Löschungsgesetzes, nicht lebensfähige Gesellschaften aus dem Verkehr zu ziehen, effektiver durchgesetzt werde.[251] Zuweilen wurde aber auch hier die Fortdauer der Vertretungsmacht der vorherigen Vertreter angenommen, wenn ausnahmsweise vor der Löschung eine Liquidation stattgefunden hatte[252] oder ein Antrag auf gerichtliche Bestellung der Liquidatoren gemäß § 2 Abs. 3 LöschG unterblieb[253]. Dies wurde in jüngerer Zeit allerdings nicht mehr vertreten, weil § 2 Abs. 3 LöschG ausdrücklich eine gerichtliche Bestellung der Liquidatoren vorsieht.[254]

Heute messen die Befürworter der hier behandelten Ansicht vielmehr jeder Löschung die Wirkung bei, dass dadurch die Vertretungsbefugnis der früheren Vertreter vernichtet wird.[255] Deshalb seien in der Praxis immer Liquidatoren durch das Gericht zu bestellen, wenn sich nach der Löschung noch Vermögen der Gesellschaft zeige, entweder nach § 66 Abs. 5 GmbHG oder analog § 273 Abs. 4 AktG.[256] Das Gericht habe hierbei Ermessen, ob es neue Liquidatoren oder die früheren Vertreter der Gesellschaft als Nachtragsliquidatoren bestelle.[257] Die Vertretungsbefugnis der Nachtragsliquidatoren wird dabei im Fall des

---

246 BGHZ 53, 264, 267; *Kirberger*, Rpfleger 75, 341, 342.

247 BGHZ 53, 264, 268.

248 LG Berlin JW 36, 746.

249 BGH LM Nr. 1 zu § 74 GmbHG; LG München I Rpfleger 74, 371, 372.

250 BFHE 90, 336, 338.

251 KG WM 67, 283, 284; zur Aktiengesellschaft KG NJW 57, 1722, 1723.

252 BGH LM Nr. 1 zu § 74 GmbHG, in dem Fall ging es um die Vertretung einer GmbH in einem schon vor der Löschung anhängigen Rechtsstreit; so auch OLG Köln OLGZ 1975, 349, 350; *Mümmler*, JurBüro 75, 675.

253 OLG Düsseldorf JR 51, 666; *Groschuff*, JW 36, 746.

254 BayObLG NJW 94, 594, 596; *J. Müller*, JurBüro 85, 335, 339.

255 Vgl. OLG Frankfurt Rpfleger 82, 290; *Kirberger*, Rpfleger 75, 341, 342 f.

256 Vgl. OLG Hamm NJW-RR 02, 324, 325 f.; *Bokelmann*, NJW 77, 1130, 1132.

257 BGHZ 53, 264, 269.

Auftauchens von Vermögen für nicht einschränkbar gehalten, weil aufgrund des Vermögens noch viele Abwicklungshandlungen erforderlich werden könnten.[258] Andere Organe der GmbH bestünden demgegenüber fort oder lebten ohne Weiteres wieder auf, wenn sich Vermögen zeige.[259] Das bedeutet, die konkreten Organwalter bleiben im Amt.

### c. Ausnahmen

Eine Ausnahme zur gerichtlichen Liquidatorenbestellung wird größtenteils für das Verfahren zur Abgabe einer eidesstattlichen Versicherung nach § 807 ZPO gemacht.[260] In diesem Fall seien das Vorhandensein von Vermögen und die Erforderlichkeit einer Nachtragsliquidation noch ungewiss, so dass die Abgabe der eidesstattlichen Versicherung in dieser Hinsicht Klarheit bringen solle.[261] Zur Abgabe derselben wird der letzte Geschäftsführer beziehungsweise Liquidator als verpflichtet angesehen.[262] Der Grund hierfür liege darin, dass gerade keine Vertretung der Gesellschaft erforderlich sei, es vielmehr nur um die Weitergabe von bekannten Fakten gehe.[263] Eine förmliche Liquidatorenbestellung sei nicht mit dem Grundsatz der Prozessökonomie vereinbar, weil dadurch hohe Kosten entstünden und der frühere Vertreter der Einzige sei, der aufgrund seiner Kenntnis tatsächlich zur Abgabe der Versicherung in der Lage sei.[264] Ein neu bestellter Liquidator müsste sich erst von ihm oder alternativ durch vorhandene Unterlagen die benötigte Kenntnis verschaffen, um die eidesstattliche Versicherung abgeben zu können.[265]

Eine weitere Ausnahme machen die Anhänger der deklaratorisch wirkenden Löschung für das Verfahren der Nachtragsliquidatorenbestellung.[266] Wolle die Gesellschaft sich gegen die Bestellung oder die Ablehnung der Bestellung weh-

---

258 Zu § 2 Abs. 3 LöschG LG Berlin JW 36, 746; *Piorreck*, Rpfleger 78, 157, 159.

259 GroßKomm – *Wiedemann*, § 273, Anm. 5 a. E.; *Schumann*, S. 63.

260 Z. B. KG NJW-RR 91, 933, 934; LG München I Rpfleger 74, 371; *Kirberger*, Rpfleger 75, 341, 344; dagegen und für die gerichtliche Bestellung eines Nachtragsliquidators LG Berlin Rpfleger 75, 374, 375; LG Berlin Rpfleger 90, 374, 375; für die Bestellung eines Prozesspflegers nach § 57 ZPO *Behr*, Rpfleger 88, 1, 4 und *Weinbörner*, Rpfleger 84, 261, 263.

261 LG Frankenthal DGVZ 81, 9, 10; *Kirberger*, Rpfleger 75, 341, 343 f.

262 OLG Frankfurt Rpfleger 76, 329; *Kirberger*, Rpfleger 75, 341, 344.

263 *Kirberger*, Rpfleger 75, 341, 344.

264 LG Freiburg Rpfleger 80, 117; *Weinbörner*, Rpfleger 84, 261, 262.

265 LG Freiburg Rpfleger 80, 117.

266 BayObLG DB 83, 1648, 1649.

ren, könne sie dies durch ihren früheren Vertreter tun, damit sie mangels Vertretungsberechtigten nicht rechtlos gestellt sei.[267]

## d. Handelsregistereintragung und Legitimation der Liquidatoren

Über die erforderlichen Handelsregistereintragungen oder eine sonstige Legitimation der Nachtragsabwickler bestand ebenfalls Uneinigkeit. Zunächst wurde die Formalisierung des Handelsregisterrechts, wonach alle gesetzlich nicht vorgesehenen Eintragungen unzulässig sind, sehr streng gehandhabt.[268] Mangels gesetzlicher Vorschrift konnte demnach das Wiederaufleben der Gesellschaft nicht eingetragen und das Erlöschen der Firma nicht gelöscht werden.[269]

Dieser Grundsatz wurde später nicht mehr so strikt gehandhabt, so dass Eintragungen für zulässig gehalten wurden, wenn an ihnen ein öffentliches Interesse bestand.[270] Bisweilen wurde deshalb, zumindest wenn eine umfangreiche Vermögensverteilung noch erforderlich war, dafür eingetreten, das zu Unrecht eingetragene Erlöschen der Firma wieder zu löschen[271], oder sogar eine Wiedereintragung der Gesellschaft in Liquidation befürwortet[272].

Solange davon ausgegangen wurde, dass der frühere Liquidator weiterhin zur Vertretung der GmbH berechtigt sei, musste dieser nicht erneut ins Register eingetragen werden.[273] Des Weiteren wurde in diesem Fall zum Teil jegliche Registerberichtigung, die vermeidbare Kosten verursacht und nach kurzer Zeit wieder rückgängig zu machen ist, als unnötiger Formalismus angesehen.[274] Weil die Löschungseintragung lediglich deklaratorische Wirkung habe, müsse sie nicht berichtigt werden, denn das Fortbestehen der Gesellschaft ergebe sich aus dem Auftreten des Liquidators für diese.[275] Legitimiert sei letzterer danach durch den alten Registerauszug, in dem der Löschungsvermerk stehe und alle Eintragungen gerötet seien, da der Löschungsvermerk eben nichts besage und durch die Rötungen die Eintragungen nicht rechtsunwirksam würden.[276] Musste

---

267 Ebd.; zur AG KGJ 45, 325, 327; *Waldmann*, DFG 44, 6, 8.

268 *Wimpfheimer*, S. 115, Fn. 119.

269 Ebd., aber für Eintragung von neu bestellten Liquidatoren.

270 Ausdrücklich auf diesen Grundsatz verweist *Cramer*, S. 47, nach dem deshalb die Wiedereröffnung der Liquidation nicht eingetragen werden könne.

271 *Cramer*, S. 48; *Bretschneider*, S. 22, 25; *Waldmann*, DFG 44, 6, 9.

272 *Marowski*, JW 38, 11, 12.

273 *Peus*, JW 35, 1585.

274 *Nebelung*, DNotZ 35, 451, 453; zur Aktiengesellschaft AG Berlin JW 38, 2834.

275 *Peus*, JW 35, 1585.

276 *Groschuff*, JW 38, 1738, 1742, der darauf hinweist, dass an der Registereintragung wegen der vorübergehenden Natur nur ein geringes öffentliches Interesse bestehe;

aber ein neuer Liquidator bestellt werden, war dieser aufgrund § 67 GmbHG zwingend im Register einzutragen, wobei streitig war, ob diese Eintragung von der Wiedereintragung der Gesellschaft[277] oder zumindest der Löschung des Löschungsvermerks[278] abhängig war oder nicht[279]. Da heute wie gezeigt grundsätzlich von der Unzuständigkeit der alten Vertreter und einer gerichtlichen Liquidatorenbestellung ausgegangen wird, wird dessen Eintragung in jedem Fall verlangt.[280]

Für erforderlich wurde und wird auch die Eintragung der Gesellschaft als in Liquidation befindlich gehalten, nachdem die Löschung aufgrund Vermögenslosigkeit erfolgte, denn der Liquidationszustand, der vorher nicht zwangsläufig vorliegen musste, werde sonst nicht aus dem Register ersichtlich.[281]

Generell wird dem Registerrichter meist ein Ermessen eingeräumt, ob er die Gesellschaft wieder einträgt, weil sie häufig bald wieder zu löschen ist.[282]

## e. Kritik

Kritisiert wird an der Lösung, dass die Liquidatoren bei Fortbestehen der Gesellschaft durch ihre unbeschränkte und unbeschränkbare Vertretungsmacht neue Geschäfte eingehen könnten, die nicht zum Abwicklungszweck gehören und so die eigentlich herbeizuführende Beendigung hinauszögern oder sogar verhindern könnten.[283]

Aufgrund des Fortbestandes oder Wiederauflebens der Gesellschaftsorganisation bestehe für die Organmitglieder jederzeit die Gefahr, dass ihr Amt wieder auflebe, genau wie sonstige Rechte und Pflichten, die durch den Fortfall der Gesellschaft scheinbar untergegangen seien, bei Auftauchen von Vermögen wieder

---

*Peus*, JW 35, 1585.

277 So z. B. OLG München JFG 13, 340, 347; KG JW 37, 1739, 1740; *Nebelung*, DNotZ 35, 451, 453; *Richert*, MDR 56, 149, 150.

278 *Gottschling*, GmbHR 56, 76; zur AG GroßKomm – *Wiedemann*, § 273, Anm. 5.

279 *Cramer*, S. 50.

280 *Grziwotz*, DStR 92, 1813, 1815.

281 OLG Celle GmbHR 97, 752; *Groschuff*, JW 35, 1738, 1743 f.; *Grziwotz*, DStR 92, 1813, 1815; *Waldmann*, DFG 44, 6, 7; etwas abweichend GroßKomm – *Wiedemann*, § 262, Anm. 37: Wiedereintragung nur, damit Liquidatoren eingetragen werden können.

282 GroßKomm – *Wiedemann*, § 273, Anm. 5; hinsichtlich der Löschung des Erlöschens der Firma auch schon *Cramer*, S. 48, wenn nicht umfangreiche Vermögensverteilung nötig ist.

283 *Hönn*, ZHR 138 (1974), 50, 56.

aufleben.[284] Generell erscheine das Aufrechterhalten der gesamten Organisation der Gesellschaft allein für die Abwicklung übertrieben.[285]

## 2. Lehre vom Doppeltatbestand

### a. Fortbestand der GmbH

Bei Bekanntwerden von Vermögen kommt die Lehre vom Doppeltatbestand sowohl in der engen als auch in der weiten Variante genau wie die Anhänger der deklaratorischen Löschungswirkung zum Fortbestehen der GmbH.[286] Rechtsträgerin des Vermögens und Abwicklungssubjekt sei dann die juristische Person, die nie untergegangen war.[287]

Bisweilen verlangen die Vertreter dieser Ansicht aber, dass die aufgetauchten Vermögenswerte die voraussichtlichen Kosten der Nachtragsliquidation übersteigen, damit diese eröffnet wird.[288] Was allerdings mit dem Vermögen passiert, wenn die Kosten nicht gedeckt sind, bleibt unklar.

### b. Liquidatoren und Vertretungsmacht

Was die Vertretung der Gesellschaft in der vermögensrechtlichen Nachtragsliquidation betrifft, schließen sich die Befürworter des Doppeltatbestandes ganz überwiegend der zuletzt vertretenen Ansicht der Verfechter der deklaratorisch wirkenden Löschung an. Danach sei in der Anmeldung der Beendigung der Liquidation zugleich die Amtsniederlegung durch die Liquidatoren zu erblicken.[289] Ebenso vernichte die Löschung aufgrund Vermögenslosigkeit die Organisation der Gesellschaft, so dass auch in diesem Fall die bisherigen Geschäftsführer beziehungsweise Liquidatoren durch die Löschung ihr Amt verlören.[290] Die Gesellschaft bestehe nach ihrer Löschung bis zur Bestellung der Liquidatoren durch das Gericht lediglich als handlungsunfähige Liquidationsgesellschaft, also als aufgelöste GmbH ohne Vertreter.[291] Es können nach ganz überwiegender Ansicht dann auch nur noch die vom Gericht bestellten Liquidatoren für die Ge-

---

284 *Godin/Wilhelmi*, § 273, Anm. 3.
285 *Hönn*, ZHR 138 (1974), 50, 78.
286 Rowedder/Schmidt-Leithoff – *Rasner*, § 74, Rdn. 18; Scholz – *K. Schmidt/Bitter*, § 60, Rdn. 58.
287 *K. Schmidt*, GmbHR 88, 209, 211.
288 Lutter/Hommelhoff – *Kleindiek*, § 74, Rdn. 20; Michalski – *Nerlich*, § 74, Rdn. 44.
289 Michalski – *Nerlich*, § 74, Rdn. 12.
290 Rowedder/Schmidt-Leithoff – *Rasner*, § 60, Rdn. 57.
291 Roth/*Altmeppen*, § 65, Rdn. 23.

sellschaft tätig werden und die Gesellschaft oder die Gesellschafter können nicht selbst Liquidatoren bestellen oder die vom Gericht bestellten abberufen.[292] Die Vertretungsbefugnis sei im Fall der vermögensrechtlichen Nachtragsliquidation mit Rücksicht auf den Verkehrsschutz unbeschränkt und auch unbeschränkbar.[293] Grund hierfür sei, dass sich noch weiteres Vermögen zeigen könne und der Nachtragsliquidator in der Lage sein müsse, auch unerwartete Passivprozesse für die Gesellschaft zu führen.[294] Allerdings wird gelegentlich die Möglichkeit der Beschränkung der Geschäftsführungsbefugnis durch das Gericht befürwortet.[295]

### c. Ausnahmsweise Zuständigkeit des früheren Vertreters

Ausnahmen von der gerichtlichen Liquidatorenbestellung werden zum Teil in denselben Fällen wie von den Verfechtern der deklaratorischen Löschung gemacht. Danach bleiben die früheren gesetzlichen Vertreter für die Abgabe der eidesstattlichen Versicherung zuständig, weil es sich nicht um eine rechtsgeschäftliche Vertretung der GmbH handele, das heißt nicht um die Abgabe einer Willenserklärung, sondern nur um eine Wissenserklärung über Tatsachen aus der Vergangenheit.[296] Darüber hinaus wird auf dieselben Argumente verwiesen, welche die Anhänger der deklaratorischen Löschungswirkung vorbringen.[297] Und genau wie diese machen auch die Autoren, die der Lehre vom Doppeltatbestand folgen, noch eine zweite Ausnahme und gehen damit von der Zuständig-

---

292 Roth/*Altmeppen*, § 74, Rdn. 28 f.; Lutter/Hommelhoff – *Kleindiek*, § 74, Rdn. 21; a. A. *Galla*, S. 78, 81 für die Zulässigkeit der Abberufung des Nachtragsliquidators durch die Gesellschafterversammlung; für die Möglichkeit der Gesellschafter, andere Liquidatoren anstelle des gerichtlich bestellten Nachtragsliquidators zu bestellen, und damit ebenfalls für eine Abberufungsbefugnis tritt Scholz – *K. Schmidt*, § 74, Rdn. 22 ein, mit dem Argument, dass die GmbH noch eine bestehende Liquidationsgesellschaft sei, so dass § 66 GmbHG gelte; lediglich für die Zulässigkeit der Bestellung neuer Liquidatoren durch die Gesellschafter, aber ausdrücklich gegen die Abberufbarkeit der gerichtlich bestellten spricht sich Ulmer – *Paura*, § 74, Rdn. 46 aus.

293 Michalski – *Nerlich*, § 74, Rdn. 54; Roth/*Altmeppen*, § 74, Rdn. 37.

294 Ulmer – *Paura*, § 74, Rdn. 51.

295 Baumbach/Hueck – *Haas*, § 66, Rdn. 39; Michalski – *Nerlich*, § 66, Rdn. 98.

296 Ulmer – *Paura*, § 66, Rdn. 82; anders: Neubestellung eines Liquidators nötig, da ansonsten z. B. keine Ladung der vertreterlosen GmbH möglich sei OLG Stuttgart NJW-RR 94, 1064; *Uhlenbruck*, ZIP 96, 1641, 1650; für Zuständigkeit nach § 74 Abs. 2 S. 2 GmbHG analog Scholz – *K. Schmidt/Bitter*, § 60, Rdn. 61.

297 S. zu diesen C. I. 1. c. und vgl. die Darstellung bei *Galla*, S. 27 ff.

keit der früheren Vertreter für den Fall der Beschwerde der Gesellschaft gegen die Anordnung oder Ablehnung der Nachtragsliquidation aus.[298]

### d. Nötige Handelsregistereintragungen

Hinsichtlich der erforderlichen Handelsregistereintragungen im Falle der vermögensrechtlichen Nachtragsliquidation treten die Anhänger des Doppeltatbestandes ganz überwiegend für eine von Amts wegen vorzunehmende Wiedereintragung der Gesellschaft in Liquidation und der Eintragung des gerichtlich bestellten Nachtragsliquidators ein.[299]

## 3. Bei Annahme einer konstitutiv wirkenden Löschung

Es wurde gezeigt, dass die GmbH mit der Löschung aus dem Register erlischt, wenn der Löschung konstitutive Wirkung beigemessen wird.[300] Infolgedessen besteht sie nicht mehr als juristische Person fort und kann als solche nicht Zuordnungssubjekt von nachträglich offensichtlich werdendem Vermögen sein. Weil aber in diesem Fall eine Nachtragsliquidation aufgrund der Anordnung im Gesetz in § 66 Abs. 5 GmbHG beziehungsweise der anerkannten analogen Anwendung von § 273 Abs. 4 AktG in jedem Fall stattzufinden hat, muss es nach dem Untergang der GmbH ein anderes Gebilde geben, um das Vermögen einem Subjekt zuordnen zu können. Es existiert dann eine Art der Nachexistenz der GmbH, für deren Ausgestaltung die Verfechter der konstitutiv wirkenden Löschung auf verschiedene Lösungsansätze zurückgreifen, die nachstehend dargestellt werden.

### a. Fiktionstheorie

#### *aa. Herleitung*

Laut *Hönn* geht eine Kapitalgesellschaft mit der Löschung unter, weil ihre Vollrechtsfähigkeit durch die Löschung vernichtet werde und eine Kapitalgesellschaft ohne typisierte Vollrechtsfähigkeit nicht zulässig sei.[301] Eine korrekte rechtliche Erfassung der gelöschten Gesellschaft ist seiner Ansicht nach allerdings schwierig. Jedenfalls würden die §§ 273 Abs. 4 AktG, 2 Abs. 3 LöschG

298 Scholz – *K. Schmidt*, § 74, Rdn. 25.

299 Michalski – *Nerlich*, § 66, Rdn. 100, § 74, Rdn. 59; Rowedder/Schmidt-Leithoff – *Rasner*, § 74, Rdn. 27.

300 Siehe oben B. III. 3.

301 *Hönn*, ZHR 138 (1974), 50, 77 f.

(für die GmbH heute § 66 Abs. 5 GmbHG) zeigen, dass Rechte und Pflichten der Gesellschaft fortbestehen können, ohne die Fortexistenz der Gesellschaft zu verlangen.[302] Den Träger der Rechte und Pflichten habe der Gesetzgeber jedoch nicht bestimmt. Auf der Suche nach einem solchen kommt *Hönn* zu dem Schluss, dass die Gesellschaftsorgane zumindest allesamt nicht mehr nötig seien, um den Abwicklungsbedarf zu erledigen.[303] Weil die Vorschriften zur Nachtragsliquidation den Fortbestand eines Gebildes als Rechtsträger aber voraussetzten, also quasi von einem Rechtsnachfolger der erloschenen Kapitalgesellschaft ausgingen, nimmt *Hönn* eine Art fiktives Fortbestehen der Gesellschaft an, soweit dies zur Trägerschaft von Rechten und Pflichten und zur Durchführung der Nachtragsliquidation nötig sei.[304] Auf eine nähere Bestimmung des Rechtsträgers verzichtet er jedoch aufgrund der in die Einzelheiten gehenden Abwicklungsregelungen.[305] Dabei stellt er allerdings klar, dass die Kapitalgesellschaft als solche nicht mehr bestehe und es sich bei seiner Lösung nicht um eine eigentliche Fiktion handele, weil das Gesetz diese gerade nicht vorsehe.[306]

Die Stellung des gerichtlich bestellten Liquidators in der Nachtragsliquidation ähnelt seiner Ansicht nach mehr der eines von Amts wegen eingesetzten Verwalters.[307]

*bb. Kritik*

Diese Ansicht hat Kritik erfahren, weil ein Rechtsträger für die Zuordnung des Vermögens erforderlich sei und eine Art Fiktion darüber hinaus auch den Strukturwandel der GmbH durch die Löschung zu wenig beachte.[308] Weiter könnten sich nach dieser Lösung Schwierigkeiten bei der Führung von Prozessen ergeben, denn ein fingiertes Gebilde könne keine gerichtlichen Verfahren führen.[309] Auch wird bemängelt, dass die Fiktion zu Rechtsunklarheit führe, denn es sei

---

302 *Hönn*, ZHR 138 (1974), 50, 74, 77, 78.

303 *Hönn*, ZHR 138 (1974), 50, 78.

304 Ebd.: „Als Kurzbezeichnung [...] mag man sagen, die Kapitalgesellschaft gelte als fortbestehend.“; vgl. auch S. 74, wo er bemerkt, dass die amtliche Begründung zu § 214 AktG 1937 seines Erachtens nach eher auf eine Fiktion als auf ein tatsächliches Vorhandensein der Gesellschaft hindeute.

305 *Hönn*, ZHR 138 (1974), 50, 78: „nähere Bestimmung dieses Rechtsträgers wäre [...] müßig“.

306 Ebd.

307 *Hönn*, ZHR 138 (1974), 50, 73.

308 Hachenburg[7] – *Ulmer*, Anh. § 60, Rdn. 35; *Heller*, S. 120.

309 *Hüffer*, GS-Schultz, S. 99, 107.

nicht ersichtlich, wie genau der Rechtsträger ausgestaltet sei.[310] Da der fiktive Rechtsträger bereits direkt nach der Löschung bestehen müsste, würde außerdem nur ein Unterschied in der Terminologie vorliegen und nicht wirklich ein Untergang der Gesellschaft durch die Löschung.[311]

## b. Sondervermögenstheorie

### *aa. Begründung*

*Peter Ulmer* vertritt die Ansicht, dass die juristische Person GmbH durch die Löschung untergeht, so dass eine grundlegende Strukturänderung eintritt.[312] Seiner früheren Meinung nach entstand sodann eine Art „Nachgesellschaft", die aber nicht die genaue Parallele zur Vor-GmbH sei, denn sie unterliege – anders als die Vor-GmbH – nicht der Verwaltung durch die Gesellschafter.[313] Sie stelle vielmehr ein Sondervermögen der Gesellschafter dar, das von diesen verfügungsrechtlich getrennt sei und von den gerichtlich bestellten, weisungsunabhängigen Liquidatoren verwaltet werde.[314] Die Ansprüche der Gesellschaftsgläubiger würden sich gegen das Sondervermögen als solches richten.[315] Außerdem könnten nach Löschung der GmbH auch Prozesse für beziehungsweise gegen das Sondervermögen geführt werden.[316] Dabei trete der vom Gericht bestellte Liquidator als eine Art Partei kraft Amtes auf.[317]

Grundsätzlich hat der Nachtragsliquidator nach dieser Meinung keine unbeschränkte Vertretungsmacht, weil das Gericht die wahrzunehmenden Aufgaben mit den dazu übertragenen Befugnissen genau bestimmt.[318] Eine Wiedereintragung der Gesellschaft habe aufgrund des vorangegangenen Unterganges und des folgenden Rechtsformwechsels zu unterbleiben.[319] Lediglich der Nachtragsliquidator sei unter Hinweis auf seine Funktion und die übertragenen Aufgaben einzutragen, wovon abgesehen werden könne, wenn nur wenige, kurzfristig zu erledigende Abwicklungsmaßnahmen durchgeführt werden müssten.[320]

---

310 *Held*, S. 73.
311 *Held*, S. 74.
312 Hachenburg – *Ulmer*, Anh. § 60, Rdn. 37.
313 Hachenburg[7] – *Ulmer*, § 60, Rdn. 16.
314 Ebd. sowie Anh. § 60, Rdn. 35.
315 Hachenburg[7] – *Ulmer*, Anh. § 60, Rdn. 35.
316 Hachenburg[7] – *Ulmer*, Anh. § 60, Rdn. 44.
317 Ebd.
318 Hachenburg[7] – *Ulmer*, Anh. § 60, Rdn. 38.
319 Hachenburg[7] – *Ulmer*, Anh. § 60, Rdn. 42.
320 Ebd.

*bb. Kritik*

Gegen die Sondervermögenstheorie wurde vorgebracht, dass nicht klar sei, ob das Vermögen und andere subjektive Rechte den Gesellschaftern als einzelne zustehen oder einer aus ihnen bestehenden Gesamthand.[321] Kritisiert wird weiter, dass durch den Anfall des Vermögens an die Gesellschafter, Rechte und Pflichten der GmbH von ihrem Zuordnungssubjekt getrennt würden, was nur durch die Anordnung der weisungsfreien Fremdverwaltung ausgeglichen werde.[322] Ferner sei unklar, wie sich der Übergang des Vermögens vollziehe und was mit den Verbindlichkeiten geschehe.[323] Eine persönliche Haftung der Gesellschafter widerspreche jedenfalls dem GmbH-Recht, insbesondere der Haftungsstruktur der GmbH.[324]

Diese Ansicht hat *Ulmer* später ausdrücklich aufgegeben[325] und sie wird soweit ersichtlich von niemandem mehr vertreten, so dass sie in der folgenden Untersuchung auch keine Berücksichtigung mehr findet.

## c. Gesamthandstheorie

*aa. Begründung*

*Hüffer* sympathisiert mit der Sondervermögenstheorie *Ulmers*, entwickelt diese aber weiter, da sie nicht klarstelle, ob die Gesellschafter als einzelne oder als Gesamthand Träger des noch vorhandenen Vermögens seien.[326] Seiner Meinung nach bilden die Gesellschafter eine Gesamthand als teilrechtsfähige Abwicklungsgesellschaft, auf die die Rechte und Pflichten der GmbH im Wege der Gesamtrechtsnachfolge kraft Gesetzes übergehen.[327] Dieser Meinung hat sich nun auch *Ulmer* angeschlossen, der in der Gesamthand eine „Nachgesellschaft" erblickt.[328] Früher wurde der Übergang auf eine Parallele zur übertragenden Um-

---

321 *Hüffer*, GS-Schultz, S. 99, 108.

322 *K. Schmidt*, GmbHR 88, 209, 211.

323 *Hüffer*, GS-Schultz, S. 99, 108.

324 *Bork*, JZ 91, 841, 843 f.

325 Hachenburg – *Ulmer*, § 60, Rdn. 18, Fn. 28.

326 *Hüffer*, GS-Schultz, S. 99, 108.

327 Ebd.; für die AG MüKoAktG – *Hüffer*, § 262, Rdn. 91, § 273, Rdn. 31; sich anschließend Bürgers/Körber – *Füller*, § 264, Rdn. 4, § 273, Rdn. 10; *Gehrlein*, DStR 97, 31, 34; *Heerma*, S. 85; Rowedder/Schmidt-Leithoff – *Pentz*, § 13, Rdn. 9; auch Ensthaler/Füller/Schmidt – *Ensthaler*, § 66, Rdn. 18 und Ensthaler/Füller/Schmidt – *Zech*, § 60, Rdn. 4, die dann aber die gerichtliche Bestellung von Nachtragsliquidatoren ablehnen, obwohl das Gesetz, wie sie anmerken, genau diese bestimmt.

328 Hachenburg – *Ulmer*, § 60, Rdn. 18, siehe dort auch Fn. 28.

wandlung auf eine OHG nach §§ 5, 24 UmwG 1969 gestützt.[329] Heute wird lediglich der Gleichlauf von Gründungsphase und Nachtragsabwicklung vorgebracht.[330] Allerdings wird dabei nicht einfach eine komplette Parallele zur Vorgesellschaft gezogen, denn der Verband verliere durch die Löschung seine Organisationsautonomie, wie insbesondere die gerichtliche Bestellungskompetenz der Nachtragsliquidatoren zeige.[331] Lediglich die Gesamthandsstruktur und die rechtliche Verselbstständigung des Verbandes gegenüber den Mitgliedern seien mit der Vorgesellschaft vergleichbar.[332]

Die nötige Grundlage der Gesamthand stellten der Gründungsvertrag der GmbH und die Beitrittserklärungen der Gesellschafter dar.[333]

Da eine Gesamthand nur aus mehreren Personen bestehen könne, müsse im Fall der Einpersonen-GmbH nach Löschung vom Vorliegen eines Sondervermögens ausgegangen werden, das unter der Verwaltung der Nachtragsabwickler stehe, wodurch sich die notwendige Vermögenstrennung zum Privatvermögen des Gesellschafters ergebe.[334]

### *bb. Vertretungsbefugnis*

Im Hinblick auf die Vertretungsbefugnis der Geschäftsführer beziehungsweise Liquidatoren wirke die Löschung ebenfalls konstitutiv und beseitige diese.[335] Das nun allein für die Bestellung zuständige Gericht könne im Bestellungsbeschluss die Geschäftsführungsbefugnis der Nachtragsliquidatoren genau bestimmen und eingrenzen.[336] Danach richte sich dann grundsätzlich auch ihre Vertretungsmacht.[337] Der Grundsatz der unbeschränkten Vertretungsmacht gilt in der Nachtragsliquidation nach dieser Ansicht also nicht mehr.[338] Ausnahmsweise besteht aber auch nach den Befürwortern der Gesamthandstheorie trotz Löschung die Vertretungsmacht der früheren Vertreter fort, nämlich für die Abgabe der eidesstattlichen Versicherung[339] und im Beschwerdeverfahren hinsicht-

329 *Hüffer*, GS-Schultz, S. 99, 108, auch Hachenburg – *Ulmer*, Anh. § 60, Rdn. 37; wohl auch Heidel – *Ammon*, § 1, Rdn. 12, Fn. 36 für die AG.

330 MüKoAktG – *Hüffer*, § 262, Rdn. 91.

331 So bereits Hachenburg[7] – *Ulmer*, Anh. § 60, Rdn. 35.

332 MüKoAktG – *Hüffer*, § 262, Rdn. 91.

333 *Hüffer*, GS-Schultz, S. 99, 109.

334 Hachenburg – *Ulmer*, Anh. § 60, Rdn. 37.

335 Hachenburg – *Ulmer*, § 60, Rdn. 18, Anh. § 60, Rdn. 36.

336 MüKoAktG – *Hüffer*, § 273, Rdn. 43.

337 *Hüffer*, AktG, § 273, Rdn. 18.

338 Hachenburg – *Ulmer*, Anh. § 60, Rdn. 41.

339 Ensthaler/Füller/Schmidt – *Ensthaler*, § 66, Rdn. 19.

lich der Bestellung von Nachtragsliquidatoren[340]. Für den begrenzten Zweck des Beschwerdeverfahrens wird die aufgrund der konstitutiven Löschung untergegangene Gesellschaft dann als fortbestehend fingiert.[341]

### *cc. Eintragung im Register*

Eine Wiedereintragung der erloschenen Gesellschaft komme gerade aufgrund ihrer Beendigung durch die Löschung und den darauf folgenden Rechtsformwechsel nicht in Betracht.[342] Eine Wiedereintragung sei nur über eine Neugründung zu erreichen.[343] Im Fall der Nachtragsliquidation wird sie nach dieser Ansicht aber praktisch auch nicht für erforderlich gehalten, da die notwendige Eintragung der Nachtragsliquidatoren auf dem Registerblatt der gelöschten GmbH von Amts wegen zu erfolgen habe. Dadurch und durch die vorhergehende Bestellung werde zum Ausdruck gebracht, dass die Löschung zu früh erfolgt sei.[344] Die Eintragung des Liquidators erfolge unter Hinweis auf seine Funktion und die ihm übertragenen Aufgaben.[345] Die Eintragung könne jedoch unterbleiben, wenn dem Nachtragsliquidator nur einzelne, zügig zu erledigende Aufgaben übertragen seien.[346]

### *dd. Kritik*

Schon bevor vertreten wurde, die GmbH wandle sich in eine Nachgesellschaft in Form einer Gesamthand um, wurde hinsichtlich des Konstrukts einer Nachgesellschaft kritisiert, dass die Gesellschafter bei der Gründung der juristischen Person nicht zugleich die Vorstellung und den Willen gehabt hätten, daraus später gegebenenfalls eine solche entstehen zu lassen.[347] Vor allem sei ein entsprechender Wille nicht gegeben, wenn die Nachtragsliquidation lediglich im Drittinteresse zu erfolgen habe.[348] Dem Gründungsvertrag könne der Wille ebenfalls nicht entnommen werden, weil jener aufgrund der Vollbeendigung der juristi-

---

340 MüKoAktG – *Hüffer*, § 273, Rdn. 48.

341 Ebd.

342 Hachenburg – *Ulmer*, § 60, Rdn. 18, Anh. § 60, Rdn. 45.

343 *Hüffer*, GS-Schultz, S. 99, 113.

344 *Hüffer*, GS-Schultz, S. 99, 113.

345 Hachenburg – *Ulmer*, Anh. § 60, Rdn. 37, 45; *Hüffer*, GS-Schultz, S. 99, 113.

346 MüKoAktG – *Hüffer*, § 264, Rdn. 17, § 273, Rdn. 40: Legitimation durch Bestellungsurkunde.

347 *Hönn*, ZHR 138 (1974), 50, 78.

348 *Heller*, S. 127; *Sammeck*, S. 68.

schen Person keine Rechtswirkungen mehr habe und deshalb nicht herangezogen werden könne.[349]

Des Weiteren müsste eine Haftungsbeschränkung auf das Gesamthandsvermögen irgendwie konstruiert werden, da ansonsten die Gesellschafter mit dem Untergang der GmbH als juristische Person persönlich in Anspruch genommen werden könnten.[350]

Gegen eine Gesamthand spreche auch, dass die Nachtragsliquidation sich nach GmbH-Recht richte und folglich eine GmbH abgewickelt werden müsse.[351]

Bedenken gegen diese Ansicht bestünden ferner, weil eine Eintragung der Liquidatoren auf dem Registerblatt der GmbH nach deren Vollbeendigung nicht zugelassen werden dürfe.[352]

### d. Annahme einer teilkonstitutiven Löschungswirkung

Ausgehend von einer teilkonstitutiven Wirkung der Löschung haben ab Ende der 1980er einige Autoren beim Auftauchen von Vermögen nach der Löschung ein teilweises Fortbestehen der GmbH angenommen.[353] Allerdings haben sie dieses, wie sogleich dargestellt wird, bisweilen unterschiedlich ausgestaltet. Trotzdem sind sich die Lösungen sehr ähnlich und divergieren zum Teil lediglich in Begrifflichkeiten. Dennoch werden die Anhänger der teilkonstitutiven Löschungswirkung nachfolgend in zwei Gruppen eingeteilt, um die Unterschiede zu verdeutlichen.

Ähnliche Konsequenzen wie von dieser Ansicht wurden auch schon kurz nach Erlass des Löschungsgesetzes gezogen.[354] Danach lag bei Vorhandensein von Vermögen nach Löschung eine aufgelöste GmbH vor, deren Rechtspersönlichkeit allerdings nur soweit bestehe, wie es erforderlich sei, um das Vermögen einem Rechtsträger zuzuordnen.[355]

---

349 *H. Schmidt*, S. 140.

350 Ebd.

351 Ulmer – *Casper*, § 60, Rdn. 97.

352 *Heller*, S. 125.

353 *Buchner*, S. 115; *Heller*, S. 128, 142; *Lindacher*, FS-Henckel, S. 549, 552; *H. Schmidt*, S. 138.

354 *Herbig*, DNotZ 35, 787, 790; ähnlich für die AG *Schlegelberger/Quassowski*, § 214, Anm. 16, wonach die Gesellschaft bei jeglichem Abwicklungsbedarf zum Teil bestehen bleibt.

355 *Herbig*, DNotZ 35, 787, 790.

*aa. Partieller Fortbestand als teilrechtsfähige Nachgesellschaft*

Mitunter nehmen die Autoren nach der Löschung ein partielles Fortbestehen der GmbH mit eingeschränkter Rechtsfähigkeit an, sofern noch Abwicklungsbedarf vorliegt.[356] Die Löschung vernichte demnach nur die Existenz als typisierte juristische Person, lasse aber ein atypisches Gebilde zurück, das mit der vorher eingetragenen GmbH (zumindest teilweise) identisch sei.[357] Da ihr nur einzelne Rechte und Pflichten der GmbH zugeordnet werden, wird sie als teilrechtsfähig bezeichnet.[358] Die Teilrechtsfähigkeit sei begrenzt und bestimmt durch den Liquidationsbedarf, was von *Heller* auf eine Analogie zu § 49 Abs. 2 BGB gestützt und als eine ausnahmsweise zulässige Nichtgeltung des ultra-vires-Verbots angesehen wird.[359] Das noch bestehende Gebilde wird Nachgesellschaft (Nach-GmbH) genannt.[360] Die Existenz der Nach-GmbH sei notwendig, weil sich der Untergang ebenso wie die Entstehung nicht in einer juristischen Sekunde vollziehe, sondern schrittweise.[361] Dabei wird aber betont, dass der Untergang nicht symmetrisch zur Entstehung der juristischen Person ablaufe, denn auf letztere gehen bei ihrer Entstehung alle Rechte und Pflichten der Vorgesellschaft über.[362] Der teilrechtsfähigen Nachgesellschaft würden jedoch gerade nicht alle Rechte und Pflichten der GmbH zugeordnet.[363] Die Löschung sei also nicht der genaue actus contrarius zur Eintragung und die Nach-GmbH nicht die genaue Parallele zur Vor-GmbH, weil beide Gesellschaften Unterschiede in der Struktur aufwiesen und auf andere Ziele gerichtet seien.[364] Insbesondere fehle der Nachgesellschaft die Organisation, die die Vor-GmbH besitze.[365]

*Heller* schränkt den Fortbestand der Gesellschaft weiter insoweit ein, als nicht jegliches Auftauchen von Vermögen ihren Untergang hindert: Es seien vielmehr Aktiva nötig, die der Höhe nach über den möglicherweise entstehenden Abwicklungskosten lägen, da sonst kein verteilbares Vermögen zur Verfügung stünde.[366] Das Vorhandensein von Vermögen wird danach für die gesamte

356 *Buchner*, S. 115, 119; *Heller*, S. 142.
357 *Buchner*, S. 115.
358 Ebd.; vgl. zum Begriff Teilrechtsfähigkeit *Heller*, S. 129.
359 *Heller*, S. 132 ff.; allerdings ist zu beachten, dass die h. L. anders als die Rechtsprechung § 49 Abs. 2 BGB nicht als Einschränkung der Rechtsfähigkeit versteht, sondern nur als solche des Zweckes des Vereins, vgl. Staudinger – *Weick*, § 49, Rdn. 17.
360 *Buchner*, S. 115; *Heller*, S. 129, 142.
361 *Buchner*, S. 115.
362 Ebd.
363 Ebd.
364 *Heller*, S. 141.
365 *Heller*, S. 142.
366 *Heller*, S. 143, 158.

Zeit seit der Löschung verlangt.[367] Forderungen der GmbH blieben unberücksichtigt, wenn sie zumindest nicht in naher Zukunft durchsetzbar seien.[368]

Die Nach-GmbH sei eine reine Liquidationsgesellschaft, auf die wegen der Identität mit der vorherigen juristischen Person GmbH-Recht Anwendung finde, soweit sich nicht aus der Löschung etwas anderes ergebe.[369] Diese sei erfolgt, weil zuvor angenommen wurde, dass nichts mehr zu liquidieren sei, entweder weil von Vermögenslosigkeit der Gesellschaft oder der tatsächlichen Beendigung des Liquidationsverfahrens ausgegangen wurde.[370] Löschung bedeutet danach das Ende des Anwendungsbereichs des ordentlichen Liquidationsverfahrens nach §§ 60 ff. GmbHG.[371] Daraus wird geschlossen, das Nachtragsliquidationsverfahren nach der Löschung sei ein Minimalverfahren und folge teilweise anderen Regeln als das reguläre Liquidationsverfahren.[372] Es sei auf Zerschlagung, das heißt Beseitigung des Restbestandes der Gesellschaft gerichtet.[373] Neugeschäfte könne die Nachgesellschaft dementsprechend nur abschließen, wenn solche objektiv für die Erreichung des Liquidationszweckes erforderlich seien.[374] Die Interessen der Altgläubiger fänden dabei nachrangig zu denen des Rechtsverkehrs Berücksichtigung.[375]

#### α. Organisation, insbesondere Vertreter der Nachgesellschaft

Die Organisation der GmbH gehe durch die Löschung unter.[376] Nach *Buchner* verlieren die bisherigen Vertreter ausnahmslos alle ihre Rechte und Pflichten, auch die sonst oft angenommene Befugnis zur Abgabe der eidesstattlichen Versicherung gemäß § 807 ZPO oder zur Vertretung der GmbH beim Vorgehen gegen die gerichtliche Liquidatorenbestellung.[377] Ihre Befugnisse würden auf den gerichtlich bestellten Nachtragsliquidator übergehen.[378] Dieser werde auch vom

---

367 *Heller*, S. 143.
368 Vgl. ebd.
369 *Buchner*, S. 133; *Heller*, S. 142.
370 Vgl. dazu *Buchner*, S. 117.
371 *Buchner*, S. 117 f.
372 *Buchner*, S. 118.
373 *Heller*, S. 156.
374 *Buchner*, S. 121; *Heller*, S. 143.
375 *Buchner*, S. 118 f.
376 *Buchner*, S. 132; *Heller*, S. 142.
377 *Buchner*, S. 128 ff., für die Abgabe der eidesstattlichen Versicherung sei danach der Nachtragsliquidator zuständig, im Beschwerdeverfahren seien die Gesellschafter antragsberechtigt.
378 *Buchner*, S. 130.

Gericht überwacht.[379] Dem entspreche der Wegfall aller anderen Organe der GmbH, da ihnen in der Nachtragsliquidation keine Funktion mehr zukomme, ihr Bestand mithin unnötig sei.[380] Laut *Heller*, dem anderen Vertreter der Ansicht, bestehe jedoch eine Ausnahme hinsichtlich der Gesellschafterversammlung, wenn die Gesellschaft selbst Ansprüche geltend machen wolle, denn dann habe diese gegenüber den Liquidatoren weiterhin Kontroll- und Weisungsbefugnisse.[381]

Die Vertretungsmacht der Nachtragsliquidatoren ist nach dieser Ansicht zwingend beschränkt aufgrund der Teilrechtsfähigkeit der Nachgesellschaft, deren Zweck lediglich auf Beseitigung gerichtet sei.[382] Weiter habe das Registergericht die Möglichkeit sie zusätzlich mit Außenwirkung auf bestimmte Maßnahmen zu begrenzen.[383] Gerechtfertigt sei das, weil die Nach-GmbH keine typisierte Vollrechtsfähigkeit besitze, die zwingend zu einer unbeschränkten Vertretungsmacht führen würde.[384]

β. Handelsregistereintragung

Da die Nachgesellschaft keine typisierte Rechtsperson sei, könne sie nicht wieder ins Handelsregister eingetragen werden, denn dies würde auf Vollrechtsfähigkeit hindeuten.[385] Aufgrund des Strukturwandels sei auch eine Eintragung als in Liquidation befindlich nicht möglich.[386] Aus Publizitätsgesichtspunkten könne nur der Liquidator, dessen Aufgabenbereich nicht auf ganz wenige Maßnahmen begrenzt sei, auf dem Registerauszug der gelöschten Gesellschaft unter Hinweis auf die Nachtragsliquidation eingetragen werden.[387] Daraus sei für den Rechtsverkehr dann auch die Existenz der Nach-GmbH ersichtlich. Bei einer Beschränkung auf einzelne Aufgaben habe die Eintragung aber zu unterbleiben. Zur Legitimation des Abwicklers reiche dann die Bestellungsurkunde des Gerichts.[388]

---

379 *Buchner*, S. 140 ff.
380 *Buchner*, S. 132 f.; *Heller*, S. 112 ff.
381 *Heller*, S. 116.
382 *Heller*, S. 165.
383 *Heller*, S. 165.
384 *Buchner*, S. 134.
385 *Buchner*, S. 147; *Heller*, S. 168.
386 *Buchner*, S. 147.
387 *Heller*, S. 168.
388 *Heller*, S. 169.

γ. Vollbeendigung der Nach-GmbH

Die tatsächliche Vollbeendigung der Gesellschaft tritt nach dieser Ansicht mit dem Ende der Nach-GmbH ein, welche mit der Erledigung des letzten Abwicklungsrückstandes angenommen wird.[389] Theoretisch liege diese Situation nie vor, was die Gesellschaft potentiell unsterblich mache, denn aus ex ante-Sicht könne niemals sicher gesagt werden, ob noch Abwicklungsbedarf auftauche.[390] Auch wenn sich demzufolge nicht das absolute Ende der Gesellschaft beschleunigen lasse, werde durch das Konzept der Teilrechtsfähigkeit – so seine Befürworter – doch die Gläubigergefährdung im Vergleich zur Ansicht vom automatischen Untergang der GmbH und zur Lehre vom Doppeltatbestand verringert, da das Ende der Kapitalgesellschaft nicht beliebig hinausgezögert und sie auch nicht einfach fortgesetzt werden könne.[391]

*bb. Personifikation unterhalb der Stufe der juristischen Person*

Zu einem der soeben dargestellten Lösung ähnlichen Schluss gelangen andere Autoren, die ausdrücklich zwischen der Rechtspersönlichkeit der Gesellschaft und ihrer Verbandsexistenz[392] unterscheiden.[393] Danach beseitigt die Löschung lediglich die Rechtspersönlichkeit, nicht aber die Verbandsexistenz.[394] Ein Personenzusammenschluss erlange erst mit seiner Eintragung die Qualität einer juristischen Person, da allein auf diese Weise Klarheit über seine Rechtsfähigkeit geschaffen werden könne.[395] Aus demselben Bedürfnis heraus verliere der Zusammenschluss das Charakteristikum der juristischen Person dann auch wieder durch die Löschung.[396] Der Verband selbst bestehe aber bei noch vorliegendem Abwicklungsbedarf weiter.[397] Er stelle nach der Löschung eine Personifikation von minderem Verselbstständigungsgrad dar, der die noch bestehenden Rechte und Pflichten zugeordnet würden und die damit Rechtssubjektivität besitze.[398]

---

389 *Buchner*, S. 126; *Heller*, S. 169; vgl. aber auch S. 129, wonach in jedem Fall noch die gerichtliche Abberufung des Liquidators erforderlich sei.

390 *Buchner*, S. 126 f.; vgl. auch *Heller*, S. 111.

391 *Buchner*, S. 126; zur Fortsetzungsmöglichkeit nach dieser Ansicht s. unter C. V. 3.

392 Dazu auch *K. Schmidt*, Verbandszweck, S. 15, insbesondere zur Gründung; sowie *ders.* ZHR 147 (1983), 43, 52.

393 Vgl. *Lindacher*, FS-Henckel, S. 549, 553.

394 *Lindacher*, FS-Henckel, S. 549, 554; *H. Schmidt*, S. 133, 184.

395 Zur AG KölnerKommAktG – *Kraft*, § 273, Rdn. 37.

396 Ebd.; ähnlich Spindler/Stilz – *Bachmann*, § 262, Rdn. 92.

397 *Lindacher*, FS-Henckel, S. 549, 556; *H. Schmidt*, S. 139.

398 *H. Schmidt*, S. 138, 170, 184.

Diese Personifikation wird unter Berufung auf *John*[399] unterhalb der juristischen Person angesiedelt, sei aber keine Gesamthandsgemeinschaft.[400] Wie die zuvor dargestellte Auffassung spricht diese Ansicht der Nach-GmbH Teilrechtsfähigkeit zu.[401]

Ähnlich der Vor-GmbH vor Eintragung, sei der Verband nach der Löschung mit der GmbH identisch, da er die „juristische Person in Nachexistenz" sei.[402] Die Parallele zur Vorgesellschaft biete sich nicht hinsichtlich der Organisationsverfassung an, aber aufgrund der Verbandsexistenz und Rechtssubjektivität.[403] Außerdem würden sich sowohl die Entstehung als auch der Untergang in mehreren Schritten vollziehen.[404] Es wird hier ebenfalls der Begriff Nach-Gesellschaft für den bestehenden Rest der GmbH verwendet.[405]

Im Gegensatz zur zuvor dargestellten Meinung steht nach dieser Ansicht nicht das öffentliche Interesse an der Beseitigung der Gesellschaft im Vordergrund der Liquidation, sondern der Schutz der Gläubiger, zu deren Befriedigung die Abwicklung durchgeführt wird.[406] Diesen soll ermöglicht werden, ihre Ansprüche durchzusetzen.

α. Haftungsverfassung

Die Haftungsverfassung ist in der Nachgesellschaft laut dieser Ansicht genau wie in der regulären Liquidationsgesellschaft ausgestaltet, so dass die Haftungsbeschränkung der GmbH fortbesteht.[407] Als Begründung wird angeführt, dass diese nicht an die Eintragung gebunden sei, sondern an die Kapitalausstattung bei Entstehung der GmbH und deren Publizität, die sich weiterhin aus der Eintragung des Liquidators ergebe.[408]

---

399 *John*, Rechtsperson, S. 218 ff.

400 *Lindacher*, FS-Henckel, S. 549, 554; *H. Schmidt*, S. 139.

401 *Lindacher*, FS-Henckel, S. 549, 553; nach *H. Schmidt*, S. 138 fehlt ihr die typisierte volle Rechtsfähigkeit.

402 MüKoZPO – *Lindacher*, § 50, Rdn. 14.

403 *H. Schmidt*, S. 138.

404 KölnerKommAktG – *Kraft*, § 273, Rdn. 40.

405 MüKoZPO – *Lindacher*, § 50, Rdn. 14; *H. Schmidt*, passim; Spindler/Stilz – *Bachmann*, § 262, Rdn. 103.

406 *H. Schmidt*, S. 123.

407 *H. Schmidt*, S. 164, 162 f.

408 *H. Schmidt*, S. 164, 163, unter Berufung auf *Theobald*, S. 83 ff.

### β. Liquidator und andere Organe des bestehenden Gebildes

Hinsichtlich der Vertretungsorgane geht die Lösung der Lehre von der Personifikation unterhalb der juristischen Person mit der heute allgemein anerkannten Ansicht konform, so dass jene mit der Löschung ihre Stellung verlieren.[409] Ist noch Vermögen vorhanden, liege die Zuständigkeit zum Tätigwerden für die GmbH allein bei dem gerichtlich bestellten Liquidator.[410] Uneinigkeit herrscht hinsichtlich der Frage, ob die Vertretungsmacht des Nachtragsliquidators im Außenverhältnis beschränkt ist oder nicht. Aus Gründen des Verkehrsschutzes wird eine Beschränkung zum Teil abgelehnt.[411] Da die Befugnisse des Liquidators dann aber im Hinblick auf die begrenzten Aufgaben in der Nachtragsliquidation zu weitgehend sein könnten, solle das Registergericht dem Liquidator bei der Bestellung im Innenverhältnis Grenzen auferlegen können.[412] Dies reiche für den Schutz der Gesellschaft vor liquidationsfremden Geschäften aus.

Zuweilen wird aufgrund des Gläubigerschutzes allerdings für eine Beschränkung der Vertretungsmacht eingetreten.[413] Dabei sollte die Befugnis des Liquidators nicht zu eng gefasst werden, um eine unnötige Neubestellung bei Auftauchen weiteren Abwicklungsbedarfs zu vermeiden.[414]

Andere Organe bestünden in der Nachtragsliquidation nicht, da ihnen keinerlei Funktion mehr zukomme.[415]

### γ. Handelsregistereintragung

Eine Wiedereintragung der Gesellschaft kann nach dieser Auffassung nicht erfolgen.[416] Die Eintragung im Rahmen der Gründung verleihe dem Gebilde die Rechtspersönlichkeit, die durch die Löschung wieder entzogen werde.[417] Die erneute Eintragung würde die Rechtspersönlichkeit wieder mit sich bringen, so

---

409 Vgl. *Lindacher*, FS-Henckel, S. 549, 556; *H. Schmidt*, S. 129.

410 *H. Schmidt*, S. 164, 159; wie viele Vertreter der anderen Ansichten macht auch *Bachmann* in Spindler/Stilz, § 273, Rdn. 22 bzw. 32 hiervon eine Ausnahme für die Abgabe der eidesstattlichen Versicherung sowie im Fall der Beschwerde gegen die gerichtliche Liquidatorenbestellung.

411 *H. Schmidt*, S. 164, 161 f.

412 Ebd.

413 *Lindacher*, FS-Henckel, S. 549, 555; für die AG Spindler/Stilz – *Bachmann*, § 273, Rdn. 20, wonach im Fall der Nachtragsliquidation für einen weitergehenden Verkehrsschutz kein Bedürfnis bestehe.

414 Spindler/Stilz – *Bachmann*, § 273, Rdn. 27.

415 *H. Schmidt*, S. 169.

416 Spindler/Stilz – *Bachmann*, § 273, Rdn. 29.

417 *H. Schmidt*, S. 135.

dass dafür die Voraussetzungen der Eintragung, also Einhaltung der Normativbestimmungen, vorliegen müssten.[418] Allerdings habe dann die Eintragung der Nachtragsliquidatoren aus Verkehrsschutz- und Publizitätsgesichtspunkten unter der Nummer der GmbH im Handelsregister zu erfolgen.[419]

δ. Beendigung des Verbandes

Vollbeendigung der GmbH liegt nach dieser Ansicht vor, wenn der Verband aufhört zu existieren. Dafür wird ein Doppeltatbestand aus Löschung und tatsächlicher, dauernder Beendigung des Abwicklungsbedarfs verlangt, so dass der Liquidationszweck erreicht wurde.[420] Da sich aber immer wieder neuer Abwicklungsbedarf zeigen könne, sei die Nachgesellschaft eigentlich nie beendet.[421] Die Unsicherheit über den Fortbestand der Nachgesellschaft ließe sich nur vermeiden, wenn als Zuordnungssubjekt für auftauchenden Abwicklungsbedarf ein nicht mit der GmbH identischer Rechtsträger angenommen werde oder herrenlose Rechtspositionen akzeptiert würden.[422] Im ersten Fall würde sich dann aber Unsicherheit über die Existenz des neuen Rechtsträgers ergeben.

*cc. Kritik*

An der Annahme einer Rechtsform unterhalb der juristischen Person wird bemängelt, dies widerspreche dem numerus clausus der Gesellschaftsformen, der zum Schutze des Rechtsverkehrs einzuhalten sei.[423] Ansonsten gilt auch der Ansicht von der teilkonstitutiven Löschungswirkung die bereits erwähnte Kritik, dass das Gesetz eben die Liquidation einer GmbH vorsehe und nicht einer wie auch immer ausgestalteten Nach-GmbH und weiter, dass den Gesellschaftern bei Gründung der GmbH nicht der Wille unterstellt werden könne, später eine Nachgesellschaft, welcher Form auch immer, zu gründen.[424]

---

418 Ebd., wobei *H. Schmidt* in Betracht zieht, die Löschung nach § 395 FamFG zuzulassen, wenn Vermögen in Höhe des Mindeststammkapitals übersehen wurde und somit die Normativbestimmungen in dieser Hinsicht erfüllt sind.

419 *H. Schmidt*, S. 164, 160: für ausnahmslose Eintragung; KölnerKommAktG – *Kraft*, § 273, Rdn. 32 f.: keine Eintragung, wenn nur Einzelmaßnahme zu erledigen ist; Spindler/Stilz – *Bachmann*, § 273, Rdn. 29: Eintragung des Nachtragliquidators nur, wenn langfristige und umfangreiche Abwicklung nötig.

420 *Lindacher*, FS-Henckel, S. 549, 554; *H. Schmidt*, S. 134.

421 Vgl. Spindler/Stilz – *Bachmann*, § 273, Rdn. 10.

422 *H. Schmidt*, S. 181.

423 *Sammeck*, S. 69; in die Richtung auch Ulmer – *Casper*, § 60, Rdn. 97.

424 Siehe C. I. 3. c. dd.

## II. Erforderlichkeit anderer Abwicklungsmaßnahmen nach der Löschung

Im Rahmen der Liquidation sind nicht nur die vermögensrechtlichen Beziehungen der Gesellschaft zu erledigen, sondern auch sonstige Maßnahmen durchzuführen. Diese können aber bei der Abwicklung ebenfalls übersehen werden und deshalb nach der Löschung noch bestehen.[425] Einer Löschung wegen Vermögenslosigkeit der Gesellschaft stehen sie sogar grundsätzlich nicht im Weg, weil § 394 Abs. 1 S. 1 FamFG nur die Vermögenslosigkeit als Tatbestandsmerkmal fordert und nicht auf das Nichtvorliegen anderer Abwicklungserfordernisse abstellt.[426] Trotz Vermögenslosigkeit können folglich noch Ansprüche gegen die GmbH gegeben sein, die eben kein Vermögen zu ihrer Erfüllung voraussetzen, an deren Befriedigung die Gläubiger aber dennoch ein Interesse haben.[427] Dazu gehören unter anderem die Ausstellung eines Arbeitszeugnisses, Herausgabe von Sachen, Zustimmung zur Grundbuchberichtigung oder generell die Abgabe von Willenserklärungen.[428] Auf welche Art und Weise diese Ansprüche abzuwickeln sind, insbesondere wer zur Vornahme der entsprechenden Maßnahme verpflichtet ist und wie eine Durchsetzung demjenigen gegenüber erfolgen kann, hängt wiederum davon ab, ob die GmbH als solche in diesem Fall noch besteht.

### 1. Deklaratorisch wirkende Löschung

#### a. Fortbestand der GmbH nach der weiten Teilauffassung

Wird das weite Verständnis dieser Meinung zu Grunde gelegt, wonach Vollbeendigung erst bei Fehlen jeglichen Abwicklungsbedarfs eintritt, besteht kein Problem bei der Abwicklung von nichtvermögensrechtlichen Posten. Wie im Falle des späteren Auftauchens von Vermögen besteht die GmbH als juristische Person fort.[429] Sie ist dann durch einen gerichtlich bestellten Nachtragsliquidator abzuwickeln.

---

425 Vgl. Rowedder/Schmidt-Leithoff – *Rasner*, § 74, Rdn. 20.

426 Baumbach/Hueck – *Haas*, Anh. § 77, Rdn. 6; Hachenburg – *Ulmer*, Anh. § 60, Rdn. 15a.

427 Vgl. BGHZ 105, 259, 261 f.; *Bork*, JZ 91, 841, 847.

428 Weitere Beispiele bei Baumbach/Hueck – *Haas*, § 60, Rdn. 105 mit Nachweisen aus der Rechtsprechung.

429 Vgl. *Cramer*, S. 24 f.; *Marowski*, JW 38, 11, 12 f.

## b. Meinungen, die nicht auf Abwicklungsbedarf für die Beendigung abstellen

Nach der engen Auffassung, die für das Erlöschen nur auf die Vermögenslosigkeit abstellt, besteht eigentlich kein Rechtssubjekt mehr, dem die vermögensneutralen Rechte und Pflichten zugeordnet werden können. Dasselbe Ergebnis ergibt sich, wenn zusätzlich zur Vermögenslosigkeit noch die Betriebsaufgabe oder der Wegfall der Organisation[430] gefordert wird, da diese Merkmale im hier zu betrachtenden Fall ebenfalls nicht vorhanden sind.

## c. Früher vorherrschende Ansicht: Zuständigkeit der ehemaligen Vertreter

Obwohl sie den Untergang der Gesellschaft aufgrund verschiedener Kriterien annahmen, kamen die Vertreter aller Variante der Auffassung in der Vergangenheit trotzdem größtenteils zum selben Ergebnis, wenn Handlungen oder Erklärungen der Gesellschaft erforderlich wurden. In Parallele zu den Fällen des Auftauchens von Vermögen wurde zunächst eine förmliche Eröffnung der Nachtragsliquidation abgelehnt und der letzte Vertreter zur Vornahme der notwendigen Handlungen als berechtigt und verpflichtet angesehen.[431] Eine Registerberichtigung wurde auch in diesem Fall für unnötigen Formalismus gehalten, der vermeidbare Kosten und Mühen verursacht und demnach nicht vorzunehmen war.[432] Legitimieren konnte sich der Vertreter dann ebenfalls durch den Handelsregisterauszug mit dem Löschungsvermerk und den geröteten Eintragungen.[433] War der Vertreter nicht mehr vorhanden, musste ebenso wie beim Auftauchen von Vermögen ein neuer durch die Gesellschafterversammlung oder vom Gericht bestellt werden.[434] Die Bestellung erfolgte danach regelmäßig mit beschränktem Wirkungskreis, so dass der Liquidator nicht erneut ins Register eingetragen werden konnte, weil dies auf eine umfassende Vertretungsbefugnis

---

430 Es sei denn, es wird mit *Cramer*, S. 33 angenommen, dass der Organismus gerade noch besteht, um die erforderlichen Abwicklungsmaßnahmen vorzunehmen.

431 Für die weite Teilauffassung *Marowski*, JW 38, 11, 12; für die enge hinsichtlich einer Aktiengesellschaft LG Nürnberg, BayNotV 28, 252; *Groschuff*, JW 36, 746.

432 *Peus*, JW 35, 1585.

433 *Nebelung*, DNotZ 35, 451, 453.

434 Früher wurde dazu wie im Fall des Auftauchens von Vermögens §§ 29, 48 BGB herangezogen, so BayObLG DNotZ 55, 638, 640; *Marowski*, JW 38, 11, 13; *Nebelung*, DNotZ 35, 451, 453 f.

hinweise.[435] Legitimieren sollte er sich durch den Bestellungsbeschluss des Gerichts.[436]

## d. Mindermeinung: keine Nachtragsliquidation

Vereinzelt fand dieser Lösungsweg allerdings Ablehnung. Danach wurde eine Nachtragsliquidation mangels Vermögens versagt und das Erlöschen der Gesellschaft angenommen.[437] Die Löschung einer wertlosen Hypothek war danach zum Beispiel zu erreichen, indem dem Grundbuchamt der Beschluss, durch den das Gericht die Eröffnung der Nachtragsliquidation abgelehnt hat, vorgelegt wurde.[438]

## e. Heute überwiegende Ansicht: § 273 Abs. 4 AktG analog

In jüngerer Zeit wird insbesondere von der Rechtsprechung, die der engen Variante der Ansicht folgt und damit nur Vermögenslosigkeit für die Beendigung der juristischen Person fordert, die Möglichkeit der Nachtragsliquidation bei nichtvermögensrechtlichem Abwicklungsbedarf bejaht, ohne auf die Problematik der Rechtsfähigkeit der betroffenen Gesellschaft einzugehen.[439] Dabei bleibt aber unklar, welches Gebilde genau liquidiert wird, denn unmissverständlich gehen die Gerichte gerade nicht von einem Fortbestand der GmbH aus, sondern halten lediglich die Durchführung der Nachtragsliquidation für erforderlich, obwohl regelmäßig die Vermögenslosigkeit als Löschungstatbestand angesehen wird.[440] Die Liquidation folge jedenfalls dem für die GmbH geltenden Recht, so dass heute überwiegend § 273 Abs. 4 AktG analog herangezogen wird, unabhängig davon nach welcher Vorschrift die vorangegangene Löschung erfolgt ist.[441]

---

435 *Nebelung*, DNotZ 35, 451, 453 f.

436 *Marowski*, JW 38, 11, 13.

437 KG JW 35, 3165, 3166 für eine AG.

438 Ebd.; *Piorreck*, Rpfleger 78, 157, 159 f.; eine ähnliche Lösung in Bezug auf ein ins Grundbuch eingetragenes Vorkaufsrecht einer seit Jahren gelöschten GmbH vertritt *Frank*, MittBayNot 11, 304 f.: Vorlage der Handelsregistereintragung über Beendigung der Liquidation und Erlöschen der Firma; ohne Möglichkeit der Rechtsdurchsetzung waren die Gläubiger in einem anderen Fall nach *Josef*, BayNotV 27, 240 ff.

439 Z. B. BayObLG DNotZ 55, 638, 640: analog §§ 48 Abs. 1, 29 BGB; OLG Frankfurt Rpfleger 82, 290, 291: analoge Anwendung von § 273 Abs. 4 AktG; OLG Hamm OLGZ 1987, 59, 63 f.: entsprechend § 2 Abs. 3 LöschG, wobei in dem Fall die Aussicht bestand, dass die GmbH noch vermögend ist, was sich als falsch erwies; aus jüngerer Zeit BGH NJW-RR 10, 544, 546.

440 Vgl. z. B. BGHZ 105, 259, 261 f.; BayObLG DNotZ 55, 638, 640.

441 Z. B. OLG Frankfurt Rpfleger 82, 290; BayObLG DB 83, 1648, 1649; OLG Bremen

Als Voraussetzung für die Eröffnung der Nachtragsliquidation wird meist die Notwendigkeit einer Vertretung der Gesellschaft verlangt.[442] Zum Teil findet sich aber auch nur die Forderung nach einem Bedürfnis oder einem berechtigten Interesse eines Gläubigers für den Fortbestand der Gesellschaft.[443] Dies sei immer dann zu bejahen, wenn sich der Anspruch gegen die gelöschte und vermögenslose GmbH noch verwirklichen lasse.[444]

Auch heutzutage wird überwiegend die Bestellung des Liquidators mit beschränktem Wirkungskreis auf die noch erforderlichen Maßnahmen angenommen.[445] Diese Beschränkung sei sogar für den Umfang der Vertretungsbefugnis im Außenverhältnis maßgeblich.[446]

Weil der Bundesfinanzhof von einem Fortbestehen der Gesellschaft ausgeht, solange sie noch steuerrechtliche Pflichten erfüllen müsse oder gegen sie ergangene Steuer- oder Haftungsbescheide angreife[447], sei in diesen Fällen ebenfalls entsprechend § 273 Abs. 4 AktG ein Nachtragsliquidator zu bestellen, der die Gesellschaft in den steuerrechtlichen Angelegenheiten vertrete.[448] Der Auffassung des Bundesfinanzhofs schenken auch die Zivilgerichte Beachtung, so dass sie nicht die Eröffnung einer Nachtragsliquidation mangels Liquidationsbedürfnisses ablehnen und damit verhindern, dass steuerrechtliche Fragen abschließend geklärt werden.[449]

## f. Kritik

Die enge Teilauffassung wird für die Befürwortung einer Nachtragliquidation, obwohl sie das Erlöschen der GmbH bei Vermögenslosigkeit annimmt, sehr stark kritisiert, weil sie nicht genügend berücksichtige, dass auch für die Liquidation analog § 273 Abs. 4 AktG bei nichtvermögensrechtlichem Abwicklungsbedarf, wie für jede Liquidation, ein Rechtssubjekt erforderlich sei.[450] Komme

---

OLGZ 1984, 142; BGHZ 105, 259, 262 lässt allerdings offen, nach welcher Vorschrift zu verfahren ist.

442 BayObLG DNotZ 55, 638, 641; BayObLG DB 83, 1648, 1649 (in der späteren Entscheidung wendet das Gericht anders als zuvor § 273 Abs. 4 AktG entsprechend an).

443 BGHZ 105, 259, 261 f.; BFHE 130, 477, 479; OLG Hamm OLGZ 1987, 59, 64.

444 BGHZ 105, 259, 262.

445 OLG München NZG 08, 555, 557.

446 KG BB 01, 324.

447 BFHE 72, 468, 471; BFHE 96, 335, 336.

448 BFHE 122, 389, 392.

449 BayObLG DB 83, 1648, 1650.

450 *Buchner*, S. 101 f.

es für das Erlöschen aber nicht auf diesen Abwicklungsbedarf an, wäre eine solche Liquidation mangels Subjekts eigentlich gar nicht möglich.[451]

Gegen das Fortbestehen der Gesellschaft als solcher im Fall des Auftauchens von nichtvermögensrechtlichen Abwicklungsmaßnahmen wird eingewandt, die Aufrechterhaltung der gesamten Organisation der Gesellschaft lediglich für einzelne Abwicklungsmaßnahmen sei übertrieben.[452]

## 2. Nach der Lehre vom Doppeltatbestand

Auch im Fall des Auftauchens von nichtvermögensrechtlichem Abwicklungsbedarf verläuft die Lösung parallel zu derjenigen der Anhänger der deklaratorisch wirkenden Löschung. Es muss unterschieden werden, ob der enge oder der erweiterte Doppeltatbestand für die Vollbeendigung der GmbH gefordert wird.

### a. Bei Annahme der Vollbeendigung aufgrund des erweiterten Doppeltatbestandes

#### *aa. Rechtslage danach*

Wird der erweiterte Doppeltatbestand für die Vollbeendigung verlangt, ergibt sich beim Auftauchen von sonstigem Abwicklungsbedarf kein Problem, denn die GmbH besteht noch als juristische Person fort.[453] Hier gilt dann dasselbe wie nach dieser Ansicht im Fall des Auftauchens von Vermögen. Eine Abwicklung erfolge analog § 273 Abs. 4 AktG, auch wenn die Löschung nach § 394 Abs. 1 S. 1 FamFG vorgenommen wurde, denn der dann grundsätzlich einschlägige § 66 Abs. 5 GmbHG regele nur die Nachtragsliquidation für den Fall, dass noch Vermögen vorhanden ist.[454] Dagegen spreche auch nicht, dass der Gesetzgeber nach dem Wegfall des Löschungsgesetzes eine entsprechende Vorschrift nicht in das GmbH-Gesetz aufgenommen habe. Dies zeige vielmehr, dass er mit der bisherigen Behandlung des Problems, das heißt der analogen Anwendung der aktienrechtlichen Vorschrift, einverstanden war.[455] Außerdem biete nur der Rückgriff auf die vergleichbare aktienrechtliche Regelung in diesem Fall eine Gewähr dafür, dass die Pflichten der Gesellschaft in einem angemessenen gesell-

---

451 Ebd.

452 *Heller*, S. 112.

453 Lutter/Hommelhoff – *Kleindiek*, § 74, Rdn. 19.

454 Michalski – *Nerlich*, § 66, Rdn. 92.

455 *Galla*, S. 45 f.; die fehlende Änderung für ein Versehen hält Michalski – *Nerlich*, § 66, Rdn. 92.

schaftsrechtlichen Rahmen erledigt würden.[456] Die Eröffnung der vermögensneutralen Nachtragsliquidation und damit der Fortbestand der GmbH werden allerdings überwiegend eingeschränkt auf Fälle, in denen ein Gläubiger ein Interesse an der Abwicklung hat.[457] Ansonsten könnten die Gesellschafter nach Belieben Abwicklungsbedarf der GmbH behaupten und sie so am Leben erhalten.[458]

Nach der Lehre vom Doppeltatbestand beschränkt sich die Vertretungsmacht der vom Gericht analog § 273 Abs. 4 AktG bestellten Liquidatoren im hier interessierenden Fall auf die einzelnen notwendigen Abwicklungsmaßnahmen.[459] Deshalb verzichten die meisten Vertreter dieser Ansicht auch auf die erneute Eintragung der Gesellschaft und der Liquidatoren im Handelsregister.[460] Argumentiert wird hier, dass an der Kenntnisnahme solcher sich schnell erledigender Abwicklungen kein öffentliches Interesse bestehe.[461]

*bb. Kritik*

Gegen diese Lösung wird vorgebracht, dass es unangemessen erscheine, einen Rechtsträger nur für diesen Handlungsbedarf zu konstruieren.[462] Die Durchführung einer Nachtragsliquidation mit der sich dadurch ergebenden Verpflichtung zur Rechnungslegung nach § 71 GmbHG sei gerade im Hinblick auf nur vermögensneutrale Pflichten der Gesellschaft übertrieben.[463] Außerdem sei dieses Vorgehen nicht mit dem Sinn und Zweck des früheren Löschungsgesetzes vereinbar, namentlich die vermögenslosen Gesellschaften aus dem Rechtsverkehr zu entfernen.[464] Die Tatsache, dass § 394 Abs. 1 FamFG und dessen Vorgänger-

---

456 MüKoGmbHG – *Berner*, § 60, Rdn. 56.

457 *Bork*, JZ 91, 841, 847; *Galla*, S. 20; Rowedder/Schmidt-Leithoff – *Rasner*, § 74, Rdn. 22.

458 *I. Saenger*, GmbHR 94, 300, 303.

459 Baumbach/Hueck – *Haas*, § 60, Rdn. 106; dagegen *Galla*, S. 62 f., 66: nur Beschränkung der Geschäftsführungsbefugnis möglich, nicht der Vertretungsmacht; sowie *Passarge*/Torwegge, Rdn. 537, weil sich weitere Maßnahmen als erforderlich erweisen können.

460 Rowedder/Schmidt-Leithoff – *Rasner*, § 74, Rdn. 25, 27: wenn doch Eintragung erfolgt, muss aber aufgrund des Verkehrsschutzes die Vertretungsmacht unbeschränkt sein; a. A. vertreten *Galla*, S. 74 f. und *Meyer-Landrut*/Miller/Niehus, § 74, Rdn. 11: Eintragung in jedem Fall erforderlich, da die GmbH noch nicht erloschen sei und nur so die einwandfreie Beendigung der Liquidation erreicht werden könne.

461 Michalski – *Nerlich*, § 66, Rdn. 100.

462 *K. Schmidt*, GmbHR 88, 209, 212; Ulmer – *Paura*, § 74, Rdn. 43.

463 Scholz – *K. Schmidt*, § 74, Rdn. 201; Ulmer – *Paura*, § 66, Rdn. 88.

464 *Held*, S. 167 f.

vorschriften nur die Vermögenslosigkeit für die Löschung fordern, deute darauf hin, dass vermögensneutrale Abwicklungsmaßnahmen der Beendigung der GmbH nicht entgegenstünden.[465] Im Übrigen wird speziell gegen die Anwendung von § 273 Abs. 4 AktG für den Fall der Nachtragsliquidation nach der Löschung gemäß § 394 Abs. 1 FamFG eingewandt, dies passe nicht, da für die Anwendung des § 273 Abs. 4 AktG vorher schon eine Liquidation stattgefunden haben müsse.[466] Weil der Gesetzgeber die Änderung im Rahmen des Wegfalls des Löschungsgesetzes nicht in die Nachfolgenormen aufgenommen habe, sei davon auszugehen, dass eine Nachtragsliquidation nur stattzufinden habe, wenn sich weiteres Vermögen zeige.[467]

## b. Bei Annahme der Vollbeendigung aufgrund des engen Doppeltatbestandes

### *aa. Analoge Anwendung von § 74 Abs. 2 GmbHG*

Wird nur auf den engen Doppeltatbestand abgestellt, das heißt allein Vermögenslosigkeit neben der Löschung für die Beendigung gefordert, besteht eigentlich kein Rechtssubjekt mehr, dem der Abwicklungsbedarf zugeordnet und welches abgewickelt werden könnte. Das sehen auch die Vertreter dieser Ansicht so und nehmen die tatsächliche Vollbeendigung der GmbH in diesem Fall an.[468] Entsprechend lehnen sie hier die analoge Anwendung von § 273 Abs. 4 AktG ab, weil kein Liquidationsbedarf mehr bestehe.[469] Vielmehr gehe es nur um die Sicherung nachwirkender Handlungspflichten, die der Notwendigkeit einer Vermögensabwicklung nicht gleichzusetzen sei.[470] Weil der Gesetzgeber die Aufbewahrung der Bücher und Schriften der GmbH in § 74 Abs. 2 GmbHG geregelt habe und dies ebenfalls eine nachwirkende Handlungspflicht darstelle, biete sich die analoge Anwendung des Satzes 2 dieser Vorschrift auf die in Frage stehenden Fälle an.[471] Die planwidrige Regelungslücke sei zustande gekom-

---

465 MüKoGmbHG – *H. F. Müller*, § 74, Rdn. 33.

466 *Held*, S. 167.

467 *Held*, S. 168.

468 *Held*, S. 164 ff.; Henssler/Strohn – *Arnold*, § 60 GmbHG, Rdn. 46; MüKoGmbHG – *H. F. Müller*, § 74, Rdn. 47; *K. Schmidt*, GmbHR 88, 209, 212; Ulmer – *Casper*, § 60, Rdn. 99; Ulmer – *Paura*, § 74, Rdn. 43.

469 Scholz – *K. Schmidt/Bitter*, § 60, Rdn. 61.

470 Ulmer – *Paura*, § 74, Rdn. 43.

471 *K. Schmidt*, GmbHR 88, 209, 212 f.; zustimmend *Hohlfeld*, GmbHR 01, 255; Ulmer – *Casper*, § 60, Rdn. 99, nach dem aber Verbindlichkeiten nicht darunter fallen, sondern nur wenige öffentlich-rechtlich gebotene Handlungs- und Duldungspflichten; Ulmer – *Paura*, § 66, Rdn. 81; anders *Held*, S. 171 f., der der unten darzustellenden Ansicht

men, weil der Gesetzgeber das Problem der nachwirkenden Handlungszuständigkeiten eben nur teilweise, nicht aber vollumfassend erkannt und geregelt habe.[472] Des Weiteren zeige die Vorschrift, dass die Handlungszuständigkeit im GmbH-Recht – anders als im Aktienrecht, wo das Gericht über die Aufbewahrung der Bücher entscheidet (§ 273 Abs. 2 AktG) – primär durch die Gesellschafter bestimmt werde und das Gericht nur ausnahmsweise eingreifen müsse.[473]

Eine Eintragung der Gesellschaft hat nach dieser Lösung logischerweise zu unterbleiben, weil die GmbH gerade nicht mehr besteht.[474] Dass selbst die Verfechter des erweiterten Doppeltatbestandes in dieser Situation von einer Eintragung absehen, wird von denen der engen Variante als Argument für ihre eigene Lösung angeführt: Dadurch werde deutlich, dass es sich nicht um eine Liquidatorenbestellung handele, denn nach § 67 Abs. 1, Abs. 4 GmbHG wäre dann zwingend eine Handelsregistereintragung vorzunehmen.[475]

*bb. Kritik*

Kritisiert wird an der dargestellten Lösung, dass auch für die nichtvermögensrechtlichen Rechte und Pflichten ein Zuordnungssubjekt nötig sei, welches gerade fehle, wenn die GmbH schon erloschen sei.[476]

Ferner sei § 74 Abs. 2 GmbHG nicht mit der hier vorliegenden Situation vergleichbar. Bei der Aufbewahrung der Bücher und Schriften nach § 74 Abs. 2 GmbHG handele es sich um originäre Zuständigkeiten des Verpflichteten.[477] Die Abwicklungsmaßnahmen würden im Gegensatz dazu die GmbH selbst berechtigen und verpflichten.[478] Um diese auf einen anderen überzuleiten, bedürfe es eines Rechtsnachfolgetatbestandes, der gerade nicht in § 74 Abs. 2 GmbHG enthalten sei.[479] Darüber hinaus wäre ein Fortbestehen der Pflicht ohne Schuldner begründungsbedürftig.[480]

Außerdem fehle die Vergleichbarkeit, da die Funktion der Person nach § 74 Abs. 2 S. 2 GmbHG eng begrenzt sei und sich grundsätzlich auf passive Pflich-

---

von *Ulmer* folgt und § 1913 BGB analog anwenden möchte.

472 *K. Schmidt*, GmbHR 88, 209, 213.

473 MüKoGmbHG – *H. F. Müller*, § 74, Rdn. 47.

474 Ulmer – *Paura*, § 66, Rdn. 84.

475 Ulmer – *Paura*, § 74, Rdn. 49.

476 *Bork*, JZ 91, 841, 845.

477 *H. Schmidt*, S. 144 f.

478 *H. Schmidt*, S. 145; *I. Saenger*, GmbHR 94, 300, 302.

479 *H. Schmidt*, S. 145.

480 *Sammeck*, S. 112.

ten beschränke – mit Ausnahme der Gewährung von Einsicht in die Unterlagen.[481] Des Weiteren könnten dem Verwahrer keine aktiven Verpflichtungen auferlegt werden, weil er dadurch Haftungsgefahren ausgesetzt werden könnte, die er bei Übernahme der Aufgabe nicht bedacht habe.[482]

Der Lösung wird weiter entgegengesetzt, dass in Fällen des nichtvermögensrechtlichen Abwicklungsbedarfs meist ein Vertreter der Gesellschaft erforderlich sei, was der Verwahrer gerade nicht sei.[483] Es bleibe vielmehr unklar, in welcher Funktion der Verwahrer hinsichtlich der zu erledigenden Handlungen tätig werde.[484] Weil die GmbH als solche nicht mehr existiere, könne niemand als ihr Organ oder Vertreter auftreten.[485] Mithin sei es dem Verwahrer gar nicht möglich, die Pflichten der Gesellschaft zu erfüllen, so dass es nicht sachgerecht sei, sie ihm aufzuerlegen.[486]

Ferner könne die Anwendung zu Unklarheiten bei der Zuständigkeit führen, da beispielsweise ein Liquidator nach Beendigung der vermögensrechtlichen Abwicklung weiteren vermögensneutralen Abwicklungsbedarf vor erneuter Bestellung als Handlungsbevollmächtigter nicht erledigen dürfe.[487] Die unterschiedlichen Zuständigkeiten führten demnach zu einem Mehr an Rechtsunsicherheit.[488]

Es sei außerdem kein Grund ersichtlich, diesen Fall für die GmbH anders zu entscheiden als für die Aktiengesellschaft, für die § 273 Abs. 4 AktG direkt zur Anwendung komme.[489]

## 3. Bei Annahme einer konstitutiv wirkenden Löschung

### a. Parallele Lösung zum Fall des Auftauchens von Vermögen

Nach den Befürwortern der konstitutiven Löschungswirkung ist – wie im Fall des Auftauchens von Vermögen – aufgrund der Handelsregisterlöschung die GmbH selbst erloschen, wenn sich anderer Liquidationsbedarf zeigt. Der GmbH als juristische Person können die nichtvermögensrechtlichen Rechte und Pflichten, die keinerlei Einfluss auf ihren Bestand haben, nicht zugeordnet werden.

481 MüKoGmbHG – *Berner*, § 60, Rdn. 52.
482 MüKoGmbHG – *Berner*, § 60, Rdn. 53.
483 Rowedder/Schmidt-Leithoff – *Rasner*, § 74, Rdn. 22.
484 *Held*, S. 169 f.
485 *Galla*, S. 44.
486 Ebd.
487 *Heller*, S. 148 f.
488 *Heller*, S. 149.
489 *H. Schmidt*, S. 145.

Die Nachtragsliquidation eines Gebildes welcher Art auch immer könnte nur analog § 273 Abs. 4 AktG vorgenommen werden. Eine solche wird dementsprechend zum Teil auch bejaht[490], da nicht immer ein Unterschied zwischen dem Auftauchen von vermögens- und nichtvermögensrechtlichem Abwicklungsbedarf gemacht wird. Danach ist der Rechtsträger, der der GmbH folgt, in beiden Fällen derselbe. Zum Beispiel wird parallel zum Auftauchen von Vermögen auch für den nichtvermögensrechtlichen Abwicklungsbedarf eine "fingierte Gesellschaft" angenommen, soweit dies zur Durchführung der Liquidation erforderlich ist.[491] Nach der teilkonstitutiven Ansicht soll bei nichtvermögensrechtlichem Abwicklungsbedarf ebenfalls eine teilrechtsfähige Nachgesellschaft bestehen[492], der anders als einer Gesamthand auch vermögensneutrale Rechte und Pflichten zugeordnet werden könnten, wenn kein Vermögen mehr bestehe[493]. Dies wird dann allerdings zuweilen auch wieder dahingehend eingeschränkt, dass nicht jeglicher nichtvermögensrechtlicher Abwicklungsbedarf das Erlöschen der GmbH hindere, sondern nur wenn ein Gläubiger an der Abwicklung ein Interesse[494] oder sogar ein beachtenswertes[495] Interesse habe. Letzteres sei bei Pflichten der GmbH regelmäßig der Fall, nicht aber bei ihren Rechten, die deshalb nur insofern bestehen blieben, als sie für Dritte zur Anspruchsdurchsetzung nötig seien.[496] Andere vermögensneutrale Ansprüche der Gesellschaft erlöschen nach dieser Meinung mit der Handelsregisterlöschung.[497] Findet danach aufgrund nichtvermögensmäßigen Abwicklungsbedarfs eine Nachtragsliquidation statt, gilt hinsichtlich des Umfangs der Vertretungsmacht des Liquidators nach den Verfechtern der teilkonstitutiven Löschungswirkung dasselbe wie bei der vermögensrechtlichen Nachtragsliquidation. Teilweise wird also eine außenwirksame Beschränkung angenommen[498], bisweilen nur eine Beschränkung der Befugnisse im Innenverhältnis[499]. Bezüglich der erforderlichen Registereintragung kann ebenfalls auf das oben Dargestellte verwiesen werden.[500] Dabei wird größtenteils angenommen, dass die Eintragung der Abwickler unterbleiben

---

490 Vgl. *Buchner*, S. 119; *Heller*, S. 148.

491 So *Hönn*, ZHR 138 (1974), 50, 70, 78.

492 So ausdrücklich *Heller*, S. 149; *Lindacher*, FS-Henckel, S. 549, 553; *H. Schmidt*, S. 138.

493 *Heller*, S. 128.

494 So *H. Schmidt*, S. 125.

495 So *Heller*, S. 149.

496 Ebd.

497 Ebd.

498 *Buchner*, S. 134; *Heller*, S. 165; *Lindacher*, FS-Henckel, S. 549, 555.

499 *H. Schmidt*, S. 164, 161.

500 S. C. I. 3. d. aa. β. sowie C. I. 3. d. bb. γ.

könne, wenn nur einzelne Liquidationsmaßnahmen vorzunehmen seien, so dass die Bestellungsurkunde als Legitimation diene.[501]

## b. Unklar, wem Abwicklungsbedarf zugeordnet wird

Teilweise bleibt bei den Verfechtern der konstitutiven Löschungswirkung unklar, wem der nichtvermögensrechtliche Abwicklungsbedarf zugeordnet werden kann. Insbesondere *Hüffer*, der wie oben gezeigt eine Gesamthand der Gesellschafter als Rechtsnachfolgerin der GmbH annimmt, äußert sich nicht klar zu einem Rechtsträger. Er befürwortet zwar die Bestellung eines Abwicklers, dessen Aufgabenbereich durch das Gericht zu beschränken sei.[502] Eine Eintragung des Abwicklers kann seiner Meinung nach unterbleiben, weil jener sich durch die Bestellungsurkunde legitimieren könne.[503] Es bleibt aber offen, wem die nichtvermögensrechtlichen Rechte und Pflichten zuzuordnen sind, da keine teilrechtsfähige gesamthänderisch strukturierte Gesellschaft entstanden sein kann, wenn nicht zusätzlich Vermögen auftaucht.[504]

## c. Pflegerbestellung analog § 1913 BGB

Dieses Problem sieht auch *Ulmer* ein und sucht deshalb nach einer alternativen Lösungsmöglichkeit.[505] Er findet eine solche in der Bestellung eines Pflegers analog § 1913 BGB, wenn allein vermögensneutraler Abwicklungsbedarf besteht.[506] Eine Ausnahme davon macht er lediglich für den Fall, dass abzugebende Erklärungen der gelöschten Gesellschaft, wie schon früher teilweise befürwortet wurde, durch die Vorlage der ablehnenden Entscheidung des Registergerichts über die Ernennung des Nachtragsliquidators ersetzt werden.[507]

### *aa. Zustimmung*

Mit seiner Lösung hat *Ulmer* vereinzelt, auch unter den Anhängern des Doppeltatbestandes, Zustimmung gefunden.[508] Zur Begründung wird angeführt, dass

---

501 *Heller*, S. 169; KölnerKommAktG – *Kraft*, § 273, Rdn. 33; für ausnahmslose Eintragung des Nachtragsliquidators *H. Schmidt*, S. 164, 160.

502 MüKoAktG – *Hüffer*, § 264, Rdn. 12, 16, § 273, Rdn. 35, wo er den Rechtsgedanken des Pflegers gem. § 1913 BGB und des Prozesspflegers nach § 57 ZPO heranzieht.

503 MüKoAktG – *Hüffer*, § 264, Rdn. 17, § 273, Rdn. 40.

504 Vgl. dazu *Heller*, S. 126 f.; *Lindacher*, FS-Henckel, S. 549, 553.

505 S. Hachenburg – *Ulmer*, Anh. § 60, Rdn. 40.

506 Ebd.

507 Ebd.; sich anschließend MüKoAktG – *Hüffer*, § 273, Rdn. 35.

508 *Held*, S. 171 f.; *Kasten*, WuB II C. § 60 GmbHG 1.89, 475, 477 f.; in diese Richtung

der Pfleger ebenso für eine juristische Person handeln könne, bei der ungewiss sei, ob sie schon Wirksamkeit erlangt habe.[509] Ferner würden §§ 1913 S. 2, 2101 BGB zeigen, dass der Pfleger für ein noch nicht entstandenes Rechtssubjekt handeln könne[510], nämlich einen noch nicht gezeugten Nacherben beziehungsweise eine noch nicht entstandene juristische Person, die als Nacherbe eingesetzt sei. Dementsprechend sei auch die Pflegerbestellung für ein nicht mehr existentes Subjekt möglich.[511] Weiter wird auch die vereinsrechtliche Rechtsprechung herangezogen, wonach für einen erloschenen und somit nicht mehr vorhandenen Verein bei noch bestehendem Abwicklungsbedarf ein Pfleger zu bestellen ist.[512]

### *bb. Kritik*

Die Lösung des vermögensneutralen Abwicklungsbedarfs über die Pflegerbestellung hat Kritik erfahren, da sie dem vom Gesetzgeber gewollten Gleichlauf der Behandlung von nachträglich auftauchendem Abwicklungsbedarf widerspreche.[513] Weil § 273 Abs. 4 AktG die Nachtragsliquidatorenbestellung auch im Fall des nichtvermögensrechtlichen Abwicklungsbedarfs vorsehe, käme eine Pflegerbestellung nur bei § 2 Abs. 3 LöschG in Betracht, so dass es zu einer unterschiedlichen Behandlung komme, je nachdem, aufgrund welcher Norm die Löschung erfolgt sei.[514] Außerdem könne die Anwendung von § 1913 BGB im Rahmen des § 2 Abs. 3 LöschG zu einer gleichzeitig erforderlichen Bestellung von Nachtragsliquidator und Pfleger führen.[515] Nach Ansicht *Hüffers* kann dies allerdings nicht der Fall sein, da der Streit, ob ein Nachtragsliquidator oder Pfleger zu bestellen ist, seiner Meinung nach ein solcher um Worte ist.[516] Der Sache nach handele es sich bei der Bestellung des Nachtragsliquidators um nichts anderes als um eine gerichtliche Pflegerbestellung, weil der Aufgabenbereich im Fall des nichtvermögensrechtlichen Abwicklungsbedarfs durch das Registergericht begrenzt werde.[517]

---

auch *K. Müller*, EWiR 89, 83, 84.

509 *Held*, S. 171; vgl. zur Pflegschaftsbestellung in diesem Fall MüKoBGB – *Schwab*, § 1913, Rdn. 6.

510 *Held*, S. 172.

511 Ebd.

512 OLG München JFG 18, 183, 186; BGHZ 19, 51, 57.

513 *Buchner*, S. 108.

514 Ebd.

515 Ebd.

516 MüKoAktG – *Hüffer*, § 273, Rdn. 35.

517 Ebd., dabei bemerkt *Hüffer* auch, dass ebenso der Gedanke des § 57 ZPO herangezogen werden könnte.

An der Befürwortung der Pflegerbestellung wird darüber hinaus kritisiert, dass nach dieser Ansicht offen bleibe, auf welche Art und Weise die Existenz von Pflichten der gelöschten und damit untergegangenen GmbH möglich sei und wer gegebenenfalls der Verpflichtete von diesen sein solle.[518]

Des Weiteren erfordere § 1913 BGB das tatsächliche Vorhandensein einer unbekannten Person, das heißt eines Zuordnungssubjekts.[519] Die Pflegerbestellung für eine Nichtperson sei aber nicht möglich, insbesondere da der Pfleger als Vertreter handele und deshalb im Namen eines Vertretenen auftreten müsse.[520] Diesem Argument halten die Befürworter der Anwendung von § 1913 BGB allerdings entgegen, dass dort – wie oben angeführt – die Bestellung eines Pflegers für eine noch nicht existente Person vorgesehen sei.[521]

Als weitere Kritik wird vorgebracht, die Situationen seien auch deswegen nicht vergleichbar, weil keine Ungewissheit über die Person bestünde, in deren Angelegenheiten der Pfleger tätig werden solle, wenn für die juristische Person gehandelt werde.[522]

Außerdem wenden die Kritiker ein, die Pflegerbestellung nach § 1913 BGB erfolge aufgrund eines Fürsorgebedürfnisses gegenüber dem unbekannten oder ungewissen Beteiligten, so dass danach das Interesse der erloschenen Gesellschaft oder zumindest der dahinter stehenden Gesellschafter geschützt werden müsse.[523] Die erforderlichen nichtvermögensrechtlichen Abwicklungsmaßnahmen seien allerdings nach ganz überwiegender Ansicht nur im Interesse der Gläubiger vorzunehmen.[524] Eine Pflegschaft lediglich im Interesse Dritter sei aber gerade nicht zulässig.[525]

## III. Schicksal der Verbindlichkeiten der GmbH

Forderungen gegen die GmbH müssen, sofern sie bekannt sind, in der Liquidationsphase vor Verteilung des Restvermögens an die Gesellschafter gemäß § 70 GmbHG erfüllt werden oder ihre Erfüllung ist zumindest nach § 73 Abs. 2 GmbHG zu sichern.

---

518 *H. Schmidt*, S. 141.

519 *K. Schmidt*, GmbHR 88, 209, 212.

520 Scholz – *K. Schmidt/Bitter*, § 60, Rdn. 61.

521 *Held*, S. 172.

522 *Sammeck*, S. 64.

523 *Sammeck*, S. 110.

524 Für den Fall der Pflegschaftsanordnung für einen mitgliedslosen Verein *Hübner*, AP Nr. 1 zu § 1913 BGB; *Sammeck*, S. 110.

525 KG JW 38, 2401; Staudinger – *Bienwald*, § 1913, Rdn. 10.

In Frage steht, ob die Forderungen unbekannter Gläubiger nach Löschung der GmbH aus dem Register untergehen oder fortbestehen. Das Sperrjahr nach § 73 Abs. 1 GmbHG ist jedenfalls nach einhelliger Meinung keine Ausschlussfrist, so dass dessen Ablauf allein noch nicht zum Erlöschen der Ansprüche führt.[526] Meist fehlt es später jedoch aufgrund der bereits so bestehenden oder durch Beendigung der Liquidation eingetretenen Vermögenslosigkeit an einer dafür haftenden Masse.[527] Bis wann genau die Forderungen aber bestehen bleiben und noch geltend gemacht werden können, hängt wiederum davon ab, wann die Gesellschaft tatsächlich erlischt. Da ein Schuldverhältnis grundsätzlich einen Schuldner und einen Gläubiger voraussetzt, geht nach überwiegender Ansicht eine Forderung mit Wegfall des Schuldners ohne Rechtsnachfolger unter.[528] Sicherheiten bestehen allerdings fort.[529] Dies gilt auch für akzessorische Sicherheiten, die sich verselbstständigen, um ihren Sicherungszweck zu erfüllen.[530] Jedoch wird dies oft auf Fälle begrenzt, in denen die Gesellschaft aufgrund Vermögensverfalls wegfällt, weil zum Beispiel die Bürgschaft gerade vor der Zahlungsunfähigkeit des Hauptschuldners schützen soll.[531] Demnach wird der Vermögensverfall, auch wenn er zum Untergang des Hauptschuldners führt, vom Sicherungszweck der Bürgschaft erfasst, so dass der Grundsatz der Akzessorietät hinter diesem zurücktritt.[532]

## 1. Handhabung durch Befürworter einer deklaratorischen Löschung

### a. Fortbestand der Verbindlichkeiten parallel zu dem der GmbH

Abgesehen von der Variante dieser Ansicht, die ein Erlöschen der Gesellschaft im Fall des Vorhandenseins von Verbindlichkeiten ablehnt, existiert die GmbH nach der Meinung von der deklaratorischen Löschungswirkung so lange, wie sie noch Vermögen hat oder die anderen Erlöschenskriterien noch nicht vorlie-

---

526 Lutter/Hommelhoff – *Kleindiek*, § 73, Rdn. 4; Scholz – *K. Schmidt*, § 73, Rdn. 3; aus älterer Zeit RGZ 92, 77, 82; *Bretschneider*, S. 26; *Cramer*, S. 9.

527 Scholz – *K. Schmidt*, § 73, Rdn. 16.

528 RGZ 148, 65, 67 f.; Erman – *H. P. Westermann*, § 241, Rdn. 4; offen gelassen allerdings von BGHZ 48, 303, 306; vom Wegfall der Forderungen aufgrund Wegfalls des Schuldners geht aber der Leitsatz von BGHZ 153, 337 aus.

529 Scholz – *K. Schmidt*, § 74, Rdn. 16.

530 MüKoGmbHG – *H. F. Müller*, § 74, Rdn. 34; Ulmer – *Paura*, § 74, Rdn. 38.

531 BGH NJW 03, 59, 60.

532 BGHZ 82, 323, 326 f.; KG NJW 55, 1152; Rowedder/Schmidt-Leithoff – *Rasner*, § 73, Rdn. 25; PWW – *Brödermann*, § 767, Rdn. 10.

gen.[533] Das Bestehen von Verbindlichkeiten allein könne jedoch nicht den Untergang der Gesellschaft hindern und folglich auch eine Nachtragsliquidation nicht erforderlich machen, wenn sich nicht gleichzeitig Vermögen der Gesellschaft zeige.[534] Existiere die juristische Person aber aufgrund des Vorhandenseins von Vermögen noch, bestünden auch die Forderungen gegen sie fort.[535] Dies ist zum Beispiel der Fall, wenn nicht rechtmäßig liquidiert wurde, insbesondere bei einem Verstoß gegen § 73 GmbHG. Dann stehen der Gesellschaft Regressansprüche gegen die Liquidatoren aus § 73 Abs. 3 GmbHG und/oder die Gesellschafter gemäß § 31 GmbHG (analog) zu, die Vermögen der Gesellschaft darstellen. Die Gläubiger können sodann ihre Forderungen gegen die noch existierende GmbH geltend machen.[536]

### b. Bereicherungsanspruch gegen die Gesellschafter nach der Vermögensverteilung

Früher[537] wurde teilweise auch bei ordnungsgemäßer Liquidation ein Fortbestehen der Gesellschaft angenommen, wenn sich hinterher noch Verbindlichkeiten zeigten.[538] Dann stehe der GmbH gegen die Gesellschafter ein Bereicherungsanspruch zu, wenn unter ihnen das restliche Vermögen verteilt wurde, so dass die Gesellschaft noch Vermögen habe.[539] Die Gesellschafter hätten nur einen Anspruch auf Verteilung des Reinvermögens nach Befriedigung aller Gläubiger, was zu einer ungerechtfertigten Bereicherung ihrerseits führe, wenn noch (unbekannte) Verbindlichkeiten bestünden, weil die Gesellschafter dann zu viel ausgezahlt bekommen hätten.[540] Sähe man dies anders, würden die Forderungen gegen die Gesellschaft nach Ablauf des Sperrjahres erlöschen oder wären zumindest nicht mehr durchsetzbar, obwohl sie sonst einer deutlich längeren Ver-

---

533 Siehe unter B. III. 1.

534 BFHE 96, 335, 336; KG RJA 14, 59, 62; *Gröger*, RpflegerJahrb 84, 332, 347; *Grziwotz*, DStR 92, 1813, 1815; *Marcus*, Holdheim 17 (1908), 27, 28; MüKoBGB – *Fetzer*, Vor § 362, Rdn. 5.

535 BGHZ 48, 303, 307.

536 OLG Hamm NJW-RR 90, 477, 478.

537 Hauptsächlich in der vereinsrechtlichen Literatur, die hier aber auf die GmbH übertragbar ist.

538 *Bretschneider*, S. 37; *Pecht*, S. 56.

539 *Bretschneider*, S. 37; *Cramer*, S. 10 f.; *Pecht*, S. 56; *Reif*, S. 70 f.; *Saenger*, DJZ 26, 297, 298 f.

540 *Pecht*, S. 56.

jährungsfrist unterliegen könnten.[541] So käme dem Sperrjahr doch eine Art Ausschlusswirkung zu.[542]

Teilweise wurde ein bereicherungsrechtlicher Anspruch gegen die Gesellschafter auch den Gläubigern direkt zugesprochen, so dass diese nicht erst ein Nachtragsliquidationsverfahren einleiten mussten, um den Anspruch der Gesellschaft zu pfänden.[543] Zur Begründung wurde angeführt, dass der Wegfall der juristischen Person zu einer unmittelbaren Vermögensverschiebung zwischen Gläubigern und Gesellschaftern geführt habe[544], oder aber, dass eine solche unmittelbare Vermögensverschiebung nicht nötig wäre, sondern eine indirekte genüge[545]. Außerdem hätten die Anfallberechtigten gegen die Gesellschaft nach Ablauf des Sperrjahres einen Anspruch auf Auszahlung des Geldes, so dass dieser gegenüber keine ungerechtfertigte Bereicherung vorliege.[546]

### c. Keine Ansprüche gegen die Gesellschafter

Heute wird dies anders gesehen, denn § 72 GmbHG statuiere gerade den Anspruch der Gesellschafter auf Auszahlung der noch verbleibenden Aktiva der GmbH nach Ablauf des Sperrjahres.[547] Deshalb bestehe weder ein Anspruch aus ungerechtfertigter Bereicherung noch sonst ein Anspruch gegen die Gesellschafter.[548] Weil die Liquidatoren nach §§ 72, 73 GmbHG die Pflicht haben, das verbleibende Vermögen an die Gesellschafter zu verteilen, stellt die Einhaltung des § 73 GmbHG nach Ansicht des Reichsgerichts einen Rechtsgrund für den Empfang der Leistung dar.[549] Die Gesellschafter hätten ein Interesse daran, nicht im Ungewissen darüber zu bleiben, ob sie später noch in Anspruch genommen werden, wenn ein Gläubiger auftaucht.[550] Dieses Interesse müsse dem Interesse der Gläubiger an der Verwirklichung ihrer Ansprüche vorgehen, da das Sperrjahr einen angemessenen Schutz für die Gläubiger darstelle, denen ausreichend Möglichkeiten gegeben wurden, ihre Forderungen geltend zu machen.[551] Folg-

---

541 *Schumann*, S. 83 f.

542 *Bretschneider*, S. 32.

543 *Schück*, S. 49; *Thierack*, S. 54 f.

544 *Oberwinter*, Gruchot Beiträge 53 (1909), 769, 787, Fn. 21.

545 *Labes*, LZ 14, 742, 743.

546 *Oberwinter*, Gruchot Beiträge 53 (1909), 769, 785.

547 RGZ 124, 210, 215.

548 *Waldmann*, DFG 44, 6, 8.

549 RGZ 124, 210, 214 f.; vgl. auch *Bing*, JW 30, 2943, 2944: Bestand der Forderungen an sich wird aber nicht berührt.

550 RGZ 124, 210, 214.

551 RGZ 124, 210, 214 f.

lich fielen dann die Forderungen der Gesellschaft mit ihr zusammen weg.[552] Habe sie noch unbekanntes Vermögen, seien die noch bestehenden Forderungen für die Dauer, in der jenes nicht offensichtlich werde, nicht durchsetzbar.[553]

## 2. Lösung der Lehre vom Doppeltatbestand

Hat die GmbH tatsächlich kein Vermögen mehr, ist sie nach der Lehre vom Doppeltatbestand untergegangen, weil die entscheidenden Merkmale der Vermögenslosigkeit und Löschung erfüllt sind.[554] Schulden allein hinderten die Beendigung nicht, da sonst eine überschuldete Gesellschaft nie untergehen könne.[555] Auch die Autoren, die der Lehre vom erweiterten Doppeltatbestand folgen, sehen in dem Vorhandensein von Verbindlichkeiten keinen den Untergang der GmbH hindernden Abwicklungsbedarf, wenn nicht ebenfalls noch Vermögen für die Begleichung der Forderungen zur Verfügung stehe.[556] Deshalb existiere die Gesellschaft mit ihren Verbindlichkeiten nur fort, wenn ordnungswidrig liquidiert wurde, da der GmbH dann noch Vermögen in Form von Regressansprüchen zustehe.[557] Bei ordnungsgemäßer Abwicklung hingegen rechtfertige ein späteres Auftauchen von Gläubigern keine Nachtragsliquidation, weil die Gläubiger in diesem Fall keine Rechte mehr geltend machen könnten.[558]

Uneinigkeit herrscht unter den Anhängern des Doppeltatbestandes darüber, ob die Verbindlichkeiten mit der Gesellschaft zusammen untergehen. Dies wird zuweilen so vertreten.[559] Andere nehmen an, dass die Ansprüche gegen die untergegangene GmbH fortbestünden, aber nicht mehr erfüllt werden könnten, weil keine Haftungsmasse mehr zur Verfügung stehe.[560] Als Grund für das Fort-

---

552 RGZ 148, 65, 67 f.; KG NJW 55, 1152; *Beitzke*, NJW 52, 841, 842; *Däubler*, GmbHR 64, 246, 247; vgl. auch den Leitsatz von BGHZ 153, 337.

553 Nach OLG Hamm NJW-RR 90, 477, 478 ist die Verjährung dann allerdings gehemmt, solange die GmbH gelöscht ist.

554 *K. Schmidt*, GesR, § 38 IV 3 c) (S. 1203).

555 Lutter/Hommelhoff – *Kleindiek*, § 74, Rdn. 4.

556 *I. Saenger*, GmbHR 94, 300, 304.

557 Vgl. MüKoGmbHG – *H. F. Müller*, § 74, Rdn. 44.

558 Scholz – *K. Schmidt*, § 74, Rdn. 21.

559 Baumbach/Hueck – *Haas*, § 74, Rdn. 16; *K. Schmidt*, GesR, § 38 IV 3 c) (S. 1203); Ulmer – *Casper*, § 60, Rdn. 75.

560 Michalski – *Nerlich*, § 74, Rdn. 42, der bei § 60, Rdn. 309 allerdings vom Erlöschen der Verbindlichkeiten spricht; Rowedder/Schmidt-Leithoff – *Rasner*, § 74, Rdn. 16; Ulmer – *Paura*, § 74, Rdn. 38.

bestehen der Ansprüche wird vorgebracht, dieses sei Voraussetzung für den Fortbestand von akzessorischen Sicherheiten, der allgemein anerkannt sei.[561]

Da sich das Erfordernis einer Nachtragsliquidation oft erst viel später ergibt, besteht die Gefahr, dass die Verbindlichkeiten verjährt sein könnten, wenn sich später noch Vermögen zeigt. Deshalb wird bisweilen angenommen, die Verjährung würde aufgrund höherer Gewalt wegen der Löschung gehemmt.[562]

## 3. Konstitutiv wirkende Löschung

Grundsätzlich ist die GmbH mit der Löschung beendet und ihr als solcher können auch keine Verbindlichkeiten mehr zugerechnet werden. Diese könnten nur auf einen etwaigen Rechtsnachfolger der GmbH übergegangen sein. Gibt es einen solchen nicht, also bei Vollbeendigung der Gesellschaft, erlöschen nach den meisten Vertretern dieser Ansicht die Ansprüche, da ein Schuldner nicht mehr bestehe.[563] Eine Liquidation in diesem Fall wäre sinnlos, da die Forderungen ohne Aktiva der Gesellschaft nicht erfüllbar seien.[564] Bestehende Schulden allein verhindern nach dieser Ansicht ebenfalls weder den Untergang der GmbH noch führen sie dazu, dass sich die Gesellschaft in einer der oben dargestellten geänderten Form fortsetzt.[565] Dafür sind wie gezeigt Vermögenswerte oder sonstiger ausführbarer Abwicklungsbedarf erforderlich. Auf das im Falle von vorhandenem Vermögen entstehende Gebilde gehen auch die Verbindlichkeiten der GmbH über.[566]

Etwas anders sieht dies soweit ersichtlich nur *Hubert Schmidt*, der den Abwicklungsbedarf bei Vermögenslosigkeit ausweitet: Die Gesellschaft existiere als Nach-GmbH auch dann noch, wenn lediglich Verbindlichkeiten der GmbH bestünden – gesetzt den Fall, die Gläubiger manifestieren ihr Interesse an einer Abwicklung durch Geltendmachung der Forderungen.[567] Die Zahlungsansprüche

---

561 *Passarge*/Torwegge, Rdn. 521.

562 Rowedder/Schmidt-Leithoff – *Rasner*, § 60, Rdn. 56, § 74, Rdn. 16; *Sammeck*, S. 139.

563 Hachenburg – *Ulmer*, § 60, Rdn. 16; a. A. *Buchner*, S. 120, Fn. 15, wonach der Fortbestand der Forderungen unabhängig von dem der Gesellschaft sei, jedoch für den Bestand akzessorischer Sicherungsrechte notwendig sei; dagegen ausdrücklich *Hüffer*, AktG, § 273, Rdn. 8.

564 *Heller*, S. 145; vgl. auch MüKoAktG – *Hüffer*, § 273, Rdn. 33.

565 *Heller*, S. 145.

566 *Buchner*, S. 157; für einen Übergang im Wege der Universalsukzession: *Hüffer*, GS-Schultz, S. 99, 108; für die AG MüKoAktG – *Hüffer*, § 273, Rdn. 33.

567 *H. Schmidt*, S. 124 f.; ähnlich Spindler/Stilz – *Bachmann*, § 273, Rdn. 12, der von einem Fortbestand als latente Nachgesellschaft ausgeht, weil sich später noch Abwicklungsbedarf zeigen könne, so dass die Schulden dieser zugeordnet werden könnten.

könnten dann trotz Vermögenslosigkeit eingeklagt werden, um den Gläubigern Vorteile im Falle des späteren Auftauchens von Vermögen zu erhalten beziehungsweise einfach ihre Befriedigung zu sichern.[568] Durch diese Vorgehensweise wird deutlich, dass der Gläubigerschutz bei der Nachtragsliquidation nach Auffassung dieses Autors eine überragende Rolle spielt.[569]

Dagegen wird eingewandt, die Vorgehensweise widerspreche dem Interesse der Öffentlichkeit an einer schonenden Inanspruchnahme der begrenzten Rechtsschutzkapazitäten.[570] Auch sei durch solch eine Nachtragsliquidation nichts zu erreichen, wenn es nichts zu verteilen gebe.[571] Die Sicherung der Gläubiger bei ihrer schuldlosen Unkenntnis von Tatsachen, die eine spätere Liquidation rechtfertigen, müsse vielmehr durch Hemmung der Verjährung erfolgen.[572] Dem setzt *Hubert Schmidt* allerdings entgegen, dass nicht mit übermäßig vielen Prozessen zu rechnen sei, weil der klagende Gläubiger trotz Obsiegens zur Zahlung der Kosten herangezogen werden könne, wenn sie nicht von der Gesellschaft zu erlangen seien.[573]

# IV. Vermögenserwerb nach der Löschung

Von der Frage, wann die Gesellschaft erlischt, hängt auch die Möglichkeit ab, ob ihr noch Vermögen zugeführt werden kann, so dass sie wieder lebensfähig wird. Ein Bedürfnis dafür kann beispielsweise bestehen, weil die Mitglieder diese Gesellschaft fortsetzen, sie also von einer aufgelösten in eine werbende GmbH zurück verwandeln möchten.[574]

## 1. Nach den Befürwortern der deklaratorischen Löschungswirkung

Da die Löschung an sich nach den Verfechtern der deklaratorischen Löschungswirkung keinerlei Einfluss auf den Bestand der Gesellschaft hat, spielt sie auch keine Rolle für die Möglichkeit, der GmbH noch Vermögen zuzuwen-

568 *H. Schmidt*, S. 124, 126.
569 Vgl. dazu schon die kurze Ausführung unter C. I. 3. d. bb. sowie den Nachweis in Fn. 406.
570 MüKoZPO – *Lindacher*, § 50, Rdn. 15.
571 MüKoAktG – *Hüffer*, § 264, Rdn. 11.
572 *Lindacher*, FS-Henckel, S. 549, 558.
573 *H. Schmidt*, DB 90, 1703, 1704.
574 So bereits *Cramer*, S. 17.

den. Es kommt hierfür vielmehr darauf an, ob die Kriterien für das Erlöschen der juristischen Person bereits erfüllt sind.[575] Wird allein auf die Vermögenslosigkeit als Untergangskriterium abgestellt, ist grundsätzlich der Erwerb von Vermögen ausgeschlossen, sobald die GmbH vermögenslos und damit erloschen ist.[576] Dann besteht keine Rechtsperson mehr, der das Vermögen zugewendet werden könnte und zu der Rechtsbeziehungen eingegangen werden könnten.[577]

Zuweilen wird bei der Entscheidung über die Löschung wegen Vermögenslosigkeit für die Bestimmung derselben aber auf den Zeitpunkt der Löschung abgestellt.[578] Infolgedessen wird trotz vorheriger Vermögenslosigkeit keine Löschung vorgenommen, wenn die Gesellschaft in der Zwischenzeit wieder Vermögen erworben hat, so dass die Gesellschaft dann weiter existiert.[579]

Die Frage, ob dem Richter bei der Entscheidung bezüglich der Löschung der Gesellschaft ein Ermessen zusteht oder nicht, muss ebenfalls im Zusammenhang mit der Möglichkeit des Vermögenserwerbs trotz Vermögenslosigkeit gesehen werden. Von denjenigen, die ein Erlöschen allein aufgrund der Vermögenslosigkeit annehmen, wird dem Registerrichter dabei überwiegend ein Ermessen zugestanden, denn in § 394 Abs. 1 S. 1 FamFG und den entsprechenden Vorgängervorschriften heißt es, eine vermögenslose Gesellschaften „kann" gelöscht werden.[580] Dadurch sollen unverhältnismäßige Härten vermieden werden, die sich beispielsweise ergeben könnten, wenn eine Gesellschaft wieder wesentliche Vermögenswerte erhalten habe, um ihren Geschäftsbetrieb fortzuführen, oder ein zukünftiger Vermögenserwerb konkret nachgewiesen werde.[581] Dann beste-

---

575 Vgl. *Bretschneider*, S. 42.

576 *Groschuff*, JR 33, 85, 89 zur Lage vor Erlass des LöschG; *ders.* in JW 35, 1738, 1744, wonach das dennoch zugeführte Vermögen nicht der vorherigen GmbH, sondern einer nicht eingetragenen gleichlautenden Gesellschaft zustehe, die keine juristische Person sei; *Crisolli*, JW 34, 2657, 2659 tritt grds. für eine Löschung aufgrund Vermögenslosigkeit ein, wenn die Gesellschaft einmal vermögenslos war, auch wenn sie im Löschungszeitpunkt wieder Vermögen habe.

577 *Bretschneider*, S. 40; anders allerdings *Cramer*, S. 17 f., 33, der neben der Vermögenslosigkeit auch noch die Zerstörung des gesamten Organisation für den Untergang der Gesellschaft fordert, was ihn dazu verleitet, die Zuwendung von Vermögen an eine völlig vermögenslose Gesellschaft zuzulassen, da dies ein Zeichen dafür sei, dass noch ein hinreichender Organismus vorhanden sei.

578 GroßKomm – *Wiedemann*, § 262, Anm. 34; auf den Zeitpunkt der Entscheidung des Registergerichts stellt *J. Müller*, JurBüro 85, 335, 338 ab.

579 GroßKomm – *Wiedemann*, § 262, Anm. 34; ausdrücklich anders *Crisolli*, JW 34, 2657, 2659, der jedoch eine Ausnahme im Härtefall zulässt.

580 Z. B. OLG Karlsruhe JFG 13, 379, 381; BayObLG Rpfleger 79, 313, 314; *Bokelmann*, NJW 77, 1130, 1132; *Crisolli*, JW 34, 2657, 2659.

581 OLG Frankfurt OLGZ 1978, 48, 52; *Piorreck*, Rpfleger 78, 157, 158; *Winnefeld*, BB

he nach dem Sinn und Zweck des Gesetzes kein Bedürfnis mehr für ihre Löschung aus dem Handelsregister, weil sie nun nicht mehr lebensunfähig sei.[582] Daraus lässt sich schlussfolgern, dass die Gesellschaft trotz vormaliger Vermögenslosigkeit, aufgrund der das Löschungsverfahren eingeleitet wurde, wieder Vermögen annehmen konnte. Hier ist eine Inkonsequenz dieser Ansicht zu erkennen, denn die GmbH müsste eigentlich schon vollbeendigt sein, kann aber trotzdem als werbende Gesellschaft fortgesetzt werden.[583] Nach den Kritikern dieser Ansicht führt solch eine Handhabung zum Entstehen einer juristischen Person außerhalb des Handelsregisters.[584]

## 2. Lehre vom Doppeltatbestand

Anders als die meisten Anhänger der deklaratorischen Löschungswirkung sind die des Doppeltatbestandes bei der Möglichkeit des späteren Vermögenserwerbs konsequent. Ist die Gesellschaft untergegangen, liegt also der jeweils geforderte Doppeltatbestand vor, könne ihr nicht erneut Vermögen zugeführt werden, weil es an einem Rechtssubjekt zur Annahme desselben mangele.[585] Ist die GmbH aber noch nicht aus dem Handelsregister gelöscht, sei trotz Vermögenslosigkeit eine Zuwendung von Vermögen noch möglich, um so beispielsweise die Löschung nach § 394 Abs. 1 S. 1 FamFG zu verhindern.[586] Denn diese könne nicht mehr vorgenommen werden, wenn die Gesellschaft wieder zu Vermögen gekommen sei.[587] Maßgeblich für die Bestimmung der Vermögenslosigkeit sei nämlich der Zeitpunkt der Entscheidung über die Löschung.[588] Auch aus der möglichen Verwendung einer vermögenslosen Gesellschaft als Mantel[589] lässt sich schließen, dass eine Vermögenszufuhr vor der Löschung aus dem Handelsregister noch möglich sein muss. Die Möglichkeit des Vermögenserwerbs nach der fälschlicherweise erfolgten Löschung ist im Rahmen der sogleich zu behandelnden Fortsetzung zu diskutieren, da die Gesellschaft hier in jedem Fall aufgelöst ist, so dass die Frage der möglichen Rückverwandlung ins werbende Stadium im Vordergrund steht.

---

75, 70, 72.

582 GroßKomm – *Wiedemann*, § 262, Anm. 34.

583 Ähnlich auch *Heller*, S. 82.

584 *Kantak*, S. 103.

585 MüKoGmbHG – *H. F. Müller*, § 74, Rdn. 44; Roth/*Altmeppen*, § 74, Rdn. 21.

586 Roth/*Altmeppen*, § 75, Rdn. 62.

587 Scholz – *K. Schmidt/Bitter*, § 60, Rdn. 49.

588 Ebd.; Ulmer – *Casper*, § 60, Rdn. 81.

589 Vgl. z. B. OLGR Stuttgart 1999, 87, 88.

### 3. Handhabung durch die Verfechter der konstitutiven Löschungswirkung

Bis zur Löschung besteht nach dieser Meinung die GmbH noch, so dass der Erwerb von Vermögen unproblematisch möglich ist, auch wenn die Gesellschaft vorher bereits vermögenslos war.[590] Deshalb bestehen diesbezüglich nach dieser Ansicht ebenfalls keine Probleme im Rahmen der Mantelverwendung.[591] Nach der Löschung müsse ein Vermögenserwerb aber ausscheiden, wenn kein Vermögen oder sonstiger Abwicklungsbedarf mehr vorhanden sei, weil die Gesellschaft dann untergegangen sei und auch nicht in veränderter Form als Zuordnungssubjekt zur Verfügung stehe.[592] Ob die Gesellschaft in dem Fall der Nachexistenz nach ihrer Löschung neues Vermögen erhalten kann, ist gleichwohl eine Frage der Fortsetzungsmöglichkeit und dort zu behandeln.

## V. Fortsetzung der Gesellschaft in Nachtragsliquidation

Mit der Frage des Vermögenserwerbs ist die nach der Fortsetzungsfähigkeit der Gesellschaft verbunden, denn oftmals soll das zugewendete Vermögen gerade zur Fortsetzung der aufgelösten GmbH dienen. Heute ist generell die Möglichkeit der Fortsetzung einer aufgelösten Kapitalgesellschaft anerkannt, wenn bestimmte Voraussetzungen eingehalten werden, insbesondere der Auflösungsgrund beseitigt wird.[593] Zweifelhaft ist aber, ob die Gesellschaft auch nach ihrer Löschung aus dem Register wieder in eine werbende umgewandelt werden kann. Grundsätzlich steht die Vollbeendigung einer Fortsetzung entgegen.[594] Ist die GmbH gelöscht und besteht auch keinerlei Abwicklungsbedarf und keine Organisation mehr, die die Gesellschaft am Leben erhalten könnten, ist die Gesellschaft nach allen Ansichten erloschen und kann dementsprechend nicht mehr fortgesetzt werden. Wird eine Nachtragsliquidation erforderlich, könnte dies aber anders zu beurteilen sein, denn je nachdem, welche Wirkung der Löschung beigemessen wird, besteht die juristische Person weiterhin. Ist infolge der Löschung gemäß § 74 Abs. 1 GmbHG nach scheinbar beendeter Liquidation eine

---

590 *Heller*, S. 82.
591 Vgl. Hachenburg – *Ulmer*, § 60, Rdn. 13.
592 Vgl. *Heller*, S. 143: Anfall einer Erbschaft nicht möglich, wenn die Nach-GmbH vermögenslos war.
593 Scholz – *K. Schmidt/Bitter*, § 60, Rdn. 79.
594 RGZ 118, 337, 340; MüKoGmbHG – *Berner*, § 60, Rdn. 240.

Nachtragsabwicklung notwendig, wird heutzutage eine Rückumwandlung in eine werbende Gesellschaft nach einhelliger Ansicht nicht zugelassen, weil der Beginn der Vermögensverteilung an die Gesellschafter einer Fortsetzung entgegensteht.[595] Hierbei wird vor allem auf die entsprechende Regelung in § 274 Abs. 1 S. 1 AktG verwiesen.[596] Außerdem führe eine spätere Fortsetzungsmöglichkeit zu einer Umgehung der Kapitalerhaltungsvorschriften, denn §§ 72, 73 Abs. 1 GmbHG ermöglichten eine Auszahlung, die im werbenden Stadium nach §§ 30, 31 GmbHG unzulässig sei.[597] Darüber hinaus habe während des Sperrjahres die Möglichkeit der Fortsetzung bestanden, so dass deren späterer Ausschluss nicht unbillig erscheine[598], insbesondere auch weil durch den Verteilungsbeschluss ein großer Schritt in Richtung Vollbeendigung erfolgt sei[599].

Die nachstehenden Ausführungen zeigen, wie die Fortsetzung nach den verschiedenen Meinungen im Einzelnen beurteilt wird.

## 1. Anhänger der deklaratorischen Löschungswirkung

Nachdem die Auflösung nicht mehr als das Ende einer juristischen Person verstanden wurde[600], hat die Rechtsprechung vor der Löschung aus dem Register die Fortsetzung einer aufgelösten Gesellschaft zugelassen, solange noch nicht das gesamte Vermögen verteilt war und die Gesellschafter das an sie bereits ausgezahlte Vermögen zurückgewährten.[601] Entsprechend müsse auch die Fortsetzung einer GmbH in der Nachtragsliquidation möglich sein.[602] Überwiegend wurde die Rückumwandlung einer Gesellschaft in eine werbende nach ihrer Löschung aber verneint, auch wenn sie aufgrund des bestehenden Abwicklungsbedarfs noch als fortbestehende juristische Person angesehen wurde.[603] Die Nachtragsliquidation sollte nur der Durchführung der nötigen Abwicklungsmaßnah-

---

595 *Hofmann*, GmbHR 75, 217, 227; Rowedder/Schmidt-Leithoff – *Rasner*, § 60, Rdn. 66; *P. Scholz*, GmbHR 82, 228, 234.

596 Vgl. z. B. Baumbach/Hueck – *Haas*, § 60, Rdn. 91.

597 *Galla*, S. 102 ff.

598 Scholz – *K. Schmidt/Bitter*, § 60, Rdn. 82.

599 Rowedder/Schmidt-Leithoff – *Rasner*, § 60, Rdn. 66.

600 So z. B. noch *Pecht*, S. 1; *Reif*, S. 5; *Schück*, S. 24.

601 RGZ 118, 337, 340; selbst nach Verteilung allen Vermögen für zulässig hält *Cramer*, S. 18 f. die Fortsetzung, da die Gesellschaft dann noch für die Annahme von Vermögen rechtsfähig sei und nicht einzusehen sei, warum nach Verteilung von 99 % des Vermögens eine Fortsetzung zulässig sein solle, bei einer Verteilung von 100 % aber nicht mehr.

602 So *Lorenz*, S. 20.

603 RGZ 156, 23, 27 sowie die in den folgenden Fn. Genannten.

men dienen, während die Gesellschaft hinsichtlich der Frage der Fortsetzungsfähigkeit als erloschen galt.[604]

Speziell im Fall der Nachtragsliquidation nach Löschung aufgrund Vermögenslosigkeit wird gegen die Fortsetzung vorgebracht, eine solche widerspreche dem Sinn und Zweck der Löschungsvorschrift, zusammengebrochene Gesellschaften endgültig aus dem Verkehr und Handelsregister zu entfernen, was auch die Anordnung der Auflösungswirkung der Löschung zeige.[605] Allerdings wird hiervon zumeist eine Ausnahme gemacht, wenn die GmbH noch Vermögen in Höhe des gesetzlichen Mindeststammkapitals hat, denn dann könnten die Gesellschafter ihre Ansprüche auf die Liquidationsquote ebenso als Sacheinlage in eine neu zu gründende Gesellschaft einbringen.[606] Solch eine Neugründung stelle aber einen unnötigen Formalismus gegenüber der Fortsetzung der alten Gesellschaft dar, so dass letztere zugelassen werden müsse.[607]

## 2. Nach den Befürwortern des Doppeltatbestandes

In Bezug auf die Fortsetzungsfähigkeit der gelöschten GmbH herrscht Uneinigkeit zwischen den Befürwortern des Doppeltatbestandes. Im Fall der Nachtragsliquidation nach regulärer Abwicklung gilt das oben Gesagte, so dass eine Fortsetzung generell nicht möglich ist. Ebenso scheide nach dieser Lehre eine Fortsetzung aus, wenn die Nachtragsliquidation nur zur Erledigung von nichtvermögensmäßigem Abwicklungsbedarf durchgeführt werde.[608]

Im Fall der Nachtragsliquidation nach § 66 Abs. 5 GmbHG ist jedoch äußerst umstritten, ob eine Fortsetzung möglich ist. Dagegen wird vorgebracht, die Fortexistenz der GmbH diene lediglich der Verteilung des nachträglich aufgefundenen Vermögens und erleichtere die Nachtragsliquidation, so dass nur begrenzte Maßnahmen erledigt werden könnten.[609] Eine als vermögenslos gelöschte GmbH könne ferner nicht besser behandelt werden, als eine solche, bei der schon mit der Verteilung des Gesellschaftsvermögens begonnen wurde, weil beide Vorgänge eine ähnliche Zäsur darstellten.[610] Für die Unzulässigkeit der

604 RGZ 156, 23, 27; *F. Scholz*, ZHR 93 (1929), 73, 151.

605 KG DR 41, 1543; OLG Düsseldorf GmbHR 79, 227, 228; *Marowski*, JW 38, 11, 13.

606 KG DR 41, 1543.

607 Ebd.; *Groschuff*, DR 41, 1544; *F. Scholz*, JZ 52, 199, 204, der allerdings das Vorhandensein von Vermögen in Höhe des satzungsmäßigen Stammkapitals fordert.

608 Baumbach/Hueck – *Haas*, § 60, Rdn. 98; Michalski – *Nerlich*, § 66, Rdn. 106.

609 OLG Celle NZG 08, 271; *Meyer-Landrut*/Miller/Niehus, § 60, Rdn. 29; Rowedder/Schmidt-Leithoff – *Rasner*, § 60, Rdn. 67.

610 Lutter/Hommelhoff – *Kleindiek*, § 60, Rdn. 32; Scholz – *K. Schmidt/Bitter*, § 60,

Fortsetzung spreche insbesondere auch, dass mit der Amtslöschung für die Öffentlichkeit der Eindruck der Vollbeendigung entstehe.[611] Außerdem seien die Gesellschafter nicht schutzwürdig hinsichtlich einer Fortsetzungsmöglichkeit, weil sie im vorangegangenen Löschungsverfahren die Möglichkeit hatten, die Löschung zu verhindern, indem sie Widerspruch erhoben und Vermögen der Gesellschaft aufgezeigt hätten, oder dieser neues Vermögen zugeführt hätten.[612]

Für die Möglichkeit der Fortsetzung im Fall des § 66 Abs. 5 GmbHG wird allerdings angeführt, dass die Gesellschaft gerade noch bestehe und gegenüber einer normalen Liquidationsgesellschaft nicht benachteiligt werden dürfe.[613] Insbesondere stünden der Wortlaut und der Zweck des Gesetzes einer Fortsetzung nicht entgegen, wenn die gelöschte Gesellschaft nicht lebensunfähig sei.[614] Deshalb überzeuge es nicht, ohne Begründung zu sagen, es dürften nur noch die erforderlichen Abwicklungsmaßnahmen vorgenommen werden.[615] Nach dieser Ansicht kommt es dann darauf an, ob die grundsätzlichen Voraussetzungen für eine Fortsetzung gegeben sind. Dabei herrscht besonders über die nötige Kapitalausstattung Uneinigkeit[616], worauf hier allerdings nicht näher eingegangen wird, da dies für die weitere Untersuchung nicht von Interesse ist.

## 3. Konstitutive Löschungswirkung

Weil die GmbH nach den Befürwortern einer konstitutiven Löschungswirkung mit der Löschung aus dem Register untergegangen ist, ist hinterher eine Fortsetzung nicht mehr möglich, auch wenn sich noch Vermögen zeigt.[617] Die GmbH bestehe danach nicht mehr als juristische Person, sondern wurde strukturell umgestaltet, so dass die Basis für die Zweckänderung, die die Fortsetzung darstelle,

---

Rdn. 83.

611 MüKoGmbHG – *Berner*, § 60, Rdn. 283; Rowedder/Schmidt-Leithoff – *Rasner*, § 60, Rdn. 67.

612 *Kantak*, S. 128; Roth/*Altmeppen*, § 75, Rdn. 66; Rowedder/Schmidt-Leithoff – *Rasner*, § 60, Rdn. 67.

613 *Galla*, GmbHR 06, 635, 638 f.; *Passarge*/Torwegge, Rdn. 549; Ulmer – *Paura*, § 66, Rdn. 89.

614 *Held*, S. 147, 153.

615 *Held*, S. 147 f.

616 Für das gesetzliche Mindeststammkapital Keidel – *Heinemann*, § 394, Rdn. 37; für das Vorhandensein eines die Schulden deckenden Vermögens Galla, S. 99 sowie Ulmer – *Paura*, § 66, Rdn. 89; für das satzungsgemäße Stammkapital MüKoGmbHG – *Berner*, § 60, Rdn. 249.

617 *Heerma*, S. 85; *H. Schmidt*, S. 177.

fehle.[618] Außerdem sei das Gebilde nach der Löschung nur noch zu Abwicklungszwecken existent.[619] Die Fortführung der Gesellschaft als werbendes Unternehmen sei allein durch Neugründung zu erreichen, bei der das erneute Einhalten der Eintragungsvoraussetzungen, insbesondere die Aufbringung des Mindeststammkapitals erforderlich sei.[620] Ansonsten könnte die Gesellschaft einfach mit der Behauptung fortgesetzt werden, sie habe noch ausreichend Vermögen.[621]

Für die Löschung nach einer durchgeführten Abwicklung ergibt sich diese Lösung regelmäßig bereits aus der allgemeinen Ansicht, wonach der Beginn der Vermögensverteilung unter den Gesellschaftern ein Fortsetzungshindernis darstellt.[622] Im Fall der Nachtragsliquidation nach § 66 Abs. 5 GmbHG bringen die Anhänger der konstitutiven Löschungswirkung ebenso wie einige Vertreter der anderen Ansichten vor, die Gesellschafter hätten während des Löschungsverfahren hinreichend Möglichkeiten gehabt, Vermögen der GmbH aufzuzeigen und so die Löschung zu verhindern, um die Gesellschaft fortzuführen.[623] Außerdem dürfe die Löschung als gerichtliche Entscheidung nicht einfach durch einen privaten Willensakt zunichte gemacht werden.[624]

## VI. Prozesse

Ein kurzer Blick ist nun auf die Frage zu werfen, wie sich die Löschung auf laufende oder noch anzustrengende Prozesse auswirkt. Laufende Verfahren könnten einer Löschung generell entgegenstehen. Grundsätzlich richtet sich die Parteifähigkeit nach der Rechtsfähigkeit, § 50 Abs. 1 ZPO, so dass die Gesellschaft so lange, wie sie noch fortbesteht, auch noch an einem Prozess beteiligt sein kann. Da sie allerdings nicht selbst handeln kann, ist eine ordnungsgemäße Vertretung für die Führung des Prozesses erforderlich. Ob die GmbH dabei selbst als prozessfähig gemäß § 52 Abs. 1 ZPO angesehen wird[625] oder die Prozessfä-

---

618 *Buchner*, S. 145; *Heller*, S. 173; *Hüffer*, GS-Schultz, S. 99, 115.

619 *Lindacher*, FS-Henckel, S. 549, 556.

620 *Hüffer*, GS-Schultz, S. 99, 115; *H. Schmidt*, S. 179 f., der klarstellt, dass dies nur eine Neugründung der juristischen Person, nicht aber des Verbandes sei.

621 *Halm/Linder*, DStR 99, 379, 382.

622 Hachenburg – *Ulmer*, § 60, Rdn. 85.

623 Ebd.; zur parallelen Vorschrift in § 264 Abs. 2 AktG MüKoAktG – *Hüffer*, § 264, Rdn. 18.

624 *Buchner*, S. 145.

625 So vorwiegend die gesellschaftrechtliche Literatur, z. B. MüKoGmbHG – *Merkt*, § 13, Rdn. 46 m. w. N.

higkeit nach § 51 Abs. 1 ZPO nur bei einer Vertretung durch die geschäftsführenden Organe angenommen wird[626], ist für die weitere Darstellung irrelevant.

## 1. Bei Annahme der deklaratorischen Löschungswirkung

Bei einem Aktivprozess macht die GmbH regelmäßig Vermögenswerte geltend, so dass davon auszugehen ist, dass sie nicht vermögenslos ist und damit nach Ansicht von der deklaratorischen Löschungswirkung noch existiert. In einem vermögensrechtlichen Aktivprozess sei die gelöschte GmbH deshalb in jedem Fall parteifähig.[627] Solch ein Prozess stehe grundsätzlich auch einer Löschung im Handelsregister entgegen, da weder vom Vorliegen der Vermögenslosigkeit noch von der Beendigung der Liquidation ausgegangen werden könne, wenn noch das Vorhandensein von Vermögen in Frage stehe.[628] Es wurde oben[629] gezeigt, dass die Geschäftsführer beziehungsweise Liquidatoren der Gesellschaft nach dieser Ansicht mit der Löschung ihre Vertretungsbefugnis verlieren, wodurch die gelöschte GmbH nicht mehr fähig sei, im Prozess zu handeln. Damit sie vor Gericht auftreten, das heißt klagen könne, müsse erst ein Nachtragsliquidator vom Gericht bestellt werden.[630] Ein schon anhängiger Aktivprozess der Gesellschaft werde gemäß § 241 Abs. 1 ZPO so lange unterbrochen, bis durch die gerichtliche Bestellung für ihre Vertretung gesorgt sei.[631] War die Gesellschaft allerdings durch einen Prozessbevollmächtigten vertreten, trete nach § 246 Abs. 1 ZPO keine Unterbrechung ein.[632]

Passivprozesse gegen die GmbH können nicht mehr eingeleitet werden, wenn sie tatsächlich erloschen ist. Für die passive Parteifähigkeit genüge allerdings die Behauptung des Klägers, die Gesellschaft verfüge noch über Vermögen.[633] In Bezug auf nichtvermögensrechtliche Passivprozesse wird die Gesellschaft aufgrund des vermögensneutralen Abwicklungsbedarfs aber teilweise noch als fortbestehend angesehen, so dass eine Nachtragsliquidation durchzuführen ist.[634] Demzufolge können die nichtvermögensrechtlichen Ansprüche ge-

---

626 So überwiegend das zivilprozessuale Schrifttum, z. B. Thomas/Putzo – *Hüßtege*, § 52, Rdn. 4.

627 BGH WM 77, 581; *Bokelmann*, NJW 77, 1130, 1131.

628 KG JFG 4, 178, 184.

629 Gliederungspunkt C. I. 1. b.

630 *Bokelmann*, NJW 77, 1130.

631 *Bokelmann*, NJW 77, 1130, 1131.

632 BGH NJW-RR 86, 394.

633 BGHZ 48, 303, 307.

634 Siehe dazu bereits unter B. III. 1. e. sowie C. II. 1.

gen die Gesellschaft auch noch im Klagewege geltend gemacht werden.[635] Dies gilt ebenfalls, wenn nur die Nachtragsliquidation in diesem Stadium zugelassen wird, ohne den Fortbestand der Gesellschaft ausdrücklich anzuerkennen.[636]

Ergeht aber gegen eine gelöschte und nicht mehr existente Partei ein Urteil, muss sie sich zumindest dagegen wehren können, so dass sie insoweit als parteifähig behandelt wird.[637] Dasselbe gilt im Zulassungsstreit für die Partei, um deren Parteifähigkeit gestritten wird, damit dieser Streit überhaupt erledigt werden kann.[638]

Ob aber ein anhängiger Passivprozess der Beendigung der Liquidation oder auch der Löschung generell entgegensteht, wird von den Befürwortern der deklaratorisch wirkenden Löschung unterschiedlich beantwortet. Selbst unter den Senaten des Bundesgerichtshofs besteht diesbezüglich Uneinigkeit. Bisweilen wird das Vorhandensein von Vermögen der GmbH aufgrund eines im Fall ihres Obsiegens bestehenden Kostenerstattungsanspruchs gegen den Prozessgegner angenommen.[639] Ein schwebender Prozess stehe dem Untergang der GmbH entgegen, denn bevor dieser nicht beendet sei, stehe nicht fest, ob die Gesellschaft noch Verbindlichkeiten habe und die Liquidation infolgedessen noch nicht beendet sei.[640] Deshalb sei auch noch nicht geklärt, ob und wie viel Vermögen ihr noch zustehe, so dass eine Vermögensverteilung, die zur Vermögenslosigkeit der Gesellschaft führe, vor Beendigung des Prozesses gar nicht stattfinden könne.[641] Erfolge sie dennoch, löse dies Ansprüche gegen die Gesellschafter aus.[642]

Andere Anhänger der deklaratorischen Löschungswirkung sind demgegenüber der Ansicht, dass zumindest schwebende Passivprozesse ebenso wie das Bestehen von Verbindlichkeiten der Beendigung der GmbH und auch der Löschung im Register nicht entgegenstünden, so dass die Klage unzulässig werde.[643] Zumindest die Beendigung eines auf Geldzahlung gerichteten Prozesses gehöre nicht zum Liquidationszweck und der Kläger habe kein Interesse an dessen Fortführung, da die Vollstreckung eines Leistungsurteils mangels Vermögens bei der GmbH nicht möglich sei, während ein Feststellungsurteil für den

---

635 *Cramer*, S. 25, 28.

636 Vgl. z. B. BGH NJW-RR 10, 544, 546.

637 RGZ 35, 362, 364; OLG Stuttgart NJW 69, 1493.

638 BGHZ 24, 91, 94; OLG Hamburg MDR 76, 845, 846.

639 BGH NJW-RR 86, 394; BGH NJW-RR, 91, 660; OLG Hamm NJW-RR 87, 1254, 1255; OLG Koblenz NZG 98, 637, 638.

640 BAGE 36, 125, 130; LAG Bremen MDR 84, 435; *Godin/Wilhelmi*, § 273, Anm. 4.

641 BGH NJW-RR 86, 394; LAG Bremen MDR 84, 435; *Theil*, JZ 79, 567.

642 LAG Bremen MDR 84, 435; *Theil*, JZ 79, 567, 568; daneben müssten auch Ansprüche gegen die Liquidatoren gegeben sein.

643 BGH NJW 82, 238; BayObLG NJW-RR 95, 612, 613.

Kläger wertlos sei und auch keine Präjudizwirkung entfalte.[644] Auch ein etwaiger Kostenerstattungsanspruch der GmbH sei nicht als Vermögen und damit Erlöschenshindernis anzusehen, da die Berufung des Klägers darauf widersprüchlich sei.[645] Der Anspruchsteller begründe die Zulässigkeit seiner Klage damit, dass die Möglichkeit der Abweisung bestehe.[646] Würde die Klage dann allerdings als unzulässig abgewiesen, erhielte die Gesellschaft doch einen Anspruch auf Erstattung ihrer Kosten und wäre so wieder vermögend und damit nach den Befürwortern der deklaratorisch wirkenden Löschung auch parteifähig.[647]

## 2. Nach der Lehre vom Doppeltatbestand

Die Verfechter des Doppeltatbestandes behandeln Prozesse einer gelöschten GmbH und die Löschung während eines Prozesses ganz ähnlich wie die Autoren, die der Löschung deklaratorische Wirkung beimessen. Laufende Aktivprozesse stehen danach einer Löschung grundsätzlich entgegen, da der geltend gemachte Anspruch noch einen Vermögenswert der Gesellschaft darstelle.[648] Deshalb sei die GmbH auch nach ihrer Löschung noch für einen Aktivprozess parteifähig, durch die Löschung aber prozessunfähig, so dass ein Nachtragsliquidator zu bestellen sei.[649] Als parteifähig wird die Gesellschaft ebenfalls für den Streit um die Parteifähigkeit angesehen.[650]

Im Passivprozess müsse der Kläger substantiiert Vermögen der gelöschten Gesellschaft dartun.[651] Nach den Vertretern der Lehre des erweiterten Doppeltatbestandes reicht schon, dass nichtvermögensmäßiger Abwicklungsbedarf aufgezeigt wird.[652]

Uneinigkeit herrscht nach dieser Ansicht ebenfalls hinsichtlich der Frage, ob Passivprozesse der Löschung und damit auch der Beendigung der GmbH entgegenstehen. Hier wird auf dieselben Argumente verwiesen, die schon von den Befürwortern der deklaratorischen Löschungswirkung vorgebracht werden. Die

644 BGHZ 74, 212, 213; kritisch hinsichtlich des Arguments, eine Vollstreckung sei unmöglich *H. Schmidt*, DB 90, 1703, da die Durchsetzbarkeit eines Titels nicht zur Zulässigkeitsfrage gemacht werden könne.

645 BGHZ 74, 212, 213.

646 Ebd.; OLG Saarbrücken GmbHR 92, 311.

647 Vgl. *Sammeck*, S. 151.

648 *Uhlenbruck*, ZIP 96, 1641, 1649.

649 *Leuering/Simon*, NJW-Spezial 07, 27; *Uhlenbruck*, ZIP 96, 1641, 1649.

650 BAG NJW 88, 2637; OLG Köln GmbHR 92, 536; *I. Saenger*, GmbHR 94, 300, 303.

651 Scholz – *K. Schmidt*, § 74, Rdn. 17, 21.

652 *Bork*, JZ 91, 841, 848; *I. Saenger*, GmbHR 94, 304.

Verfechter des erweiterten Doppeltatbestandes sehen in dem anhängigen Prozess teilweise bereits eine die Beendigung hindernde Abwicklungsmaßnahme.[653] Ansonsten wird bisweilen der etwaige Kostenerstattungsanspruch als Vermögen angesehen[654], andere Autoren versagen dem Kläger aber die Berufung darauf[655].

## 3. Konstitutiv wirkende Löschung

Weil die GmbH nach dieser Auffassung mit der Löschung aus dem Register untergeht, ist sie als solche bis dahin rechts- und damit auch parteifähig.[656] Dabei spielt es wie stets nach dieser Meinung keine Rolle, ob die Gesellschaft noch Vermögen hat oder sonstiger Abwicklungsbedarf besteht. Für die Zulässigkeit einer späteren Klage sei dies aber sehr wohl entscheidend.[657] Allerdings sei die GmbH aufgrund ihres Unterganges durch die Löschung dann nicht mehr selbst Prozesspartei, sondern das hinterher entstehende Gebilde.[658] Solange ein solches mangels Vermögens oder anderen Abwicklungsbedarfs nicht entstehe, sei eine Klageerhebung durch oder gegen die Gesellschaft unzulässig.[659]

### a. Löschung trotz anhängigem Verfahren

Grundsätzlich zu unterbleiben hat auch nach dieser Ansicht die Löschung, während ein vermögensrechtlicher Aktivprozess schwebt, weil die Gesellschaft dadurch noch Vermögen geltend macht.[660] Infolgedessen ist das Vorliegen der beiden Löschungstatbestände, Beendigung der Liquidation und Vorliegen von Vermögenslosigkeit, ausgeschlossen.[661] Ein vermögensneutraler Aktivprozess soll nach teilweise vertretener Ansicht der Löschung aufgrund Vermögenslosigkeit aber nicht entgegenstehen, da die geltend gemachten Rechte zusammen mit der juristischen Person untergehen würden, wenn nicht ein Dritter ein Interesse an ihrem Fortbestand habe.[662]

---

653 Baumbach/Hueck – *Haas*, § 74, Rdn. 19; Roth/*Altmeppen*, § 65, Rdn. 35; anders aber *Bork*, JZ 91, 841, 848.

654 BAGE 102, 161, 163; Scholz – *K. Schmidt*, § 74, Rdn. 17b.

655 So Ulmer – *Casper*, § 60, Rdn. 102.

656 Hachenburg – *Ulmer*, Anh. § 60, Rdn. 47; MüKoAktG – *Hüffer*, § 273, Rdn. 46.

657 Vgl. *Hüffer*, GS-Schultz, S. 99, 112.

658 Hachenburg – *Ulmer*, Anh. § 60, Rdn. 47; MüKoAktG – *Hüffer*, § 273, Rdn. 46.

659 *Hüffer*, GS-Schultz, S. 99, 112.

660 Für Löschung wegen Vermögenslosigkeit Hachenburg – *Ulmer*, Anh. § 60, Rdn. 47.

661 Ensthaler/Füller/Schmidt – *Ensthaler*, § 74, Rdn. 4.

662 *Heller*, S. 182 mit Verweis auf S. 149, wo er annimmt, dass die vermögensneutralen Rechte der GmbH fortbestehen, wenn Gläubiger daran ein Interesse hätten; daraus er-

Unter den Vertretern dieser Ansicht ist ebenfalls streitig, ob bei einem laufenden Passivprozess eine Löschung vorgenommen werden darf. Bisweilen wird dies verneint, denn der Passivprozess sei vom Liquidationszweck erfasst und die Liquidation sei deshalb nicht vor Beendigung des Prozesses durch ein rechtskräftiges Urteil abgeschlossen.[663] Erfolge die Löschung trotzdem, werde eine Nachtragsliquidation erforderlich.[664]

Für die Möglichkeit einer Löschung trotz anhängiger Klage gegen die GmbH wird demgegenüber vorgebracht, die Fortführung zumindest eines vermögensrechtlichen Passivprozesses sei sinnlos, weil ein Urteil mangels Vollstreckbarkeit dem Kläger keinen Vorteil bringe.[665] Allerdings könne der Kläger dann den Rechtsstreit in der Hauptsache für erledigt erklären, um eine Abweisung der Klage zu vermeiden.[666]

*Heller* ist darüber hinaus der Ansicht, dass die Löschung aufgrund Vermögenslosigkeit während eines vermögensneutralen Passivprozesses möglich sei, da die Voraussetzungen dafür vorlägen.[667] Soweit die geltend gemachten Ansprüche der Gesellschaft aber vom Zweck der Nachtragsliquidation erfasst seien, entstehe die Nach-GmbH, die dann für den Prozess weiter zur Verfügung stehe.[668]

Zum Teil äußern sich die Autoren nicht klar zu der Frage, ob ein Passivprozess der Löschung entgegensteht. Sie nehmen mitunter jedoch an, dass eine Klage gegen die GmbH unzulässig wird, wenn diese während des Prozesses gelöscht wird.[669] Nach anderen Vertretern der Ansicht ist der Rechtsstreit nach der Löschung zu beenden, weil der Kläger schon „Streitinvestitionen" erbracht habe, so dass eine spätere, neu erhobene Klage für den Fall, dass sich noch Vermögen zeige, nicht unbedingt zu einer Entlastung der Gerichte führe.[670] Das Verfahren sei vielmehr bis zur Sachentscheidung fortzuführen, wenn der Kläger

---

gibt sich dann aber, dass in diesen Fällen auch eine Nachtragsliquidation erforderlich ist, so dass es doch wieder zur Durchführung des vermögensneutralen Aktivprozesses kommen müsste; ausdrücklich gegen eine Löschung, wenn im konkreten Fall Gläubigerinteressen entgegenstehen *H. Schmidt*, S. 125.

663 Ensthaler/Füller/Schmidt – *Ensthaler*, § 74, Rdn. 4; *H. Schmidt*, S. 125; Spindler/Stilz – *Bachmann*, § 262, Rdn. 99, § 273, Rdn. 2, 13.

664 Ensthaler/Füller/Schmidt – *Ensthaler*, § 74, Rdn. 4.

665 *Heller*, S. 191 f.

666 *Heller*, S. 192.

667 *Heller*, S. 194.

668 Ebd.

669 *Hüffer*, AktG, § 273, Rdn. 9.

670 MüKoZPO – *Lindacher*, § 50, Rdn. 16.

dies möchte und der Aufwand zur Herbeiführung der Entscheidungsreife gegenüber dem schon erbrachten Aufwand sehr gering erscheine.[671]

Hätte die Löschung aufgrund von vorhandenem Abwicklungsbedarf nicht erfolgen dürfen und wurde die Gesellschaft trotzdem gelöscht, sei der Prozess mit dem dann anstelle der GmbH bestehenden Gebilde fortzuführen. Nach der Gesamthandstheorie findet ein gesetzlicher Parteiwechsel kraft Gesamtrechtsnachfolge statt, der nach §§ 239, 246 ZPO zu behandeln ist.[672] Die Befürworter einer teilkonstitutiven Löschungswirkung nehmen Identität zwischen der nach der Löschung entstehenden Nach-GmbH und der GmbH vor Löschung an, so dass der Prozess mit ersterer fortzusetzen ist.[673] Ein Parteiwechsel, wie ihn die Gesamthandstheorie annehme, sei nicht erforderlich.[674] Weil es aber an einer Vertretung fehle, wenn kein Prozessbevollmächtigter berufen wurde, finde hier eine Unterbrechung nach § 241 ZPO statt, bis vom Gericht ein Nachtragsliquidator bestellt sei.[675]

### b. Klage nach Löschung

Eine Klage nach Löschung ist auch nach den Anhängern der konstitutiven Löschungswirkung nur möglich, wenn noch Abwicklungsbedarf und folglich eine Nachexistenz der GmbH vorhanden ist.[676]

Nach der Gesamthandstheorie ist Partei eines Rechtsstreits nach Löschung die Gesamthand der ehemaligen Gesellschafter.[677] Prozessfähig sei sie allerdings erst durch die gerichtliche Bestellung eines Nachtragsliquidators, der als ihr organschaftlicher Vertreter auftrete.[678] Im Fall der Einmann-Gesellschaft, bei der ein Sondervermögen des früheren Gesellschafters entstehe, werde der bestellte Liquidator zu einer Partei kraft Amtes.[679]

Nach den Autoren, die der Löschung eine teilkonstitutive Wirkung beimessen, besteht wie gezeigt bei Bedarf nach der Löschung eine teilrechtsfähige Nach-GmbH. Diese sei, soweit ihr Rechte und Pflichten zugeordnet würden, auch parteifähig, so dass sie in einem der Rechtsfähigkeit entsprechenden Um-

---

671 Ebd.; Spindler/Stilz – *Bachmann*, § 273, Rdn. 14.
672 *Hüffer*, GS-Schultz, S. 99, 109.
673 *Buchner*, S. 155; Spindler/Stilz – *Bachmann*, § 273, Rdn. 13.
674 *Lindacher*, FS-Henckel, S. 549, 560.
675 *Buchner*, S. 154 f.; *Lindacher*, FS-Henckel, S. 549, 560.
676 *Heller*, S. 184, 195.
677 *Hüffer*, GS-Schultz, S. 99, 110, 112.
678 Hachenburg – *Ulmer*, Anh. § 60, Rdn. 47.
679 Ebd.

fang klagen und verklagt werden könne.[680] Allerdings könne sie erst mit Bestellung des Nachtragsliquidators vor Gericht auftreten und handeln und das nur insoweit, wie der beschränkte Wirkungskreis des bestellten Nachtragsliquidators reiche, da er die Gesellschaft darüber hinaus nicht vertreten könne.[681] Die Möglichkeit der Klageerhebung nach Löschung bestimmt sich also je nachdem, wie weit die Autoren die Nachexistenz der GmbH und die Reichweite ihrer Vertretung annehmen. Wird die Entstehung der Nach-GmbH – wie es ganz vereinzelt der Fall ist – auch für vermögensrechtliche Verbindlichkeiten befürwortet, ist sogar eine diesbezügliche Klage trotz Vermögenslosigkeit möglich.[682]

## VII. Zwischenergebnis

### 1. Ablehnung der deklaratorischen Löschungswirkung

Von den dargestellten Ansichten bereits hier abzulehnen ist die der deklaratorischen Löschungswirkung, da diese nicht für Rechtssicherheit hinsichtlich des Unterganges der Gesellschaft sorgen kann. Oft weiß danach niemand, nicht einmal die Gesellschafter oder Geschäftsführer, ob die GmbH noch besteht, weil die Kriterien dieser Meinung für den Wegfall der juristischen Person nicht offensichtlich und eindeutig sind. Hier fehlt jeglicher Publizitätsakt und es könnte demnach vorkommen, dass eine Gesellschaft zumindest für eine gewisse Zeit im Handelsregister eingetragen ist, ohne noch zu bestehen. Dies stellt neben dem Risiko für etwaige Neugläubiger auch eines für die Geschäftsführer und die anderen im Namen der GmbH handelnden Personen dar. Sie können die Gesellschaft aufgrund deren Nichtexistenz nicht mehr vertreten und laufen so Gefahr, als Vertreter ohne Vertretungsmacht nach § 179 Abs. 2 BGB selbst zu haften. Um dies zu vermeiden und um generell für Rechtssicherheit zu sorgen, muss die GmbH zumindest so lange fortbestehen, wie sie im Register eingetragen ist.[683]

Es wäre wünschenswert, dass der Bundesgerichtshof seine Ansicht zu der Frage der Löschungswirkung überdenken und sich erneut dazu äußern würde. Immerhin hat er bereits 1985 anerkannt, dass beachtliche Gründe für eine kon-

---

680 *Buchner*, S. 152; *Heller*, S. 184, 195; *Lindacher*, FS-Henckel, S. 549, 557; MüKoZPO – *Lindacher*, § 50, Rdn. 14.

681 *Buchner*, S. 153.

682 *H. Schmidt*, S. 110 sowie *ders.* in DB 90, 1703, 1704.

683 Vgl. auch Michalski – *Michalski*, Syst. Darst. 1, Rdn. 23.

stitutive Wirkung der Löschung sprechen.[684] Ein klares Wort der höchstrichterlichen Rechtsprechung würde hier zur Rechtssicherheit beitragen.

## 2. Konstitutive Löschungswirkung oder Doppeltatbestand vorzugswürdig?

Zu klären bleibt, ob die Ansicht von der konstitutiven Löschungswirkung oder die Lehre vom Doppeltatbestand vorzugswürdig ist. Nach dem System der Normativbestimmungen wird die Gesellschaft, wenn die Normativbestimmungen erfüllt sind, ins Handelsregister eingetragen und entsteht damit als juristische Person.[685] Demzufolge erscheint es grundsätzlich vorzugswürdig, sie mit der Löschung als solche wieder untergehen zu lassen, denn für den Rechtsverkehr entsteht so der Eindruck, als ob keine Kapitalgesellschaft mehr besteht. Die Verfechter der konstitutiven Löschungseintragung berufen sich weiter auch darauf, dass die Löschung der actus contrarius zur Eintragung der GmbH sei und deshalb konstitutive Wirkung haben müsse.[686] Ob dieser Schluss zwingend ist, soll später noch untersucht werden.[687]

Generell darf nicht verkannt werden, dass sich nach dieser Lösung Zuordnungsprobleme von noch bestehenden Rechten und Pflichten ergeben können, wie die Kritiker der konstitutiven Löschung vorbringen. Die Anhänger derselben haben deshalb die oben dargestellten Lösungswege aufgezeigt, um die Zuordnung der Rechte und Pflichten zu einem Rechtssubjekt als Nachfolger der GmbH zu ermöglichen. Dabei fragt sich, wie dieses Zuordnungssubjekt genau ausgestaltet sein könnte und auch wie eine Haftungsbeschränkung konstruiert werden könnte. Denn eine persönliche Haftung der letzten Gesellschafter, auch für Altverbindlichkeiten der GmbH, erscheint nicht akzeptabel. Sollte das Ergebnis der nachfolgenden Untersuchung sein, dass eine konstitutive Löschungswirkung vorzugswürdig ist, muss überprüft werden, ob die vorhandenen Lösungen schlüssige Konzepte für das Stadium der Nachtragsliquidation bereitstellen.

---

684 BGH NJW-RR 86, 394; in einer neueren Entscheidung geht derselbe Senat des Bundesgerichtshofs dann wiederum von einem Fortbestehen der Rechts- und Parteifähigkeit der GmbH aus, wenn sich nach der Löschung noch Vermögen zeigt, wobei offen bleibt, ob er weiter von einer deklaratorischen Löschungswirkung ausgeht oder der Lehre vom Doppeltatbestand folgt (abgedruckt in NJW-RR 11, 115, 116).

685 Vgl. MüKoGmbHG – *Merkt*, § 11, Rdn. 148.

686 Dazu bereits B. III. 3. a. aa.

687 Dazu unten E. V. 2.

## a. Argumente für Doppeltatbestand

Auch wenn das Eintragungserfordernis auf den ersten Blick stark für eine konstitutive Wirkung der Löschung spricht, ist in der folgenden Untersuchung aufgrund der Kritik an der konstitutiven Löschungswirkung im Blick zu behalten, ob die Lehre vom Doppeltatbestand nicht doch vorzugswürdig ist. Dann würde in der Nachtragsliquidation die GmbH weiterhin als juristische Person bestehen. Dafür könnte sprechen, dass sich diese Liquidation grundsätzlich nur auf Restabwicklung und Vernichtung der Gesellschaft richtet. Das bedeutet, sie soll gerade nicht für eine lange Periode fortbestehen. Demzufolge würde sie keine große Gefahr mehr für den Rechtsverkehr darstellen. Vor allem wenn nur noch nichtvermögensrechtliche Pflichten vorhanden sind, haben in der Regel primär die Gläubiger noch ein Interesse an deren Erledigung. Außenstehende Dritte werden oftmals gar nicht von einem etwaigen Fortbestand der GmbH erfahren. Um den betroffenen Gläubigern die Rechtsdurchsetzung zu erleichtern, könnte der Fortbestand der GmbH jedoch angezeigt sein. Taucht noch Vermögen auf, das regelmäßig eher gering sein wird, sind damit Schulden zu begleichen, sofern noch welche bestehen. Ansonsten ist es an die letzten Gesellschafter zu verteilen. Es kann davon ausgegangen werden, dass sie kein großes Interesse mehr an einer Fortführung der GmbH als werbende Gesellschaft haben, denn sie haben diese vorher aufgelöst, beziehungsweise die Auflösung oder die Löschung aufgrund Vermögenslosigkeit nicht verhindern können oder wollen. Dementsprechend ist es sehr unwahrscheinlich, dass die Gesellschafter mit der fast vermögenslosen Gesellschaft in Nachtragsliquidation erneut im Geschäftsleben in Erscheinung treten und Verbindlichkeiten gegenüber neuen potentiellen Gläubigern begründen. Die Gefahren für den Rechtsverkehr und der Schutz, den dieser im Fall der Nachtragsliquidation benötigt, könnten daher eher als gering anzusehen sein. Unter der Prämisse der redlichen Gesellschafter erscheint es unschädlich, wenn die GmbH nach der Löschung weiterhin als juristische Person besteht.

## b. Argumente für absolut konstitutive Wirkung

Andererseits könnte das geringe Verkehrsschutzbedürfnis gerade für eine absolut konstitutive Wirkung sprechen. Denn wenn die Gesellschaft in der Nachtragsliquidation nur noch gegenüber ihren Altgläubigern in Erscheinung tritt, ansonsten aber nicht mehr im Rechtsverkehr auftritt, erscheint ihr Fortbestand als typisierte juristische Person nicht zwingend. Die Altgläubiger wissen, dass sie in der Vergangenheit einer GmbH gegenüber getreten sind und folglich kein Gesellschafter persönlich für die Verbindlichkeiten haftet. Würde die Gesellschaft in der Nachtragsliquidation sodann eine untypische Ausgestaltung eigener

Art erfahren, wäre dies nicht zwangsläufig ein Nachteil für die Gläubiger. Dass die Nachtragsliquidation auf Beendigung der Gesellschaft gerichtet ist und durch sie eben nur noch die Reste der GmbH vernichtet werden sollen, könnte genauso für eine Vollbeendigung durch den Löschungseintrag sprechen. Wenn nämlich nur noch Reste vorhanden sind, deutet dies eher darauf hin, dass die GmbH nicht mehr als vollwertige Kapitalgesellschaft und damit juristische Person existiert.

Außerdem darf nicht unberücksichtigt bleiben, dass der Fortbestand als juristische Person sehr wohl mit Gefahren für den Rechtsverkehr verbunden sein kann, auch wenn eine erneute Aktivität der Gesellschafter mit der Gesellschaft unwahrscheinlich sein mag. Es werden gerade nicht alle Gesellschafter redlich sein, sondern es wird immer auch unredliche geben, die mit der über kaum Vermögen verfügenden GmbH auftreten und so versuchen werden, von der Haftungsbeschränkung zu profitieren. Dadurch könnte es zu einem Missbrauch der juristischen Person und einer Ausnutzung der Haftungsbeschränkung kommen.

Für eine konstitutive Wirkung der Löschung spricht weiter, dass durch die Eintragung der Löschung ins Handelsregister generell die Gegenstandslosigkeit der vorherigen Eintragung dokumentiert wird.

## 3. Ausblick

Eine abschließende Entscheidung, welche Beendigungsansicht vorzugswürdig ist, kann hier noch nicht erfolgen. Dafür ist in der weiteren Untersuchung zu hinterfragen, ob gegen die Annahme, die GmbH bestehe noch als solche, spricht, dass die Gesellschaft während der Nachtragsliquidation nicht mehr alle Merkmale aufweist, die vor ihrer Löschung gegeben sind. Nachfolgend soll deshalb näher betrachtet werden, ob einige bestimmte Merkmale, die eine werbende GmbH regelmäßig aufweist, zwingend für ihre Fortexistenz sind oder ob ihr Wegfall den Bestand der GmbH beeinflusst. Fehlen der Gesellschaft nach ihrer Löschung solche Merkmale, kann sie hinterher nicht mehr als GmbH bestehen.

# D. Strukturelemente der GmbH

## I. Einführung

Die GmbH als juristische Person und Körperschaft zeichnet sich aufgrund gesetzlicher Vorgaben durch eine bestimmte Struktur aus, wobei ihr Innenverhältnis weitergehend als bei der Aktiengesellschaft der Disposition der Gesellschafter untersteht[688]. Zu untersuchen ist, ob aus der grundsätzlichen Struktur und Ausgestaltung der GmbH Schlüsse auf den Bestand des Gebildes während der Nachtragsliquidation gezogen werden können. Fehlen diesem Restgebilde zwingend erforderliche Merkmale, so dass es keine juristische Person mehr darstellen kann, muss es eine andere Rechtsnatur als die einer GmbH haben.

Nachstehend ist zunächst ein Blick auf die wesentliche Struktur der GmbH zu werfen. Es folgen kurze Hinweise auf Merkmale, die durch die Löschung wegfallen, und auf den in der Nachtragsliquidation verbleibenden Rest, der die Gesellschaft in dieser Phase ausmacht. Im sich daran anschließenden Teil soll untersucht werden, welche Relevanz Merkmalen, die eine GmbH regelmäßig aufweist, für den Bestand der GmbH zukommt. Dabei werden insbesondere solche Attribute untersucht, die nach den oben dargestellten Ansichten zur Beendigung der GmbH relevant für den Untergang oder den Fortbestand der Gesellschaft sind. Sollte sich aus der Untersuchung ergeben, dass die GmbH in der Nachtragsliquidation nicht mehr bestehen kann, ist in einem weiteren Abschnitt die Ausgestaltung eines ihr nachfolgenden Gebildes zu untersuchen. Stellt sich aber der Fortbestand der juristischen Person heraus, müssen die Besonderheiten der Nachtragsliquidation gegenüber dem werbenden und dem regulären Liquidationsstadium herausgearbeitet werden.

## II. Kurzer Überblick zur Struktur der GmbH

Die GmbH ist ein körperschaftlich ausgestalteter Verband („Verbandsperson“[689]) mit eigener Rechtspersönlichkeit und damit juristische Person.[690] Sie ist eine Sonderform des bürgerlich-rechtlichen Vereins.[691] Die körperschaftliche Struktur zeigt sich insbesondere in der Verselbstständigung und Unabhängigkeit

---

688 Vgl. § 45 Abs. 1 GmbHG; Ulmer – *Ulmer*, Einl., Rdn. A21.

689 Begriff verwendet von *W. Flume*, Juristische Person, § 8 I (S. 259) und *K. Schmidt*, GesR, § 22 II 1 (S. 656), beide unter Berufung auf *Schönfeld*, Festgabe RG II, S. 191, 226.

690 Vgl. MüKoGmbHG – *Fleischer*, Einl., Rdn. 5.

691 MüKoGmbHG – *Merkt*, § 13, Rdn. 12.

von ihren Mitgliedern, die einen Mitgliederwechsel möglich machen.[692] Die Geschäftsanteile sind gemäß § 15 GmbHG übertragbar, so dass sich der Tod und das Ausscheiden eines Gesellschafters nicht auf den Bestand der GmbH auswirken.

Die Verselbstständigung der GmbH gegenüber ihren Gesellschaftern zeigt sich auch daran, dass die Gesellschaft nicht durch ihre Mitglieder handelt, sondern mit den Geschäftsführern eine eigene Handlungsorganisation besitzt. Allerdings sind die Geschäftsführer an Weisungen der Gesellschafter gebunden, welche infolgedessen eine Art übergeordnete Geschäftsführungskompetenz erhalten.[693] Anders als bei den Personengesellschaften gilt bei den Kapitalgesellschaften nicht das Prinzip der Selbstorganschaft. Es ist vielmehr Drittorganschaft zulässig, weshalb die für die GmbH handelnden Geschäftsführer nicht notwendig Gesellschafter sein müssen (vgl. § 6 Abs. 3 S. 1 GmbHG).[694]

Typisch für eine Körperschaft kommt bei der Willensbildung der GmbH grundsätzlich das Mehrheitsprinzip zur Anwendung, wenn die Satzung nicht etwas anderes bestimmt.[695]

Des Weiteren ist die GmbH Kapitalgesellschaft und hat als solche ein von den Mitgliedern aufzubringendes Haftungskapital.[696] Geschützt ist dieses durch zwingende gesetzliche Kapitalerhaltungsvorschriften (§§ 30, 31 GmbHG). Charakteristisch für die GmbH und auch die AG als Kapitalgesellschaften ist nach der gesetzlichen Ausgestaltung der Ausschluss der persönlichen Haftung der Mitglieder.[697] Allein die juristische Person haftet für die durch und für sie begründeten Verbindlichkeiten.[698] Dahinter steht auch die strenge Trennung des Vermögens der Gesellschaft von dem der Gesellschafter.[699]

---

692 *K. Schmidt*, GesR, § 22 I 2 (S. 656).

693 Roth/*Altmeppen*, § 37, Rdn. 3.

694 MüKoGmbHG – *Fleischer*, Einl., Rdn. 25.

695 Vgl. zum Mehrheitsprinzip MüKoGmbHG – *Fleischer*, Einl., Rdn. 29 ff.

696 MüKoGmbHG – *Fleischer*, Einl., Rdn. 9; *Wiedemann*, § 2 I 3 a) (S. 101 f.).

697 Dies gilt allerdings nicht für die KGaA, die auch eine Kapitalgesellschaft ist, da bei dieser der Komplementär persönlich haftet, so dass die Haftungsbeschränkung nicht an den Status der Kapitalgesellschaft geknüpft ist; vgl. Michalski – *Michalski/Funke*, § 13, Rdn. 12.

698 *Wilhelm*, Rdn. 13.

699 Vgl. dazu auch MüKoGmbHG – *Merkt*, § 13, Rdn. 328.

# III. Die GmbH nach der Löschung

In der Regel ist davon auszugehen, dass die GmbH mit der Löschung ihre Rechtsfähigkeit verliert, weil sie dadurch als Rechtssubjekt vollständig untergeht.[700] Zusammen mit der GmbH erlischt auch ihre Firma.[701]

Durch die zuvor durchgeführte Abwicklung in einem normalen Liquidationsverfahren oder einem Insolvenzverfahren wird das Vermögen verwertet und eventuell am Ende an die Gesellschafter verteilt. Die Gesellschaft hat folglich im Zeitpunkt der Löschung kein Vermögen mehr, es sei denn, dieses blieb während der Liquidation unentdeckt. Sobald es bekannt wird, findet sodann eine Nachtragsliquidation statt.[702] Auch das bei einer Kapitalgesellschaft typischerweise aufzubringende Haftungskapital liegt somit nach der Abwicklung nicht mehr vor. Dasselbe gilt für den Fall der Löschung nach § 394 Abs. 1 FamFG, weil hier ebenfalls Vermögenslosigkeit gegeben ist, wenn diese auch nicht planmäßig durch eine Liquidation herbeigeführt wurde.

Da spätestens durch die Löschung keine Gesellschaft mehr existiert, für die gehandelt werden könnte, verlieren die organschaftlichen und bevollmächtigten Vertreter gleichzeitig mit dem Untergang der GmbH ihre Vertretungsbefugnis und generell ihre Stellung.[703] Auch die Gesellschafterversammlung und andere Organe bestehen mit dem Untergang der Gesellschaft nicht mehr. Vielmehr ist mit der Gesellschaft gemeinsam ihre gesamte Organisation untergegangen.[704]

Nach der Löschung ist die GmbH folglich nicht mehr existent. Bis auf ihre Bücher und Schriften, die nach § 74 Abs. 2 GmbHG aufzubewahren sind, ist von der GmbH nichts mehr vorhanden. Sie ist verschwunden; in dieser Hinsicht vergleichbar mit dem Tod einer natürlichen Person.

# IV. Die GmbH in der Nachtragsliquidation

## 1. Zweck der Nachtragsliquidation und kurzer Überblick zu ihrer Durchführung

Nach der Löschung findet eine Nachtragsliquidation statt, wenn noch Vermögen oder sonstiger Abwicklungsbedarf der gelöschten Gesellschaft vorhanden ist.[705]

---

700 Vgl. Michalski – *Nerlich*, § 74, Rdn. 35.

701 Scholz – *K. Schmidt*, § 74, Rdn. 15.

702 Bork/Schäfer – *Servatius*, § 74, Rdn. 8.

703 BGH NJW 85, 2479; MüKoGmbHG – *H. F. Müller*, § 66, Rdn. 83, § 74, Rdn. 48.

704 *Buchner*, S. 132; *Heller*, S. 142.

705 Hierüber besteht Einigkeit, dazu bereits unter C. I.

Auch wenn, wie unter Punkt C. gezeigt wurde, Uneinigkeit bezüglich der Einzelheiten der Nachtragsliquidation herrscht, können doch allgemeingültige Aussagen über dieses Stadium getroffen werden. Die nachstehenden Ausführungen stellen einige davon kurz dar, wobei insbesondere ein Augenmerk auf den Zweck der Nachtragsliquidation gelegt wird.

Dieser liegt darin, die erforderliche Restabwicklung zu erleichtern.[706] Die Nachtragsliquidation ist auf vollständige Abwicklung gerichtet. An ihrem Ende sollen keine Rechte und Pflichten der gelöschten Gesellschaft mehr bestehen. Die noch vorhandene Personenvereinigung soll ihrem vollständigen Untergang zugeführt werden.[707] Dieser Untergang sollte zum Schutz des Rechtsverkehrs und im Interesse der Rechtssicherheit[708] möglichst schnell herbeigeführt werden, damit der verbleibende Rest der GmbH durch ihr Auftreten keine Gefährdung für Dritte darstellt.

Mit eventuell hervortretendem Vermögen sind zunächst noch ausstehende Verbindlichkeiten zu begleichen und sobald keine unbefriedigten Schuldner mehr vorhanden sind, ist das Vermögen an die ehemaligen Gesellschafter zu verteilen.[709] Allerdings wird das auftauchende Vermögen regelmäßig eher gering sein und aller Wahrscheinlichkeit nach nicht das gesetzliche Mindeststammkapital oder sogar das satzungsgemäße Stammkapital der betreffenden Gesellschaft erreichen.

Nach herrschender Meinung sind in der Nachtragsliquidation weiter die noch vorhandenen nichtvermögensrechtlichen Pflichten der GmbH zu erledigen.[710]

Um eine zügige Abwicklung zu gewährleisten, wird der Liquidator vom Gericht bestimmt.[711] Eine Neubestellung ist notwendig, weil die alten Vertreter oftmals nicht mehr zur Verfügung stehen. Sie können zum Beispiel unerreichbar, gestorben oder aufgrund Desinteresses oder neuer Verpflichtungen nicht willens sein, das Amt des Nachtragsliquidators zu übernehmen.[712] Müsste in jedem Einzelfall geprüft werden, ob der Liquidator mit der Handelsregisteranmeldung der Beendigung der Liquidation zugleich sein Amt niederlegen wollte oder nicht und ob er zu einer Wiederaufnahme überhaupt noch bereit und fähig ist, würde Rechtsunsicherheit im Hinblick auf die Vertretungsverhältnisse der ab-

706 OLG Celle NZG 08, 271.

707 OLG Koblenz NZG 07, 431, 432; MüKoGmbHG – *H. F. Müller*, § 74, Rdn. 52.

708 Darauf stellt *Hönn*, ZHR 138 (1974), 50, 71 ab.

709 Hachenburg – *Ulmer*, Anh. § 60, Rdn. 39; Michalski – *Nerlich*, § 74, Rdn. 58.

710 Siehe oben C. II.

711 Vgl. *Bork*, JZ 91, 841, 843; *Buchner*, S. 127.

712 Vgl. hierzu BayObLG NJW-RR 93, 359, 360.

zuwickelnden Gesellschaft vorliegen.[713] Zeitweilig wäre unklar, wer die Vertreter sind. Darüber hinaus würde bei der Durchführung der Nachtragsliquidation keine Einheitlichkeit dahingehend bestehen, ob diese vom ehemaligen Vertreter der GmbH durchgeführt wird oder von gerichtlich bestellten Liquidatoren. Heute wird deshalb in der Handelsregisteranmeldung gemäß § 74 Abs. 1 S. 1 GmbHG, die nach der Vornahme eines regulären Abwicklungsverfahrens erfolgt, zugleich die Niederlegung des Liquidatorenamtes erblickt.[714] In jedem Fall endet das Amt des organschaftlichen Vertreters nach allgemeiner Ansicht mit der Löschung der Gesellschaft aus dem Handelsregister, die zumindest insoweit konstitutiv wirkt.[715] Dementsprechend verliert der vormalige organschaftliche Vertreter auch bei einer Löschung aufgrund Vermögenslosigkeit seine Vertretungsmacht.[716]

## 2. Verbleibende Struktur in der Nachtragsliquidation

Bei ordnungsgemäßem Ablauf vor der Löschung ist die GmbH hinterher in der Regel nicht mehr vorhanden. Dies lässt die Frage aufkommen, wie die Struktur der Gesellschaft in der Nachtragsliquidation aussieht. Die organschaftlichen Vertreter haben, wie soeben betont, in jedem Fall ihre Vertretungsbefugnis verloren. Die Gesellschafterversammlung hat hinsichtlich der Bestellung von neuen Vertretern keinerlei Kompetenzen mehr.[717] Sie lebt in diesem Stadium regelmäßig ebenso wenig wieder auf wie andere Organe.[718] Die Mitgliedschaftsrechte bestehen zwar teilweise weiterhin, insbesondere haben die Gesellschafter ein Recht auf Verteilung des aufgetauchten Vermögens, wenn es nicht zur Schuldentilgung verwendet werden muss, so dass die mitgliedschaftliche Stellung der Gesellschafter in dieser Hinsicht dem Grunde nach erhalten bleibt. Jedoch treten die Mitglieder in der Regel nicht mehr in Erscheinung. Es finden zum Beispiel grundsätzlich keine Gesellschafterversammlungen mehr statt. Die Gesellschaft in Nachtragsliquidation ist durch die gerichtliche Bestellungskompetenz nunmehr fremdbestimmt. Sie verfügt damit zwar noch über eine eigene Handlungsorganisation, bei der auch das Prinzip der Fremdorganschaft gilt. Allerding ist die Abwicklung nicht mehr in ihrer eigenen Hand, weil nicht gewährleistet ist,

---

713 BGHZ 53, 264, 268.

714 BFHE 96, 335, 336; Michalski – *Nerlich*, § 74, Rdn. 12.

715 BGH NJW 85, 2479; Hachenburg – *Ulmer*, Anh. § 60, Rdn. 36.

716 Vgl. Rowedder/Schmidt-Leithoff – *Rasner*, § 60, Rdn. 57.

717 Hachenburg – *Hohner*, § 74, Rdn. 35.

718 Dazu auch *Buchner*, S. 132 f.

dass die Gesellschafter tatsächlich Vertreter bestellen, so dass die Gesellschaft ohne Zuständigkeit des Gerichts gegebenenfalls handlungsunfähig wäre.[719]

Eine Übertragung der Geschäftsanteile ist während der Nachtragsliquidation, genau wie sonst bei der aufgelösten Gesellschaft[720], grundsätzlich wohl noch möglich. Die Fortsetzungsmöglichkeit im Stadium der Nachtragsliquidation wird demgegenüber größtenteils abgelehnt, ist aber zumindest im Fall des § 66 Abs. 5 GmbHG streitig.[721] Da keine Gesellschafterversammlung mehr besteht, die eine Fortsetzung beschließen könnte, müsste diese allerdings außerhalb derselben beschlossen werden können, ansonsten ist die Fortsetzungsfähigkeit der Gesellschaft sehr zweifelhaft.

Über die Frage, ob die GmbH nach der Löschung noch existieren kann oder in der Nachtragsliquidation ein anderes Gebilde vorhanden ist, soll die nachstehende Untersuchung Aufschluss geben. Bei der Untersuchung der folgenden Punkte ist immer auch die besondere Situation in der Nachtragsliquidation im Blick zu behalten, insbesondere der dahinter stehende Zweck.

---

719 Vgl. *Bork*, JZ 91, 841, 843.

720 Ulmer – *Paura*, § 69, Rdn. 20.

721 S. die Ausführungen unter C. V.

# E. Relevanz bestimmter Faktoren für den Bestand der GmbH

Neben den oben genannten zwingenden Strukturmerkmalen weist die GmbH regelmäßig noch weitere Eigentümlichkeiten auf. Für die vorliegende Untersuchung relevant sind insbesondere das Vorhandensein von Vermögen, das Vorliegen eines Betriebes und das Tätigsein der Gesellschaft überhaupt, ferner die Organisation, die autonome Liquidationsabwicklung sowie schließlich auch die Handelsregistereintragung. Die Relevanz dieser Aspekte ergibt sich daraus, dass die oben dargestellten Auffassungen den Fortbestand der GmbH zum Teil entscheidend von diesen Parametern abhängig machen oder ihnen jedenfalls eine wichtige Rolle dafür zuschreiben.[722] Zu hinterfragen ist, ob diese Attribute für den Fortbestand der Vereinigung als GmbH erforderlich sind, oder welche Konsequenzen ihr Fehlen für den Bestand der Gesellschaft hat. Dabei sollen zunächst Normen des GmbH-Rechts untersucht werden, die einen Bezug zur Vermögensausstattung der Gesellschaft aufweisen. So soll die Relevanz des Vorhandenseins von Vermögen für die juristische Person GmbH herausgearbeitet werden. In einem nächsten Abschnitt ist nach der Bedeutung der Betriebseinstellung durch die Gesellschaft zu fragen. Dabei muss zunächst untersucht werden, wie der Begriff Betrieb in diesem Zusammenhang gemeint sein könnte, um sodann zu klären, ob ein Betrieb in dem jeweiligen in Betracht zu ziehenden Sinne notwendig für die Existenz einer GmbH ist. Weiter ist zu diskutieren, ob die GmbH überhaupt eine Tätigkeit entfalten und einen Zweck verfolgen muss. Daran anschließend soll die Organisation der GmbH betrachtet werden sowie nachfolgend untersucht werden, welche Folgen ein kompletter oder teilweiser Wegfall derselben mit sich bringt. Im Zusammenhang mit der Organisation steht die Frage nach der Bedeutung der autonomen Liquidationsabwicklung. Im Rahmen dieses Abschnitts wird geschaut, ob es außer dem Stadium der Nachtragsliquidation Phasen im Leben einer GmbH gibt, in denen die Gesellschaft ihre Autonomie vollständig oder jedenfalls zum Teil einbüßt. Als letzter Unterpunkt ist nach der Bedeutung der Handelsregistereintragung zu fragen, indem diese mit anderen Eintragungen verglichen wird und der hinter ihr stehende Sinn und Zweck herausgearbeitet wird. Bei jedem der nachstehend zu untersuchenden Punkte, ist zu fragen, ob es während der Existenz der GmbH Konstellationen

722 Siehe die Darstellung der Ansichten unter B. III., zum Vermögen insbesondere Unterpunkte 1. b., 2. a.; zum Betrieb 1. c., g. ll. β.; zur Organisation 1. d., g. ll. β. und δ.; zur Liquidationsdurchführung 1. g. gg., 2. c. bb., 3. a. dd., b. cc.; sowie zur Eintragung 2. a., 3. a. aa., bb.

gibt, in denen es an dem jeweiligen Merkmal fehlt, und ob ein solches Fehlen Konsequenzen für den Fortbestand der Gesellschaft als juristische Person hat. Abschließend ist jeweils ein Vergleich mit der Lage in der Nachtragsliquidation anzustellen. Sollten bestimmte Attribute notwendig sein und im Stadium der Nachtragsliquidation nicht mehr vorliegen, kann die GmbH in dieser Phase als solche nicht mehr bestehen. Kommt diesen Faktoren allerdings für den Status als GmbH keine Bedeutung zu, könnte die Gesellschaft weiterhin als typisierte juristische Person existieren, wenn sie sonst alle dafür zwingenden Charakteristika aufweist.

## I. Bedeutung des Vermögens

Wie gezeigt, wurde früher überwiegend angenommen, die GmbH erlösche automatisch mit Wegfall ihres gesamten Vermögens.[723] Diese Ansicht hat der Bundesgerichtshof bis heute nicht ausdrücklich aufgegeben.[724] Auch für die Vertreter der Lehre des engen Doppeltatbestandes spielt die Vermögenslosigkeit als das einzige Untergangskriterium neben der Handelsregisterlöschung eine bedeutende Rolle. Das GmbH-Gesetz selbst behandelt die Vermögenslosigkeit nur in § 60 Abs. 1 Nr. 7 und § 66 Abs. 5, die auf die Löschung nach § 394 FamFG abstellen. Letzterer bestimmt, dass bei völliger Vermögenslosigkeit die Gesellschaft aus dem Handelsregister gelöscht werden kann. Ansonsten findet sich im Gesetz keine Aussage zur Bedeutung der Vermögenslosigkeit bei einer Kapitalgesellschaft. Im Folgenden soll kurz beleuchtet werden, ob dem Vermögen tatsächlich eine so entscheidende Rolle für das Dasein der GmbH zukommt, wie die Befürworter der deklaratorischen Löschungswirkung und die Lehre vom engen Doppeltatbestand annehmen. Dafür werden Normen, die einen Bezug zum Vermögen, insbesondere zur Kapitalausstattung der GmbH aufweisen, betrachtet. Hierzu gehören die Vorschriften zur Kapitalaufbringung und -erhaltung; ferner solche Regelungen, die aus einem teilweisen Vermögensverlust Konsequenzen ziehen, wie § 49 Abs. 3 GmbHG sowie die Insolvenzeröffnungsgründe. Auch soll ein Blick auf Situationen geworfen werden, in denen die Gesellschaft regelmäßig kein Vermögen oder zumindest nur ganz geringes Vermögen innehat. Hier ist zu schauen, wie sich die Vermögenslosigkeit in diesen Konstellationen auswirkt. Weiter ist zu hinterfragen, ob aus den zu untersuchenden Punkten Schlüsse gezogen werden können für den Bestand und die Ausgestaltung der Gesellschaft in der Nachtragsliquidation.

---

723 Siehe oben B. III. 1. b.

724 Vgl. z. B. BGH NJW-RR 11, 115, 116.

## 1. Aufbringung des Stammkapitals

Bei ihrer Gründung wird jede GmbH mit einem Stammkapital ausgestattet, welches gemäß § 3 Abs. 1 Nr. 3 GmbHG in der Satzung zu bestimmen ist. Nach § 5 Abs. 1 GmbHG muss es mindestens 25.000 Euro betragen. Das Stammkapital soll den Gesellschaftsgläubigern als Haftungsfonds zum Ausgleich für die fehlende persönliche Haftung der Gesellschafter zur Verfügung stehen und daneben ein Mindestanfangsvermögen für den Betrieb der GmbH sicherstellen.[725] Voraussetzung für die Eintragung und damit die Entstehung der GmbH als juristische Person ist nach §§ 7 Abs. 2, 9c Abs. 1 S. 1 GmbHG, dass die Gründer, wenn keine Sacheinlagen vereinbart sind, auf jeden Geschäftsanteil ein Viertel einzahlen, insgesamt aber mindestens 12.500 Euro. Diese anfängliche Mindestkapitalausstattung deckt oftmals den Kapitalbedarf für die Tätigkeit der Gesellschaft nicht, was dazu führt, dass das Mindeststammkapital mit der vor Eintragung bestehenden Aufbringungspflicht heute vielfach als reine Seriositätsschwelle angesehen wird.[726]

Um sicherzustellen, dass das Stammkapital der GmbH wirklich aufgebracht wird und auch vor der Entstehung der juristischen Person nicht schon verbraucht ist, gibt es verschiedene Schutzmechanismen. Dazu gehören zum Beispiel die Notwendigkeit der Offenlegung einer Sacheinlage nach § 5 Abs. 4 GmbHG und die Differenzhaftung für überbewertete Sacheinlagen gemäß § 9 GmbHG. Auch der Grundsatz der Unversehrtheit des Stammkapitals im Zeitpunkt der Eintragung zählt dazu.[727] Dieser wird durch die – aufgrund höchstrichterlicher Rechtsfortbildung entwickelte und heute grundsätzlich anerkannte – Haftung der Gründungsgesellschafter für Vorbelastungen aus dem Stadium der Vor-GmbH durchgesetzt.[728] Weiter soll insbesondere § 19 GmbHG die reale Kapitalaufbringung sichern.[729] Danach dürfen die Gesellschafter beispielsweise nicht von ihrer Einlagepflicht befreit werden und grundsätzlich nicht gegen die Einlageforderung aufrechnen (§ 19 Abs. 2 GmbHG).

Die Normen zur Aufbringung des Stammkapitals verhindern, dass die Gesellschafter die Haftungsbeschränkung ausnutzen, indem sie eine GmbH ohne eigenen materiellen Einsatz gründen, denn fehlt ein solcher, könnte die Gesellschaft eine Gefahr für potentielle Gläubiger darstellen.[730] Diese Vorschriften

---

725 Rowedder/Schmidt-Leithoff – *Schmidt-Leithoff*, § 5, Rdn. 2.

726 Michalski – *Fleischer*, Syst. Darst. 5, Rdn. 62.

727 MüKoGmbHG – *Merkt*, § 11, Rdn. 160.

728 BGHZ 80, 129, 140 f.; zur Vorbelastungshaftung im Einzelnen vgl. Michalski – *Michalski/Funke*, § 11, Rdn. 129 ff.; MüKoGmbHG – *Merkt*, § 11, Rdn. 156.

729 Vgl. MüKoGmbHG – *Märtens*, § 19, Rdn. 1.

730 Vgl. MüKoGmbHG – *Wicke*, § 3, Rdn. 43; zur AG *Vogt*, S. 30.

regeln jedoch lediglich die Mindestkapitalausstattung der neu gegründeten GmbH.[731] Über einen tatsächlichen Vermögensbestand der Gesellschaft während ihrer aktiven Tätigkeit wird keine Aussage getroffen.[732] Sie bedingen lediglich die Entstehung der GmbH als solcher durch ein bestimmtes aufzubringendes Vermögen. Die Existenz der GmbH ist aber danach nicht weiter mit dem Gesellschaftsvermögen verknüpft.[733] Den Fall des Verlustes des gesamten Vermögens durch Geschäftstätigkeiten bereits am Tag nach der Eintragung der Gesellschaft erfassen die Kapitalaufbringungsnormen mithin nicht.[734] Die Regelungen können demnach keinesfalls so verstanden werden, dass die GmbH ständig ein bestimmtes Vermögen haben muss, um als solche zu bestehen. Auch sichern sie nicht das Stammkapital als tatsächlich vorhandenes Vermögen. Dieses kann täglich schwanken, während das Stammkapital als Rechengröße eine feste Höhe hat.[735] Folglich sagt letzteres nichts über das vorhandene Vermögen der GmbH aus.

Weil die Kapitalaufbringungsnormen nur einen kleinen Abschnitt der Existenz der GmbH erfassen, eignen sie sich nicht für einen Rückschluss hinsichtlich des Bestandes einer vermögenslosen GmbH.

## 2. Erhaltung des Stammkapitals

Ist die GmbH entstanden, erlangen die Kapitalerhaltungsregeln, insbesondere die §§ 30, 31 GmbHG Gültigkeit, die ein Zurückfließen des Stammkapitals an die Gesellschafter verhindern sollen. Dadurch wird allerdings nur gewährleistet, dass das Vermögen der GmbH durch eine Auszahlung an die Gesellschafter nicht unter den nominellen Wert des Stammkapitals sinkt oder eine schon bestehende Unterbilanz nicht noch weiter vertieft wird.[736] Die Normen dienen vor allem dem Schutz der Gläubiger.[737] Diese sollen sich darauf verlassen können, dass die Gesellschafter eine Finanzierungsverantwortung für die GmbH übernommen haben, die neben der Garantie der Kapitalausstattung auch den Verzicht auf Entnahmen von Eigenmitteln der GmbH beinhaltet.[738] Die Gesellschafter sollen die Haftungsbeschränkung nicht durch eine nur vorübergehende Kapi-

---

731 Baumbach/Hueck – *Hueck/Fastrich*, § 5, Rdn. 4.
732 Vgl. Michalski – *Zeidler*, § 5, Rdn. 8.
733 *Strauß*, S. 13.
734 Ähnlich zum Stammkapital Scholz – *Veil*, § 5, Rdn. 8.
735 Scholz – *Crezelius*, § 42, Rdn. 3; Scholz – *Veil*, § 5, Rdn. 7; *Windbichler*, § 20, Rdn. 5.
736 Michalski – *Heidinger*, § 30, Rdn. 21.
737 Michalski – *Heidinger*, § 30, Rdn. 7, § 31, Rdn. 1.
738 MüKoGmbHG – *Ekkenga*, § 30, Rdn. 15.

talzufuhr bei der Gründung erreichen können. Die aufgebrachten Mittel müssen vielmehr bei der Gesellschaft verbleiben, damit diese mit ihnen wirtschaften kann und jene gegebenenfalls den Gläubigern als Haftungsmasse zur Verfügung stehen.

Bei Auszahlungen, die gegen § 30 GmbHG verstoßen, steht der Gesellschaft ein Rückzahlungsanspruch gegen den Empfänger gemäß § 31 Abs. 1 GmbHG zu. Für diesen gilt nach § 31 Abs. 4 GmbHG ein Erlassverbot. Außerdem besteht gemäß § 31 Abs. 3 GmbHG eine Ausfallhaftung der übrigen Gesellschafter für den Erstattungsanspruch. Daneben hat die Gesellschaft aus § 43 Abs. 3 GmbHG eine Schadensersatzforderung gegen den Geschäftsführer, der die verbotene Auszahlung vorgenommen hat. Es ist sehr unwahrscheinlich, dass sowohl alle Gesellschafter als auch der haftende Geschäftsführer zahlungsunfähig sind und deshalb ebenso unwahrscheinlich, dass keiner dieser Ersatzansprüche werthaltig ist. Dementsprechend wird die GmbH in einem solchen Fall regelmäßig nicht vermögenslos sein. Auch wird sie in aller Regel noch andere Aktivposten haben, die bei der Bestimmung der Vermögenslosigkeit zu berücksichtigen sind und einer solchen entgegenstehen. Die Kapitalerhaltungsvorschriften erfassen folglich nicht eine der Vermögenslosigkeit vergleichbare Situation. Auch mit der GmbH in der Nachtragsliquidation weist die hier beschriebene Lage keine Ähnlichkeiten auf, da es in jener nicht um einen Verstoß gegen die Kapitalerhaltungsregeln geht.

Darüber hinaus wird das Vermögen der Gesellschaft durch die Kapitalerhaltungsnormen nicht vor Verlusten aufgrund der Geschäftstätigkeit geschützt.[739] Entsteht aufgrund der Tätigkeit eine Unterbilanz, ist ebenfalls nicht genügend Vermögen zur Deckung des Stammkapitals vorhanden. Die Gesellschafter sind in diesem Fall jedoch nicht verpflichtet, das Stammkapital wieder aufzufüllen.[740] Des Weiteren verhindern die Kapitalerhaltungsvorschriften nicht, dass die GmbH völlig vermögenslos wird.

Die §§ 30 ff. GmbHG erfassen somit nur den speziellen Fall des Entstehens oder Vertiefens einer Unterbilanz durch Zahlungen an die Gesellschafter. Den Vermögensstand der GmbH im Generellen betreffen sie nicht. Ob die Gesellschaft ihr Vermögen verliert, ist für die Anwendung der Normen irrelevant. Hierfür ist allein das Vorliegen eines Verstoßes gegen die Vorschriften von Bedeutung. Aus ihnen können deshalb ebenfalls keine Schlüsse im Hinblick auf die Bedeutung des Vorhandenseins oder Nichtvorhandenseins von Vermögen für die Existenz der GmbH gezogen werden.

739 Baumbach/Hueck – *Hueck/Fastrich*, § 30, Rdn. 4.
740 *Butz*, S. 103.

## 3. Verlust der Hälfte des Stammkapitals (§ 49 Abs. 3 GmbHG)

Einen Bezug zum Verlust von Vermögen enthält auch § 49 Abs. 3 GmbHG (Parallele im Aktienrecht § 92 Abs. 1 AktG). Danach müssen die Geschäftsführer die Gesellschafterversammlung unverzüglich einberufen, wenn sich aus einer Bilanz ergibt, dass die Hälfte des Stammkapitals verloren ist. Der etwas missverständliche Wortlaut[741] ist dahingehend zu verstehen, dass eine Unterbilanz in Höhe der Hälfte des Stammkapitals bestehen muss, dass also das Reinvermögen der Gesellschaft nicht mehr die Hälfte des Stammkapitals deckt.[742]

Diese Norm schützt nach überwiegender Ansicht primär die Gesellschafter, die die Möglichkeit zur Krisenabwendung erhalten sollen.[743] Mittelbar werden dadurch auch die Gläubiger der Gesellschaft geschützt, weil die Werthaltigkeit ihrer Ansprüche betroffen ist.[744] Die Vorschrift stellt aber ebenfalls nicht auf die Vermögenslosigkeit der GmbH ab, denn die Situation des § 49 Abs. 3 GmbHG kann trotz Vorhandenseins einer auch größeren Menge an Vermögenswerten vorliegen, wenn diesen noch mehr Verbindlichkeiten gegenüber stehen. Bei der Bestimmung der Vermögenslosigkeit spielt hingegen das Bestehen von Passiva keine Rolle. Relevant ist allein, ob der Gesellschaft noch irgendwelche Vermögenswerte zustehen.[745] Die Einberufungspflicht nach § 49 Abs. 3 GmbHG besteht aber schon sehr viel früher, so dass die Gesellschaft zu diesem Zeitpunkt noch weit von der Vermögenslosigkeit entfernt sein wird. Aus § 49 Abs. 3 GmbHG können deshalb wiederum keine Folgerungen für die Notwendigkeit des Vorhandenseins von Vermögen für den Bestand der GmbH gezogen werden.

## 4. Insolvenzeröffnungsgründe

Auch die insolvenzrechtlichen Normen, insbesondere die §§ 16 ff. InsO über die Eröffnungsgründe für das Insolvenzverfahren, stellen nicht auf die Vermögenslosigkeit oder generell auf das Vorhandensein von Vermögen des Schuldners ab. Regelmäßig ist bei insolventen Schuldnern Vermögen gegeben, welches nicht mehr zur Befriedigung aller Gläubiger ausreicht. Um dennoch eine möglichst gleichmäßige und gemeinschaftliche Befriedigung der Gläubiger zu erreichen,

---

741 Siehe dazu Ulmer – *Hüffer*, § 49, Rdn. 21.

742 Scholz – *K. Schmidt/Seibt*, § 49, Rdn. 24.

743 Zu § 92 Abs. 1 AktG BGH NJW 79, 1829, 1831; Lutter/Hommelhoff – *Bayer*, § 49, Rdn. 14.

744 Michalski – *Römermann*, § 49, Rdn. 10.

745 BayObLG GmbHR 95, 530, 531; Scholz – *K. Schmidt/Bitter*, § 60, Rdn. 49.

findet ein geregeltes Verfahren in Gestalt des Insolvenzverfahrens statt.[746] Insolvente Kapitalgesellschaften werden auf diese Art abgewickelt[747], wenn eine Sanierung als Alternative nicht in Betracht kommt. Das Gesetz bestimmt enumerativ die Gründe für die Eröffnung des Insolvenzverfahrens (§§ 17–19 InsO). Bei den Kapitalgesellschaften sind dies Zahlungsunfähigkeit, drohende Zahlungsunfähigkeit und Überschuldung. Diese Tatbestände sind aber regelmäßig schon erfüllt, lange bevor Vermögenslosigkeit eintritt.

Für die Ermittlung der Zahlungsunfähigkeit kann eine Liquiditätsbilanz aufgestellt werden, wobei die liquiden und die innerhalb kürzester Zeit flüssig zu machenden Zahlungsmittel zu betrachten sind.[748] Bleiben diese hinter den zu dem maßgeblichen Zeitpunkt fälligen und eingeforderten Verbindlichkeiten zurück, ist von Zahlungsunfähigkeit auszugehen.[749] Dasselbe gilt, ohne Aufstellen einer Liquiditätsbilanz, für den Fall, dass die Gesellschaft ihre Zahlungen einstellt (§ 17 Abs. 2 S. 2 InsO). Zahlungsunfähigkeit ist immer Geldilliquidität.[750] Zumindest im zuerst genannten Fall – der Aufstellung einer Liquiditätsbilanz – hat die Gesellschaft in der Regel noch Vermögen, welches zu aktivieren ist. Auch bei Zahlungseinstellung wird dies aller Wahrscheinlichkeit nach der Fall sein, da die Gesellschaft ihre Zahlungen bereits einstellen wird, wenn sie ihr noch vorhandenes Vermögen nicht flüssig machen kann. Gleiches gilt für die drohende Zahlungsunfähigkeit, bei der eine Prognose über die künftige Liquidität erfolgt.[751] Dieser Eröffnungsgrund soll die Einleitung des Insolvenzverfahrens zeitlich vorverlegen[752], so dass bei Antragstellung noch Vermögen vorhanden sein wird, insbesondere weil Zahlungsunfähigkeit gerade noch nicht eingetreten ist.

Ein dritter Eröffnungsgrund für das Insolvenzverfahren ist bei den juristischen Personen nach § 19 Abs. 1 InsO die Überschuldung. Zu deren Bestimmung werden im Gegensatz zur Feststellung der Zahlungsunfähigkeit nicht nur die liquiden Mittel berücksichtigt, sondern darüber hinaus wird das gesamte Aktivvermögen betrachtet.[753] Deckt dieses die Verbindlichkeiten nicht, liegt Über-

---

746 MüKoInsO – *Ganter*, § 1, Rdn. 52.

747 Uhlenbruck – *Pape*, § 1, Rdn. 11.

748 BGH NZI 07, 36, 38.

749 Uhlenbruck – *Uhlenbruck*, § 17, Rdn. 41.

750 Uhlenbruck – *Uhlenbruck*, § 17, Rdn. 7.

751 Jaeger – *H. F. Müller*, § 18, Rdn. 7.

752 Uhlenbruck – *Uhlenbruck*, § 18, Rdn. 1.

753 Die Einzelheiten der Bestimmung der Überschuldung sind kompliziert und umstritten, haben hier aber außer Betracht zu bleiben, da es für die hier anzustellende Untersuchung nur auf das Vorhandensein von Vermögen ankommt; zur Feststellung der Überschuldung s. Uhlenbruck – *Uhlenbruck*, § 19, Rdn. 28 ff.

schuldung vor (vgl. § 19 Abs. 2 InsO). Da hier ebenfalls in der Regel noch Vermögen vorhanden ist, tritt auch die Überschuldung grundsätzlich vor der Vermögenslosigkeit ein.

Die Insolvenzantragspflichten und die Insolvenzeröffnungsgründe treffen demnach keine Aussage über den Zustand der Vermögenslosigkeit, so dass aus ihnen nichts für die Lage einer vermögenslosen GmbH geschlossen werden kann. Auch können aus ihnen keine Folgerungen hinsichtlich eines etwa erforderlichen Vermögens der GmbH gezogen werden. Sie zeigen zwar, dass Gesellschaften, deren Vermögen gering ist beziehungsweise deren Verbindlichkeiten nicht gedeckt sind, eine Gefahr für die Gläubiger und den Rechtsverkehr darstellen können. Jedoch berühren die Normen in keinster Weise den Bestand oder die Ausgestaltung der GmbH als solcher.

## 5. Folgen der Insolvenzverfahrenseröffnung

### a. Auflösung und Abwicklung zur Beendigung

Fraglich ist, ob aus den Folgen, die die Eröffnung des Insolvenzverfahrens mit sich bringt, etwas für den Bestand einer vermögenslosen GmbH hergeleitet werden kann. Nach § 60 Abs. 1 Nr. 4 GmbHG wird die Gesellschaft mit der Verfahrenseröffnung aufgelöst. Dadurch ändert sich aber – wie generell durch die Auflösung – nichts an ihrer Rechtsnatur oder ihrem Status als GmbH.[754] Allerdings soll die Gesellschaft grundsätzlich, wenn nicht ihre Sanierung und Fortsetzung beschlossen wird, abgewickelt und ihrem Ende zugeführt werden.[755]

### b. Vergleich mit vermögensloser GmbH

Es muss erwogen werden, ob aus der Auflösungsfolge der Insolvenzeröffnung zu schließen ist, dass eine vermögenslose GmbH nicht mehr als solche bestehen kann. Denn wenn bereits in dem früher eintretenden Stadium der Insolvenz, vor allem aus Gläubigerschutzgründen, das Ende der GmbH herbeigeführt werden soll, könnte dies erst recht für die vermögenslose Gesellschaft gelten. Es überzeugt jedoch nicht, so etwas allein aus den Auswirkungen, die die Insolvenzeröffnung mit sich bringt, zu folgern. Insbesondere, weil sie eben nicht zu einem automatischen Erlöschen oder Ähnlichem führt, sondern die GmbH nur auf einen besonderen Abwicklungsweg führt, an dessen Ende regelmäßig erst der Un-

---

754 MüKoGmbHG – *H. F. Müller*, § 64, Rdn. 79.

755 Baumbach/Hueck – *Haas*, § 60, Rdn. 42; MüKoGmbHG – *H. F. Müller*, § 64, Rdn. 79 unter Verweis auf § 199 S. 2 InsO.

tergang der GmbH steht. Aus den Folgen der Insolvenzeröffnung lässt sich folglich nur herleiten, was auch schon das Löschungsgesetz als Ziel formuliert hat, nämlich dass eine vermögenslose Kapitalgesellschaft aus dem Verkehr gezogen werden soll.

## 6. Situationen mit geringem oder fehlendem Gesellschaftsvermögen

Es ist nun zu überlegen, ob es Phasen im Dasein der GmbH gibt, in denen sie vermögenslos ist oder lediglich über sehr geringes Vermögen verfügt. Weiter steht in Frage, wie sich solche Situationen auf den Bestand der Gesellschaft auswirken. Dies soll nachfolgend untersucht werden.

### a. Löschung aufgrund Vermögenslosigkeit nach § 394 Abs. 1 FamFG

Der Vergleich mit den Auswirkungen der Insolvenzeröffnung hat ergeben, dass vermögenslose Gesellschaften ihrem Ende zugeführt werden sollen. Deshalb sieht das geltende Recht in § 394 Abs. 1 FamFG die Möglichkeit der Löschung bei Vorliegen von Vermögenslosigkeit vor.[756] Durch die Einleitung des Löschungsverfahrens aufgrund dieser Norm wird die Beseitigung der Gesellschaft aus dem Handelsregister auf den Weg gebracht, so dass sie in der Folge komplett aus dem Rechtsleben verschwindet. Dies zeigt, dass nach dem Gesetz die vermögenslosen Gesellschaften keine Existenzberechtigung haben, wie auch schon die amtliche Begründung zum Löschungsgesetz verdeutlichte[757]. Sie sollen ebenso wie insolvente Gesellschaften beendet werden, wenn auch auf eine andere Art und Weise.

Daraus ergibt sich, dass das Vorhandensein von Vermögen bei Kapitalgesellschaften eine wichtige Rolle spielt. Grund dafür ist insbesondere, dass bei diesen Gesellschaften, mit Ausnahme der Kommanditgesellschaft auf Aktien, keine natürliche Person unbeschränkt haftet. Die Bedeutung des Vermögens unterstreicht auch § 394 Abs. 4 FamFG, der den Anwendungsbereich der Löschungsnorm auf Personengesellschaften erweitert, bei denen ebenfalls keine natürliche Person unbeschränkt haftet. Von der KGaA abgesehen, ist die Haftung bei allen von § 394 Abs. 1 FamFG erfassten Gesellschaften auf ein be-

---

756 S. oben B. II.

757 A. a. O. (Fn. 39), abgedruckt bei *Bergmann*, S. 35.

stimmtes Vermögen beschränkt[758], dessen Zur-Verfügung-Stellung den Ausschluss der Haftung der Mitglieder rechtfertigt[759].

Der Löschung nach § 394 Abs. 1 FamFG geht das Verfahren gemäß § 394 Abs. 2, Abs. 3 FamFG voraus. In diesem wird unter anderem den gesetzlichen Vertretern der Gesellschaft die Löschungsabsicht bekannt gegeben. Dies lässt darauf schließen, dass die Gesellschaft zu dem Zeitpunkt noch besteht, denn ansonsten könnte sie keine gesetzlichen Vertreter mehr haben und eine Bekanntgabe an sie wäre unmöglich. Durch die Ankündigung des Registergerichts erhalten die Vertreter die Möglichkeit, gegen die bevorstehende Löschung Widerspruch zu erheben (vgl. Wortlaut § 394 Abs. 2 S. 1 FamFG). Würde der Untergang der GmbH mit Eintritt der Vermögenslosigkeit angenommen, müsste sie sich ab diesem Zeitpunkt in einer anderen Gestalt fortsetzen, um die Durchführung des Löschungsverfahrens zu ermöglichen. Damit wäre eine große Rechtsunsicherheit verbunden, weil der Zeitpunkt der Vermögenslosigkeit nur schwer eindeutig zu bestimmen ist.[760] Zweck des Verfahrens ist gerade, Klarheit über eine etwaige Vermögenslosigkeit zu schaffen.[761] Erst wenn diese zweifellos feststeht oder zumindest keine entgegenstehenden Anzeichen vorhanden sind, soll die Löschung vorgenommen werden.[762] Würde der Untergang bereits aufgrund der Vermögenslosigkeit angenommen, wäre unklar, wie die Gesellschaft und ihre Vertreter während des Verfahrens zu behandeln sind, da noch geprüft wird, ob tatsächlich Vermögenslosigkeit vorliegt. Deshalb steht zu diesem Zeitpunkt auch der Untergang der Gesellschaft noch nicht sicher fest, wenn auf das Fehlen von Vermögen als Beendigungskriterium abgestellt wird. Bis zur Löschung muss die GmbH deshalb in jedem Fall noch existieren. Frühestens dann kann sie erlöschen.

Obwohl dem Vorliegen von Vermögen bei einer Kapitalgesellschaft eine wichtige Rolle zukommt, lässt sich nach alldem aus § 394 FamFG dennoch nicht herleiten, dass das Fehlen jeglichen Vermögens den Bestand der GmbH berührt. Allein aus dem Bedürfnis, eine solche Gesellschaft aus Gesichtspunkten des Verkehrsschutzes ihrem Ende zuzuführen, kann nicht gefolgert werden, dass der Fortbestand der GmbH zwingend mit dem Vorhandensein von Vermögen verknüpft ist. Die Vermögenslosigkeit der GmbH hat an sich keine Auswirkungen auf ihre Existenz. Sie kann auch nicht die Rechtsfähigkeit oder den Status als juristische Person zunichtemachen.

---

758 Vgl. Keidel – *Heinemann*, § 394, Rdn. 5.

759 *Held*, S. 92.

760 Dazu bereits B. III. 1. g. aa.

761 Vgl. dazu OLG Düsseldorf BB 96, 2617; Scholz – *K. Schmidt/Bitter*, § 60, Rdn. 52.

762 OLG Düsseldorf BB 96, 2617.

## b. Mantelgesellschaften

Des Weiteren zeigt die Existenz von Mantelgesellschaften, die oftmals, wenn auch nicht zwingend, vermögenslos sind[763], dass eine juristische Person nicht zwangsläufig über Vermögen verfügen muss. Aus der Tatsache, dass eine solche Gesellschaft nach § 394 Abs. 1 FamFG zu löschen ist, mithin diese Vorschrift auch dem Handel mit Gesellschaftsmänteln entgegenwirken soll[764], kann nicht gefolgert werden, dass die Gesellschaft in diesem Zustand nicht mehr existiert. Dies ergibt sich aus den vorstehenden Ausführungen zu § 394 FamFG, wonach die Vermögenslosigkeit die Existenz der Gesellschaft nicht berührt. Die Lage stellt sich auch nicht anders dar, wenn als Voraussetzung der Mantelverwendung wenigstens ein (wenn auch unbeachtliches) Restvermögen gefordert wird. Dann würde zwar bei Vermögenslosigkeit keine Mantelgesellschaft vorliegen und die Gesellschaft wäre nach § 394 Abs. 1 FamFG zu löschen. Allein dies berührt aber wiederum nicht den Status der GmbH als juristische Person.[765] Darüber hinaus kann es nicht überzeugen, für das Vorhandensein einer Mantelgesellschaft zumindest einen verschwindend geringen Teil an Vermögen zu fordert. Entscheidend für das Vorliegen einer Mantelgesellschaft sind andere Kriterien wie Unternehmenslosigkeit oder gegebenenfalls auch der Wechsel der Gesellschafter und der Austausch der Geschäftsführung. Ob der Gesellschaft noch Vermögen zuzuordnen ist oder nicht, ist dafür irrelevant.

Wird also angenommen, dass ein Gesellschaftsmantel trotz Vermögenslosigkeit vorliegt, kann aus der überwiegend befürworteten analogen Anwendung der Gründungsvorschriften bei dessen Verwendung[766] ebenfalls nicht hergeleitet werden, dass die Gesellschaft vor ihrer erneuten Aktivität keine juristische Person mehr darstellt.[767] Durch die Heranziehung der Gründungsregelungen soll vielmehr sichergestellt werden, dass die Gesellschafter die Haftungsbeschrän-

---

763 *Hancke*, S. 23; zum Streitstand, ob ein bestimmter Vermögenszustand der Mantelgesellschaft notwendig ist, vgl. *Kresse*, S. 133 ff.; den Zustand der Vermögenslosigkeit als Voraussetzung für das Vorliegen einer Mantelgesellschaft fordert OLG Stuttgart GmbHR 99, 610, 611; nach Meinung des BGH kommt es für das Vorliegen einer Mantelgesellschaft allein auf die Unternehmenslosigkeit an, woraus zu schließen ist, dass es unbeachtlich ist, ob die GmbH noch Vermögen hat oder nicht: BGHZ 155, 318, 322.

764 Baumbach/Hueck – *Haas*, Anh. § 77, Rdn. 4; vgl. auch Hachenburg – *Ulme*r, Anh. § 60, Rdn. 3.

765 Vgl. die vorstehenden Ausführungen unter E. I. 6. a.

766 BGHZ 153, 158, 160; BGHZ 155, 318, 322; Baumbach/Hueck – *Hueck/Fastrich*, § 3, Rdn. 13; die Anwendung der Gründungsvorschriften ist jedoch umstritten, kritisch dazu MüKoGmbHG – *Wicke*, § 3, Rdn. 32.

767 *Hancke*, S. 70.

kung nicht erlangen, ohne das dafür vorgesehene Mindestkapital aufzubringen.[768] Wer sich die Gründung einer GmbH nicht leisten kann, muss als Konsequenz eine persönliche Haftung übernehmen, denn in einem solchen Fall sind grundsätzlich allein die Gründung einer Personengesellschaft oder der Betrieb eines einzelkaufmännischen Unternehmens möglich. Es soll aber durch die Möglichkeit der Mantelverwertung die Haftungsbeschränkung nicht ohne geringeren Kapitaleinsatz gewährt werden, als wenn eine entsprechende Kapitalgesellschaft gegründet würde. Für den Rechtsverkehr ist ohne Blick ins Handelsregister nicht offensichtlich, dass ein neu gegründetes Unternehmen unter Verwendung einer Mantelgesellschaft entstanden ist. Gerade bei einer Unternehmensgründung rechnet der Rechtsverkehr eher mit einer tatsächlichen Gesellschaftsneugründung und nicht mit der Verwendung eines Mantels.[769] Deswegen ist die analoge Anwendung der Gründungsvorschriften hier gerechtfertigt. Dies führt aber nicht dazu, dass die Gesellschaft erst damit eine juristische Person wird.

Die Existenz von vermögenslosen Mantelgesellschaften verdeutlicht, dass vermögenslose Kapitalgesellschaften als solche bestehen bleiben können. Solange ein Löschungsverfahren und eine Löschung zum Abschluss desselben nicht durchgeführt werden, besteht die Gesellschaft nach wie vor als juristische Person.

## 7. Zwischenergebnis

Aus den zu Beginn dieses Abschnitts untersuchten Normen, die einen Bezug zum Vermögen der GmbH aufweisen, lässt sich nichts herleiten für den Bestand und die Gestalt der Gesellschaft im Fall der Vermögenslosigkeit. Den Vorschriften mangelt es an einer Vergleichbarkeit mit dem vollständigen Verlust des Vermögens, da sie schon lange vorher greifen und bereits in den entsprechenden Situationen Konsequenzen anordnen. Die Folgen gehen aber nie so weit, dass sie unmittelbar den Untergang der Gesellschaft herbeiführen. Die Untersuchung der vermögenslosen GmbH, die nach § 394 Abs. 1 FamFG gelöscht werden soll, und die Betrachtung der (vermögenslosen) Mantelgesellschaft zeigen jedoch, dass es Gesellschaften mit beschränkter Haftung ohne jegliches Vermögen geben kann. Die Vermögenslosigkeit berührt folglich nicht den Bestand der GmbH. Eine solch einschneidende Rechtsfolge hätte ausdrücklich normiert werden müssen, was der Gesetzgeber nicht getan hat. Die vermögenslose Personen-

768 Vgl. BGHZ 155, 318, 323, 326.

769 Ähnlich auch *Herchen*, DB 03, 2211, 2213.

vereinigung kann somit trotzdem als juristische Person und Kapitalgesellschaft fortbestehen.

Als Zwischenergebnis lässt sich festhalten, dass die Bedeutung, welche die Befürworter einer deklaratorischen Löschung der Vermögenslosigkeit zuschreiben, übertrieben ist.

## II. Erforderlichkeit eines Betriebes

Oben wurde gezeigt, dass manche Vertreter der Ansicht von der deklaratorischen Löschungswirkung in der Betriebsfortführung oder zumindest in dem entsprechenden Willen der Gesellschafter das entscheidende Kriterium für den Fortbestand der GmbH sehen.[770] Es ist zu fragen, ob diese Meinung insofern stichhaltig ist, als das Vorhandensein eines Betriebes ein zwingendes Merkmal für den Bestand der GmbH als juristische Person darstellt. Dies gilt es, im Folgenden zu untersuchen.

### 1. Begriff des Betriebes oder ähnliche Begrifflichkeiten

In der Rechtswissenschaft existiert kein einheitlicher Begriff des Betriebes. Auch die Vertreter der erwähnten Auffassung machen nicht deutlich, welchen Betriebsbegriff sie ihrer Ansicht zugrunde legen und was genau sie darunter verstehen. Meist wird auf die Einstellung der erwerbswirtschaftlichen Tätigkeit abgestellt, wenn der Betrieb im Rahmen der Beendigung der GmbH herangezogen wird. Allerdings kann eine GmbH nach § 1 GmbHG zu jedem zulässigen Zweck gegründet werden, so dass sie nicht zwangsläufig wirtschaftlich tätig werden muss. Vielmehr kann sie auch auf ideelle oder gemeinnützige Zwecke gerichtet sein.[771] Ein Betrieb im erwerbswirtschaftlichen Sinne ist deshalb nicht für eine GmbH erforderlich. Darüber hinaus bliebe nach dieser Interpretation des Betriebsbegriffs unklar, wie das Ende von nicht wirtschaftlich tätigen Gesellschaften zu bestimmen wäre. Eine Klärung diesbezüglich wäre aber notwendig, weil die Existenz solcher Gesellschaften durch die Zweckoffenheit der GmbH anerkannt ist. Daraus ergibt sich, dass die Ansicht, sofern sie auf eine erwerbswirtschaftliche Betätigung rekurriert, nicht überzeugen kann.

Der Terminus des Betriebes wird in verschiedenen Gesetzen aus unterschiedlichen Rechtsgebieten verwandt. Nachfolgend ist zunächst zu untersuchen, was mit dem Begriff des Betriebes oder ähnlichen Ausdrücken jeweils

---

770 Siehe unter B. III. 1. c.

771 Vgl. *Roth*/Altmeppen, § 1, Rdn. 11 f.

gemeint ist. Sodann ist zu hinterfragen, ob ein Betrieb in der jeweiligen Deutung für eine GmbH erforderlich ist.

### a. Arbeitsrechtlicher Betriebsbegriff

Einigkeit über die Auslegung des Betriebsbegriffs besteht in der Literatur und Rechtsprechung zum Arbeitsrecht, wo der Betrieb eine größere Rolle spielt. Danach stellt er eine organisatorische Einheit dar, „in der ein Unternehmer mit sächlichen und immateriellen Mitteln unter Einsatz menschlicher Arbeitskraft bestimmte arbeitstechnische Zwecke fortgesetzt verfolgt".[772] Eine GmbH muss allerdings nicht zwingend Arbeitgeber sein und Arbeitnehmer einstellen, so dass das Arbeitsrecht nicht zwangsläufig für jede GmbH einschlägig ist. Insbesondere kann es sein, dass eine GmbH personalistisch ausgestaltet ist und die Gesellschafter alle Tätigkeiten der Gesellschaft selbst durchführen. Auch wenn die GmbH regelmäßig für wirtschaftliche Vorhaben genutzt wird und zu diesem Zweck gegebenenfalls Arbeitnehmer beschäftigt, ist dies doch keine Notwendigkeit. Ein Betrieb im arbeitsrechtlichen Sinne ist demnach nicht zwingend erforderlich für den Bestand einer GmbH. Diese kann auch ohne einen solchen existieren.

### b. Gewerbebetrieb im Sinne des Handelsrechts

Im Handelsrecht finden sich die Begriffe „Gewerbe" und „Gewerbebetrieb". Zweifelhaft ist, ob ein Gewerbebetrieb im Sinne des Handelsrechts für den Bestand der GmbH eine Rolle spielt. Gewerbe ist nach herrschender Meinung eine selbstständige Tätigkeit, die nach außen erkennbar und auf Dauer angelegt betrieben wird und keinen freien Beruf darstellt.[773] Zumeist wird daneben noch die Absicht der Gewinnerzielung oder alternativ zumindest das Anbieten von Leistungen am Markt gegen Entgelt verlangt.[774] Erforderlich ist jedenfalls das Unterhalten eines Betriebes, um am Wirtschaftsleben teilzunehmen.[775] Die GmbH kann aber nach § 1 GmbHG gerade zu jedem zulässigen Zweck gegründet werden. Mit ihr müssen demnach nicht wirtschaftliche Ziele angestrebt werden.

---

772 Mit Nachweisen aus der Rechtsprechung MüKoBGB – *Müller-Glöge*, § 611, Rdn. 239; zu beachten ist aber, dass der Begriff den einzelnen arbeitsrechtlichen Gesetzes teilweise angepasst und somit leicht modifiziert wird.

773 Vgl. *Jung*, § 5, Rdn. 5; streitig ist, ob daneben die Erlaubtheit der Tätigkeit zu verlangen ist, was heute überwiegend abgelehnt wird, vgl. Baumbach/Hopt – *Hopt*, § 1, Rdn. 12; Koller/*Roth*/Morck, § 1, Rdn. 11.

774 Dazu MüKoHGB – *K. Schmidt*, § 1, Rdn. 31; zu den einzelnen Merkmalen ab Rdn. 27.

775 GroßKommHGB – *Oetker*, § 1, Rdn. 39.

Verfolgt die Gesellschaft beispielsweise ideelle oder gemeinnützige Zwecke oder besteht eine Stiftungs-GmbH, fehlen regelmäßig Gewinnerzielungsabsicht und Entgeltlichkeit. Ferner kann in der Form der GmbH grundsätzlich (mit einigen Ausnahmen) einer freiberuflichen Tätigkeit nachgegangen werden[776], die gerade das Vorliegen eines Gewerbes im Sinne des HGB ausschließen. Danach ist ein Gewerbebetrieb im Sinne des Handelsrechts keine Voraussetzung für das Bestehen einer GmbH.[777]

Des Weiteren gilt die Gesellschaft schon nach §§ 13 Abs. 3 GmbHG, 6 Abs. 2 HGB als Formkaufmann. Dies zeigt, dass weder ein Handelsgewerbe und noch nicht einmal ein Gewerbe erforderlich sind[778], denn ansonsten wäre die gesetzliche Anordnung überflüssig. Ferner hätte der Gesetzgeber ein solches Erfordernis bestimmen müssen, indem er den Zweck der GmbH auf den Betrieb eines Gewerbes beschränken würde. Ergo kann die GmbH ohne einen Gewerbebetrieb bestehen.

## c. Unternehmen

### *aa. Unternehmensbegriff aus rechtlicher und wirtschaftlicher Perspektive*

Die Diskussion um den Betriebsbegriff führt unweigerlich zu der Frage, ob die GmbH nur existieren kann, wenn ein Unternehmen besteht, dessen Trägerin die GmbH ist. Rechtlich eindeutig definiert ist allerdings auch der Begriff des Unternehmens nicht. Er wird vielmehr unterschiedlich verwandt, zum Teil als Alternative zum Gewerbebegriff des Handelsrechts[779], zuweilen im Sinne von Erwerbsgeschäft; teilweise wird das Unternehmen als Rechtsobjekt, teils als Rechtssubjekt angesehen[780].

Wirtschaftlich wird darunter jedenfalls eine organisierte Einheit sachlicher und personeller Mittel verstanden, mit deren Hilfe der Unternehmensträger am Wirtschaftsverkehr teilnimmt,[781] also regelmäßig Leistungen gegen Entgelt anbietet. Nach diesem Verständnis ist damit wieder eine wirtschaftliche Tätigkeit verbunden, welche durch das Unternehmen ausgeübt wird, die aber wie gezeigt für eine GmbH gerade nicht obligatorisch ist. Dem steht auch nicht entgegen, dass die Rechtsform der GmbH ursprünglich geschaffen wurde, um kleinen und

---

776 Vgl. auch zu den Ausnahmen MüKoGmbHG – *Fleischer*, § 1, Rdn. 22.

777 Deshalb stellt *Raisch*, S. 219 die generelle Anwendung des Handelsrechts auf die GmbH in Frage.

778 So auch BGHZ 66, 48, 49; Baumbach/Hopt – *Hopt*, § 6, Rdn. 3.

779 *K. Schmidt*, HandelsR, § 4 I 1 b) (S. 65), § 9 IV 1 (S. 279).

780 Hierzu auch *Raiser/Veil*, § 6, Rdn. 4 ff.

781 *Jung*, § 18, Rdn. 1.

mittelgroßen Unternehmen, also insbesondere dem Mittelstand, den Zugang zu einer Haftungsbeschränkung zu erleichtern.[782] Dies und die Diskussion zur Entwicklung einer neuen Rechtsform für Handelsgesellschaften[783] zeigen, dass der Gesetzgeber für die Betätigung der GmbH den wirtschaftlichen Bereich im Auge hatte. Jedoch hat er diesen im Gesetz nicht als zwingendes Tätigkeitsfeld der GmbH festgeschrieben, wie die Zweckoffenheit in § 1 GmbHG verdeutlicht.

Etwas anderes ergibt sich auch nicht aus § 3 Abs. 1 Nr. 2 GmbHG, wonach der Gegenstand des Unternehmens zwingend in der Satzung der GmbH anzugeben ist. In diesem Zusammenhang ist der Begriff des Unternehmens in einem weiten Sinne zu verstehen und gleichbedeutend mit der Tätigkeit der Gesellschaft.[784] Der Bereich der Tätigkeit der Gesellschaft ist dabei ohne Bedeutung und muss insbesondere nicht wirtschaftlicher Art sein.[785] Die obligatorische Angabe des Unternehmensgegenstandes kann deshalb allenfalls für die Frage ergiebig sein, ob eine GmbH notwendig eine Tätigkeit ausüben muss. Auf diesen Punkt ist später zurückzukommen.[786]

Aufgrund der Zweckoffenheit und dem weiten Verständnis des Begriffs Unternehmensgegenstand darf der GmbH nach dem geltenden Recht kein rechtstatsächliches Vorstellungsbild zugrunde gelegt werden, wonach die GmbH immer Unternehmensträgerin ist.[787] Es mag zwar sein, dass der vom Gesetz angenommene Normalfall die GmbH als Unternehmensträgerin eines erwerbswirtschaftlichen, auf Gewinnerzielung gerichteten Unternehmens ist.[788] Notwendig ist eine solche Verwendung aber gerade nicht, denn die Gesetze setzen nicht voraus, dass sich die Gesellschaft aktiv am Wirtschaftsleben beteiligt.[789]

### *bb. Vergleich mit Mantel- und Holdinggesellschaft*

Des Weiteren verfügt insbesondere eine Vorrats- oder Mantelgesellschaft nicht über ein Unternehmen[790], genauso wenig wie eine Holdinggesellschaft. Die

---

782 Baumbach/Hueck – *Hueck/Fastrich*, Einl., Rdn. 20; Michalski – *Michalski*, Syst. Darst. 1, Rdn. 1.

783 Vgl. zur Entstehungsgeschichte MüKoGmbHG – *Fleischer*, Einl., Rdn. 55 ff.

784 *Butz*, GmbHR 72, 270, 273; Ulmer – *Ulmer*, § 3, Rdn. 11.

785 Ulmer – *Ulmer*, § 3, Rdn. 11.

786 Unter Gliederungspunkt E. II. 3. (dort insbesondere unter c. bb.).

787 Ähnlich Rowedder/Schmidt-Leithoff – *Schmidt-Leithoff*, Einl., Rdn. 42.

788 So z. B. *Raiser/Veil*, § 4, Rdn. 6.

789 Michalski – *Michalski*, § 3, Rdn. 33.

790 Die Unternehmenslosigkeit wird gerade als maßgeblich für die Mantelgesellschaft angesehen: BGH NZG 10, 427; *Roth*/Altmeppen, § 3, Rdn. 13b.

Existenz solcher Gesellschaften als juristische Personen ist aber anerkannt.[791] Dies verdeutlicht zusätzlich, dass die GmbH nicht zwingend Unternehmensträgerin sein muss und auch als eine solche bestehen kann, wenn sie unternehmenslos ist.[792]

### *cc. Unternehmenslose Gesellschaften im Gesetz*

Weitere Beispiele für unternehmenslose und trotzdem vollwertige Kapitalgesellschaften finden sich im Gesetz selbst.[793]

#### α. Gründungsphase

Dazu gehört die Gesellschaft in der Gründungsphase, wie sie eigentlich vom Gesetz vorgesehen war. Ursprünglich sollten die Aktiengesellschaft und die GmbH nach dem Willen des Gesetzgebers ihre Geschäftstätigkeit erst nach der Eintragung aufnehmen.[794] Dies zeigen auch die Regelungen der Handelndenhaftung vor Eintragung, namentlich § 11 Abs. 2 GmbHG und § 41 Abs. 1 S. 2 AktG. Dadurch sollte unter anderem ein verfrühtes Handeln für die Gesellschaft verhindert werden.[795] Mit dem Entstehen der juristischen Person durch die Eintragung kann dann aber nicht aus dem Nichts ein Unternehmen vorhanden sein, das heißt die Tätigkeit der GmbH kann nicht auf die Sekunde genau mit der Handelsregistereintragung beginnen.[796] Nach diesem Vorstellungsbild musste die entstandene Kapitalgesellschaft für einige Zeit zu Beginn ihrer Existenz ohne Unternehmen bestehen.

#### β. Veräußerung eines Handelsgeschäfts nach § 22 HGB

Ein Erwerb des Unternehmens einer GmbH von Todes wegen ist unmöglich, allerdings kommt eine Übertragung durch Rechtsgeschäft gemäß § 22 HGB in Betracht. Unter einem Handelsgeschäft im Sinne dieser Norm wird jedes von einem Kaufmann betriebene Unternehmen verstanden, unabhängig davon, wo-

---

791 Zum Mantel MüKGmbHG – *Wicke*, § 3, Rdn. 24, 29; zur Holdinggesellschaft Rowedder/Schmidt-Leithoff – *Schmidt-Leithoff*, § 1, Rdn. 8.

792 BGHZ 155, 318, 322; Baumbach/Hueck – *Hueck/Fastrich*, § 3, Rdn. 11: keine eigentlich wirtschaftende Tätigkeit; *K. Schmidt*, GesR, § 33 I 2 (S. 985 f.).

793 Vgl. zu den meisten folgenden Beispielen *Heerma*, S. 57 f.

794 So für die AG der Entwurf eines Handelsgesetzbuchs für die preussischen Staaten, nebst Motiven, Zweiter Theil: Motive, 1857, S. 91; vgl. auch BGHZ 80, 129, 134.

795 MüKoGmbHG – *Merkt*, § 11, Rdn. 116.

796 So auch *Heerma*, S. 57 f.

raus sich die Kaufmannseigenschaft ergibt.[797] Demnach ist hier über § 6 HGB auch ein von einer GmbH betriebenes Unternehmen erfasst. Infolge einer Übertragung des Handelsgeschäfts ist es möglich, dass die Gesellschaft ein solches nicht mehr betreibt, mithin kein Unternehmen mehr innehat. Die GmbH mag dann zwar keine Unternehmensträgerin mehr sein, was jedoch keine gesetzliche Voraussetzung für den Status „GmbH" ist. Dementsprechend ist auch nicht der Neuerwerb eines Unternehmens nötig. Ferner behält die Gesellschaft regelmäßig ihre konkrete Ausgestaltung im Innenverhältnis, namentlich die Organe, die sie mit Leben erfüllen.[798] Sie hat lediglich ihr konkretes Betätigungsfeld nicht mehr. Dies schließt aber nicht aus, dass sie sich selbst ein neues erschafft, zum Beispiel indem sie wieder ein Unternehmen gründet.

### γ. Komplementär-GmbH

Des Weiteren ist auch die Komplementär-Gesellschaft einer Kapitalgesellschaft und Co. KG unternehmenslos[799], denn nur die Kommanditgesellschaft ist Trägerin des Unternehmens[800]. Die GmbH selbst ist in dem Fall lediglich Verwalterin ihres Vermögens, das bei der Beteiligung an einer Kommanditgesellschaft oftmals allein in dieser Beteiligung besteht. Als persönlich haftende Gesellschafterin der Kommanditgesellschaft fungiert sie als deren Geschäftsführerin, wobei die Aufgaben dabei von ihren organschaftlichen Vertretern wahrgenommen werden. Diese Funktion macht die GmbH aber noch nicht zur Inhaberin eines von der GmbH und Co. KG betriebenen Unternehmens.

Den Bestand der Komplementär-GmbH als juristische Persönlichkeit hat trotz dieser Unternehmenslosigkeit noch niemand angezweifelt.

### δ. Liquidation

Auch in der Liquidationsphase betreibt die Gesellschaft – zumindest an deren Ende, wenn es zur Verteilung des Vermögens an die Gesellschafter kommen soll – kein Unternehmen mehr. Vorher wurden die Vermögenswerte der GmbH verflüssigt und die Schulden beglichen. Zur Flüssigmachung zählt regelmäßig die Veräußerung oder Zerschlagung eines bestehenden Unternehmens.[801] Dann

---

797 MüKoHGB – *Heidinger*, § 22, Rdn. 8.

798 Vgl. auch MüKoHGB – *Heidinger*, § 22, Rdn. 77: GmbH bleibt als werbende Gesellschaft bestehen.

799 So auch schon *Bommert*, GmbHR 83, 209, 212: keine betrieblichen Einrichtungen nötig.

800 MüKoGmbHG – *Fleischer*, § 1, Rdn. 85.

801 Vgl. Baumbach/Hueck – *Haas*, § 70, Rdn. 8.

ist die Gesellschaft allerdings noch nicht vollständig beendet. Solange ihr Erlöschen nicht im Handelsregister eingetragen ist, ist die GmbH wie erwähnt noch als juristische Person vorhanden.

*dd. Zwischenergebnis*

Die vorangehende Untersuchung macht deutlich, dass die GmbH als solche ohne ein ihr zugeordnetes Unternehmen bestehen kann; das bedeutet die Unternehmenslosigkeit hat keine rechtlichen Folgen für den Bestand der GmbH[802].

## 2. Fazit: Betrieb mit wirtschaftlicher Tätigkeit nicht erforderlich

Es ist somit geklärt, dass ein Betrieb in den dargestellten Bedeutungen nicht notwendig für den Bestand einer GmbH ist. Deshalb sieht die herrschende Meinung allein in der Einstellung des Betriebes auch keinen Auflösungs- und Untergangsgrund.[803] Die untersuchten Deutungen des Betriebsbegriffs haben allesamt eine wirtschaftliche Konnotation. Aufgrund der Zweckoffenheit der GmbH gemäß § 1 GmbHG muss diese aber gerade weder eine wirtschaftliche Tätigkeit entfalten noch im Wirtschaftsverkehr auftreten. Allgemein anerkannt ist, dass die GmbH keine Betriebspflicht trifft.[804] Es stellt sich jedoch die Frage, ob diese Aussage nur einen Betrieb im Sinne einer wirtschaftlichen Tätigkeit erfasst, oder ob damit auch gemeint ist, dass die GmbH keine Verpflichtung zu einer Betätigung irgendeiner Art trifft.

## 3. Notwendigkeit einer Tätigkeit

Die soeben unter E. II. 1. c. cc. untersuchten Arten einer GmbH sind trotz der Unternehmenslosigkeit auf irgendeine Art und Weise tätig. Deshalb liegt der Gedanke nahe, den Begriff des Betriebes in seinem weitesten Sinne zu deuten, und zwar als das Ausüben irgendeiner Tätigkeit, also die Betätigung der Gesellschaft. Stellt sich eine solche als erforderlich heraus, muss erwogen werden, ob

---

802 *Bärwaldt/Schabacker*, GmbHR 98, 1005, 1009: keine Verknüpfung von Unternehmen und Kapitalgesellschaft; *Heerma*, S. 58; *Peters*, S. 44.

803 KG NJW-RR 96, 103, 104; Baumbach/Hueck – *Haas*, § 60, Rdn. 8; *Heerma*, S. 33; Scholz – *K. Schmidt/Bitter*, § 60, Rdn. 72.

804 *Ebenroth/A. Müller*, DNotZ 94, 75, 79; *Kantak*, S. 44 f.

dafür ein Auftreten nach außen notwendig ist oder ob eine rein interne Tätigkeit, die äußerlich nicht erkennbar ist, ausreicht.

Zu untersuchen ist deshalb, ob die GmbH, deren Nachtragsliquidation später eröffnet wird, nach ihrer Löschung noch in irgendeiner Form tätig ist. Sollte dies nicht der Fall sein, schließt sich die Frage an, ob eine Nichtbetätigung Auswirkungen auf ihren Status hat und den Untergang als GmbH herbeiführt. Dabei ist nicht nur die Zeit der nachträglichen Abwicklung in den Blick zu nehmen, sondern insbesondere auch die Zeit zwischen einer objektiv unrichtigen Löschung und der Einleitung der Nachtragsliquidation, denn in dieser Zeit ist den Beteiligten regelmäßig nicht bewusst, dass noch Liquidationsmaßnahmen erforderlich sind. Zwischen Löschung und Nachtragsliquidation liegt die Gesellschaft sozusagen brach, da die Gesellschafter und auch Dritte davon ausgehen, dass sie beendet ist.

## a. Tätigkeit in der Nachtragsliquidation

Die Nachtragsliquidation wird durchgeführt, weil der Gesellschaft noch Vermögen oder sonstige abwicklungsbedürftige Rechte oder Pflichten zugeordnet sind.[805] Diese Abwicklungsmaßnahmen stellen deshalb eine Tätigkeit der GmbH dar, die der Nachtragsliquidator für sie vornimmt. In der Phase der Nachtragsliquidation ist die GmbH folglich noch tätig. Dabei schadet auch nicht, dass die Abwicklung auf Beendigung der Gesellschaft gerichtet ist, denn für die Dauer ihrer Durchführung stellt sie jedenfalls noch eine Aktivität der GmbH dar.

## b. Tätigkeit zwischen Löschung und Nachtragsliquidation

Nach der Löschung ist die GmbH untätig, solange eine Nachtragsliquidation nicht eröffnet wird. Vorher wurde entweder die Liquidation in dem Glauben abgeschlossen, alles Notwendige sei erledigt, oder die Gesellschaft wurde mangels Liquidationsbedürfnisses aufgrund Vermögenslosigkeit gelöscht. In beiden Fällen sind die Organwalter der Gesellschaft und sonstige Beteiligte davon ausgegangen, dass die Gesellschaft keine Rechte und Pflichten mehr hat, die zu erledigen sind, und infolgedessen keine weitere Betätigung der GmbH erforderlich ist. Mit Beendigung der Liquidation, namentlich der Vermögensverteilung, der folgenden Schlussrechnung und der Anmeldung des Schlusses der Liquidation, haben die Organe der GmbH alles Notwendige getan, um die Gesellschaft ihrem Ende zuzuführen. Es ist zu überlegen, ob der Gesellschaft nach ihrer Löschung noch irgendeine Tätigkeit zugeordnet werden kann.

*aa. Verwahrung der Bücher als Tätigkeit der Gesellschaft*

Als einzige Tätigkeit, die nach der Löschung noch in einem Bezug zur gelöschten GmbH steht, kommt die Aufbewahrung der Bücher und Schriften nach § 74 Abs. 2 GmbHG in Betracht. Die Verwahrung durch einen Dritten lässt sich aber nur als Tätigkeit der GmbH ansehen, wenn sie ihr zugeordnet werden könnte, etwa weil es ihre Pflicht ist, bei deren Erfüllung der Verwahrer sie vertritt.

Vor der Löschung hat der Liquidator als gesetzlicher Vertreter der Gesellschaft lediglich die Aufbewahrung sicherzustellen.[806] Er selbst ist aber nicht zur Aufbewahrung verpflichtet. Der Verwahrer, der mit der Übernahme dieser Funktion einverstanden sein muss[807], handelt später jedoch nicht im Namen der regelmäßig gar nicht mehr existierenden Gesellschaft.[808] Dies gilt auch für den Fall, dass er den Berechtigten die Einsicht nach § 74 Abs. 3 GmbHG ermöglicht. Ihm fehlt generell die Befugnis zu einem Handeln für die Gesellschaft. Folglich ist er nicht Vertreter der GmbH.[809] Dadurch wird deutlich, dass es sich bei der Verwahrung nicht um eine Pflicht der Gesellschaft handelt, sondern allein um eine solche des Verwahrers.[810] Daran ändert auch die Tatsache nichts, dass die GmbH die Kosten der Verwahrung zu tragen hat[811]. Denn aus der Kostentragungspflicht ergibt sich nicht die Pflicht zur Vornahme der erforderlichen Verwahrung.[812]

Gegen eine Vertretung der GmbH als solcher spricht des Weiteren auch, dass sie, wenn es zur Verwahrung der Bücher und Schriften kommt, im Idealfall komplett liquidiert und gelöscht ist und demnach vollständig untergegangen ist. Da sie dann nicht mehr existiert, kann sie auch nicht vertreten werden. Sie für die gesamte Dauer der Aufbewahrung fortbestehen zu lassen, erscheint hingegen übertrieben. Hier wäre die Missbrauchsgefahr zu hoch, denn es besteht insbesondere keinerlei Publizität mehr, aus der die Existenz der Gesellschaft ersichtlich wäre.

805 Vgl. z. B. Baumbach/Hueck – *Haas*, § 60, Rdn. 104 f.

806 Scholz – *K. Schmidt*, § 74, Rdn. 29.

807 Lutter/Hommelhoff – *Kleindiek*, § 74, Rdn. 14.

808 *Galla*, S. 43.

809 Dazu bereits C. II. 2. b. bb. im Rahmen der Kritik zur analogen Anwendung des 74 Abs. 2 S. 2 GmbHG auf die nichtvermögensrechtlichen Abwicklungsmaßnahmen.

810 *H. Schmidt*, S. 144 f.

811 Vgl. MüKoGmbHG – *H. F. Müller*, § 74, Rdn. 22.

812 Vgl. dazu schon *H. Schmidt*, S. 145.

#### *bb. Untätigkeit*

Aus den vorstehenden Ausführungen ergibt sich, dass die Gesellschaft in der hier interessierenden Phase zwischen Löschung und Eröffnung der Nachtragsliquidation keine Aktivität mehr ausübt. Solange die noch vorhandenen Rechte und Pflichten der GmbH nicht bemerkt werden und infolgedessen keine Nachtragsliquidation eingeleitet wird, ist die Gesellschaft untätig. An dieser Inaktivität ändern auch die latent vorhandenen Abwicklungsmaßnahmen nichts, da erst deren Erledigungshandlungen zu einer Tätigkeit führen, was aber nicht vor Eröffnung der Nachtragsliquidation erfolgt. Allein die Notwendigkeit eines Zurechnungssubjekts, die grundsätzlich auch für die Zwischenzeit gegeben ist, weil die vorhandenen Rechte und Pflichten eines solchen bedürfen, führt nicht zu einer Betätigung der Gesellschaft.

### c. Schädlichkeit der Inaktivität

Die Feststellung der zwischenzeitlichen Untätigkeit der Gesellschaft lässt die Frage aufkommen, ob aus ihr Schlüsse für den rechtlichen Bestand der Gesellschaft in der nachfolgenden Liquidation gezogen werden können. Wenn die GmbH sich in irgendeiner Form betätigen muss, um weiterzuleben, könnte sie nach ihrer Inaktivität nicht mehr als solche bestehen.

Allerdings wird weder vom Gesetz eine Tätigkeit der Gesellschaft gefordert noch werden an eine Untätigkeit Rechtsfolgen geknüpft.[813] Die GmbH und auch ihre Gesellschafter trifft keine Verpflichtung, mit der Gesellschaft tätig zu werden. Da bereits eine rein interne Aktivität nicht notwendig ist, muss dasselbe erst recht für eine nach außen erkennbare Tätigkeit gelten.

#### *aa. Erforderlichkeit der Angabe eines Unternehmensgegenstandes*

Die Notwendigkeit einer Betätigung der GmbH kann auch nicht aus § 3 Abs. 1 Nr. 2 GmbHG hergeleitet werden, wonach der Unternehmensgegenstand zwingend in der Satzung anzugeben ist. Unter dem Unternehmensgegenstand im Sinne dieser Vorschrift ist wie bereits erwähnt[814] die Tätigkeit der Gesellschaft zu verstehen. Die Angabe des Unternehmensgegenstandes in der Satzung ist vor allem für das Verhältnis der GmbH nach außen zu Dritten wichtig und soll die-

---

813 Ähnlich *Hancke*, S. 42: Gesetz sieht nicht Erlöschen bei Inaktivität vor und eine entsprechende ungeschriebene Norm existiert ebenfalls nicht.

814 Vgl. oben unter E. II. 1. c. aa.

sen den Bereich und die Art der Betätigung der Gesellschaft erkennbar machen.[815]

Fehlt eine entsprechende Angabe in der Satzung oder ist sie nichtig, ist grundsätzlich der Anwendungsbereich der Nichtigkeitsklage nach § 75 GmbHG sowie des Amtslöschungsverfahrens nach § 397 FamFG eröffnet. Jedoch tritt die GmbH nach Durchführung derselben lediglich ins Liquidationsstadium ein[816] und ist keinesfalls sofort beendigt. Für die GmbH nach der Löschung kann dies also keine Rolle mehr spielen, da diese in jedem Fall bereits aufgelöst ist. Des Weiteren sind die Vorschriften gar nicht auf eine gelöschte Gesellschaft anwendbar[817], woran auch eine etwaige Eröffnung der Nachtragsliquidation nichts ändert. Darüber hinaus kann allein die Tatsache, dass der im Gesellschaftsvertrag ursprünglich angegebene Unternehmensgegenstand nun – insbesondere aufgrund der Abwicklung und Löschung der Gesellschaft – nicht mehr verfolgt wird, nicht zur Nichtigkeit desselben führen. Eine Abweichung des tatsächlichen vom angegebenen Unternehmensgegenstandes würde lediglich einen Verstoß gegen den Gesellschaftsvertrag darstellen, der eine Klage gemäß § 75 GmbHG oder die Amtslöschung nach § 397 FamFG nicht rechtfertigt.[818] Es ist somit unerheblich, ob der angegebene Unternehmensgegenstand den tatsächlichen Gegebenheiten entspricht, so dass es auch keine Rolle spielen kann, wenn die GmbH untätig ist und der angegebene Unternehmensgegenstand deshalb nicht die Wahrheit widergibt. Eine Nichtigkeit lässt sich bei einem nicht der objektiven Lage entsprechenden Unternehmensgegenstand auch nicht auf § 117 BGB stützen, da anfänglich kein Scheingeschäft vorlag, wenn der ursprünglich angegebene Unternehmensgegenstand damals der Wahrheit entsprach.[819]

Das Erfordernis der Angabe eines Unternehmensgegenstandes in der Satzung kann jedenfalls nicht dazu führt, dass eine Tätigkeit der Gesellschaft erforderlich ist und eine untätige Gesellschaft nicht mehr bestehen kann.

---

815 Baumbach/Hueck – *Hueck/Fastrich*, § 1, Rdn. 5; § 3, Rdn. 7.

816 Dies ergibt sich für den Fall des § 75 GmbHG aus § 77 GmbHG und für den Fall der Amtslöschung nach § 397 FamFG aus dieser Vorschrift selber, da danach eine Löschung als nichtig, aber nicht als beendet erfolgt, so dass nach allgemeiner Ansicht dieselben Rechtsfolgen wie durch ein rechtskräftiges Nichtigkeitsurteil nach § 75 GmbHG eintreten; vgl. zu letzterem Baumbach/Hueck – *Haas*, Anh. § 77, Rdn. 29.

817 Rowedder/Schmidt-Leithoff – *Zimmermann*, § 75, Rdn. 2; Ulmer – *Paura*, § 75, Rdn. 6.

818 Vgl. Roth/*Altmeppen*, § 75, Rdn. 12; Ulmer – *Paura*, § 75, Rdn. 20; a. A. Scholz – *K. Schmidt*, § 75, Rdn. 11, da der Unternehmensgegenstand nicht mehr durch die Satzung gedeckt ist, was aber Normzweck von § 75 GmbHG sei.

819 Ulmer – *Paura*, § 75, Rdn. 20.

*bb. Vergleich mit Mantel- und Vorrats-GmbH*

Nicht nur in der Zeit zwischen Löschung und Eröffnung der Nachtragsliquidation spielt die Untätigkeit der Gesellschaft eine Rolle, sondern auch bei einer Mantel- und Vorrats-GmbH. Diese übt faktisch ebenfalls keinerlei Tätigkeit aus – mit Ausnahme der Verwaltung des eigenen Vermögens.[820] Eine solche Gesellschaft stellt aber jedenfalls schon beziehungsweise noch eine existierende GmbH und damit eine juristische Person dar.[821] Dies gilt auch, wenn die entsprechende Anwendung der Gründungsvorschriften bezüglich der Kapitalausstattung sowie der registergerichtlichen Kontrolle für die Eintragung der Satzungsänderungen befürwortet wird, denn die Mantelverwendung stellt danach nur wirtschaftlich, nicht rechtlich eine Neugründung dar.[822] Ist als Unternehmensgegenstand die Verwaltung des eigenen Vermögens angegeben, wie es insbesondere bei der zulässigen offenen Vorrats-Gründung gängig ist, und entspricht diese Angabe der Wahrheit, kann daraus dennoch nicht gefolgert werden, dass die Gesellschaft wirklich eine Tätigkeit entfaltet. Für die Vermögensverwaltung ist keine wirkliche Tätigkeit erforderlich, da die Anlage des Vermögens gleich nach Gründung hierfür ausreichend ist. Die weitere Verwaltung des Vermögens bedarf darüber hinaus keiner ständigen Betätigung, jedenfalls nicht, wenn keine Veränderungen der Anlagen erfolgen sollen. Hier sind gegebenenfalls lediglich steuerrechtliche Pflichten zu erfüllen, was aber keine dauernde Tätigkeit erfordert. Eine Mantel- oder Vorratsgesellschaft liegt sozusagen in der Schublade und wird bei Bedarf hervorgeholt, ohne in der Zwischenzeit aktiv zu sein. Dies zeigt, dass eine länger andauernde Untätigkeit für den Bestand der GmbH unschädlich ist und sie weiterhin als solche existieren kann.

*cc. Buchführung und Bilanzierung als Tätigkeit nach der Löschung*

α. Buchführung und Bilanzierung bei Untätigkeit unmöglich

Anders als gelöschte Gesellschaften üben Mantel- und Vorrats-GmbH hingegen noch eine geringe Tätigkeit aus, die nach außen erkennbar ist, da sie als Kapitalgesellschaft während und trotz ihrer Inaktivität grundsätzlich verpflichtet sind,

820 Michalski – *Michalski*, § 3, Rdn. 19.

821 OLG Brandenburg NZG 99, 166; *Hancke*, S. 70, 106; *Heerma*, S. 67: „vollwertige Kapitalgesellschaft und vollwertige juristische Person"; MüKoGmbHG – *Merkt*, § 11, Rdn. 161.

822 BGHZ 155, 318, 322 im Fall der Verwendung eines alten GmbH-Mantels; Baumbach/Hueck – *Hueck/Fastrich*, § 3, Rdn. 11; für die AG GroßKommAktG – *Henze*, § 54, Rdn. 35.

Jahresabschlüsse zu erstellen und offenzulegen.[823] Nach der Löschung erfüllt die GmbH diese Pflichten, die grundsätzlich alle Kapitalgesellschaften als Formkaufleute treffen, demgegenüber nicht. Dies gilt jedenfalls so lange, wie die Erforderlichkeit einer Nachtragsliquidation nicht offensichtlich wird. Denn hier ist durch die Löschung aus dem Handelsregister – anders als bei einem leeren Mantel – der Eindruck entstanden, die Gesellschaft sei erloschen. Die Beteiligten und auch der Rechtsverkehr gehen deshalb davon aus, dass die GmbH nicht mehr besteht, so dass sie nicht mehr zur Bilanzierung und Offenlegung nach den für die GmbH geltenden Normen verpflichtet sein kann. Solange dieser Anschein des Unterganges besteht, kommt auch niemandem in den Sinn, der gelöschten Gesellschaft eine Buchführungs- und Bilanzierungspflicht aufzuerlegen. Anderes wäre auch abwegig, da eine wirklich erloschene Gesellschaft eine solche Pflicht naturgemäß nicht mehr trifft und sie diese auch nicht mehr erfüllen kann.

Darüber hinaus ist die Gesellschaft nach ihrer Löschung gerade nicht mehr tätig, so dass keine Geschäftsvorfälle vorliegen, über die Buch zu führen wäre. Und von etwaigen Aktiva, die bilanziert werden könnten, ist zu diesem Zeitpunkt noch nichts bekannt. Allein für eventuell in der Liquidation oder vor Eintritt der Vermögenslosigkeit nicht beglichene Schulden kann eine Bilanz jedenfalls nicht erforderlich sein, denn sonst müsste eine Kapitalgesellschaft, die nicht alle Verbindlichkeiten erfüllen kann, trotz Löschung aus dem Register weiterhin eine Bilanz erstellen. Dies kann nicht sein, insbesondere weil der Untergang der Verbindlichkeiten mit dem tatsächlichen Untergang der Gesellschaft angenommen wird.[824] Bevor sich notwendige Abwicklungsmaßnahmen zeigen, wird gerade von der Beendigung der GmbH ausgegangen. Selbst wenn ihr Fortbestand in der Nachtragsliquidation befürwortet wird, ist dieser Fortbestand jedenfalls oftmals nicht sofort ersichtlich, denn in der Regel wird zumindest eine Zeit lang nach der Löschung unklar sein, ob noch Abwicklungshandlungen notwendig sind. Während dieser Phase gibt es naturgemäß keinerlei Buchführungstätigkeiten der GmbH.

---

823 Vgl. zu der den Mantel treffenden Pflicht Ulmer – *Ulmer*, § 3, Rdn. 128, der zu bedenken gibt, dass bei Nichterfüllung das Registergericht auf den Mantel aufmerksam werden könnte und eine Amtslöschung wegen Vermögenslosigkeit vornehmen könnte.

824 So die überwiegende Ansicht, vgl. dazu bereits oben C. III. 1. a., 2., 3.

#### β. Rechtfertigung der fehlenden Buchführung und Bilanzierung durch die Untätigkeit

Auch wenn in der Phase zwischen Löschung und Eröffnung der Nachtragsliquidation eine Buchführung mangels Geschäftsvorfällen nicht möglich ist, kann eine Untätigkeit allein nicht dazu führen, dass eine entsprechende Pflicht an sich nicht mehr besteht, solange von der Fortexistenz einer Kapitalgesellschaft ausgegangen wird. Anderenfalls könnte sich auch in sonstigen Fällen einer Untätigkeit, wie zum Beispiel bei einer Mantel- oder Vorrats-GmbH, die Gesellschaft darauf berufen, dass sie nicht bilanzierungspflichtig ist. Die Untätigkeit kann somit nicht zum Wegfall der Pflichten führen. Lebt die GmbH als eine solche nach der Löschung fort, müssen sie bei konsequenter Beachtung des Gesetzes die entsprechenden Buchführungspflichten treffen. Dies führt zu der Frage, ob die Nichterfüllung der Pflichten Auswirkungen auf den Bestand der GmbH haben kann, diese also in der Nachtragsliquidation nicht mehr als Kapitalgesellschaft und damit als juristische Person bestehen kann. Jedoch ordnet das Gesetz auch bei Verletzung der Buchführungspflichten im werbenden Stadium keine Konsequenzen für den Bestand der GmbH an. In einem solchen Fall wird vielmehr versucht, die Erfüllung zu erzwingen. So kommt beispielsweise bei fehlender Offenlegung gemäß § 335 HGB die Androhung und Festsetzung von Ordnungsgeld in Betracht.[825] Weiter können sich die Geschäftsführer bei Nichtbefolgung der Pflichten nach § 43 Abs. 2 GmbHG der Gesellschaft gegenüber schadensersatzpflichtig machen. Zum Teil ist die Verletzung der Pflichten nach § 283b StGB sowie §§ 331 ff. HGB auch mit Strafe bedroht oder stellt eine Ordnungswidrigkeit dar (§ 334 HGB).[826] Darüber hinaus war von 1986 bis 1994 die Löschung einer Gesellschaft nach § 2 Abs. 1 S. 2 LöschG möglich, wenn in drei aufeinanderfolgenden Jahren die Publizitätspflicht verletzt wurde. Allerdings war dies keine Sanktion für die Verletzung der Publizitätspflicht, sondern aufgrund der fehlenden Offenlegung wurde die Vermögenslosigkeit vermutet, die den eigentlichen Löschungsgrund darstellte.[827] Seit der ersatzlosen Streichung der Vorschrift durch Art. 2 Nr. 9 EGInsO knüpft das Gesetz jedoch keine vergleichbare Rechtsfolge an die Verletzung der Bilanzierungs- oder Publizitätspflichten. Die fehlende Buchführung und Bilanzierung nach der Löschung können sich folglich nicht auf den Bestand der GmbH auswirken.

825 Baumbach/Hopt – *Merkt*, § 335, Rdn. 2.

826 Zu den Sanktionen vgl. Baumbach/Hopt – *Merkt*, § 283, Rdn. 18 ff.

827 Vgl. dazu *K. Schmidt*, GmbHR 94, 829, 832 f.

γ. Rechnungslegung der GmbH in der Nachtragsliquidation

In der Nachtragsliquidation hingegen wäre die Erfüllung der Pflichten möglich, denn immerhin sind durch die erforderlichen Abwicklungsmaßnahmen in geringem Umfang wieder Geschäftsvorfälle vorhanden, die zu erfassen wären. Jedoch kann auch in diesem Stadium eine etwaige Nichtbefolgung keine Konsequenzen für den Status der GmbH mit sich bringen. Darüber hinaus muss in Erwägung gezogen werden, dass die Pflichten zur Buchführung und Bilanzierung nicht mehr in demselben Maße wie bei einer noch eingetragenen, aber bereits aufgelösten Gesellschaft bestehen. Unzweifelhaft muss der Nachtragsliquidator Unterlagen, die er während der Abwicklung ansammelt, aufbewahren und nach dem Ende der Liquidation gemäß § 74 Abs. 2 GmbHG in Verwahrung geben.[828] Eine § 71 GmbHG entsprechende Bilanzierung mit der Erstellung von Jahresabschlüssen und deren Offenlegung allein für die Restabwicklung erscheint allerdings übertrieben. Der Aufgabenbereich des Nachtragsliquidators würde sich dadurch erheblich erweitern, was zu einer vermeidbaren Steigerung der Kosten für die Durchführung der restlichen Abwicklung, die meist vom Antragssteller vorzuschießen sind, führen würde. Gläubiger würden deshalb voraussichtlich vermehrt davon absehen, die Restabwicklung zu beantragen. Die Pflicht zur Bilanzierung in der Nachtragsliquidation stünde demnach zu dem Interesse der Gläubiger an ihrer Rechtsdurchsetzung in Widerspruch. Es besteht auch kein großes Interesse mehr an einer Aufstellung und Publizität der Jahresabschlüsse, vor allem weil die Gesellschaft nach überwiegender Meinung nicht ins werbende Stadium zurückversetzt werden kann[829]. Aus diesem Grund werden dem Nachtragsliquidator die Pflichten aus § 71 Abs. 1 GmbHG überwiegend nicht auferlegt.[830]

*dd. Zwischenergebnis*

Die Untätigkeit der GmbH an sich ist nicht schädlich und hat keine Konsequenzen für den Bestand der Gesellschaft. Auch die fehlende Buchführung, Bilanzierung und Offenlegung, zu der eine GmbH als Kapitalgesellschaft grundsätzlich

828 Lutter/Hommelhoff – *Kleindiek*, § 74, Rdn. 22; Ulmer – *Paura*, § 74, Rdn. 50.

829 Zur Ablehnung der Fortsetzungsfähigkeit vgl. oben C. V.

830 Hachenburg – *Ulmer*, Anh. § 60, Rdn. 42; *Passarge*/Torwegge, Rdn. 539; für Aufstellung eines Jahresabschlusses bei lang andauernder Nachtragsliquidation Rowedder/Schmidt-Leithoff – *Rasner*, § 74, Rdn. 29; eine Schlussrechnung halten die soeben Genannten jedoch alle für erforderlich; für Anwendung des § 71 Abs. 1 GmbHG im Rahmen der Nachtragsliquidation allerdings Ulmer – *Paura*, § 66, Rdn. 88.

verpflichtet ist, wirkt sich nicht auf den Status der Gesellschaft als GmbH aus. Diese kann trotzdem als typisierte juristische Person fortbestehen.

## 4. Notwendigkeit irgendeines Zweckes

Es wurde gezeigt, dass weder ein Betrieb noch eine Betätigung irgendeiner Art für die Existenz einer GmbH obligatorisch ist. In diesem Zusammenhang ist zu überlegen, ob die Gesellschaft eines Zweckes bedarf, denn der gemeinsame Zweck der Gründer ist ein konstituierendes Element für Gesellschaften. Ohne einen solchen entsteht keine GmbH.[831] Bei Gründung muss dementsprechend ein gemeinsamer Zweck bei den Gesellschaftern vorhanden gewesen sein und auch während der werbenden Tätigkeit liegt er regelmäßig vor. Daneben haben Personenverbände noch einen eigenen überindividuellen Zweck, unabhängig von dem der Mitglieder.[832] Fraglich ist, ob diese beiden zwischen der Löschung der Gesellschaft und ihrer Nachtragsliquidation noch vorhanden sind, und wenn nicht, ob sie für den Bestand der Gesellschaft notwendig sind.

### a. Gemeinsamer Zweck der Gesellschafter

Die Gesellschafter haben durch die Einleitung oder die Nichtverhinderung der Liquidation zum Ausdruck gebracht, dass sie einen gemeinsamen Zweck mit der Gesellschaft nicht weiter verfolgen wollen. Dennoch wird bei redlichen Gesellschaftern in der Folge noch ein gemeinsamer Zweck vorhanden sein, der darin besteht, die Gesellschaft ordnungsgemäß zu liquidieren, bis sie aus dem Rechtsverkehr verschwunden ist, denn den Gesellschaftern kann eine gewisse Verantwortung auferlegt werden, die von ihnen gegründete oder durch Eintritt weitergeführte Gesellschaft ihrem rechtmäßigen Ende zuzuführen. Bis zum Ende der Abwicklung existiert die GmbH deshalb jedenfalls noch. Mit der Löschung und ordnungsgemäßen Beendigung besteht dann kein gemeinsamer Zweck der Gesellschafter mehr. Das macht Sinn, denn es ist danach regelmäßig schon kein Personenzusammenschluss mehr vorhanden, der primär durch diesen gemeinsamen Zweck zu einer Gesellschaft wurde.

Wenn die Liquidation tatsächlich noch gar nicht beendet ist, ist dies den Gesellschaftern zum entsprechenden Zeitpunkt in aller Regel nicht bewusst. Ihnen ist zu unterstellen, dass sie die ordnungsgemäße Beendigung der GmbH noch weiter verfolgen würden, wenn sie vom Erfordernis weiterer Abwicklungshandlungen Kenntnis hätten. Dem steht auch nicht entgegen, dass die Nachtragsli-

831 *Wiedemann*, § 1 I 1 b) aa) (S. 9).
832 *W. Flume*, Personengesellschaft, § 3 I (S. 38); *K. Schmidt*, GesR, § 4 I 2 b) (S. 60).

quidation eventuell nur im Interesse eines Gläubigers eingeleitet wird, denn grundsätzlich kann davon ausgegangen werden, dass jedenfalls redliche Gesellschafter den Willen haben, die Gesellschaft vollständig und ordnungsgemäß ihrem Ende zuzuführen. Dieses Interesse der Mitglieder am vollständigen Untergang der Gesellschaft schließt auch nicht den gemeinsamen Zweck in der Nachtragsliquidation aus. Denn die Gesellschaft muss zumindest in irgendeiner Form fortbestehen, wenn bei der Abwicklung etwas übersehen wurde. An dieser Tatsache kann das Interesse der Gesellschafter am Untergang ihrer Gesellschaft nichts ändern. Sie dürfen aufgrund dieses Interesses auch nicht die Erledigung der Abwicklungsmaßnahmen treuwidrig verhindern. Es ist folglich von einem Fortwirken des vorherigen gemeinsamen Zwecks der Gesellschafter auszugehen. Ergo kann auch in der Phase zwischen Löschung und Eröffnung der Nachtragsliquidation noch ein solcher Zweck angenommen werden. Es lässt sich sagen, der gemeinsame Zweck ist die ganze Zeit über latent vorhanden.

Selbst für den Fall, dass ein gemeinsamer Zweck der Gesellschafter abgelehnt würde, können sich daraus jedoch keine Auswirkungen für den Bestand der GmbH ergeben.[833] Denn es sind auch Gesellschaften mit zerstrittenen Gesellschaftern denkbar, die nicht mehr gemeinsam einen Zweck verfolgen. Dadurch wird aber das Dasein der Gesellschaft als solcher nicht automatisch berührt.

## b. Überindividueller Zweck der Gesellschaft

Der überindividuelle Zweck der Gesellschaft hängt in gewisser Weise mit ihrer Tätigkeit zusammen. Während der Liquidation wird der eigentliche Zweck der werbenden Gesellschaft vom Liquidationszweck überlagert.[834] Auch in der Nachtragsliquidation besteht dieser Liquidationszweck der Gesellschaft. Demgemäß muss er während der Phase zwischen Löschung und Eröffnung der Nachtragsliquidation ebenfalls zumindest latent vorhanden sein. Die Gesellschaft hat ihren Sinn jedenfalls nicht verloren. Dieser ist nun darin zu sehen, für die noch erforderlichen Abwicklungsmaßnahmen einen Berechtigten beziehungsweise Verpflichteten bereitzustellen und die Maßnahmen endgültig zu erledigen. Aus dem Erfordernis eines Zuordnungssubjekts können allerdings keine Schlüsse auf dessen konkrete Ausgestaltung gezogen werden. Auch andere Personenvereinigungen als die GmbH könnten diesen Zweck erfüllen. Die Gesellschaft hat zwar noch einen Sinn und besteht demnach weiter, es ist aber nicht gesagt, dass sie als GmbH fortbestehen muss.

---

833 Vgl. auch *Herchen*, DB 03, 2211, 2213 f.

834 MüKoGmbHG – *Berner*, § 60, Rdn. 17.

### c. Zwischenergebnis

Sowohl der gemeinsame Zweck der Gesellschafter als auch der überindividuelle Gesellschaftszweck bestehen nach der Löschung bis zur vollständigen Abwicklung der Gesellschaft fort. Allerdings bedeutet das nicht, dass das abzuwickelnde Gebilde in der Nachtragsliquidation in jedem Fall eine GmbH sein muss. Generell ist das Merkmal des gemeinsamen Zweckes der Mitglieder und des überindividuellen Zweckes der Vereinigung kein Merkmal, welches allein der GmbH anhaftet. Die gemeinsame Zweckverfolgung der Mitglieder ist konstitutiv für alle Personenvereinigungen.[835] Einen überindividuellen Zweck weisen nicht nur Kapitalgesellschaften auf, sondern auch Personengesellschaften[836], mag er bei letzteren auch weniger weitgehend als bei Kapitalgesellschaften von den Mitgliedern verselbstständigt sein, da jene grundsätzlich weniger von den Mitgliedern verselbstständigt ist. Es kann deshalb zwar aus den in der Nachtragsliquidation verfolgten Zwecken nicht darauf geschlossen werden, dass das vorhandene Gebilde keine GmbH mehr ist. Genauso wenig kann jedoch ausgeschlossen werden, dass das Gebilde eine andere Struktur annimmt und gerade nicht mehr als typisierte GmbH fortbesteht.

## 5. Zusammenfassung zur Untersuchung der Erforderlichkeit eines Betriebes

Der Begriff des Betriebes kann nicht eindeutig bestimmt werden. Es kann jedoch festgehalten werden, dass ein Betrieb in allen untersuchten Formen nicht notwendig ist, um einer Gesellschaft den Status der GmbH zu verleihen beziehungsweise beizubehalten. Eine Betriebspflicht oder Pflicht zur Tätigkeit der GmbH besteht nicht. Namentlich eine wirtschaftliche Tätigkeit ist keine Voraussetzung für das Vorhandensein einer GmbH. Auch die Nichterfüllung etwaiger Buchführungs-, Bilanzierungs- und Offenlegungspflichten der GmbH, die zu einer gewissen, von außen sichtbaren Betätigung führen würden, kann sich nicht auf den Bestand der GmbH als solcher auswirken. Die Verletzung dieser Pflichten kann dazu führen, dass die handelnden Personen durch Registerzwang zur Erfüllung angehalten werden. Des Weiteren können sie sich schadensersatzpflichtig machen oder den Tatbestand einer Straftat oder Ordnungswidrigkeit erfüllen.

---

835 *K. Schmidt*, GesR, § 4 I 1 (S. 57).

836 *K. Schmidt*, GesR, § 4 I 2 (S. 60).

Die vorstehende Untersuchung hat ergeben, dass sich die vollkommene Untätigkeit der Gesellschaft in der Phase nach ihrer Löschung nicht auf ihren Bestand auswirkt. Sie könnte weiterhin als GmbH bestehen.

Der für eine Gesellschaft wesentliche gemeinsame Zweck der Mitglieder ist in dieser Phase demgegenüber noch vorhanden. Auch die Gesellschaft selbst verfolgt noch einen eigenen Zweck. Beide decken sich teilweise, da sie auf die vollständige Abwicklung und Beendigung der Gesellschaft zielen. Sinn der Gesellschaft ist es, ein Zuordnungssubjekt für die Rechte und Pflichten zu schaffen. Ein gemeinsamer Zweck der Mitglieder und ein überindividueller der Personenvereinigung an sich sind jedoch keine Besonderheiten einer GmbH, so dass dies nur verdeutlicht, dass nach der Löschung noch ein Personenzusammenschluss vorhanden ist. Es ist damit aber nichts über die Ausgestaltung desselben gesagt. Jedenfalls ist es nach dem Vorstehenden nicht ausgeschlossen, dass die GmbH nach der Löschung noch als solche bestehen könnte.

## III. Notwendigkeit einer Organisation

Vereinzelt wurde in der Vergangenheit von den Befürwortern der deklaratorischen Löschungswirkung neben der Vermögenslosigkeit auch der Wegfall der Organisation für den Untergang der GmbH verlangt.[837] Nach dieser Ansicht muss die GmbH in jedem Fall so lange bestehen, wie sie noch über eine Organisation verfügt. Es ist dementsprechend zu hinterfragen, welche Konsequenzen der Wegfall der Organisation tatsächlich für die Gesellschaft hat. Im Rahmen der nachstehenden Untersuchung ist zunächst auf die Organisation der GmbH im werbenden Stadium einzugehen, um herauszuarbeiten, was diese ausmacht. Im Anschluss wird auf die verbleibende Organisation in der Nachtragsliquidation genauer einzugehen sein. Sodann ist ein etwaiger Wegfall der Organisation im werbenden Stadium mit seinen Konsequenzen in den Blick zu nehmen, um die Situation in der Nachtragsliquidation damit zu vergleichen. Dadurch soll eine Antwort auf die Frage gefunden werden, ob die dann noch vorhandene Organisation einer GmbH genügt.

---

837 Dazu bereits oben B. III. 1. d.

# 1. Organisation der GmbH im werbenden Stadium

## a. Organe

Die Organisation besteht hauptsächlich in der Errichtung von Organen und der Funktionsverteilung an diese.[838] Das Charakteristische eines Organs ist, dass ihm exklusiv Zuständigkeiten zugewiesen sind, die allein ihm zustehen.[839] Zu jeder GmbH gehören zwei notwendige Organe: die Geschäftsführung, die aus einem oder mehreren Geschäftsführern bestehen kann, sowie die Gesellschafterversammlung[840], wobei umstritten ist, ob tatsächlich die Gesellschafterversammlung oder die Gesamtheit der Gesellschafter das Willensbildungsorgan der GmbH ist[841]. Der Streit soll hier nicht dargestellt werden, da ihm für die Frage der Erforderlichkeit einer Nach-GmbH keine Bedeutung beikommt. Im Folgenden wird aus Gründen der Einfachheit regelmäßig von der Gesellschafterversammlung gesprochen, wenn von dem Organ der Mitglieder die Rede ist. Es ist aber dennoch im Hinterkopf zu behalten, dass ein Teil der Literatur alle Gesellschafter als Organ der GmbH ansieht.

Sind bei einer GmbH beide notwendigen Organe mit denselben natürlichen Personen besetzt, sind die Gesellschafter mithin auch Geschäftsführer[842], ändert dies nichts an dem unabhängigen Bestand beider Organe. Grund ist, dass die Personen, die das Organ mit Leben erfüllen, nicht mit dem Organ selbst gleichzusetzen sind.[843] In einer Einmann-GmbH kann die Organisation demnach aus nur einer Person bestehen.

Die Bildung eines Aufsichtsrates ist nach § 52 GmbHG anders als bei der Aktiengesellschaft fakultativ, es die denn der Anwendungsbereich der Gesetze zur Mitbestimmung ist eröffnet.[844]

Oberstes Organ der GmbH ist die Gesellschafterversammlung, in der die Willensbildung der Gesellschaft stattfindet.[845] Die Gesellschafter bestimmen die Grundzüge der Unternehmenspolitik[846] und treffen die wesentlichen Entscheidungen der Gesellschaft gemäß § 46 GmbHG. Ihnen obliegen nach der gesetzli-

---

838 *K. Schmidt*, GesR, § 14 I 2 (S. 408) unter Berufung auf *v. Gierke*, S. 497.

839 *Jula*, S. 36.

840 *Windbichler*, § 22, Rdn. 1.

841 Für die Organeigenschaft der Gesellschafterversammlung Ulmer – *Hüffer*, § 45, Rdn. 6; für die der Gesamtheit der Gesellschafter Scholz – *K. Schmidt*, § 45, Rdn. 5.

842 Die Möglichkeit dieser Gestaltung zeigt § 6 Abs. 3 S. 1, Abs. 4 GmbHG; vgl. dazu auch Michalski – *Tebben*, § 6, Rdn. 29.

843 *Beuthien*, NJW 99, 1142, 1143 f.: Trennung von Organ und Organmitglied.

844 Michalski – *Giedinghagen*, § 52, Rdn. 1 f.

845 Ulmer – *Ulmer*, Einl., Rdn. A28.

846 Str.; dafür Scholz – *U. H. Schneider*, § 37, Rdn. 10 m. w. N.

chen Kompetenzordnung, wenn auch nicht zwingend, die Personalentscheidungen (vgl. § 46 Nr. 5–7 GmbHG).[847] Grundsätzlich besitzen sie eine Allzuständigkeit.[848]

Die Geschäftsführer sind das Geschäftsführungs- und Vertretungsorgan der GmbH.[849] Im Innenverhältnis können ihnen von den Gesellschaftern nach § 37 Abs. 1 GmbHG generelle Beschränkungen auferlegt und spezielle Weisungen erteilt werden, die allerdings gemäß § 37 Abs. 2 GmbHG nach außen keine Wirkungen entfalten. Hier zeigt sich die weitgehende und überragende Zuständigkeit der Gesellschafter auch im Bereich der Geschäftsführung.[850]

## b. Kompetenzverteilung

### *aa. Dispositivität der gesetzlichen Kompetenzverteilung*

Die gesetzlichen Regelungen zur Zuständigkeitsverteilung in der GmbH sind weitgehend dispositiv.[851] Die Kompetenzen der Organe können infolgedessen eingeschränkt oder erweitert werden. Zuständig für die Funktionsverteilung sind die Gesellschafter, da ihnen die Befugnis zur Satzungsänderung (§ 53 Abs. 1 GmbHG) und damit die Kompetenz-Kompetenz zusteht, so dass sie die gesetzlich vorgegebenen Zuständigkeiten abändern können.[852] So können beispielsweise Aufgaben der Geschäftsführung zur eigenständigen Wahrnehmung an die Gesellschafter verwiesen werden oder an die Geschäftsführer originäre Kompetenzen der Mitglieder delegiert werden.[853] Des Weiteren können die Gesellschafter aufgrund ihrer Weisungsbefugnis auch durch Beschlüsse hinsichtlich einzelner Maßnahmen auf die Geschäftsführung einwirken.[854] Ferner können sie in der Satzung weitere Organe schaffen und diesen Kompetenzen übertragen.[855] Eine Besetzung der Organe mit außenstehenden Dritten ist dabei möglich. Dadurch werden diese zu Organwaltern und erhalten in der Gesellschaft die Stellung eines Organs. Auf diese Weise können gesellschaftsexternen Dritten Zuständigkeiten übertragen werden[856], die dann jedoch keine Gesellschaftsexternen

---

847 Ulmer – *Hüffer*, § 45, Rdn. 14.

848 Baumbach/Hueck – *Zöllner*, § 46, Rdn. 89; *Feine*, S. 507.

849 *Raiser/Veil*, § 32, Rdn. 1.

850 Vgl. Roth/*Altmeppen*, § 37, Rdn. 3.

851 Michalski – *Michalski*, Syst. Darst. 1, Rdn. 30.

852 MüKoGmbHG – *Liebscher*, § 45, Rdn. 81; *Roth*/Altmeppen, § 45, Rdn. 2.

853 Ulmer – *Hüffer*, § 45, Rdn. 17.

854 Michalski – *Lenz*, § 37, Rdn. 16.

855 MüKoGmbHG – *Liebscher*, § 45, Rdn. 90.

856 Dazu z. B. Lutter/Hommelhoff – *Kleindiek*, § 37, Rdn. 15 bzgl. der Geschäftsführungsbefugnis.

mehr sind. Generell ist allerdings der Grundsatz der Verbandssouveränität zu beachten, der verlangt, dass die Gesellschaft in wesentlichen Punkten nicht von den Entscheidungen Dritter abhängen darf.[857] Den Gesellschaftern muss vielmehr genügend Rechtsmacht verbleiben, um nötigenfalls das Verhalten der Organträger beeinflussen zu können.[858] Dies ist regelmäßig durch eine Abberufung der konkreten Personen aus ihrer Stellung oder auch durch die Abschaffung von fakultativen Organen möglich.[859] Letztlich müssen die Entscheidungen also aus dem Verband heraus getroffen werden können. Aufgrund dieses Grundsatzes dürfen externen Dritten keine Kompetenzen übertragen werden, wenn sie nicht in die Organisationsverfassung der GmbH eingebunden werden.[860] Die Kompetenzübertragung allein führt deshalb nicht schon zwangsläufig die Organstellung des Dritten herbei.[861] Dafür ist vielmehr eine gesonderte Organbestellung nötig und zuvor gegebenenfalls die Schaffung des Organs durch eine Satzungsänderung.

### *bb. Grenzen der Kompetenzübertragung*

Grenze für die Einschränkung und Erweiterung der Kompetenzen ist die zwingende Zuständigkeitsverteilung.[862] Keines der notwendigen Organe darf seine Funktion vollkommen verlieren. Des Weiteren ist das Strukturbild der GmbH beizubehalten, so dass die zweigliedrige Organstruktur mit der Gesellschafterversammlung als oberstem Organ erhalten bleiben muss.[863]

#### α. Geschäftsführer

Die Geschäftsführer müssen die Gesellschaft nach außen vertreten können. Infolgedessen kann die organschaftliche Vertretungsmacht nicht wirksam auf andere Personen übertragen werden.[864] Ferner müssen bei den Geschäftsführern bestimmte Aufgaben verbleiben, die ihnen durch das Gesetz zwingend zugewie-

---

857 *Wiedemann*, FS-Schilling, S. 105, 111.

858 Baumbach/Hueck – *Zöllner*, § 45, Rdn. 17; Lutter/Hommelhoff – *Kleindiek*, § 37, Rdn. 15.

859 *W. Flume*, Juristische Person, § 7 I 2 (S. 190 f.).

860 Lutter/Hommelhoff – *Kleindiek*, § 37, Rdn. 15.

861 So hinsichtlich der Geschäftsführungsbefugnis Lutter/Hommelhoff – *Kleindiek*, § 37, Rdn. 15; näher zum Ganzen *Schürnbrand*, S. 159.

862 Michalski – *Römermann*, § 45, Rdn. 40, 42.

863 Ulmer – *Hüffer*, § 45, Rdn. 17, § 46, Rdn. 4; vgl. auch RGZ 137, 305, 308 f.

864 BGH NJW 77, 199; MüKoBGB – *Schramm*, Vor § 164, Rdn. 7; Ulmer – *Paefgen*, § 35, Rdn. 7, 38.

sen sind.[865] Alle anderen Aufgaben können ihnen nach herrschender Meinung genommen werden, weil insbesondere die Zuweisung der Geschäftsführung an die Geschäftsführer nicht als zwingend für die Organisation der GmbH angesehen wird.[866] Das laufende Tagesgeschäft muss den Geschäftsführern danach nicht als unentziehbarer Kernbereich verbleiben.[867] So können die Geschäftsführer zu einem reinen Exekutivorgan herabgestuft werden.[868]

β. Gesellschafter

Die Gesellschafter hingegen müssen für gewisse Grundlagenentscheidungen zuständig bleiben, wie zum Beispiel für die Entscheidung über die Auflösung der GmbH und für Satzungsänderungen gemäß § 53 Abs. 1 GmbHG.[869] Dadurch steht den Gesellschaftern auch zwingend das Recht zur Kompetenzverteilung, die Kompetenz-Kompetenz, zu. Daneben behalten die Gesellschafter eine Ersatzzuständigkeit, wenn ein Organ die ihm übertragene Zuständigkeit aus dem Kompetenzbereich der Gesellschafter, insbesondere wegen Funktionsunfähigkeit nicht mehr wahrnehmen kann.[870]

γ. Aufsichtsrat

Ist ein Aufsichtsrat eingerichtet, müssen auch diesem bestimmte Aufgaben zugewiesen sein. Wesentlich und damit zwingend für einen Aufsichtsrat ist die Kontrolle der Geschäftsführung.[871] Ohne diese Befugnis ist ein geschaffenes Organ kein Aufsichtsrat, auch wenn es so bezeichnet wird. Dabei ist irrelevant, ob es sich um einen notwendigen oder fakultativen Aufsichtsrat handelt.[872]

---

865 Z. B. §§ 30, 64 Abs. 1 GmbHG, Buchführung, Bilanzierung; vgl. OLG Karlsruhe GmbHR 96, 208, 209; OLG Nürnberg NZG 00, 154, 155; Lutter/Hommelhoff – *Kleindiek*, § 37, Rdn. 12.

866 Scholz – *U. H. Schneider*, § 37, Rdn. 36; anders Baumbach/Hueck – *Zöllner/Noack*, § 37, Rdn. 18: „Geschäftsführer würden dadurch zu reinen Vertretungsmarionetten".

867 Lutter/Hommelhoff – *Kleindiek*, § 37, Rdn. 12.

868 H. M.; vgl. nur *Hommelhoff*, ZGR 7 (1978), 119, 129; m. w. N. Scholz – *U. H. Schneider*, § 37, Rdn. 38 sowie Ulmer – *Paefgen*, § 37, Rdn. 14.

869 *Roth*/Altmeppen, § 45, Rdn. 2.

870 So die h. M.; vgl. BGHZ 12, 337, 340; Baumbach/Hueck – *Zöllner*, § 46, Rdn. 94.

871 § 52 Abs. 1 GmbHG i. V. m. § 111 Abs. 1 AktG; Ulmer – *Raiser/Herrmann*, § 52, Rdn. 17.

872 Ulmer – *Raiser/Heermann*, § 52, Rdn. 96, 232, 297.

## 2. Verbleibende Organisation der Gesellschaft in der Nachtragsliquidation

### a. Wegfall der Organisation mit Löschung

Es wurde gezeigt, dass die Organisation der GmbH mit der Löschung untergeht.[873] Die organschaftlichen und rechtsgeschäftlichen Vertreter verlieren ihre Vertretungsbefugnis, denn im Regelfall besteht keine Gesellschaft mehr, die vertreten werden könnte. Zusammen mit der Vollbeendigung der Gesellschaft gehen ihre gesamte Organisation und alles, was zu der Gesellschaft gehörte, unter. Aber auch unabhängig von einem etwaigen Fortbestand der Gesellschaft aufgrund übersehener Abwicklungsmaßnahmen besteht weitgehend Einigkeit, dass die Löschung die Organisation der GmbH vernichtet, insbesondere die Vertretungsbefugnis der Geschäftsführer beziehungsweise Liquidatoren dadurch untergeht.[874]

### b. Notwendigkeit eines Handlungsorgans in der Nachtragsliquidation

Ist in der Folge jedoch eine Nachtragsliquidation erforderlich, muss es wieder eine gewisse Organisation geben. Es bedarf zumindest der erneuten Bestellung eines Organs, welches für die Gesellschaft die Restabwicklung übernimmt.[875] Auf die Ausgestaltung der Organisation in der Nachtragsliquidation nach den verschiedenen zur Beendigung der GmbH vertretenen Auffassungen wurde schon unter C. I. jeweils eingegangen. An dieser Stelle soll sich die Darstellung deshalb auf die tatsächliche Lage und die von allen Ansichten allgemein anerkannten Gegebenheiten hinsichtlich der Organisation beschränken. Unstreitig ist, dass die Organisation der GmbH in der Nachtragsliquidation von der in der normalen Liquidation und der im werbenden Stadium differiert. Es wird heute kein Unterschied mehr danach gemacht, ob die Gesellschaft aufgrund Vermögenslosigkeit oder nach Durchführung eines Liquidationsverfahrens gelöscht wurde. In beiden Fällen ist die noch beziehungsweise wieder vorhandene Organisation dieselbe. Die Organstellung der ehemaligen Geschäftsführer oder Liquidatoren mit ihren Befugnissen lebt nicht wieder auf.[876] Auch können die Gesellschafter nach der ganz überwiegenden Ansicht nicht mehr die Liquidatoren

873 Oben D. III. und IV.

874 Vgl. insbesondere die Verfechter des Doppeltatbestandes, z. B. Michalski – *Nerlich*, § 74, Rdn. 12; MüKoGmbHG – *H. F. Müller*, § 74, Rdn. 48; Rowedder/Schmidt-Leithoff – *Rasner*, § 60, Rdn. 57.

875 Statt aller *Passarge*/Torwegge, Rdn. 536.

876 BGHZ 53, 264, 267; Ulmer – *Paura*, § 74, Rdn. 46.

bestellen.[877] Diese Bestellung obliegt gemäß der gesetzlichen Anordnung in § 66 Abs. 5 GmbHG beziehungsweise analog § 273 Abs. 4 AktG nun allein dem Registergericht. Ergo verfügt die Gesellschaft selbst nicht mehr über die Kompetenz zur Bestimmung des Geschäftsführungs- und Vertretungsorgans. Die Befugnis ist sozusagen zwingend ausgelagert. Dahinter steht der Zweck, die ordentliche und möglichst zügige Restabwicklung zu gewährleisten[878], um die Gesellschaft ihrem vollständigen Untergang zuzuführen. Dafür ist eine vom Gericht ausgewählte Person besser geeignet als eine von den Gesellschaftern bestimmte, denn erstere wird unparteiischer und bestenfalls auch fachlich versiert sein. Außerdem besteht mangels gesetzlicher Grundlage keine Möglichkeit, die Gesellschafter zu der Bestellung eines Nachtragsliquidators zu zwingen. Wenn sie kein Interesse an einer Nachtragsliquidation hätten, könnten sie diese verhindern, indem sie keinen Vertreter bestellen. Andererseits sollte aber auch der Antragsteller, der noch einen Anspruch gegen die Gesellschaft durchsetzen möchte, den Nachtragsliquidator nicht bestimmen können. Ansonsten würden die Interessen der Gesellschaft und ihrer Mitglieder nicht hinreichend berücksichtigt, denn der Antragsteller kann ein vollkommen Außenstehender sein. Er hat allerdings ein Vorschlagsrecht hinsichtlich der Person des Nachtragsliquidators, wobei das Gericht bei der Bestellung nicht an seinen Vorschlag gebunden ist.[879]

Mit der gerichtlichen Zuständigkeit soll also die ordnungsgemäße Restabwicklung durch einen neutralen Liquidator sichergestellt werden.

### c. Kein Erfordernis anderer Organe in der Nachtragsliquidation

#### *aa. Gesellschafterversammlung*

Weil das Nachtragsliquidationsverfahren regelmäßig auf Vollabwicklung und Zerschlagung der GmbH gerichtet ist, verliert die Gesellschafterversammlung nicht nur die Befugnis zur Liquidatorenbestellung, sondern hat in diesem Fall im Grunde auch keine anderweitigen Befugnisse mehr.[880] Insbesondere kann sie nicht den vom Gericht bestellten Liquidator abberufen[881], damit der Liquidationszweck nicht gefährdet wird. Aus demselben Grund scheidet die Befugnis zur

---

877 BayObLG NZG 98, 228; Rowedder/Schmidt-Leithoff – *Rasner*, § 74, Rdn. 24 sowie schon oben C. I. 2. b.

878 Vgl. *Bork*, JZ 91, 841, 843; *Buchner*, S. 127.

879 Hachenburg – *Hohner*, § 74, Rdn. 34.

880 Dazu im Einzelnen *H. Schmidt*, S. 164 ff.

881 So die herrschende Ansicht, vgl. statt aller Hachenburg – *Ulmer*, Anh. § 60, Rdn. 37; Michalski – *Nerlich*, § 74, Rdn. 53; siehe auch schon oben C. I. 2. b. und die Hinweise in Fn. 292.

Weisungserteilung an den Nachtragsliquidator aus.[882] Ansonsten könnten die Gesellschafter die Vornahme der noch nötigen Abwicklungshandlungen zu verhindern suchen.

### α. Beschlüsse der Gesellschafter nicht erforderlich

Eine regelmäßige Einberufung der Gesellschafter oder Beschlussfassung auf andere Art und Weise ist in der Nachtragsliquidation nicht mehr nötig. Des – im werbenden Stadium regelmäßig zu fassenden – Beschlusses über die Feststellung des Jahresabschlusses und der Ergebnisverwendung bedarf es nun nicht mehr, denn Jahresabschlüsse müssen nach herrschender Ansicht in dieser Phase nur ausnahmsweise erstellt werden, wenn sich die Nachtragsabwicklung über einen längeren Zeitraum erstreckt[883]. Folglich muss die Gesellschafterversammlung in der Nachtragsliquidation nicht mehr zusammentreten und ist deshalb nicht mehr erforderlich.

### β. Rechte der Gesellschafter in der Nachtragsliquidation

Allerdings verlieren die Gesellschafter ihre Mitgliederstellung als solche nicht. Deutlich wird dies besonders daran, dass eventuell auftauchendes Vermögen bei einem Liquidationsüberschuss an sie zu verteilen ist. Wenn die Löschung aufgrund Vermögenslosigkeit erfolgte, wird es zwar selten vorkommen, dass nach der Begleichung noch bestehender Schulden überschüssiges Vermögen verbleibt, welches an die Gesellschafter ausgezahlt werden könnte. Gleichwohl besteht das Recht der Gesellschafter auf Auszahlung des Liquidationserlöses dem Grunde nach fort.

Diejenigen, die die Fortsetzungsfähigkeit der GmbH in der Nachtragsliquidation annehmen[884], müssen den Gesellschaftern darüber hinaus auch noch die Befugnis zusprechen, diese zu beschließen. Es muss den Gesellschaftern dementsprechend möglich sein, einen solchen Beschluss herbeizuführen. Dies ist ihnen selbst möglich, indem sie eines der in § 48 Abs. 2 GmbHG genannten oder ein anderes in der Satzung vorgesehenes Beschlussverfahren herbeiführen. Weil die Beschlüsse der GmbH gemäß § 48 Abs. 1 GmbHG regelmäßig in der Gesellschafterversammlung gefasst werden, muss den Gesellschaftern wohl auch das Recht verbleiben, die Einberufung der Versammlung nach § 50 GmbHG zu verlangen, wenn die Voraussetzungen dafür ansonsten vorliegen.

---

882 So auch *Buchner*, S. 132; *H. Schmidt*, S. 165.

883 MüKoGmbHG – *H. F. Müller*, § 74, Rdn. 53.

884 So z. B. *Passarge*/Torwegge, Rdn. 549; Ulmer – *Paura*, § 66, Rdn. 89.

*bb. Fakultative Organe*

Fakultative Organe leben in der Nachtragsliquidation grundsätzlich nicht wieder auf, da ihnen keine Funktion mehr zukommt. Insbesondere geht die Befugnis zur Kontrolle der Leitungsorgane, die einem etwa vorhandenen Aufsichtsrat zusteht, im Falle der Nachtragsliquidation auf das Registergericht über.[885] Grund dafür ist wiederum, dass eine ordnungsgemäße und zügige Abwicklung gesichert werden soll.

Ein aufgrund der Mitbestimmungsgesetze zwingend zu bestellender Aufsichtsrat ist in der Nachtragsliquidation ebenfalls nicht vorstellbar, weil die Gesellschaft nur noch zu Ende abgewickelt werden soll. Dass dafür wieder ein Betrieb aufgenommen und eine große Anzahl Arbeitnehmer beschäftigt wird, erscheint kaum vorstellbar.

### d. Zwischenergebnis: Verminderte Organisation nach der Löschung

Es hat sich ergeben, dass in der Nachtragsliquidation die Organisation der GmbH nicht mehr der im werbenden Stadium entspricht. Zwischen der Löschung und der Eröffnung der Nachtragsliquidation ist vielmehr gar keine Organisation vorhanden, wenn auch die Rechte der Gesellschafter latent noch bestehen. Es kann demzufolge nicht mit der zu Beginn des Abschnitts in Bezug genommenen Mindermeinung zur deklaratorischen Löschungswirkung gesagt werden, die GmbH müsse zwangsläufig noch bestehen, weil ihre Organisation noch vorhanden ist. Denn das ist sie nicht vollständig über die gesamte Zeit nach der Löschung. In der Phase der Nachtragsliquidation selbst ist dann nur eine verminderte Organisation vorhanden.

## 3. Folgen des Wegfalls der Organisation

Wie erwähnt sind bei der GmbH zwei Organe zwingend vorgeschrieben: die Gesellschafterversammlung und die Geschäftsführer. Bei der Untersuchung der Notwendigkeit einer Organisation für den Bestand der GmbH muss eine zentrale Frage demnach sein, welche Konsequenzen der Wegfall dieser Organe hat. Am Rande wird auch auf die Bedeutung des Vorhandenseins von fakultativ geschaffenen Organen eingegangen. Im Anschluss an die Betrachtung der jeweiligen Situationen soll ein Vergleich mit den Verhältnissen während der Nachtragsliquidation angestellt werden. Dies dient dazu, Aufschluss über die Frage zu erlangen, ob die Gesellschaft trotz der verminderten Organisation in der Nach-

---

885 Dazu *H. Schmidt*, S. 153.

tragsliquidation noch als GmbH und damit als vollwertige juristische Person bestehen kann.

## a. Geschäftsführungs- und Vertretungsorgan

Der oder die Geschäftsführer sind als Geschäftsführungs- und Vertretungsorgan gemäß § 6 Abs. 1 GmbHG zwingender Bestandteil der Organisationsverfassung der GmbH.[886] Über die Anzahl der Geschäftsführer trifft das Gesetz jedenfalls in der mitbestimmungsfreien GmbH keinerlei Vorgaben. Deshalb ist grundsätzlich nur ein Geschäftsführer erforderlich.[887] Allerdings können die Gesellschafter durch die Satzung oder auch durch Beschluss mit einfacher Mehrheit etwas anderes bestimmen.[888] Es ist jedoch nur die durch eine Satzungsbestimmung vorgegebene Anzahl zwingend, so dass das Bestellungsorgan hieran gebunden ist, solange die Satzung nicht förmlich geändert wird.[889]

Es wurde gezeigt, dass den Geschäftsführern die Befugnis zur Vertretung der Gesellschaft grundsätzlich sowie die zur Geschäftsführung zumindest teilweise nicht genommen werden kann.[890] Demzufolge muss die GmbH über mindestens einen Geschäftsführer verfügen, der sie nach außen vertreten kann. Andernfalls wäre sie weitgehend handlungsunfähig.

### *aa. Notwendigkeit von Geschäftsführern schon im Gründungsstadium*

Das Erfordernis des Vorhandenseins von Geschäftsführern gilt bereits im Stadium der Vor-GmbH, denn alle Geschäftsführer gemeinsam müssen gemäß §§ 78, 7 Abs. 1 GmbHG die Gesellschaft zur Eintragung ins Handelsregister anmelden.[891] Die Anmeldebefugnis kann nicht auf andere Personen übertragen werden.[892] Demnach kann die GmbH als solche grundsätzlich nur entstehen, wenn zuvor bereits die konkret erforderliche Anzahl von Geschäftsführern bestellt wurde. Das Fehlen von Geschäftsführern stellt zudem ein zwingendes Eintragungshindernis dar.[893] Dies kann insbesondere relevant werden, wenn ein Geschäftsführer oder mehrere zwischen dem Zeitpunkt der Anmeldung und der

886 Vgl. Michalski – *Tebben*, § 6, Rdn. 1.
887 Baumbach/Hueck – *Hueck/Fastrich*, § 6, Rdn. 5.
888 MüKoGmbHG – *Goette*, § 6, Rdn. 8.
889 KGJ 51, 134, 135; Baumbach/Hueck – *Hueck/Fastrich*, § 6, Rdn. 5.
890 Siehe E. III. 1. b. bb. α.
891 Baumbach/Hueck – *Hueck/Fastrich*, § 6, Rdn. 3.
892 Vgl. Baumbach/Hueck – *Hueck/Fastrich*, § 7, Rdn. 3: Bevollmächtigung ausgeschlossen.
893 Scholz – *U. H. Schneider/S. H. Schneider*, § 6, Rdn. 3.

Eintragung wegfallen.[894] Wird die Gesellschaft dennoch eingetragen, stellt dieser Mangel allerdings kein Entstehungshindernis dar.[895] Die GmbH tritt als solche trotzdem ins Leben und erlangt Rechtsfähigkeit.[896]

### *bb. Vertretungsbefugnis bei Vorhandensein von mehreren Geschäftsführern*

Ist durch die Satzung eine bestimmte Anzahl von Geschäftsführern vorgeschrieben, muss eine entsprechende Zahl an Personen zu solchen bestellt werden.[897] Das Gesetz sieht in § 35 Abs. 2 S. 2 GmbHG die Aktivvertretung durch alle Geschäftsführer vor. Aber auch diese Vorschrift ist dispositiv, so dass die Satzung wiederum etwas anderes festlegen oder ein anderes Organ zur Bestimmung einer abweichenden Regelung ermächtigen kann.[898] Dabei besteht Gestaltungsfreiheit hinsichtlich der Ausübung der Vertretung der Gesellschaft. Es kann beispielsweise Einzelvertretungsbefugnis oder das Zusammenwirken von mehreren Geschäftsführern angeordnet werden, wobei eine individuelle Regelung für jeden Geschäftsführer denkbar ist.[899] Auch gemischte (unechte) Gesamtvertretung zusammen mit einem Prokuristen kann vorgesehen werden, wenn es nicht die alleinige Vertretungsmöglichkeit ist.[900] Das Vorstehende gilt ebenso für die Geschäftsführung, für die keine dem § 35 Abs. 2 S. 2 GmbHG entsprechende Vorschrift existiert. Dementsprechend stellt sich die im Folgenden darzustellende Problematik des Wegfalls oder der Verhinderung von Mitgliedern des Geschäftsführungsorgans auch hinsichtlich der Befugnis zur Geschäftsführung. Um die Lesbarkeit und Nachvollziehbarkeit der Untersuchung zu erleichtern, orientieren sich die nachfolgenden Ausführungen an der Vertretungsbefugnis, ohne die Geschäftsführungsbefugnis jeweils gesondert anzusprechen. In der Regel wird in jenem Bereich ein Mangel an Geschäftsführern auch eher relevant, da eine Vertretung der Gesellschaft aufgrund eines solchen Mangels unmöglich werden kann. Im Innenverhältnis wird dieser, zumindest wenn dort keine Streitigkeiten, zum Beispiel zwischen den Gesellschaftern, bestehen, eher selten oder gar nicht geltend gemacht.

---

894 Vgl. MüKoGmbHG – *Goette*, § 6, Rdn. 5.
895 Baumbach/Hueck – *Hueck/Fastrich*, § 6, Rdn. 3.
896 Ulmer – *Ulmer*, § 6, Rdn. 5, § 10, Rdn. 17.
897 Vgl. MüKoGmbHG – *Goette*, § 6, Rdn. 9.
898 Scholz – *U. H. Schneider*, § 35, Rdn. 64.
899 Vgl. Lutter/Hommelhoff – *Kleindiek*, § 35, Rdn. 36.
900 Vgl. Michalski – *Lenz*, § 35, Rdn. 56 f.

### *cc. Kein Untergang der GmbH trotz Wegfalls aller Geschäftsführer*

So wie die Eintragung der GmbH zu ihrem Entstehen führt, obwohl keine Geschäftsführer vorhanden sind, ist allgemein anerkannt, dass die Gesellschaft nicht untergeht, wenn alle Geschäftsführer wegfallen, z. B. durch Abberufung, Amtsniederlegung oder Tod.[901] Aus dem Wegfall der Geschäftsführer kann auch nicht geschlossen werden, dass die Gesellschaft nicht mehr fähig ist, ihnen ihre Vergütung zu zahlen. Deshalb kann allein aufgrund der Geschäftsführerlosigkeit nicht davon ausgegangen werden, dass die Gesellschaft vermögenslos und eine Löschung nach § 394 FamFG möglich ist.[902]

Die den Geschäftsführern zugeordneten Befugnisse gehen bei ihrem Wegfall nicht automatisch auf andere Organe über.[903] Weil diese Kompetenzen generell nicht den Gesellschaftern zugewiesen, sondern originäre Aufgaben der Geschäftsführer sind, kann in dem Bereich auch nicht die Ersatzzuständigkeit der Gesellschafter greifen. Diese existiert nur für die Fälle, in denen eigene Zuständigkeiten der Gesellschafter auf andere Organe übertragen wurden.[904]

#### α. Neubesetzung des Organs nötig

Es ist jedoch zu beachten, dass in den Fällen des Wegfalls der Geschäftsführer immer nur die konkreten Personen, die gerade das Amt des Geschäftsführers innehaben und das Organ mit Leben erfüllen, wegfallen.[905] Das Organ als solches bleibt davon unberührt.[906] Es besteht weiter, unabhängig davon, ob es besetzt ist oder nicht.[907] Es ist auch nicht abgeschafft. Die Gesellschafter haben nicht einmal die Möglichkeit dazu, weil so das Strukturbild der GmbH, das von den zwei notwendigen Organen geprägt wird, berührt würde. Durch den Wegfall der Organwalter ist das Organ in der Folge unbesetzt und damit funktionsunfähig. Da die Geschäftsführer das notwendige Vertretungsorgan der GmbH sind, ist diese mangels organschaftlicher Vertreter in der Folge weitgehend handlungsunfähig.[908] Dem müssen die Gesellschafter abhelfen und das Organ neu

---

901 Baumbach/Hueck – *Hueck/Fastrich*, § 6, Rdn. 6; Hachenburg – *Mertens*, § 35, Rdn. 8.

902 OLG Köln GmbHR 2011, 596, 597; *Hohlfeld*, GmbHR 86, 181, 182; Scholz[6] –*Winter*, § 6, Rdn. 3.

903 Scholz – *U. H. Schneider/S. H. Schneider*, § 6, Rdn. 4.

904 Vgl. Scholz – *K. Schmidt*, § 45, Rdn. 11, § 46, Rdn. 5.

905 Vgl. dazu *John*, Rechtsperson, S. 75.

906 MüKoBGB – *Ulmer*, § 705, Rdn. 256a.

907 *Beuthien/Gätsch*, ZHR 156 (1992), 459, 469.

908 Michalski – *Tebben*, § 6, Rdn. 8.

besetzen, damit die GmbH nach außen wieder handeln kann.[909] Für eine Übergangszeit sind zwar die Führung der Geschäfte und die Vertretung der Gesellschaft durch die Angestellten im Rahmen ihrer rechtsgeschäftlichen Vertretungsmacht möglich.[910] Eine solche Lösung kann aber nicht von Dauer sein.[911] Dies käme ansonsten einer unzulässigen Übertragung der organschaftlichen Vertretungsmacht gleich. Außerdem treffen die rechtsgeschäftlichen Vertreter bestimmte Pflichten nicht, die den Geschäftsführern gesetzlich auferlegt sind, wie die Buchführungs- und Bilanzierungspflicht oder steuerrechtliche Pflichten nach § 34 AO. Sie dürfen auch keine Handelsregisteranmeldungen vornehmen und die Gesellschafterversammlung nicht einberufen.[912] Aufgaben, die den Geschäftsführern vom Gesetz zugewiesen sind, können von diesen intern zwar grundsätzlich delegiert werden.[913] Es verbleibt dann jedoch bei einer Verantwortlichkeit der Geschäftsführer, die in einem solchen Fall regelmäßig zur Überwachung der zuständigen Personen angehalten sind. Weil die nach der internen Aufgabenverteilung der Gesellschaft zuständigen Personen keine Pflicht nach außen trifft, sind sie auch nur im Innenverhältnis gegenüber der GmbH zur Erledigung dieser Aufgaben verpflichtet. Dementsprechend kann der Staat die Erfüllung dieser Pflichten nicht ihnen, sondern nur den gesetzlich zuständigen Geschäftsführern gegenüber durchsetzen. Um die Pflichtenerfüllung sicherzustellen und gegebenenfalls durchzusetzen, muss deshalb ein Geschäftsführer vorhanden sein. An diesem Erfordernis ändert sich auch nichts durch die Tatsache, dass seit dem Erlass des MoMiG[914] die Gesellschafter im Falle der Führungslosigkeit verstärkt in die Pflicht genommen werden, indem sie zum Beispiel zur Stellung des Insolvenzantrages nach § 15a Abs. 3 InsO verpflichtet und gemäß § 35 Abs. 1 S. 2 GmbHG passiv vertretungsbefugt sind.

Bei Wegfall aller Geschäftsführer ist folglich eine Neubestellung von Personen nötig, die die Geschäftsführerstellung einnehmen.

#### β. Pflicht zur Neubestellung nicht zwangsweise durchsetzbar

Wenn die Zuständigkeit nicht auf ein anderes vorhandenes Organ übertragen ist, haben die Gesellschafter das Geschäftsführeramt neu zu besetzen, denn sie trifft

---

909 Baumbach/Hueck – *Hueck/Fastrich*, § 6, Rdn. 6.

910 Ulmer – *Paefgen*, § 35, Rdn. 7.

911 Baumbach/Hueck – *Hueck/Fastrich*, § 6, Rdn. 6.

912 *Jula*, S. 13.

913 Vgl. MüKoGmbHG – *Stephan/Tieves*, § 37, Rdn. 12 f.: bei großen Unternehmen steht die Organisationsaufgabe der Geschäftsführer im Vordergrund.

914 Gesetz zur Modernisierung des GmbH-Rechts und zur Bekämpfung von Missbräuchen vom 23.10.2008, BGBl. I S. 2026.

aufgrund ihrer Stellung grundsätzlich die organisationsrechtliche Aufgabe und Pflicht, für handlungsfähige Organe der Gesellschaft zu sorgen.[915] Allerdings wirkt diese Pflicht nur im Innenverhältnis, nicht aber nach außen.[916] Das Registergericht kann von den Gesellschaftern deshalb nicht die Bestellung von Geschäftsführern erzwingen. Insbesondere kann den Gesellschaftern kein Zwangsgeld aufgrund der Nichtbestellung auferlegt werden.[917] Gemäß § 14 HGB ist nur demjenigen ein Zwangsgeld aufzuerlegen, der einer Anmelde- oder Einreichungspflicht zum Handelsregister nicht nachkommt. Mithin passt schon der Wortlaut von § 14 HGB nicht, denn eine Pflicht zur Anmeldung des neu bestellten Geschäftsführers gemäß § 39 GmbHG besteht erst nach der Bestellung, an der es gerade fehlt. Eine andere Norm, nach der Zwangsgeld festgesetzt werden kann, ist nicht ersichtlich.[918]

Gegenüber den Gläubigern oder anderen Beteiligten besteht keine generelle Verpflichtung der Gesellschafter zu einer Geschäftsführerbestellung.[919] Noch weniger sind die Gesellschafter verpflichtet, selbst das Amt des Geschäftsführers zu übernehmen, wenn sich niemand dazu bereitfindet.[920] Für eine solche Pflicht besteht keine Rechtsgrundlage. Außerdem würde dadurch mittelbar Zwang auf die Gesellschafter ausgeübt, Geschäftsführer zu bestellen. Ebenso wenig trifft sie eine Pflicht, dafür zu sorgen, dass die Gesellschaft den oder die Geschäftsführer noch bezahlen kann.[921] Aufgrund des Trennungsprinzips gemäß § 13 Abs. 2 GmbHG müssen die Gesellschafter auch nicht persönlich für die Vergütung des Geschäftsführers aufkommen.[922]

#### γ. Möglichkeiten der Abhilfe bei fehlender Geschäftsführung

Im Falle der Nichtbestellung von Geschäftsführern kommt notfalls eine Auflösung der Gesellschaft nach § 61 Abs. 1 GmbHG in Betracht, wenn sich die Gesellschafter nicht auf die Bestellung von Geschäftsführern einigen können.[923]

---

915 KG NJW-RR 01, 900, 901; *Freese*, GmbHR 63, 232, 233; MüKoInsO – *Schmahl*, § 15, Rdn. 102; Scholz – *U. H. Schneider/S. H. Schneider*, § 6, Rdn. 74; auch BGH NJW 85, 637 erwähnt dies.

916 *Bauer*, S. 144, Fn. 655; Baumbach/Hueck – *Hueck/Fastrich*, § 6, Rdn. 6.

917 KGJ 45, 178, 180.

918 S. auch *Bauer*, S. 132 f.

919 Scholz – *U. H. Schneider/S. H. Schneider*, § 6, Rdn. 94.

920 BGH NJW 85, 637; anders *Gustavus*, GmbHR 92, 15, 18; für einen Mehrheitsgesellschafter denkt bereits *Hohlfeld*, GmbHR 86, 181, 184 dies an.

921 BGH NJW 85, 637.

922 Ebd.

923 Hachenburg – *Mertens*, § 35, Rdn. 8.

Außerdem kann das Gericht gegebenenfalls Notgeschäftsführer nach § 29 BGB bestellen, da die analoge Anwendung dieser Norm auf die GmbH anerkannt ist.[924] Voraussetzung ist, dass ein entsprechender Antrag vorliegt, die Voraussetzungen eines dringenden Falles erfüllt sind sowie die Erforderlichkeit der gerichtlichen Bestellung gegeben ist.[925] Die Gläubiger haben dadurch die Möglichkeit, aufgrund eines solchen Antrags auf die gerichtliche Bestellung eines Notgeschäftsführers analog § 29 BGB hinzuwirken. Die Tatsache, dass die Gläubiger die Bestellung eines Geschäftsführers auf diese Weise erreichen können, spricht auch gegen die schon erwähnte, abzulehnende Pflicht der Gesellschafter zur Geschäftsführerbestellung gegenüber den Gläubigern. Diese ist nicht erforderlich, wenn die Gläubiger die Bestellung eines Geschäftsführers auf anderem Wege erreichen können.[926]

Ebenso wenig wie die Gesellschafter die Pflicht trifft, das Amt des regulären Geschäftsführers zu übernehmen[927], besteht auch keine Verpflichtung ihrerseits, das Amt des zu bestellenden Notgeschäftsführers anzutreten.[928] Auch hierfür mangelt es an einer rechtlichen Grundlage und es würde wiederum mittelbarer Druck entstehen, Geschäftsführer zu bestellen oder selbst das Amt des regulären Geschäftsführers zu übernehmen, um eine eigene Notbestellung zu verhindern.

Die analoge Anwendung von § 29 BGB macht des Weiteren aber auch deutlich, dass der Wegfall von Geschäftsführern den Bestand der GmbH nicht beeinträchtigen kann. Denn solange es möglich ist, einem Mangel abzuhelfen, kann dieser nicht eine so weitgehende Wirkung wie den Untergang der Gesellschaft haben.[929]

### *dd. Wegfall einzelner Geschäftsführer, wenn die Satzung mehrere vorsieht*

Da der Wegfall aller Geschäftsführer den Bestand der GmbH nicht berührt, kann dies beim Wegfall oder der Verhinderung einzelner erst recht nicht der Fall sein. Diese Situation führt anders als der Wegfall aller auch nicht unbedingt zur Handlungsunfähigkeit der Gesellschaft, solange – der Satzungsregelung entsprechend – genügend Geschäftsführer zur Geschäftsführung und Vertretung der GmbH vorhanden sind.[930] Ist es den verbleibenden Geschäftsführern aufgrund

---

924 RGZ 68, 172, 180; Lutter/Hommelhoff – *Kleindiek*, Vor § 35, Rdn. 13.

925 Rowedder/Schmidt-Leithoff – *Koppensteiner*, § 35, Rdn. 76 f.

926 Baumbach/Hueck – *Hueck/Fastrich*, § 6, Rdn. 6.

927 BGH NJW 85, 637.

928 KG NJW-RR 01, 900, 901.

929 So bereits *Hönn*, ZHR 138 (1974), 50, 57.

930 Rowedder/Schmidt-Leithoff – *Koppensteiner*, § 35, Rdn. 60.

der Vertretungsregelung aber nicht möglich, für die Gesellschaft zu handeln, muss die erforderliche Anzahl an neuen Geschäftsführern bestellt werden, gegebenenfalls analog § 29 BGB durch das Gericht. Alternativ kommt auch hier eine Auflösung der Gesellschaft gemäß § 61 GmbHG in Betracht.

### *ee. Zusammenfassung*

Auch wenn dem Strukturbild der GmbH entsprechend ein Geschäftsführungsorgan vorhanden und auch besetzt sein muss, damit die GmbH nach außen handeln kann, wirkt sich der Wegfall aller Geschäftsführer doch nicht auf den Status der Gesellschaft als GmbH aus. Das Organ als solches wird durch das Nichtvorhandensein eines Organwalters generell nicht berührt. Eine Neubesetzung ist problemlos möglich. Eine solche ist wie gezeigt auch angezeigt. Um der Nichtbesetzung abzuhelfen, kann das Gericht einen Notgeschäftsführer analog § 29 BGB bestellen. Ob eine gerichtliche Bestellung und damit eine gewisse Fremdbestimmung der GmbH schädlich für ihren Bestand als solcher ist, wird noch in einem gesonderten Abschnitt untersucht.[931] Hier ist jedenfalls festzuhalten, dass so lange wie die GmbH besteht, auch das Geschäftsführungsorgan vorhanden ist. Erst mit der Vollbeendigung der Gesellschaft hat sie kein entsprechendes Organ mehr. Aus dem Fehlen von Organwaltern kann folglich nicht geschlossen werden, dass die Gesellschaft untergegangen ist. Die Bedingung zwischen GmbH und Organ besteht gerade entgegengesetzt, so dass das Organ erst mit dem Untergang der GmbH wegfällt.

### *ff. Vergleich mit der Situation in der Nachtragsliquidation*

Weil auch im Stadium der Nachtragsliquidation noch ein Geschäftsführungs- und Vertretungsorgan in Form des gerichtlich bestellten Liquidators vorhanden ist, wäre es nach den vorstehenden Ausführungen durchaus möglich, dass die Gesellschaft noch als juristische Person besteht. Dies ist aber nicht zwingend, da auch andere Personenverbände ein entsprechendes Organ haben. Der Liquidator wird bei den Personengesellschaften allerdings grundsätzlich nicht gerichtlich bestellt, sondern der frühere Liquidator führt die Nachtragsliquidation durch. Nach § 146 Abs. 2 HGB (gegebenenfalls in analoger Anwendung) ist jedoch die gerichtliche Bestellung eines Liquidators aus wichtigen Gründen möglich. Aus der gerichtlichen Bestellung folgt demnach nicht, dass zwangsläufig eine GmbH vorliegen muss, weil auch bei anderen Gesellschaftsformen gerichtliche Liquidatorenbestellungen vorkommen.

---

931 Diesem Abschnitt folgend unter Punkt E. IV.

Es wurde festgestellt, dass die Existenz des Organs von der der GmbH abhängt und nicht umgekehrt. Solange eine GmbH vorhanden ist, ist auch ein entsprechendes Geschäftsführungs- und Vertretungsorgan vorhanden, auch wenn es unbesetzt sein mag. In die andere Richtung kann aber nicht aus dem Vorhandensein eines solchen Organs auf den Fortbestand der GmbH geschlossen werden. Dieser Fortbestand wäre gerade zu beweisen, um das Vorliegen eines GmbH-Organs zu bejahen. Klar ist jedenfalls, dass der Nachtragsliquidator ein Organ des noch zu liquidierenden Gebildes ist. Ob dieses eine GmbH ist oder eine andere rechtliche Ausgestaltung annimmt, muss gerade bestimmt werden, um die konkrete Stellung des Nachtragsliquidators zu definieren. Umgekehrt ist es nicht möglich.

Auch aus der zwischenzeitlichen Nichtbesetzung nach der Löschung sind keine Schlussfolgerungen für den Bestand der GmbH in der Nachtragsliquidation möglich. Denn eine Nichtbesetzung ändert wie gesagt nichts an dem Vorhandensein des Organs an sich.

### b. Mitglieder

Gesellschaften sind Personenzusammenschlüsse.[932] Dementsprechend haben sie Mitglieder. Die GmbH gehört als körperschaftlich strukturierte Kapitalgesellschaft zwar nicht zu den Gesellschaften im engeren Sinne (= Personengesellschaften)[933], ist aber als Körperschaft ebenfalls mitgliedschaftlich organisiert. Die Körperschaft ist ein Zusammenschluss von Personen, der Rechtsfähigkeit zuerkannt ist.[934] Allerdings sind auch die Einpersonen-GmbH und -AG vom Gesetz anerkannt[935], obwohl sie keine Vereinigung mehrerer Personen sind. Bereits für die Gründung reicht eine Einzelperson aus (§ 1 GmbHG, § 2 AktG). Diese ist in jedem Fall notwendig, um eine Gründung durchzuführen. Es wird dann zwar kein Vertrag im eigentlichen Sinne geschlossen, da nicht mindestens zwei Personen beteiligt sind. Aber die Gründerperson gibt eine einseitige Willenserklärung in der „Vertrags“-Urkunde ab.[936] Im Folgenden sollen die Gesellschafterversammlung und ihre Funktion kurz näher betrachtet werden, um anschließend beantworten zu können, wie sich ein Wegfall aller Gesellschafter auf die GmbH auswirkt.

---

932 *Wiedemann*, § 1 I 1 (S. 3 ff.).

933 *Windbichler*, § 2, Rdn. 9, 12.

934 Palandt – *Ellenberger*, Vor § 21, Rdn. 4.

935 Z. B. § 35 Abs. 3 GmbHG, § 48 Abs. 3 GmbHG.

936 Vgl. BGHZ 91, 148, 149; Michalski – *Michalski*, § 1, Rdn. 48.

*aa. Gesellschafterversammlung als gemeinsames Organ der Mitglieder*

Die Gesamtheit der Gesellschafter kommt in der Gesellschafterversammlung zusammen, die neben den Geschäftsführern das zweite zwingende Organ der Gesellschaft darstellt[937]. In ihr findet die Willensbildung der Gesellschaft statt, denn diese geht nach dem Grundsatz der Verbandsautonomie von den Mitgliedern aus und findet ihren Ausdruck in der Regel in Form von Beschlüssen.[938] Mit diesem Mittel nehmen die Gesellschafter auch die Aufgabe der Kontrolle der Geschäftsführung wahr. Was allerdings passiert, wenn eine Gesellschafterversammlung nicht einberufen wird, muss näher herausgearbeitet werden. In Erwägung gezogen werden muss, ob die erforderlichen Beschlüsse möglicherweise auf anderen Wegen zustande kommen können. Die Tatsache, dass die Gesellschafterversammlung in der Nachtragsliquidation mangels Funktion nicht mehr besteht, lässt die Frage aufkommen, ob dieses Fehlen Auswirkungen auf die Existenz der Gesellschaft hat. Um eine Antwort hierauf zu finden, soll untersucht werden, ob es andere Situationen gibt, in denen die Versammlung quasi wegfällt und ob ein solcher Wegfall Konsequenzen für den Bestand der GmbH hat.

α. Einberufung der Gesellschafterversammlung zur Willensbildung

Die Gesellschafterversammlung ist von einem Geschäftsführer nach § 49 GmbHG einzuberufen, wenn es erforderlich erscheint. Anders als der Wortlaut vermuten lässt, muss dies nicht durch alle Geschäftsführer gemeinsam erfolgen, sondern die Einberufung durch einen von ihnen ist ausreichend.[939] Die Satzung kann die Einberufungskompetenz allerdings auch einem anderen Organ zuweisen.[940] Die Gesellschafterversammlung ist anders als die Geschäftsführer nicht die ganze Zeit über präsent, da sie nicht ständig einberufen wird und zusammentritt. In der Gesellschafterversammlung soll die Willensbildung der GmbH stattfinden[941] und sodann dem gebildeten Willen Ausdruck verliehen werden. Die Gesellschafter müssen aber nicht hinsichtlich jeder Einzelmaßnahme der Gesellschaft deren Willen konkret bestimmen. Die Konkretisierung und Ausführung des Willens erfolgt im Rahmen der laufenden Geschäftsführung durch das dafür zuständige Organ.[942] Ist jedoch eine Entscheidung der Gesellschafter erforder-

---

937 Nach a. A. ist die Gesamtheit der Gesellschafter das Organ, vgl. Fn. 841.

938 Scholz – *K. Schmidt*, § 45, Rdn. 1.

939 Vgl. MüKoGmbHG – *Liebscher*, § 49, Rdn. 17.

940 Dazu Michalski – *Römermann*, § 49, Rdn. 50 ff.

941 MüKoGmbHG – *Liebscher*, § 49, Rdn. 5.

942 Entscheidungen der Geschäftsführer nach pflichtgemäßem Ermessen, vgl. BGH NZG

lich, wie beispielsweise bei Strukturmaßnahmen, muss diese herbeigeführt werden. Das Gesetz erlegt dem Geschäftsführer oder sonst zuständigen Organ deshalb in manchen Situationen die Pflicht auf, eine Gesellschafterversammlung einzuberufen, um die Willensbildung der GmbH zu ermöglichen. Unterbleibt eine Einberufung trotz einer solchen Verpflichtung, könnten sich die Geschäftsführer oder etwaige andere zuständige Organe gegebenenfalls ersatzpflichtig machen, wenn der Gesellschaft dadurch ein Schaden entsteht.[943] Nachfolgend soll ein kurzer Blick darauf geworfen werden, ob die Einberufung auf anderen Wegen, insbesondere durch die Gesellschafter, erreicht werden kann, so dass eine Willensbildung der GmbH ohne Zutun der Geschäftsführer möglich werden kann.

#### β. Einberufungsmöglichkeiten der Gesellschafter

Neben der Zuständigkeit der Geschäftsführer oder anderer satzungsgemäß berufener Organe steht den Gesellschaftern selbst kein Individualrecht auf Einberufung der Gesellschafterversammlung zu.[944] Sie können aber nach § 50 Abs. 1 GmbHG die Einberufung verlangen, wenn die Voraussetzungen, insbesondere Erreichen des Quorums von 10%, erfüllt sind. Danach besteht eine Pflicht des zuständigen Organs, dem Einberufungsverlangen nachzukommen.[945] Kommen die für die Einberufung zuständigen Personen, also in der Regel die Geschäftsführer, dem nicht nach oder sind sie nicht vorhanden, haben die beantragenden Gesellschafter das Recht, die Versammlung nach § 50 Abs. 3 GmbHG selbst einzuberufen.[946]

Ob die Gesellschafter außerhalb der Fälle des § 50 GmbHG die Möglichkeit haben, die Einberufung der Gesellschafterversammlung zu erreichen, ist umstritten.[947] Dies spielt insbesondere eine Rolle, wenn eine Einberufungspflicht besteht, die sich nicht aufgrund des Verlangens nach § 50 Abs. 1 GmbHG ergibt und der die Geschäftsführer oder die sonst zuständigen Personen nicht nachkommen. Ungeklärt ist vor allem, ob eine Klage auf Einberufung der Versammlung zugelassen werden soll. Teilweise wird dafür eingetreten, dass eine Klage gegen die Geschäftsführer oder die Gesellschaft möglich sein müsse, wenn die

---

2008, 751, 752; Baumbach/Hueck – *Zöllner/Noack*, § 37, Rdn. 2.

943 Vgl. Michalski – *Römermann*, § 49, Rdn. 133, 136 f.

944 Ulmer – *Hüffer*, § 49, Rdn. 10.

945 MüKoGmbHG – *Liebscher*, § 49, Rdn. 45.

946 Baumbach/Hueck – *Zöllner*, § 50, Rdn. 16.

947 Dazu MüKoGmbHG – *Liebscher*, § 49, Rdn. 66 f.

Voraussetzungen der Einberufungspflicht vorliegen.[948] Grundsätzlich kommt in diesem Fall einstweiliger Rechtsschutz nach § 940 ZPO in Betracht.[949] Der Möglichkeit der Klageerhebung ist beizupflichten. Ohne eine solche bliebe die Minderheit rechtsschutzlos, wenn die Mehrheit den Geschäftsführer in seiner Untätigkeit deckt oder sogar anweist, keine Gesellschafterversammlung einzuberufen. Hier kann allerdings offen bleiben, wer der richtige Beklagte ist, denn dies spielt für die weiter anzustellenden Überlegungen keine Rolle.

γ. Alternative Beschlussfassung außerhalb der Gesellschafterversammlung

Die Gesellschafterversammlung ist wie gezeigt nicht ständig präsent, um den nötigen Gesellschaftswillen zu bilden und diesem durch Beschlussfassung Ausdruck zu verleihen. Bisweilen erscheint das Abhalten einer Gesellschafterversammlung mit der förmlichen Einberufung nach § 51 GmbHG sehr umständlich. Um die Beschlussfassung für die Gesellschafter zu vereinfachen, sieht das Gesetz in § 48 Abs. 2 GmbH deshalb ausdrücklich andere Möglichkeiten der Beschlussfassung vor. Danach kann eine schriftliche Abstimmung erfolgen oder ein Beschluss kommt durch die Zustimmung aller Gesellschafter in Textform zustande. Diese Verfahren zur Fassung von Gesellschafterbeschlüssen außerhalb einer Gesellschafterversammlung kann jeder Gesellschafter einleiten.[950] Infolgedessen steht ihnen neben dem Recht aus § 50 GmbHG eine weitere Möglichkeit zur Verfügung, die Beschlussfassung der GmbH zu erreichen. Darüber hinaus kann die Satzung neben den Verfahren gemäß § 48 Abs. 2 GmbHG noch andere, formlose Beschlussverfahren vorsehen.[951]

δ. Fälle der zwingenden Erforderlichkeit der Gesellschafterversammlung

Es gibt jedoch auch Beschlüsse, die nicht außerhalb der Gesellschafterversammlung gefasst werden können. Für diese ist die Einberufung der Versammlung zwingend angezeigt. Dies ist aber lediglich der Fall, wenn eine Aussprache der Gesellschafter über die Beschlussanträge für erforderlich gehalten wird. Das Gesetz sieht die zwingende Beschlussfassung in einer Versammlung ausdrücklich nur im Umwandlungsgesetz für Strukturänderungen vor (vgl. §§ 13 Abs. 1 S. 2,

---

948 Für die Klage gegen die Geschäftsführer Ulmer – *Hüffer*, § 49, Rdn. 28; für eine Klage gegen die Gesellschaft Scholz – *K. Schmidt/Seibt*, § 50, Rdn. 5; generell gegen eine Klagemöglichkeit Rowedder/Schmidt-Leithoff – *Koppensteiner*, § 50, Rdn. 3.

949 Ulmer – *Hüffer*, § 49, Rdn. 28.

950 Rowedder/Schmidt-Leithoff – *Koppensteiner*, § 48, Rdn. 19.

951 Scholz – *K. Schmidt/Seibt*, § 48, Rdn. 64 f.

125, 176, 177, 193 Abs. 1 S. 2 UmwG). Teilweise wird darüber hinaus eine Versammlungsnotwendigkeit auch in den Fällen des § 49 Abs. 3 GmbHG, des § 50 Abs. 1 GmbHG und wegen der nötigen notariellen Beurkundung bei einer Satzungsänderung angenommen.[952] Hingegen müssen die nach § 42a Abs. 2 GmbHG einmal im Jahr erforderlichen Beschlüsse über die Feststellung des Jahresabschlusses und die Ergebnisverwendung nicht zwingend in der Versammlung gefasst werden.[953] Dies zeigt, dass eine Diskussion und Aussprache der Gesellschafter nicht für notwendig gehalten wird. Hinreichende Grundlage für die Willensbildung in diesem Fall sind der Jahresabschluss und der Lagebericht, die den Gesellschaftern gemäß § 42a Abs. 1 GmbHG vorzulegen sind. Unabhängig davon, welcher der genannten Meinungen zur notwendigen Beschlussfassung in der Gesellschafterversammlung gefolgt wird, verbleiben im Ganzen nur wenige Fälle, in denen Beschlüsse zwingend in der Versammlung gefasst werden müssen. Insbesondere die erwähnten Maßnahmen nach dem Umwandlungsgesetz sind solche, die einen tiefen Eingriff in die Struktur der Gesellschaft mit sich bringen. Aufgrund der weitreichenden Bedeutung ist hier eine Aussprache und somit die Durchführung einer Gesellschafterversammlung erforderlich. In anderen Situationen, in denen eine Aussprache zur besseren Willensbildung angezeigt ist, sollte den Gesellschaftern, wenn einer bestehenden Einberufungspflicht nicht nachgekommen wird, die Möglichkeit der Klage auf Einberufung der Versammlung und der entsprechende einstweilige Rechtsschutz eröffnet werden. Es ist somit durch die Mitglieder nötigenfalls eine Willensbildung auch in einer Gesellschafterversammlung zu erreichen, wenn andere Beschlussverfahren für eine fundierte Willensbildung nicht ausreichend erscheinen.

#### ε. Beschlussfassung durch Gesellschafter jedenfalls erreichbar

Nach dem Vorstehenden wird es grundsätzlich möglich sein, einen erforderlichen Beschluss zu fassen. Es ist also nicht vorstellbar, dass über einen notwendigen Punkt kein Beschluss gefasst wird, wenn zumindest ein Gesellschafter ein Interesse daran hat und die Beschlussfassung vorantreibt.

Kommt ein notwendiger Beschluss hingegen inhaltlich nicht zustande, weil es an der erforderlichen Mehrheit fehlt, ist Abhilfe über die Treuepflicht der Gesellschafter zu schaffen. Im Übrigen kommt auch eine Ausschließung des die Zustimmung verweigernden Gesellschafters in Betracht und als ultima ratio die Auflösung der GmbH. Allein das Nichtzustandekommen des Beschlusses und

---

952 So Ulmer – *Hüffer*, § 49, Rdn. 17; für notwendige Versammlung nur im Fall der Umwandlungsbeschlüsse Scholz – *K. Schmidt/Seibt*, § 48, Rdn. 55.

953 Ulmer – *Hüffer*, § 49, Rdn. 17.

die dadurch vorliegende Funktionsunfähigkeit können jedoch keine Auswirkungen auf den Bestand der GmbH haben.

### ζ. Fehlende Durchführung der Versammlung unschädlich

Die regelmäßige Einberufung und Abhaltung der Gesellschafterversammlung ist für die Beschlussfassung nicht erforderlich. Die Beschlüsse, die zwingend in einer Versammlung zu fassen sind, sind keine, die überhaupt und erst recht nicht regelmäßig erforderlich sind, sondern solche, die nur im Bedarfsfall gefasst werden. Es handelt sich um seltene Ausnahmefälle, in denen die Versammlung einzuberufen ist. Demgegenüber müssen die von den Gesellschaftern regelmäßig zu fassenden Beschlüsse nach § 42a Abs. 2 GmbHG nicht unbedingt in einer Versammlung gefasst werden. Ansonsten gibt es keine Aufgaben oder Beschlüsse, welche in regelmäßigen Abständen vorzunehmen sind und die gleichzeitig auch noch eine Versammlung der Gesellschafter erfordern. Dass die Gesellschafter für eine lange Zeit nicht in einer Versammlung zusammenkommen, muss dementsprechend unschädlich sein. Über die Ausnahmefälle hinaus, in denen eine Beschlussfassung in der Versammlung erfolgen muss, ist es nicht notwendig, dass die Gesellschafter tatsächlich zusammenkommen. Dadurch erscheint es zwar so, als würde das Organ Gesellschafterversammlung nicht mehr bestehen. Jedoch liegt die hauptsächliche Funktion des Organs darin, die Willensbildung der GmbH zu ermöglichen. Diese ist aber gerade auch durch eine anderweitige Beschlussfassung gewährleistet.

### η. Zwischenergebnis

Das Organ der Gesellschafterversammlung besteht immer, unabhängig davon, ob es zusammentritt oder nicht. Sind Gesellschafter vorhanden, ist ein Wegfall des Organs unmöglich. Eine Beschlussfassung durch die Mitglieder ist erreichbar, wenn das für die Einberufung der Versammlung zuständige Organ diese unterlässt. Solange Gesellschafter vorhanden sind, ist somit auch eine Willensbildung der GmbH möglich.

### θ. Folgerungen für die Gesellschaft in der Nachtragsliquidation

In der Nachtragsliquidation haben die Gesellschafter regelmäßig keine Aufgaben mehr, so dass ein Zusammentritt der Gesellschafterversammlung nicht notwendig ist. Die Organisation und damit auch die Gesellschafterversammlung ist mit der Löschung entfallen und lebt mit der Eröffnung der Nachtragsliquidation nicht mehr auf. Die vorstehende Untersuchung hat gezeigt, dass die Gesellschafterversammlung auch im werbenden Stadium nicht ständig präsent sein muss. Auch wenn sie dadurch nicht weggefallen ist, kann es doch möglich sein, dass sie für eine längere Zeit nicht zusammentritt. Ob dies dafür spricht, dass nicht sie, sondern die Gesamtheit der Gesellschafter das oberste Organ der GmbH bildet, wie zum Teil vertreten wird[954], soll hier nicht entschieden werden. Jedoch spricht einiges dafür, dass dem so ist, wenn der größte Teil der Willensbildung, die Hauptaufgabe der Gesellschafter, außerhalb der Versammlung erfolgen kann.

In der Nachtragsliquidation ist die Situation hinsichtlich der Gesellschafterversammlung vergleichbar mit den Fällen, in denen die Versammlung nicht präsent ist. Würde ihr noch eine Funktion zukommen, wäre es theoretisch möglich, dass die Gesellschafter zusammenkommen und eine Mitgliederversammlung des noch bestehenden Gebildes konstituieren. Es kann demnach eigentlich nicht von einem unumkehrbaren Wegfall der Gesellschafterversammlung gesprochen werden. Den Gesellschaftern wird durch ein Nichtzusammenkommen auch nicht ihr im Kern unentziehbares Teilnahmerecht[955] an der Versammlung genommen. Sie können theoretisch an einer Gesellschafterversammlung teilnehmen, wenn diese erforderlich wäre. Ebenso ist es denkbar, dass noch auf anderen Wegen Beschlüsse der Gesellschafter gefasst werden könnten, wenn sie erforderlich wären. Das Nichtvorhandensein der Gesellschafterversammlung und die fehlende Beschlussfassung haben allein keine Auswirkungen auf den Bestand der Gesellschaft nach der Löschung. Aus ihnen kann nicht gefolgert werden, dass die GmbH nicht mehr als solche bestehen kann. Andererseits kann aus der potentiellen Möglichkeit der Beschlussfassung und Zusammenkunft der Gesellschaft nicht auf den Fortbestand der GmbH geschlossen werden, da auch in anderen Personenvereinigungen die Mitglieder für die Willensbildung zuständig sind und in einer Versammlung zusammenkommen können.

### *bb. Wegfall der Mitglieder*

#### α. GmbH unabhängig vom konkreten Mitgliederbestand

Die GmbH ist als körperschaftlich strukturierte juristische Person unabhängig von ihren Mitgliedern. Auch wenn eine Körperschaft zwingend Gesellschafter haben muss, ist die konkrete Zusammensetzung derselben doch irrelevant. Grund dafür ist, dass sich die Körperschaft von ihren Mitgliedern verselbstständigt.[956] Dies zeigt auch der bereits oben erwähnte überindividuelle Zweck der

954 So z. B. Scholz – *K. Schmidt*, § 45, Rdn. 5.

955 Dazu Baumbach/Hueck – *Zöllner*, § 48, Rdn. 6.

956 Vgl. *K. Schmidt*, GesR, § 22 I 2 (S. 656).

Gesellschaft, der unabhängig von den Mitgliedern, ihrer konkreten Zusammensetzung sowie ihren persönlichen Zielen, besteht. Die Gesellschafter haben nur insoweit Einfluss auf den Zweck, als sie ihn ändern können.[957]

Aufgrund der Unabhängigkeit vom Mitgliederbestand sieht das Gesetz auch keine mitgliedsbezogenen Auflösungsgründe vor. Solche können allerdings durch die Gesellschafter in der Satzung eingeführt werden.[958] Die Verselbstständigung der Körperschaft zeigt sich auch in der Einpersonen-Gesellschaft, bei der es grundsätzlich am körperschaftlichen Leben, namentlich einem Zusammenschluss von Personen, fehlt. Sie ist dennoch anerkannt.[959]

Grundsätzlich ist bei der GmbH ein Mitgliederwechsel nach § 15 GmbHG möglich ebenso wie der Austritt oder die Ausschließung von Gesellschaftern.[960] Allerdings können die Gesellschafter aufgrund der flexiblen Gestaltungsmöglichkeiten der GmbH gemäß § 15 Abs. 5 GmbHG die Abtretung von Geschäftsanteilen in der Satzung erschweren. Den Bestand der Gesellschaft als solcher berührt ein Mitgliederwechsel trotzdem nicht. Auch die Organisation, namentlich die Gesellschafterversammlung, wird davon nicht betroffen. Allein die konkrete Zusammensetzung derselben ändert sich, nicht aber das institutionalisierte Organ der Gesellschafter als solches.

Der Bestand der GmbH wird nicht durch den Tod eines Gesellschafters berührt, im Gegensatz zur Gesellschaft bürgerlichen Rechts, die nach § 727 BGB infolgedessen aufgelöst wird. Anders als in § 131 Abs. 3 S. 1 Nr. 1 HGB für die offene Handelsgesellschaft vorgesehen, führt der Tod auch nicht zum Ausscheiden des Gesellschafters. Gemäß § 15 Abs. 1 GmbHG sind die Geschäftsanteile vielmehr vererblich, so dass die Erben oder gegebenenfalls ein Vermächtnisnehmer – nach Übertragung des Anteils durch die Erben – in die Gesellschafterstellung des Verstorbenen eintreten, wenn der Gesellschaftsvertrag keine Nachfolgeregelung enthält, die anderes vorsieht.[961] Sterben alle Gesellschafter, hat dies demnach keine Auswirkungen auf den Bestand der GmbH. Sie wird noch nicht einmal aufgelöst, denn die Anteile werden aufgrund ihrer Vererblichkeit nicht subjektlos.[962] Die GmbH hat danach weiterhin Gesellschafter, so dass deren Aufgaben in jedem Fall noch erfüllt werden können. Ein Wegfall der Gesellschafter auf diese Art, ähnlich wie er in Bezug auf die Geschäftsführer vorkommen kann, ist demzufolge gar nicht möglich.

---

957 Vgl. Michalski – *Michalski*, § 1, Rdn. 7: Zustimmung aller Gesellschafter erforderlich.

958 Vgl. dazu MüKoGmbHG – *Berner*, § 60, Rdn. 214.

959 Vgl. dazu bereits oben E. III. 3. b.

960 Zu letzteren Michalski – *Michalski/Funke*, Anh. § 34, Rdn. 4.

961 Baumbach/Hueck – *Hueck/Fastrich*, § 15, Rdn. 10, 13, 15.

962 Scholz – *K. Schmidt/Bitter*, § 60, Rdn. 71.

### β. Anteillose GmbH durch Einziehung aller Geschäftsanteilen nach § 34 GmbHG

Im Gegensatz zu den Gesellschaftern können jedoch die Geschäftsanteile wegfallen. Der Geschäftsanteil vermittelt die Mitgliedschaft und damit die daraus resultierenden Rechte und Pflichten.[963] Die Übertragbarkeit der Geschäftsanteile führt dazu, dass auch die Mitgliedschaft übertragbar ist. Der bisherige Inhaber des Geschäftsanteils verliert dadurch seine Mitgliedschaft, die jemand anderes auf die jeweils vorgesehene Art und Weise erlangt.[964] Anders ist dies nur bei der Einziehung des Geschäftsanteils nach § 34 GmbHG, die beispielsweise Folge einer Ausschließung oder eines Austritts sein kann. In diesem Fall erlöschen alle Rechte und Pflichten des Gesellschafters aus dem Anteil, wenn sie sich nicht vorher verselbstständigt haben.[965] Werden alle Anteile der GmbH eingezogen, existieren keine Anteile mehr, die jemandem die Mitgliedschaft vermitteln könnten.[966] Es gibt niemanden mehr, dem mitgliedschaftliche Rechte und Pflichten zugeordnet werden können. Kurz gesagt, die GmbH hat keine Gesellschafter mehr, weil keine Anteile an ihr mehr existieren. Eine Neuaufnahme von Mitgliedern ist in diesem Fall unmöglich, da es an einem zu übertragenden Geschäftsanteil fehlt.[967] Dieser kann auch nicht geschaffen werden, weil dafür eine Kapitalerhöhung und das bedeutet gemäß §§ 55, 53 GmbHG ein Beschluss der Gesellschafter erforderlich ist.[968] Da solche nicht vorhanden sind, ist die entsprechende Willensbildung und Beschlussfassung aber unmöglich. Auch die Geschäftsführer können in dieser Situation in keinem Fall die Mitgliedschaftsrechte ausüben, unabhängig davon, ob sie dies überhaupt aus eigenen Anteilen der GmbH könnten[969], denn die Gesellschaft hat gerade keine eigenen Anteile inne, weil diese mit der Einziehung untergegangen sind und demnach vernichtet wurden. Aufgrund der dauerhaften Gesellschafterlosigkeit ist die anteillose GmbH unzulässig. Allerdings wird die Einziehung des letzten Anteils überwiegend für nichtig gehalten, so dass es gar nicht zur Entstehung einer anteillosen GmbH kommen kann.[970]

---

963 MüKoGmbHG – *Reichert/Weller*, § 14, Rdn. 7.

964 Vgl. dazu im Einzelnen MüKoGmbHG – *Reichert/Weller*, § 15, Rdn. 65 ff.

965 Dazu MüKoGmbHG – *Strohn*, § 34, Rdn. 59 f.

966 Zur anteillosen GmbH im Einzelnen *Paulick*, S. 76 f.

967 *Paulick*, S. 76.

968 Ebd.

969 Überwiegend wird von einem Ruhen der Mitgliedschaftsrechte ausgegangen, vgl. Baumbach/Hueck – *Hueck/Fastrich*, § 33, Rdn. 23.

970 Michalski – *Michalski/Funke*, § 13, Rdn. 21; *Paulick*, S. 77 ff.; *Rück*, S. 215 ff.; ähnlich Ulmer – *Ulmer*, § 34, Rdn. 34, der allerdings nicht von Nichtigkeit spricht, son-

### γ. Erwerb eigener Anteile durch die GmbH

Nach ihrer Gründung und wirksamen Entstehung kann die GmbH Inhaberin ihrer eigenen Anteile werden. Das Gesetz lässt einen solchen Erwerb ausdrücklich in § 33 Abs. 2 GmbHG zu. Dadurch wird die GmbH ihre eigene Gesellschafterin. Unter den Voraussetzungen des § 33 GmbHG kann die GmbH ihre Geschäftsanteile auf verschiedene Arten erwerben: rechtsgeschäftlich, im Wege gewillkürter Erbfolge oder aufgrund eines Anspruchs aus einem Vermächtnis. Ferner kann ein Übergang des Anteils auf die Gesellschaft durch Kaduzierung nach § 21 GmbHG erfolgen oder er kann ihr gemäß § 27 Abs. 3 GmbHG zufallen, wenn aus einem nach § 27 Abs. 1 GmbHG zur Verfügung gestellten Geschäftsanteil eine Befriedigung nicht zu erreichen ist. Die mitgliedschaftlichen Rechte der GmbH an den eigenen Anteilen ruhen allerdings.[971] Dies betrifft vor allem die Verwaltungsrechte, wie das Stimmrecht, durch das die Willensbildung mitgestaltet wird, sowie andere Gestaltungsrechte.[972] Diese könnten nur durch die Geschäftsführer als Vertreter der GmbH ausgeübt werden. Durch das Ruhen der Rechte soll verhindert werden, dass sich die Machtverhältnisse in der Gesellschaft zugunsten der Geschäftsführung verschieben, was im Ergebnis einen Machtzuwachs der Mehrheitsgesellschafter bedeuten würde, die durch Weisungen das Abstimmungsverhalten der Geschäftsführer beeinflussen könnten.[973] Ferner bestünde bei einer großen Beteiligungsquote der GmbH die Gefahr, dass sich die Geschäftsführung der Kontrolle durch die Gesellschafter entzieht. Als weiteres Argument gegen die Stimmrechtsausübung durch die Geschäftsführer aus eigenen Anteilen der GmbH hat schon das Reichsgericht vorgebracht, dass durch die Beschlussfassung der Wille der Gesellschaft erst gebildet werden solle.[974] Sie könne also durch ihre Vertreter nicht schon an dieser Willensbildung teilnehmen, da ihr Wille ja gerade noch nicht feststehe. Auch das Auskunfts- und Einsichtsrecht nach § 51a GmbHG macht hinsichtlich der eigenen Anteile

---

dern einfach von einer Grenze der Einziehung und den letzten Gesellschafter auf den Weg der Auflösung nach § 60 Abs. 1 Nr. 2 GmbHG verweist; dem folgend MüKoGmbHG – *Strohn*, § 34, Rdn. 92.

971 BGH NJW 95, 1027; Michalski – *Sosnitza*, § 33, Rdn. 62; MüKoGmbHG – *Löwisch*, § 33, Rdn. 67.

972 RGZ 103, 64, 66 f.; Baumbach/Hueck – *Hueck/Fastrich*, § 33, Rdn. 24; Michalski – *Sosnitza*, § 33, Rdn. 62.

973 Rowedder/Schmidt-Leithoff – *Pentz*, § 33, Rdn. 47 weist hingegen darauf hin, dass es auch bei Ruhen des Stimmrechts zu Verschiebungen der Machtverhältnisse kommen könne, weil die Stimmen, die auf die eigenen Anteile entfallen würden, nicht mitgezählt werden, so dass die anderen Anteile jeweils mehr Gewicht bekommen.

974 RGZ 103, 64, 66; vgl. auch Scholz – *H. P. Westermann*, § 33, Rdn. 37.

wenig Sinn und ruht dementsprechend.[975] Die GmbH als Gesellschafterin könnte diese Ansprüche nur durch ihre organschaftlichen Vertreter geltend machen, die aber auch die Verpflichteten des Anspruchs sind. Im Übrigen haben sie aufgrund ihrer Stellung in der Regel bereits die Kenntnis, die ein Gesellschafter durch die Geltendmachung dieses Rechts erlangen möchte.

Aber auch die mitgliedschaftlichen Vermögensrechte stehen der Gesellschaft generell nicht zu. Das Gewinnbezugsrecht kann etwa aufgrund der Konfusion gar nicht entstehen.[976] Bei der Verteilung des Liquidationserlöses nach § 72 GmbHG müssen eigene Anteile der GmbH auch unabhängig von der Konfusion unberücksichtigt bleiben, denn sonst könnte eine GmbH niemals endgültig liquidiert und in der Folge gelöscht werden, da sie immer noch Vermögen hätte.[977]

Die Tatsache, dass die GmbH ihre eigene Gesellschafterin ist, ist an sich unproblematisch für ihre Organisation. Es sind in diesem Fall grundsätzlich neben der GmbH noch andere Gesellschafter vorhanden. Lediglich einer von ihnen, die GmbH, kann nicht alle Rechte aus der Mitgliedschaft wahrnehmen. Durch die verbleibenden Gesellschafter ist die Erfüllung ihrer Aufgaben gewährleistet. Insbesondere die Willensbildung und die Kontrolle der Geschäftsführung können problemlos erfolgen. Die Gesellschafterversammlung kann weiterhin einberufen werden und zusammentreten. Die Organisation der GmbH besteht nach wie vor mindestens aus den zwei notwendigen Organen, Geschäftsführung und Gesellschafterversammlung, die beide ihre Funktionsfähigkeit behalten. Allein die GmbH und damit eine einzelne Gesellschafterin hat Einschränkungen ihrer mitgliedschaftlichen Rechte hinzunehmen.

#### δ. Die Keinmann-GmbH

Das Gesetz sieht keine Grenze für den Erwerb eigener Anteile durch die Gesellschaft vor. Demzufolge müsste sie bei Vorliegen der generellen Erwerbsvoraussetzungen alle bestehenden Geschäftsanteile erwerben können. Dann wäre sie selbst ihre einzige Gesellschafterin ohne außenstehende Anteilsinhaber. Dies kann problematisch sei, insbesondere weil die mitgliedschaftlichen Rechte der GmbH an den eigenen Anteilen ruhen.

Es ist umstritten, wie die sogenannte Keinmann-Gesellschaft rechtlich zu behandeln ist. Dieser Streit kann hier nicht dargestellt werden, da dies den Umfang der Untersuchung überschreiten würde und auch keine Relevanz für die

---

975 Scholz – *H. P. Westermann*, § 33, Rdn. 37.

976 Michalski – *Sosnitza*, § 33, Rdn. 56.

977 Ulmer – *Hohner/Paura*, § 33, Rdn. 78.

Untersuchung der GmbH in der Nachtragsliquidation hat.[978] Die Meinungen reichen von der Unzulässigkeit der Keinmann-GmbH[979] bis zur uneingeschränkten Zulässigkeit derselben[980]. Der letzten Ansicht wurde unter anderem entgegengehalten, die GmbH ohne Gesellschafter sei mit dem Wesen der GmbH, insbesondere ihrer körperschaftlichen Struktur nicht zu vereinbaren.[981] Eine Körperschaft zeichne sich gerade dadurch aus, dass sie auf mitgliedschaftlicher Basis beruhe.[982] Auch wenn die GmbH als solche von ihren Mitgliedern unabhängig sei, so habe sie als Körperschaft doch notwendig Mitglieder, die eine Berechtigung am Vermögen derselben hätten und denen die organschaftlichen Herrschaftsrechte zustünden.[983] Ersteres zeige sich vor allem dadurch, dass die Gewinne und der Liquidationserlös der GmbH an die Gesellschafter ausgeschüttet werden.[984] Generell müssten von der GmbH zu unterscheidende Personen vorhanden sein, denen die Mitgliedschaftsrechte zustünden, damit diese ausgeübt werden könnten.[985] Aufgrund dieser Argumente wird heute überwiegend angenommen, die Keinmann-GmbH könne jedenfalls nicht auf Dauer bestehen, sondern werde aufgelöst.[986]

Fraglich ist, ob die verbleibende Organisation der Keinmann-Gesellschaft der einer GmbH genügt, sollte ihr Fortbestand zumindest für eine Weile anerkannt werden. Anders als in der Nachtragsliquidation kämen der Gesellschafterversammlung beziehungsweise den Gesellschaftern grundsätzlich noch alle ihre Aufgaben zu, wie die Willensbildung oder Weisungs- und Kontrollbefugnisse gegenüber der Geschäftsführung. Da jedoch die Rechte aus den eigenen Antei-

---

978 Zu dem Streit im Überblick MüKoGmbHG – *Fleischer*, § 1, Rdn. 81 f.; vertiefend *Oldenburg*, S. 58 ff.; *Paulick*, S. 48 ff.; *Rück*, S. 74 ff.

979 Insbesondere in der Vergangenheit wurde der Erwerb des letzten Geschäftsanteils durch die GmbH für unwirksam gehalten: *Huber*, S. 135; *Hösel*, DNotZ 58, 5, 7; *Oldenburg*, S. 121 ff., 148; heute wird der rechtsgeschäftliche Erwerb des letzten Anteils z. T. noch für unzulässig gehalten: Michalski – *Michalski/Funke*, § 13, Rdn. 21; Scholz – *Emmerich*, § 13, Rdn. 9.

980 *Hachenburg*, FS-Cohn, S. 79, 89; *Kreutz*, FS-Stimpel, S. 379, 393, 396; *Rück*, S. 213 f., 219.

981 Ulmer – *Hohner/Paura*, § 33, Rdn. 116.

982 *K. Schmidt*, GesR, § 33 V 2 b) (S. 995).

983 *W. Flume*, Juristische Person, § 6 II (S. 188).

984 Ebd.

985 *K. Schmidt*, GesR, § 33 V 2 b) (S. 995).

986 Der Zeitpunkt der Auflösung ist dabei allerdings umstritten: entweder sofortige Auflösung mit Fortsetzungsmöglichkeit oder erst, wenn Zustand zum dauerhaften wird; zu den unterschiedlichen Meinungen vergleiche Michalski – *Sosnitza*, § 33, Rdn. 54; Rowedder/Schmidt-Leithoff – *Pentz*, § 33, Rdn. 27; Scholz – *K. Schmidt/Bitter*, § 60, Rdn. 65; Scholz – *H. P. Westermann*, § 33, Rdn. 44.

len der Gesellschaft ruhen, ist eine Willensbildung praktisch unmöglich.[987] Auch wenn keine anderen Gesellschafter vorhanden sind, die vor einem Machtzuwachs der Geschäftsführung oder der Mehrheitsgesellschafter zu schützen sind, dürfen die Geschäftsführer trotzdem nicht den Willen der GmbH bilden. Ansonsten könnten sie mangels Kontrolle ihre Interessen über die der Gesellschaft stellen. Dadurch könnte der Gesellschaft Schaden zugefügt werden, was ihre Anteile für potentielle Käufer uninteressant machen würde. Weil die Keinmann-GmbH jedenfalls unstreitig nicht auf Dauer bestehen kann, muss eine Verkäuflichkeit der Anteile gewährleistet sein, wenn sie nicht abgewickelt wird.

Gibt es kein anderes Organ, dem schon vor Erwerb aller Anteile durch die GmbH die Willensbildung übertragen wurde, sind keine Personen vorhanden, die einen Beschluss für die Gesellschaft fassen könnten. Die Gesellschafterversammlung wäre, solange nicht ein neuer Gesellschafter aufgenommen wird, funktionsunfähig. Das Organ Gesellschafterversammlung ist aber dadurch nicht weggefallen, sondern es mangelt allein an Personen, die seine Funktionen wahrnehmen. Da eine Gesellschafterversammlung nicht ständig präsent sein muss, ist eine vorübergehende Funktionsunfähigkeit unschädlich.[988] Jedoch fehlt es im Fall der Keinmann-GmbH nicht nur an der Möglichkeit einer Einberufung der Versammlung, sondern an teilnehmenden Personen, so dass auch außerhalb der Versammlung eine Beschlussfassung unmöglich ist. Im Laufe der Zeit, spätestens zur Feststellung des Jahresabschlusses und der Gewinnverwendung werden Beschlüsse zu fassen sein, so dass früher oder später jedenfalls stimmberechtigte und zur Beschlussfassung fähige Gesellschafter vorhanden sein müssen.

Eine Kontrolle und Aufsicht der Geschäftsführung fehlt bei der Keinmann-Gesellschaft ebenfalls, wenn nicht schon vor Entstehung der Keinmann-Gesellschaft die Kontrollbefugnisse der Gesellschafter auf ein anderes Organ übertragen wurden.

Auf lange Sicht würde darüber hinaus auch die Geschäftsführung wegfallen, denn eine Neubestellung von Geschäftsführern nach Ausscheiden der alten ist nicht möglich, es sei denn auch hierfür war schon vor dem Eintritt des Zustandes der Keinmann-Gesellschaft ein anderes Organ zuständig.[989] Ein Ausscheiden ließe sich letztendlich nicht vermeiden, weil ein solches spätestens mit dem Tode des Geschäftsführers einträte. Um die Funktionsfähigkeit der Verfassung der GmbH zu gewährleisten, ist deshalb ein von ihr verschiedener Rechtsträger nötig, der die mitgliedschaftlichen Rechte ausübt.[990] Es muss somit die Möglich-

987 Michalski – *Sosnitza*, § 33, Rdn. 53.
988 So auch *Paulick*, S. 83.
989 *Buchwald*, GmbHR 58, 169, 171; *Huber*, S. 135.
990 *K. Schmidt*, GesR, § 33 V 2 b) (S. 995).

keit bestehen, dass wieder neue Gesellschafter aufgenommen werden, indem die von der GmbH gehaltenen Geschäftsanteile verkauft werden.

Festzuhalten bleibt, dass die Keinmann-GmbH trotz ihres Namens in jedem Fall noch eine Gesellschafterin hat, nämlich sich selbst. Ergo liegt kein kompletter Wegfall der Gesellschafter vor. Es wurde gezeigt, dass ein solcher nur im Fall der anteillosen GmbH denkbar ist, die jedoch nicht zugelassen werden kann. Eine GmbH ohne Gesellschafter, bei der nicht die Möglichkeit der Neuaufnahme von Gesellschaftern besteht, kann nicht als solche existieren. Hiervon unterscheidet sich die Situation bei der Keinmann-GmbH allerdings: Es existiert noch eine Gesellschafterin, die lediglich ihre Rechte nicht mehr geltend machen kann. Diesem Mangel kann durch den potentiell möglichen Verkauf eines Geschäftsanteils abgeholfen werden. Erst wenn sich dies als unmöglich erweist, muss die Gesellschaft aufgrund der Funktionsunfähigkeit ihrem Ende zugeführt werden. Das Nichtvorhandensein von außenstehenden Gesellschaftern allein hat demnach keine Auswirkungen auf den Bestand der GmbH.

#### ε. Folgerungen für den Bestand der Gesellschaft in der Nachtragsliquidation

Auch in der Nachtragsliquidation sind noch Gesellschafter vorhanden, nämlich die ehemaligen Gesellschafter oder deren Rechtsnachfolger, die hinter der Gesellschaft stehen. Der sehr unwahrscheinliche Fall, dass die GmbH nur juristische Personen als Gesellschafter hatte, die mittlerweile alle ohne Rechtsnachfolger weggefallen sind, wird hier außer Betracht gelassen, da in den meisten Fällen noch Gesellschafter vorhanden sein werden. Diesen steht auch noch ein Teil der Gesellschafterrechte zu. Sie haben zumindest noch die Vermögensrechte inne, zum Beispiel das Recht auf Auskehr des Liquidationserlöses. Im Rahmen der Leitungsmacht haben sie durch die Zuständigkeiten des Registergerichts jedoch Kompetenzbeschneidungen hinzunehmen. Ob diese dazu führen, dass das zu liquidierende Gebilde keine GmbH mehr sein kann, ist später zu untersuchen. An dieser Stelle ist festzuhalten, dass immerhin noch Gesellschafter vorhanden sind, auch wenn ihre Rechte sich verringert haben. Die körperschaftliche Struktur der Gesellschaft ist dadurch noch vorhanden, so dass in dieser Hinsicht nichts dem Fortbestand als GmbH entgegensteht.

### c. Andere Organe

Andere Organe gehören neben der Gesellschafterversammlung und den Geschäftsführern nicht zur zwingend erforderlichen Organisation der GmbH. Die Gesellschafter können aber nach Belieben durch die Satzung weitere Organe errichten. Eine Erforderlichkeit kann sich lediglich für einen Aufsichtsrat aufgrund der Mitbestimmungsgesetze ergeben. Allerdings gehört ein solcher deshalb noch nicht zur zwingenden Struktur der GmbH, denn er ist nur im Sonderfall der unternehmerischen Mitbestimmung einzurichten. Der Wegfall und die Funktionsunfähigkeit eines solchen Aufsichtsrates sollen hier außer Betracht bleiben. Eine Erforderlichkeit nach den Mitbestimmungsgesetzen ist in der Nachtragsliquidation nicht mehr vorstellbar, weil die entsprechenden Voraussetzungen regelmäßig nicht mehr vorliegen werden.[991] Folglich ist die Lage in der Nachtragsliquidation nicht mit der im werbenden Stadium vergleichbar. Unabhängig davon, wie sich der Wegfall oder die Funktionsunfähigkeit eines notwendigen Aufsichtsrates auswirkt, kann dies mangels seiner Erforderlichkeit in der Nachtragsliquidation nicht relevant werden. Der Aufsichtsrat wäre nie weggefallen oder funktionsunfähig, sondern einfach nicht erforderlich. Im Übrigen verweisen die entsprechenden Bestimmungen, die die Errichtung eines Aufsichtsrates vorschreiben, auf die aktienrechtliche Vorschrift des § 104 AktG, nach der fehlende Aufsichtsratsmitglieder vom Gericht bestellt werden können.

Die von den Gesellschaftern freiwillig kreierten Organe können funktionsunfähig werden, wenn die Personen, mit denen das Organ besetzt ist, wegfallen oder aufgrund anderer Umstände die ihnen zugewiesenen Aufgaben nicht mehr wahrnehmen. Wurden den anderen Organen Zuständigkeiten aus dem Bereich der Gesellschafter übertragen, greift die Ersatzkompetenz der Gesellschafter.[992] Dadurch wird auch deutlich, dass die Nichtbesetzung von fakultativen Organen den Bestand der GmbH nicht berühren kann. Zu einer Blockade oder Ähnlichem kann es durch die Ersatzzuständigkeit der Gesellschafter gar nicht kommen. Weil die Gesellschafter die geschaffenen Organe aufgrund der Befugnis zur Satzungsänderung jederzeit wieder beseitigen können, kann sich ihr Wegfall ebenfalls nicht auf den Fortbestand der GmbH als solcher auswirken.

Waren bei Löschung der GmbH fakultative Organe vorhanden, fallen diese zwar weg, weil die Löschung grundsätzlich die Organisation der Gesellschaft zerstört. Sie werden in einer erforderlichen Nachtragsliquidation regelmäßig keine Aufgaben mehr haben, da insbesondere die Überwachungstätigkeit des Aufsichtsrates auf das Registergericht übergegangen ist. Andere Aufgaben werden entweder nicht mehr erforderlich sein oder durch das Gericht und gegebenenfalls ausnahmsweise die Gesellschafter erfüllt. Die Organe leben demgemäß in der Nachtragsliquidation keinesfalls wieder auf. Dies ist auch unschädlich, denn ihre Existenz steht wie gezeigt bereits im werbenden Stadium zur Disposition der Gesellschafter und eine Funktionsfähigkeit ist ebenfalls unschädlich. In der Nachtragsliquidation kann sich diese Bedeutung mithin nicht ändern.

---

991 Dazu bereits oben E. III. 2. c. bb.

992 Vgl. oben E. III. 1. b. bb. β.

## 4. Zwischenergebnis

Zu einer GmbH gehören zwei zwingende Organe: ein geschäftsführendes und das Willensbildungsorgan, welches sich aus den Gesellschaftern zusammensetzt. Die Kompetenzverteilung ist weitgehend dispositiv. Dem oder den Geschäftsführern muss allerdings die Befugnis zur Vertretung der Gesellschaft verbleiben, den Gesellschaftern die Zuständigkeit für Grundlagenentscheidungen und falls ein Aufsichtsrat gebildet wurde, muss diesem die Überwachung der Geschäftsführung übertragen sein.

Mit der Löschung fällt die Organisation der GmbH weg. In einer etwaig stattfindenden Nachtragsliquidation wird der Abwickler vom Gericht bestellt, um eine zügige Erledigung der Handlungen zu gewährleisten. Die Gesellschaft verfügt nur noch über eine verminderte Organisation. Gesellschafter sind aber in jedem Fall noch vorhanden, denn die ehemaligen Mitglieder der gelöschten GmbH bleiben solche der Gesellschaft in Nachtragsliquidation. Dies wird dadurch deutlich, dass sie grundsätzlich die Anfallberechtigten sind, an die ein etwaiger Liquidationsüberschuss zu verteilen ist. Hinsichtlich der durchzuführenden Restabwicklung stehen ihnen aber regelmäßig keine Befugnisse mehr zu, so dass sie nicht mehr tätig werden müssen. Sollte ein Handeln ihrerseits wider Erwarten dennoch erforderlich sein, wäre ein solches aber möglich.

Zwischen der Löschung und der Eröffnung der Nachtragsliquidation besteht keine Organisation der GmbH mehr. Allerdings ist dies unschädlich und hat keine Auswirkungen auf eine möglicherweise fortbestehende Gesellschaft. Würde noch eine GmbH gegeben sein, hätte sie auch noch Organe, die dann unbesetzt wären. Grundsätzlich berührt der Wegfall der Organwalter und die damit verbundene Vakanz der Posten nicht den Bestand der Gesellschaft, denn dadurch fallen nicht die Organe an sich weg. Wenn kein Geschäftsführer mehr vorhanden ist, muss eine neuer bestellt werden. Ist eine Keinmann-GmbH gegeben, so dass die GmbH neben sich selbst keine außenstehenden Gesellschafter mehr hat, muss dieser Zustand durch Übertragung eines Geschäftsanteils beendet werden, damit die Gesellschaft nicht aufgelöst wird.

Weiter wurde festgestellt, dass die in der Nachtragsliquidation verbleibende Organisation nichts über den Bestand des zu liquidierenden Gebildes aussagt. Nach den vorstehenden Untersuchungen würde die verbleibende Organisation grundsätzlich der Struktur einer GmbH genügen. Allerdings kann aus der verbleibenden Organisation nicht geschlossen werden, dass das zu liquidierende Gebilde eine GmbH sein muss. Weil alle Personenvereinigungen eine gewisse Organisation aufweisen, kann aus einer vorhandenen Organisation nicht auf die Ausgestaltung der Vereinigung geschlossen werden. Vielmehr richtet sich die genaue Organisation nach der Rechtsnatur der bestehenden Gesellschaft. Es muss also erst bestimmt werden, welche Gestalt eine Personenvereinigung, hier das Gebilde in der Nachtragsliquidation hat, um die Organisation im Einzelnen zu definieren. Umgekehrt kann keine Aussage hergeleitet werden.

# IV. Autonome Liquidationsdurchführung

## 1. Einführung

### a. Leitungsmacht der Mitglieder – Verbandssouveränität

Grundsätzlich geht die Leitungsmacht in privatrechtlichen Verbänden von den Mitgliedern aus.[993] Bei der GmbH bestellen sie nach § 46 Nr. 5 GmbHG die Leitungsorgane, namentlich die Geschäftsführer, wenn der Gesellschaftsvertrag nicht einem anderen Organ die Bestellungskompetenz zuweist. Allerdings haben die Gesellschafter die Satzungshoheit und bestimmen somit in jedem Fall das für die Geschäftsführerbestellung zuständige Organ. Die organschaftlichen Vertreter leiten ihre Legitimation demgemäß immer von den Gesellschaftern ab, entweder unmittelbar oder mittelbar über das zur Bestellung berufene Organ.[994] Dies entspricht dem schon erwähnten[995] Grundsatz der Verbandssouveränität. Die Verbandssouveränität soll dem Selbstschutz der Mitglieder dienen, die ihre und die Interessen der Gesellschaft nicht durch Übertragung von Befugnissen auf außenstehende Dritte gefährden sollen.[996]

#### *aa. Einbindung der Gesellschaftsorgane in die Organisation der GmbH*

Nach dem Grundsatz der Verbandssouveränität ist sicherzustellen, dass die geschäftsführenden Organe bei ihrer Amtsausübung auf das Gesellschaftsinteresse verpflichtet werden.[997] Diese Pflicht muss den Organen gegenüber durchsetzbar sein.[998] Aufgrund dessen müssen sie in die Organisationsverfassung der GmbH eingebunden werden, was durch die Berufung in ein organschaftliches Amt, hier das des Geschäftsführers, gewährleistet wird. Auf diese Weise wird eine Kontrolle durch die Gesellschafter oder ein etwaiges anderes Aufsichtsorgan erreicht. Bei einem Fehlverhalten der Geschäftsführer können diesen Sanktionen

---

993 *K. Schmidt*, GesR, § 16 I 1 (S. 450), der aber auch auf die Abschwächung dieses Prinzips durch die Mitbestimmung der Arbeitnehmer hinweist, § 16 IV (S. 476 ff.).

994 *Bauer*, S. 15; *Priester*, FS-Werner, S. 657, 665.

995 Siehe oben E. III. 1. b. aa.

996 *Wiedemann*, FS-Schilling, S. 105, 114; *Zinn*. S. 62.

997 *Wiedemann*, FS-Schilling, S. 105, 113.

998 Ebd.

auferlegt werden, wie Ersatzpflichten gegenüber der Gesellschaft oder der Verlust ihres Postens. Solche Maßnahmen sollen vor allem auch präventiv wirken und die Geschäftsführer bei ihrem Handeln auf das Gesellschaftsinteresse verpflichten.

### *bb. Abberufung der Geschäftsführer*

Ferner haben die Mitglieder nach § 38 Abs. 1 GmbHG grundsätzlich die Möglichkeit, die Geschäftsführer jederzeit abzuberufen. Schließt die Satzung die freie Abberufbarkeit aus, bleibt gemäß § 38 Abs. 2 GmbHG zumindest jene aus wichtigem Grund möglich. Der dahinter stehende Gedanke ist, dass die Gesellschafter die Leitung der Gesellschaft nicht jemandem überlassen müssen, zu dem sie kein Vertrauen mehr haben.[999] Ob die Abberufungsmöglichkeit bei Vorliegen eines wichtigen Grundes auch gegeben ist, wenn die Kompetenz zur Abberufung grundsätzlich einem anderen Organ zugewiesen ist, ist streitig.[1000] Wird dies verneint, steht den Gesellschaftern aber immer noch die Möglichkeit zu, die Abberufung zu erzwingen, indem sie auf das zuständige Organ, notfalls durch Abberufung der Organwalter dieses Organs und Neubestellung anderer Personen, einwirken.[1001]

### *cc. Dritteinfluss und Verbandssouveränität*

Der Grundsatz der Verbandssouveränität steht einem eingegrenzten und vorhersehbaren Dritteinfluss nicht generell entgegen.[1002] Dies zeigt vor allem die regelmäßig vorliegende Fremdorganschaft bei den Kapitalgesellschaften. Notwendig ist nur, dass der Einfluss des Dritten hinreichend kontrolliert und gegebenenfalls beendet werden kann.[1003] Dies ist in der Regel dadurch gewährleistet, dass Dritte, denen Kompetenzen übertragen werden, in das Organisationsgefüge der Gesellschaft eingebunden sind, indem sie zu Organen der Gesellschaft berufen werden. Dadurch verbleibt den Mitgliedern ausreichend Leitungsmacht.

---

999 Rowedder/Schmidt-Leithoff – *Koppensteiner*, § 38, Rdn. 2.

1000 Dafür Rowedder/Schmidt-Leithoff – *Koppensteiner*, § 38, Rdn. 17; dagegen Michalski – *Terlau*, § 38, Rdn. 18.

1001 Michalski – *Terlau*, § 38, Rdn. 18; *Zöllner*, FS-GmbHG, S. 85, 120.

1002 *Wiedemann*, FS-Schilling, S. 105, 118.

1003 *Barbasch*, S. 265.

## b. Situation in der Nachtragsliquidation

Im Stadium der Nachtragsliquidation kann die gelöschte Gesellschaft die Abwickler und damit ihre organschaftlichen Vertreter nicht mehr selbst bestimmen. Oben wurde ferner verdeutlicht, dass die Vertretungsmacht der vor der Löschung berufenen Geschäftsführer beziehungsweise Liquidatoren nach heute einhelliger Ansicht nicht wieder auflebt.[1004] Die Löschung zerstört in jedem Fall, unabhängig von der Annahme eines Fortbestandes der GmbH, die Organisation der Gesellschaft und beendet damit auch die Organstellung als Geschäftsführer. Allein das Gericht ist nunmehr zur Bestellung der Abwickler befugt. Die GmbH ist jetzt fremdbestimmt. Des Weiteren können die Gesellschafter die Nachtragsliquidatoren nach ganz herrschender Meinung nicht einfach abbestellen oder andere Liquidatoren berufen, die an Stelle der gerichtlich Ernannten treten.[1005] Die vereinzelt vertretene Gegenansicht stellt demgegenüber darauf ab, dass die GmbH noch bestehe und deshalb nach wie vor selbst das Recht zur Bestellung ihrer organschaftlichen Vertreter haben müsse.[1006] Sie verkennt allerdings, dass die gerichtliche Bestellung vor allem aus Gründen des Gläubigerschutzes im Gesetz angeordnet ist. Durch sie ist überhaupt gewährleistet, dass die Gesellschaft Vertreter hat, so dass den Gläubigern ein Vorgehen gegen die Gesellschaft ermöglicht wird.[1007] Allein auf diese Weise ist eine ordnungsgemäße und zügige Vornahme der notwendigen Restabwicklung tatsächlich sichergestellt. Wird der Fortbestand der GmbH als solcher in der Nachtragsliquidation angenommen, wie dies die Anhänger des Doppeltatbestandes und der deklaratorischen Löschungswirkung tun, ist die Zuständigkeit des Gerichts ebenfalls notwendig, um einen Missbrauch der juristischen Person durch ihre Mitglieder zu verhindern.[1008] Die Gefahr eines solchen Missbrauchs besteht, denn zumindest im Fall der nichtvermögensrechtlichen Nachtragsliquidation soll nach überwiegender Auffassung keine erneute Handelsregistereintragung der Gesellschaft erfolgen.[1009] Dann fehlt es an einer Publizität für die Öffentlichkeit hinsichtlich des Zustandes der Gesellschaft und ihrer Vertretungsverhältnisse in der Nachtragsliquidation. Mag die Missbrauchsgefahr auch gering sein, so ist sie ohne

---

1004 Allgemein dazu oben D. IV. und E. III. 2. a.; zu den verschiedenen Beendigungsmeinungen schon C. I. 1. b., 2. b., 3. d. aa. α., bb. β.

1005 BayObLG NZG 98, 228 und oben E. III. 2. c. aa. mit den Nachweisen in Fn. 881.

1006 Scholz – *K. Schmidt*, § 74, Rdn. 22; Ulmer – *Paura*, § 74, Rdn. 46; sogar für die Kompetenz der Gesellschafter zur Abberufung des gerichtlich bestellten Nachtragsliquidators *Galla*, S. 78 ff. mit der Begründung, das Gesetz sehe keine andere Regelung vor.

1007 *Bork*, JZ 91, 341, 343.

1008 Ähnlich auch *Hönn*, ZHR 138 (1974), 50, 71.

1009 Rowedder/Schmidt-Leithoff – *Rasner*, § 74, Rdn. 27 m. w. N.

gerichtliche Zuständigkeit jedoch vergrößert. Diese erscheint daher erforderlich, um das Schicksal der fortbestehenden Gesellschaft nicht den Gesellschaftern zu überlassen. Neben dem Gläubigerschutz ist aber auch das Interesse der Gesellschaft und ihrer Mitglieder zu beachten. Aus ihrer Sicht ist ebenfalls eine Bestellung durch das neutrale Gericht gerechtfertigt, damit die Gesellschaft nicht zu weitgehend dem Einfluss der Gläubiger unterliegt. Zum Schutz aller Beteiligten, mithin der Gläubiger und der Gesellschaft, und auch zum Schutz des Rechtsverkehrs muss das Gericht nach der Bestellung auch für die Kontrolle der Liquidatoren zuständig sein.

Die Zuständigkeitsverlagerung auf das Registergericht erfolgt somit nicht ohne Anlass, sondern beruht auf den genannten Gründen. Die Gesellschafter verlieren dadurch im Ergebnis einen Teil ihrer Leitungsmacht.

### c. Schädlichkeit der Fremdbestimmung für den Bestand der GmbH als solcher?

Es steht in Frage, ob dieser Machtverlust mit der Verbandssouveränität im Einklang steht. Zu untersuchen ist deshalb im Folgenden, ob aus der Fremdbestimmung der GmbH im Stadium der Nachtragsliquidation Schlüsse auf den Fortbestand der Gesellschaft und ihre Ausgestaltung zu diesem Zeitpunkt gezogen werden können. Dies wird von einigen Verfechtern der konstitutiven Löschungswirkung gemacht.[1010] Nach ihnen müssten die Gesellschafter zwingend ihre originäre Bestellungskompetenz behalten, wenn die GmbH als solche noch existiere. Weil dies jedoch nicht so sei, könne auch die GmbH nicht mehr bestehen. Ihrer Ansicht nach ist der Grund für den Verlust der Befugnis auf Gesellschaftsseite vielmehr ein Strukturwandel der GmbH. Es stellt sich nun also die Frage, ob die Verbandsautonomie hinsichtlich der Bestellungskompetenz eine so entscheidende Rolle spielt, dass die Beschneidung dieser Selbstbestimmung einen Fortbestand der GmbH als typisierte juristische Person und Kapitalgesellschaft ausschließt.

Im nachstehenden Abschnitt wird deshalb nach der Möglichkeit einer Fremdbestimmung in anderen Situationen gefragt, beziehungswelche es werden solche Konstellationen betrachtet, in denen die Gesellschaft, zumindest teilweise, ebenfalls fremdbestimmt ist. Diese sollen dann mit den Gegebenheiten in der Nachtragsliquidation verglichen werden. Hierbei ist wiederum zu untersuchen, ob die Behandlung dieser Konstellationen Schlussfolgerungen auf den Bestand der Gesellschaft in der Nachtragsliquidation zulässt. Ein Weiterbestehen in einer

---

1010 Hachenburg – *Ulmer*, Anh. § 60, Rdn. 37; *Heller*, S. 109; dazu bereits oben B. III. 1. g. gg.

anderen Form als der typisierten juristischen Person GmbH wäre insbesondere zu erwägen, wenn keine anderen Fälle existieren, in denen die GmbH auf eine sehr ähnliche Art und Weise fremdbestimmt ist, nämlich in der die Gesellschafter, vergleichbar der Situation in der Nachtragsliquidation, keinerlei Einfluss mehr auf das Geschäftsführungsorgan haben. Gibt es aber noch weitere Fälle, in denen nicht die Gesellschafter, sondern allein das Gericht oder andere Dritte das Geschäftsführungsorgan bestellen und abberufen, könnte ein Fortbestand der GmbH in der Nachtragsliquidation in Betracht gezogen werden. Eine Fremdbestimmung auch in anderen Lebenslagen der GmbH würde jedenfalls bedeuten, dass der Kompetenzverlust der Mitglieder allein nicht dazu führt, dass die Gesellschaft keine juristische Person mehr sein kann.

## 2. Notgeschäftsführerbestellung analog § 29 BGB

Oben wurde schon kurz auf die analoge Anwendung des § 29 BGB bei der GmbH eingegangen.[1011] Danach ist die gerichtliche Bestellung eines Notgeschäftsführers möglich, wenn ein erforderlicher Geschäftsführer fehlt. Zuständig ist das Registergericht am Sitz der Gesellschaft.[1012] In der Liquidationsphase gilt dasselbe über die entsprechende Anwendung des § 48 BGB. Auf die Notliquidatorenbestellung nach §§ 48, 29 BGB analog soll im Folgenden jedoch nicht gesondert eingegangen werden, da sich insoweit keine Besonderheiten ergeben.

### a. Voraussetzungen

#### *aa. Antrag eines Beteiligten*

Erforderlich ist der Antrag eines Beteiligten.[1013] Zu diesen gehören Gesellschafter und Organmitglieder, wie solche eines Aufsichts- und Beirates, oder noch vorhandene Geschäftsführer, vor allem wenn die Anzahl der für die Vertretung der GmbH notwendigen Geschäftsführer nicht erreicht wird.[1014] Darüber hinaus sind auch Dritte antragsberechtigt, wenn sie ein privates oder öffentliches Recht gegen die Gesellschaft durchsetzen oder ihr gegenüber eine Pflicht erfüllen wollen.[1015] Somit können bei konkreter Betroffenheit Gläubiger, Schuldner und auch Verwaltungsbehörden den entsprechenden Antrag stellen.[1016]

---

1011 Siehe E. III. 3. a. cc. γ.

1012 Baumbach/Hueck – *Hueck/Fastrich*, § 6, Rdn. 32.

1013 Baumbach/Hueck – *Zöllner/Noack*, § 35, Rdn. 7.

1014 Scholz – *U. H. Schneider/S. H. Schneider*, § 6, Rdn. 99.

1015 Rowedder/Schmidt-Leithoff – *Schmidt-Leithoff*, § 6, Rdn. 33.

1016 Roth/*Altmeppen*, § 6, Rdn. 49.

*bb. Materielle Voraussetzungen: Erforderlichkeit und Dringlichkeit*

Die gerichtliche Bestellung eines Notgeschäftsführers stellt einen erheblichen Eingriff in die Verbandsautonomie und die Rechte der Gesellschafter dar, die grundsätzlich über die Personen des Vertretungsorgans bestimmen oder die konkrete Bestimmung an andere Organe delegieren.[1017] Aus diesem Grund ist die Zuständigkeit des Gerichts nach § 29 BGB analog nur bei Erforderlichkeit sowie bei Vorliegen eines dringenden Falles gegeben. Dabei sind die Voraussetzungen eng auszulegen.[1018] Die Notgeschäftsführerbestellung muss die einzige Möglichkeit sein, die Vertretung der Gesellschaft sicherzustellen.[1019] Erforderlichkeit liegt vor, wenn ein für die Vertretung notwendiger Geschäftsführer fehlt oder aus tatsächlichen oder rechtlichen Gründen an der Wahrnehmung seiner Aufgaben gehindert ist.[1020] Ein dringender Fall ist gegeben, wenn der Gesellschaft oder einem sonstigen Beteiligten ein Schaden droht oder erforderliche Handlungen ohne die Bestellung nicht vorgenommen werden können.[1021] Kein dringender Fall liegt vor, wenn die Gesellschaftsorgane innerhalb einer angemessenen Frist den Mangel selbst beheben könnten.[1022]

## b. Rechtfertigung der gerichtlichen Zuständigkeit

Die Zuständigkeit des Gerichts ist gerade durch die soeben genannten Anforderungen an die Bestellung des Notgeschäftsführers gerechtfertigt. Es muss ein Grund für die Bestellung vorliegen und der Eingriff muss so gering wie möglich gehalten werden. Ein Grund kommt insbesondere in Betracht, weil von einer nicht vertretenen Gesellschaft Gefahren ausgehen können, die zu unterbinden sind. Bei der gerichtlichen Entscheidung ist das Interesse der Gesellschaft und ihrer Mitglieder an einer Nichteinmischung mit dem Interesse des Antragstellers an der Notgeschäftsführerbestellung, dem ohne das gerichtliche Eingreifen gegebenenfalls ein Schaden droht, abzuwägen. Für die Entscheidung des Gerichts spielen die Interessen Dritter meist eine größere Rolle als die der Mitglieder.[1023] Denn letztere können grundsätzlich Einfluss auf die Organisation der Gesellschaft nehmen und haben die Möglichkeit, Geschäftsführer zu bestellen. Üben

1017 *Bauer*, S. 15 f.

1018 OLG München GmbHR 07, 1271, 1272; Lutter/Hommelhoff – *Kleindiek*, Vor § 35, Rdn. 13.

1019 Scholz – *U. H. Schneider/S. H. Schneider*, § 6, Rdn. 96.

1020 Lutter/Hommelhoff – *Kleindiek*, Vor § 35, Rdn. 14 f.

1021 BayObLG ZIP 97, 1785, 1786; Ulmer – *Paefgen*, § 35, Rdn. 25.

1022 KG NJW-RR 01, 900; Scholz – *U. H. Schneider/S. H. Schneider*, § 6, Rdn. 97.

1023 *Bauer*, S. 31.

sie diesen Einfluss nicht aus, sondern lassen es zu einem Vertretungsmangel kommen, kann das Gericht aufgrund eines entsprechenden Antrags eingreifen. Damit wird die Tätigkeit des Gerichts in der Regel gerade auch durch das Verhalten der Gesellschafter selbst notwendig, weil sie keine Geschäftsführer bestellen. Dies kann darauf beruhen, dass sie die Bestellung nicht vornehmen wollen oder es nicht können, weil sie sich zum Beispiel gegenseitig blockieren, was gerade in Gesellschaften mit zwei zu gleichen Teilen beteiligten Gesellschaftern oft vorkommen kann. Helfen die Gesellschafter dem Mangel in der Geschäftsführung und Vertretung nicht ab, oder sind sie dazu nicht in der Lage, greift die Zuständigkeit des Gerichts.

### c. Beschränkung der Geschäftsführungsbefugnis des Notgeschäftsführers

Um den Eingriff in die Rechte der Gesellschafter nicht zu weit auszudehnen, muss das Gericht die Geschäftsführungsbefugnis des Notgeschäftsführers auf das Erforderliche beschränken.[1024] Sie darf nicht über die Maßnahmen hinausgehen, die der Antragsteller geltend macht und die in seinem Interesse vorzunehmen sind.[1025] Die Vertretungsmacht kann gemäß § 37 Abs. 2 GmbHG allerdings nicht beschränkt werden. Nutzt der Notgeschäftsführer dies aus und überschreitet seine Befugnisse aus dem Innenverhältnis, kann er sich der Gesellschaft gegenüber schadensersatzpflichtig machen.[1026] Durch das Haftungsrisiko soll der Notgeschäftsführer dazu angehalten werden, den Interessen der GmbH und ihrer Gesellschafter entsprechend zu handeln.[1027]

### d. Stellung des Notgeschäftsführers

Der Notgeschäftsführer hat die Stellung eines regulär bestellten Geschäftsführers.[1028] Er ist wie ein satzungsgemäß bestellter Geschäftsführer an die Weisungen der Gesellschafter gebunden.[1029] Eine Ausnahme gilt hier aber insoweit, als die Gesellschafter die konkrete Maßnahme, aufgrund derer die Bestellung des

---

1024 Roth/*Altmeppen*, § 6, Rdn. 55.

1025 BayObLGZ 1976, 126, 130 f.

1026 In Betracht kommt in diesem Fall ein Anspruch aus § 43 Abs. 2 GmbHG, weil für den Notgeschäftsführer die Regeln des regulär bestellten Geschäftsführers gelten, da er dieselbe Stellung hat, dazu sogleich.

1027 Vgl. *H. P. Westermann*, FS-Kropff, S. 681, 695.

1028 Michalski – *Tebben*, § 6, Rdn. 79.

1029 Ebd.

Notgeschäftsführers erfolgt ist, nicht durch ihre Weisungen unterbinden dürfen.[1030] Dahingehende Weisungen sind deshalb unzulässig.

## e. Ende des Notgeschäftsführeramtes

Das Amt des Notgeschäftsführers kann auf unterschiedliche Art und Weise enden.

### *aa. Abberufung durch das Gericht*

Zunächst kommt parallel zur Bestellung eine Abberufung durch das Gericht in Betracht. Diese kann auf einen entsprechenden Antrag hin erfolgen, nach teilweise vertretener Ansicht auch von Amts wegen[1031]. Vorliegen muss in jedem Fall ein wichtiger Grund für die Abberufung des Notgeschäftsführers.[1032] Ist die Geschäftsführerlosigkeit noch nicht behoben, muss das Gericht gleichzeitig einen neuen Notgeschäftsführer bestellen.[1033] Eine Abberufung allein aufgrund der langen Zeitdauer der Bestellung ist nicht möglich.[1034] Ebenso wenig ist eine solche zulässig, weil die Erforderlichkeit[1035] oder Dringlichkeit[1036] der Bestellung nicht mehr gegeben sind.

### *bb. Abberufung durch die Gesellschafter*

Die Gesellschafter können selbst den Notgeschäftsführer nicht gemäß § 38 GmbHG abberufen.[1037] Dies gilt auch bei Vorliegen eines wichtigen Grundes.[1038] Ein entsprechender Beschluss ist nichtig.[1039] Dahinter steht derselbe Gedanke wie im Rahmen der Weisungsbefugnis der Gesellschafter gegenüber dem

---

1030 Ebd.

1031 In diesem Sinne z. B. Baumbach/Hueck – *Zöllner/Noack*, § 38, Rdn. 98; Lutter/Hommelhoff – *Kleindiek*, Vor § 35, Rdn. 25; gegen die Abberufung von Amts wegen *Hohlfeld*, GmbHR 99, 1294, 1295; ob eine Abberufung von Amts wegen tatsächlich möglich ist, kann hier offen bleiben, da der Frage für die weitere Untersuchung keine Relevanz zukommt.

1032 BayObLG GmbHR 87, 306, 307; Ulmer – *Paefgen*, § 38, Rdn. 74.

1033 OLG Düsseldorf GmbHR 97, 549, 550; Roth/*Altmeppen*, § 6, Rdn. 54.

1034 OLG Düsseldorf GmbHR 97, 549, 550.

1035 Scholz – *U. H. Schneider/S. H. Schneider*, § 6, Rdn. 108.

1036 Ulmer – *Paefgen*, § 35, Rdn. 35.

1037 OLG München GmbHR 94, 259; Ulmer – *Paefgen*, § 38, Rdn. 74; nach a. A. ist Abberufung möglich: *Hohlfeld*, GmbHR 02, 161, 162.

1038 Michalski – *Tebben*, § 6, Rdn. 81.

1039 Roth/*Altmeppen*, § 6, Rdn. 54.

Notgeschäftsführer: Laufen die Weisungen dem Zweck der Notgeschäftsführerbestellung entgegen, sind sie nichtig. Eine Abberufung ohne Behebung des Mangels widerspricht dem Zweck ebenso. Durch eine Abberufung nach § 38 GmbHG könnten sie die Maßnahme verhindern, aufgrund derer die Notgeschäftsführerbestellung vorgenommen wurde und die Gesellschaft so weiterhin handlungsunfähig halten. Infolgedessen könnte Außenstehenden die Möglichkeit genommen werden, gegen die Gesellschaft vorzugehen oder ihr gegenüber Pflichten zu erfüllen.

#### *cc. Möglichkeiten der Gesellschafter auf das Ende des Notgeschäftsführeramtes hinzuwirken*

Es fragt sich, ob die Gesellschafter auf andere Art und Weise das Ende des Notgeschäftsführeramtes herbeiführen können.

#### α. Rechtsmittel gegen den Bestellungsbeschluss des Gerichts

Zunächst einmal können die einzelnen Gesellschafter schon nach der Bestellung des Notgeschäftsführers gegen diese gerichtliche Entscheidung Beschwerde nach § 58 FamFG einlegen, denn alle, die den Antrag analog § 29 BGB stellen können, werden in diesem Zusammenhang auch als beschwerdeberechtigt angesehen.[1040] Liegen allerdings die Voraussetzungen der Notbestellung tatsächlich vor, kann das Rechtsmittel lediglich hinsichtlich der konkreten Person des Notgeschäftsführers Erfolg haben.[1041] Ist diese ungeeignet, muss eine andere Person zum Geschäftsführer der GmbH bestellt werden. Bei deren Auswahl haben die Gesellschafter dann jedoch wie bei der vorherigen gerichtlichen Bestellung kein Beteiligungsrecht, so dass sie auf diese Weise die Besetzung des Gesellschaftsorgans tatsächlich nicht effektiv beeinflussen können.

#### β. Antrag auf Abberufung des Notgeschäftsführers

Ist ein Notgeschäftsführer wirksam bestellt und weiterhin im Amt, können die Gesellschafter – auch einzelne – seine Abberufung beim Gericht beantragen.[1042] Die Abberufung erfolgt wie erwähnt nur bei Vorliegen eines wichtigen Grundes, so dass dem Antrag auch nur unter dieser Voraussetzung entsprochen wird. Lie-

---

1040 BayObLGZ 1978, 243, 247; Lutter/Hommelhoff – *Kleindiek*, Vor § 35, Rdn. 22; zum Notliquidator Scholz – *K. Schmidt*, § 66, Rdn. 39.

1041 Vgl. dazu OLG Düsseldorf, GmbHR 97, 549, 550.

1042 BayObLGZ 1978, 243, 247; Lutter/Hommelhoff – *Kleindiek*, Vor § 35, Rdn. 25.

gen die Voraussetzungen der gerichtlichen Bestellung aber weiterhin vor, ernennt das Gericht zugleich mit der Abberufung einen neuen Notgeschäftsführer.[1043] Allein durch die Beantragung der Abberufung können die Gesellschafter sich wiederum nur gegen die konkrete Person des Notgeschäftsführers wenden. Auch hier haben sie in der Folge kein Recht, die neu zu bestellende Person mit auszuwählen.

γ. Ende des Notgeschäftsführeramtes mit Behebung des Mangels

Das Amt des Notgeschäftsführers endet aber gleichwohl automatisch durch Behebung des Mangels.[1044] Dies ist der Fall bei wirksamer satzungsgemäßer Bestellung des fehlenden Geschäftsführers.[1045] War nur eine tatsächliche oder rechtliche Verhinderung eines Geschäftsführers gegeben, scheidet der Notgeschäftsführer mit Wegfall dieser Verhinderung aus seinem Amt aus.[1046] Sind infolgedessen wieder genügend satzungsgemäß bestellte Geschäftsführer vorhanden, verliert der gerichtlich bestellte Notgeschäftsführer seine Stellung, ohne dass ein Widerruf nötig ist. Grund ist, dass die Voraussetzungen des § 29 BGB nicht mehr gegeben sind. Auf diese Weise soll der Eingriff in die Autonomie der Gesellschaft und ihrer Mitglieder so gering wie möglich gehalten werden.[1047] In der Regel sind die Gesellschafter, wie bereits mehrmals verdeutlicht, für die Bestellung der Geschäftsführer zuständig oder haben zumindest mittelbar Einfluss darauf, weil sie direkten Einfluss auf die alternativ berufenen Organe haben. Demnach haben die Gesellschafter, auch wenn sie den Notgeschäftsführer nicht abberufen können, doch die Möglichkeit sein Amt zu beenden. Sie müssten sich dazu im Fall des Fehlens eines Geschäftsführers auf einen neu zu bestellenden Geschäftsführer einigen. Falls sie das rechtliche Hindernis des regulären Geschäftsführers beeinflussen können, reicht es, dieses zu beseitigen, zum Beispiel den entsprechenden Geschäftsführer vom Verbot des Selbstkontrahierens nach § 181 BGB zu befreien. Gerade in zerstrittenen Gesellschaften, die oftmals geschäftsführerlos sind, ist eine Einigung der Gesellschafter allerdings praktisch häufig schwierig. Vor allem wenn die GmbH nur zwei Mitglieder hat, die untereinander zerstritten sind, erscheint eine Verständigung unter den Gesellschaftern

---

1043 OLG Düsseldorf, GmbHR 97, 549, 550.

1044 BayObLG GmbHR 87, 306, 307; Roth/*Altmeppen*, § 6, Rdn. 54; Scholz – *U. H. Schneider/S. H. Schneider*, § 6, Rdn. 107; nach der Gegenansicht ist noch eine Entlassungsverfügung des Gerichts nötig, vgl. *Grunwald*, S. 160 f.

1045 Michalski – *Tebben*, § 6, Rdn. 81.

1046 MüKoGmbHG – *Stephan/Tieves*, § 35, Rdn. 75.

1047 Dies denkt auch *Bauer*, S. 286 an, der das automatische Ende des Notgeschäftsführeramtes allerdings kritisch sieht.

unwahrscheinlich. Dies wird regelmäßig auch der Grund gewesen sein, der zu der Erforderlichkeit der Notgeschäftsführerbestellung geführt hat. Jedoch besteht immerhin theoretisch die Möglichkeit für die Gesellschafter, dem Mangel abzuhelfen und so das Amt des Notgeschäftsführers zu beenden.

#### *dd. Weitere Gründe für die Beendigung des Notgeschäftsführeramtes*

Das Amt des Notgeschäftsführers endet des Weiteren ebenfalls automatisch, wenn die Bestellung für einen beschränkten Wirkungskreis mit genau definierten Aufgaben erfolgte und diese Aufgaben nun erledigt sind.[1048] Ferner endet es, wenn im Bestellungsbeschluss eine zeitliche Befristung vorgesehen war, mit Ablauf dieser Frist.[1049]

Darüber hinaus ist der Notgeschäftsführer wie ein satzungsgemäß bestellter Geschäftsführer befugt, sein Amt jederzeit, auch ohne wichtigen Grund, niederzulegen.[1050]

### f. Zusammenfassung

Die gerichtliche Bestellung eines Geschäftsführers analog § 29 BGB ist meist aufgrund eines Verhaltens der Gesellschafter erforderlich, die dem Fehlen von Geschäftsführern nicht abhelfen. Das Tätigwerden des Gerichts erfolgt demgemäß aus einer Art Notlage heraus. Entweder die Gesellschafter wollen oder können den Mangel des Geschäftsführungsorgans nicht beheben. Eine funktionierende Vertretung der GmbH ist aber zum Schutz oder im Interesse anderer Personen, Dritter oder auch einzelner Gesellschafter, notwendig. Das Verhalten der Gesellschafter rechtfertigt somit das Eingreifen des Gerichts. Die Gesellschafter haben dann zwar keinen unmittelbaren Einfluss auf die Stellung des Notgeschäftsführers und müssen dementsprechend eine Einschränkung ihrer Befugnisse im Hinblick auf § 38 GmbHG hinnehmen. Ebenso wenig können sie auf die Auswahl der konkreten Person des Notgeschäftsführers Einfluss nehmen. Jedoch könnten sie zumindest theoretisch die Stellung des Notgeschäftsführers beeinflussen, indem sie dem Vertretungsmangel abhelfen. Ergo liegt es jedenfalls auf eine Art und Weise in ihrer Hand, ob die Gesellschaft weiterhin fremdbestimmt ist oder nicht.

---

1048 Lutter/Hommelhoff – *Kleindiek*, Vor § 35, Rdn. 25; a. A. Ulmer – *Paefgen*, § 35, Rdn. 35, weil sonst der Zeitpunkt der Beendigung nicht eindeutig bestimmbar sei.

1049 *Hohlfeld*, GmbHR 02, 161.

1050 Scholz – *U. H. Schneider/S. H. Schneider*, § 6, Rdn. 109; *Hohlfeld*, GmbHR 02, 161, 162.

### g. Vergleich mit der Nachtragsliquidation

Genau wie in den Fällen, in denen eine Notbestellung eines Geschäftsführers erfolgen muss, sind die Gesellschafter auch in der Nachtragsliquidation oftmals nicht mehr in der Lage, ein Geschäftsführungs- und Vertretungsorgan zu bestellen.[1051] Grund dafür kann zum Beispiel sein, dass sie nicht mehr auffindbar sind oder gar nicht mehr existieren, wenn Personenmehrheiten Gesellschafter waren und keinen Rechtsnachfolger haben. Es kann ebenfalls vorkommen, dass sie, selbst wenn ein generelles Interesse an der Beendigung der Gesellschaft angenommen wird, an der konkreten Restabwicklung kein Interesse haben, welches sie zu einem Tätigwerden motivieren könnte. Von einem solchen fehlenden Interesse kann vor allem ausgegangen werden, wenn nicht sie den Antrag gestellt haben und nicht zu erwarten ist, dass ihnen am Ende der Abwicklung noch Vermögen ausgekehrt wird. Hier ist deshalb ebenfalls ein Einschreiten des Gerichts erforderlich und gerechtfertigt.

Anders als bei der Notgeschäftsführerbestellung haben die Gesellschafter im Stadium der Nachtragsliquidation aber keine Möglichkeit mehr, auf die Stellung des Geschäftsführungsorgans einzuwirken. Eine Ausnahme ist lediglich nach der Ansicht zu machen, die jedenfalls nach Löschung aufgrund Vermögenslosigkeit eine Fortsetzung zulässt[1052]. Hier müssen die Gesellschafter dann in der Folge auch wieder den Geschäftsführer bestimmen können. Dies gilt aber erst mit Wirksamkeit des Fortsetzungsbeschlusses, das heißt wenn das Stadium der Nachtragsliquidation schon wieder verlassen wurde. Während der Nachtragsliquidation ist aber nach ganz herrschender Ansicht aufgrund der besonderen Situation, in der die Interessen von außenstehenden Dritten, vor allem der Antragsteller, zu beachten sind, kein Einfluss der Gesellschafter auf das Geschäftsführungsorgan möglich. Die Fremdbestimmung in der Nachtragsliquidation geht somit weiter als im Fall der gerichtlichen Bestellung eines Notgeschäftsführers. Jedoch ist hier auch nur noch eine Restabwicklung erforderlich, während der gerichtlich bestellte Notgeschäftsführer in der werbenden Gesellschaft für die Geschäftsführung (mit-)verantwortlich ist. Zudem hat ein gerichtlich bestellter Notliquidator regelmäßig einen weiteren Aufgabenkreis als ein Nachtragsliquidator.

In der Nachtragsliquidation wird den Gesellschaftern noch nicht einmal ausdrücklich ein Rechtsmittel zugestanden. Gemäß § 402 FamFG kann die Bestellung eines Nachtragsliquidators mit der Beschwerde angegriffen werden. Es ist allerdings umstritten, ob auch die einzelnen Gesellschafter beschwerdeberechtigt

---

1051 Ähnlich *Bork*, JZ 91, 841, 843.

1052 Siehe oben C. V. 2. und die in Fn. 613 f. Genannten.

sind, oder allein die Gesellschaft als solche.[1053] Über letztere kann sich die Gesamtheit oder auch die Mehrheit der Gesellschafter gegen den Bestellungsbeschluss wenden, da sie Einfluss auf die Gesellschaft ausüben können. Vertreten wird die GmbH bei der Beschwerde regelmäßig durch die letzten satzungsgemäß bestellten Geschäftsführer.[1054] Für Minderheitsgesellschafter ist in der Praxis damit aber nicht gesichert, dass sie gegen die Eröffnung der Nachtragsliquidation und die konkrete Person des Liquidators vorgehen können.

Ob aus dem Vorstehenden allerdings gefolgert werden kann oder sogar muss, dass die GmbH in der Nachtragsliquidation nicht mehr als eine solche besteht, sondern eine andere Rechtsform annimmt, kann an dieser Stelle noch nicht entschieden werden. Dafür sind auch die anderen Konstellationen zu untersuchen, in denen eine Fremdbestimmung der GmbH gegeben ist. Insbesondere ist die gerichtliche Notbestellung, gerade im werbenden Stadium, aufgrund der aufgezeigten Unterschiede nicht hinreichend mit der Nachtragsliquidation vergleichbar, um aus ihr Schlüsse für die Ausgestaltung der GmbH in dieser Situation zu ziehen.

## 3. Bestellung und Abberufung der Liquidatoren in der regulären Liquidation

### a. Bestellung durch die Gesellschafter

Wenn ein anderes nicht vorgesehen ist, führen nach § 66 Abs. 1 GmbHG die Geschäftsführer die Liquidation der Gesellschaft durch. Sie sind die geborenen Liquidatoren.[1055] Allerdings können die Gesellschafter nach § 66 Abs. 1 GmbHG bereits im Gesellschaftsvertrag oder später durch Beschluss andere Liquidatoren bestimmen. Die auf diese Art Berufenen sind sogenannte gekorene Liquidatoren.[1056] An der regelmäßigen Liquidatorenbestellung zeigt sich, dass die Gesellschafter auch im Abwicklungsstadium die Leitungsmacht behalten. Sie entscheiden darüber, wer die GmbH liquidiert und ihrem Ende zuführt. Den Gesellschaftern steht in der Liquidationsphase weiterhin die Befugnis zur Wei-

---

1053 Gegen ein Beschwerderecht der Gesellschafter KG OLGZ 1982, 145, 148 für den Fall, dass der Gesellschafter das tatsächliche Vorhandensein von Vermögen bestreitet, sowie Ulmer – *Paura*, § 66, Rdn. 87, § 74, Rdn. 47; für ein Beschwerderecht der Gesellschafter BayObLG BB 95, 2184; KG GmbHR 05, 1613, 1614 hinsichtlich der konkreten Person des Nachtragsabwicklers; MüKoGmbHG – *H. F. Müller*, § 66, Rdn. 87, § 74, Rdn. 50.

1054 Dazu bereits C. I. 1. c., 2. c.

1055 Roth/*Altmeppen*, § 66, Rdn. 14.

1056 Michalski – *Nerlich*, § 66, Rdn. 26, 28.

sungserteilung gegenüber dem Geschäftsführungsorgan zu.[1057] Stehen die gegebenen Weisungen allerdings mit dem Abwicklungszweck, dem Gläubigerschutz oder dem Gesetz in Widerspruch, sind die Liquidatoren nicht verpflichtet, sie zu befolgen.[1058]

## b. Übertragung der Befugnisse des Liquidators auf andere Personen durch den Liquidator selbst

Der Liquidator kann weder sein Amt noch rein tatsächlich die kompletten Liquidationsaufgaben auf andere Personen übertragen, sondern muss die Aufgaben selbst erfüllen.[1059] Er darf sich allerdings Hilfspersonen bedienen, zu denen Prokuristen, Handlungsbevollmächtigte oder einfache Angestellte und Mitarbeiter der GmbH gehören.[1060] Es ist nötig, dass der Liquidator in jedem Fall in der Verantwortung bleibt.[1061] Nur auf diese Weise ist gewährleistet, dass die Gesellschafter noch genügend Einfluss auf ihn und damit die Durchführung der Liquidation haben.

## c. Abberufung durch die Gesellschafter

Eine Abberufung der nicht vom Gericht bestellten Liquidatoren ist nach § 66 Abs. 3 S. 2 GmbHG jederzeit durch einen Beschluss der Gesellschafter möglich. Auf gerichtlich bestellte Liquidatoren ist später noch gesondert einzugehen. Uneinigkeit herrscht hinsichtlich der Frage, ob die Gesellschafter selbst ihre Befugnis beschränken können, indem sie die Möglichkeit der Abberufung entsprechend der Regelung beim Geschäftsführer (§ 38 Abs. 2 GmbHG) an besondere Voraussetzungen knüpfen.

### *aa. Statutarische Beschränkung auf wichtigen Grund nicht zulässig*

Nach einer stark vertretenen Meinung kann die Befugnis zur Abberufung der Liquidatoren in der Satzung nicht, wie es bei den Geschäftsführern nach § 38 Abs. 2 GmbHG möglich ist, auf das Vorliegen eines wichtigen Grundes beschränkt werden.[1062] Die Gesellschafter können ihre Kompetenzen in dieser Hin-

---

1057 MüKoGmbHG – *H. F. Müller*, § 69, Rdn. 43.

1058 Baumbach/Hueck – *Haas*, § 70, Rdn. 12; Michalski – *Nerlich*, § 70, Rdn. 7.

1059 KGJ 37, 164, 166; Rowedder/Schmidt-Leithoff – *Rasner*, § 70, Rdn. 2.

1060 Rowedder/Schmidt-Leithoff – *Rasner*, § 70, Rdn. 2.

1061 MüKoGmbHG – *H. F. Müller*, § 70, Rdn. 6.

1062 Lutter/Hommelhoff – *Kleindiek*, § 66, Rdn. 11; Roth/*Altmeppen*, § 66, Rdn. 47; Rowedder/Schmidt-Leithoff – *Rasner*, § 66, Rdn. 26 und die in den folgenden Fußnoten

sicht demnach nicht selbst einschränken. Grund hierfür soll sein, dass eine dem § 38 Abs. 2 GmbHG entsprechende Regelung für die Liquidatoren fehlt und auch § 71 Abs. 4 GmbHG hinsichtlich ihrer Rechte und Pflichten nicht auf § 38 GmbHG verweist.[1063] Des Weiteren wird die besondere Interessenlage im Liquidationsstadium als Argument gegen die Möglichkeit der Beschränkung vorgebracht.[1064] Die für den Geschäftsführer geltenden Grundsätze und Regelungen, also auch § 38 Abs. 2 GmbHG, könnten danach nicht einfach auf einen Liquidator übertragen werden.[1065] Der Geschäftsführer habe regelmäßig die Geschäfte der Gesellschaft auf unbestimmte Zeit zu führen, während die Aufgabe des Liquidators zeitlich begrenzt sei und auf die Beendigung der GmbH ziele.[1066] Nach Erfüllung aller Aufgaben und Löschung der Gesellschaft ende das Amt des Liquidators deshalb auch automatisch.[1067] Weil der Liquidator eine schwächere Stellung habe als der Geschäftsführer[1068] und in der Liquidation das Interesse der Gesellschafter an einer für sie möglichst vorteilhaften Abwicklung zu beachten sei, solle die Abberufung des Liquidators nicht erschwert werden können.

*bb. Statutarische Beschränkung entsprechend § 38 Abs. 2 GmbHG möglich*

Nach der entgegenstehenden Mindermeinung ist eine Beschränkung der Befugnisse der Gesellschafter wie bei § 38 Abs. 2 GmbHG sehr wohl möglich.[1069] Es bestehe kein Anlass für die von der herrschenden Meinung gemachte Einschränkung der Vertragsfreiheit.[1070] Eine solche erfordere außerdem eine klare gesetzliche Grundlage und sei ohne diese nicht zu rechtfertigen.[1071] Allein aus dem Fehlen einer dem § 38 Abs. 2 GmbHG entsprechenden Regelung könne nicht geschlossen werden, dass eine Abweichung vom Grundsatz der freien Abberufbarkeit nicht vereinbart werden könne.[1072] Die Gesellschafter sind danach frei, die Abberufung des Liquidators zu erschweren. Ist ein wichtiger Grund gegeben, können sie den Liquidator aber immer noch austauschen. Hiernach haben es je-

---

Genannten.

1063 *Meyer-Landrut*/Miller/Niehus, § 66, Rdn. 15.

1064 Roth/*Altmeppen*, § 66, Rdn. 47.

1065 *Meyer*, GmbHR 98, 1018.

1066 KG GmbHR 98, 1039, 1040.

1067 *Passarge*/Torwegge, Rdn. 142.

1068 KG GmbHR 98, 1039, 1040.

1069 Scholz – *K. Schmidt*, § 66, Rdn. 44; Ulmer – *Paura*, § 66, Rdn. 57.

1070 Baumbach/Hueck – *Haas*, § 66, Rdn. 24.

1071 MüKoGmbHG – *H. F. Müller*, § 66, Rdn. 63.

1072 Ebd.

denfalls die Gesellschafter selbst in der Hand, über eine Beschränkung ihrer Kompetenzen zu entscheiden.

*cc. Wichtiger Grund für die Abberufung nötig bei einem Sonderrecht*

Anerkannt ist, dass der Gesellschaftsvertrag einzelnen Gesellschaftern ein Sonderrecht auf das Amt des Liquidators einräumen kann.[1073] Ist dies der Fall, geht die Liquidatorenbestimmung aber ebenfalls von den Gesellschaftern aus, da sie den Vertrag ursprünglich mit der Zusicherung des Sonderrechts geschlossen haben, beziehungsweise ihn durch ihren Beitritt gebilligt haben. Es herrscht Einigkeit darüber, dass für die Abberufung eines Gesellschafter-Liquidators mit Sonderrecht ein wichtiger Grund vorliegen muss, wenn der Gesellschafter seiner Abberufung nicht zustimmt.[1074] Die Mitglieder sind somit, anders als sonst, in der Abwicklungsphase nicht mehr frei in ihrer Entscheidung über die Person des Liquidators. Grundsätzlich können sie nach der Auflösung jederzeit durch Beschluss einen anderen Liquidator bestimmen, auch wenn schon in der Satzung einer benannt wurde.[1075] Dies ist ihnen nicht möglich, wenn ein Liquidator mit Sonderrecht bestellt wurde. Jedoch haben sich die Gesellschafter diese Einschränkung ihrer Befugnisse selbst auferlegt. Im Ergebnis besteht deshalb kein Zweifel daran, dass sie es sind, die über die Leitung der Gesellschaft entscheiden.

## d. Keine fortbestehende Befugnis des Aufsichtsrates in mitbestimmter GmbH

Hinsichtlich der mitbestimmten GmbH wird ganz überwiegend davon ausgegangen, dass die Befugnis des Aufsichtsrates, nach § 31 MitbestG beziehungsweise § 12 MontanMitbestG jeweils in Verbindung mit § 84 AktG die Geschäftsführer zu bestellen und abzuberufen, im Liquidationsstadium nicht mehr besteht.[1076] Es verbleibt vielmehr bei der Regelung des § 66 GmbHG.[1077] Dies gilt auch für den Fall, dass noch Arbeitnehmerinteressen berührt werden.[1078] Grund für die Änderung der Zuständigkeiten aufgrund der Auflösung ist, dass für das Liquidationsstadium kein Verweis auf eine Norm, die eine Zuständigkeit des Aufsichtsrates anordnet, existiert. Durchbrechungen der an sich für die

1073 Ulmer – *Paura*, § 66, Rdn. 22.
1074 Michalski – *Nerlich*, § 66, Rdn. 66; Scholz – *K. Schmidt*, § 66, Rdn. 44.
1075 Vgl. Baumbach/Hueck – *Haas*, § 66, Rdn. 14.
1076 Vgl. Michalski – *Nerlich*, § 66, Rdn. 8.
1077 Baumbach/Hueck – *Haas*, § 66, Rdn. 15; Scholz – *K. Schmidt*, § 66, Rdn. 32.
1078 Ulmer – *Paura*, § 66, Rdn. 24, 58.

GmbH geltenden Kompetenzordnung durch die Mitbestimmungsgesetze müssen aber ausdrücklich im Gesetz genannt sein.[1079] Dies hat der Gesetzgeber an den Stellen getan, wo er eine Kompetenzverlagerung für erforderlich hielt.[1080] Danach geht in den mitbestimmten Gesellschaften, in denen sonst das Geschäftsführungsorgan vom Aufsichtsrat bestellt wird, im Auflösungszeitpunkt die Befugnis zur Bestellung und Abberufung dieses Organs auf die Gesellschafter über oder, wenn eine Übertragung der Befugnis zugelassen wird[1081], auf das zur Bestellung berufene Organ. Dafür spricht auch, dass in der Aktiengesellschaft, in der regelmäßig der Aufsichtsrat den Vorstand gemäß § 84 AktG bestellt und abberuft, mit dem Auflösungszeitpunkt diese Kompetenz nach § 265 Abs. 2, Abs. 5 AktG auf die Hauptversammlung übergeht. So wird das Verwertungsinteresse der Aktionäre, welches bei der Liquidation eine große Rolle spielt, berücksichtigt.[1082] Entsprechendes muss dann auch für die GmbH gelten, in der zuvor ein Aufsichtsrat für die Bestimmung der Geschäftsführung zuständig war.

## e. Möglichkeit der Übertragung der Bestellungs- und Abberufungskompetenz

Streitig ist, ob die Befugnis zur Bestellung und Abberufung der Liquidatoren durch die Satzung oder durch Beschluss der Gesellschafter auf andere Organe, wie einen Aufsichtsrat, auf einzelne Gesellschafter oder auf Dritte übertragen werden kann.

### *aa. Kompetenzübertragung unzulässig*

Die herrschende Meinung lehnt die Möglichkeit der Übertragung der Bestellungs- und Abberufungskompetenz bezüglich des Liquidators grundsätzlich ab.[1083] Auch eine Übertragung auf einen etwaig bestehenden Aufsichtsrat soll danach nicht möglich sein.[1084] Schon die Auswahl eines Liquidators könne keinem Dritten überlassen werden.[1085] Überwiegend wird § 66 Abs. 1 GmbHG zwingender Charakter beigemessen, so dass die daraus folgende Befugnis der Gesellschafter zu den ihnen unentziehbar zugewiesenen Zuständigkeiten

---

1079 Ulmer – *Paura*, § 66, Rdn. 24.

1080 Ebd.

1081 Dazu sogleich unter e.

1082 K. Schmidt/Lutter – *Riesenhuber*, § 265, Rdn. 1a.

1083 RGZ 145, 99, 104; Baumbach/Hueck – *Haas*, § 66, Rdn. 13, 24.

1084 Rowedder/Schmidt-Leithoff – *Rasner*, § 66, Rdn. 7.

1085 Rowedder/Schmidt-Leithoff – *Rasner*, § 66, Rdn. 9.

zählt.[1086] Auch ein Sonderrecht einzelner Gesellschafter auf Bestellung von Liquidatoren ist danach unzulässig.[1087]

### *bb. Kompetenzübertragung zulässig*

Nach der Gegenansicht ist die Bestellungs- und Abberufungskompetenz der Gesellschafter jedoch dispositiv.[1088] Eine Einschränkung der Satzungsautonomie, wie sie die herrschende Meinung annimmt, sei nicht überzeugend.[1089] Vielmehr könne im Gesellschaftsvertrag eine andere Regelung vorgesehen werden. Als Argument wird vorgetragen, die Kompetenzen der Gesellschafter seien, soweit sie reichen, übertragbar, weil das GmbH-Recht weitgehend dispositiv sei.[1090] Dass dies auch in der Liquidationsphase Gültigkeit habe, zeige § 69 GmbHG, der auf die allgemein für die GmbH geltenden Regeln verweist.[1091] Ein Schutz der Gesellschafter vor sich selbst, sei darüber hinaus nicht erforderlich, denn sie könnten die Kompetenzübertragung durchaus für sinnvoll halten.[1092] Allerdings ist nach dieser Ansicht wie bei der Bestellungs- und Abberufungsbefugnis hinsichtlich der Geschäftsführer eine Übertragung der Kompetenz auf gesellschaftsfremde Dritte nicht möglich, sondern nur auf andere Gesellschaftsorgane.[1093] Dritte müssen auch hier in die Gesellschaftsorganisation eingebunden werden und den Status eines Organs erhalten, damit sie die Liquidatoren bestellen oder abberufen können. Ein Sonderrecht eines einzelnen Gesellschafters auf die Liquidatorenbestellung ist nach dieser Ansicht ebenfalls zulässig, weitergehend sogar eine Kooptation durch die anderen Liquidatoren.[1094] Wie grundsätzlich bei der Übertragung von Befugnissen der Gesellschafter auf andere Organe bleibt es auch in diesem Fall bei einer Ersatzzuständigkeit der Gesellschafter für den Fall der Funktionsunfähigkeit des berufenen Organs.[1095] So wird die Kompetenz der Gesellschafter zur Bestellung und Abberufung der Liquidatoren nicht vollkommen ausgeschlossen.

---

1086 OLG Hamburg RJA 12, 224, 225; Hachenburg – *Hohner*, § 66, Rdn. 47; Rowedder/Schmidt-Leithoff – *Koppensteiner*, § 45, Rdn. 13.

1087 Hachenburg – *Hohner*, § 66, Rdn. 15.

1088 Ulmer – *Paura*, § 66, Rdn. 2; Scholz – *K. Schmidt*, § 66, Rdn. 10.

1089 MüKoGmbHG – *H. F. Müller*, § 66, Rdn. 26.

1090 Ebd.; Ulmer – *Paura*, § 66, Rdn. 58.

1091 MüKoGmbHG – *H. F. Müller*, § 66, Rdn. 26; Scholz – *K. Schmidt*, § 66, Rdn. 10.

1092 MüKoGmbHG – *H. F. Müller*, § 66, Rdn. 26.

1093 Ulmer – *Paura*, § 66, Rdn. 19, 23.

1094 Scholz – *K. Schmidt*, § 66, Rdn. 10; Ulmer – *Paura*, § 66, Rdn. 23.

1095 Scholz – *K. Schmidt*, § 66, Rdn. 10.

*cc. Zwischenergebnis*

Unabhängig davon, welcher Ansicht in diesem Streit gefolgt wird, geht im Ergebnis die Leitungsmacht von den Gesellschaftern aus. Die Vertreter der herrschenden Ansicht werten die Einflussmöglichkeiten der Gesellschafter in der Abwicklungsphase höher und versagen deshalb die Kompetenzübertragung. Den Gesellschaftern gebührt in der Regel der Liquidationserlös, so dass ihr Interesse an einer ertragreichen Liquidation weitergehend zu beachten ist. Um dieses Interesse zu sichern, soll ihnen auf diese Weise ein möglichst großer und direkter Einfluss auf die Liquidatoren gegeben werden. Aber selbst wenn mit der Gegenansicht die konkrete Bestellung und Abberufung der Liquidatoren einem anderen Organ überlassen werden kann, haben die Gesellschafter doch immer noch Einfluss auf dieses – regelmäßig durch sie geschaffene – Organ und damit auch mittelbar auf die Liquidatoren.

## f. Vergleich mit der Nachtragsliquidation

In der Nachtragsliquidation haben die Gesellschafter keinen Einfluss auf die Bestimmung des Abwicklers. Sie können lediglich unverbindliche Vorschläge unterbreiten. In der regulären Abwicklung bestellen sie nach herrschender Meinung selbst die Liquidatoren, wenn nicht die später noch darzustellende gerichtliche Zuständigkeit greift. Dass überwiegend die Bestimmung der Liquidatoren zu den unentziehbaren Kompetenzen der Gesellschafter gezählt wird, zeigt, dass die Leitungsmacht gerade in der Liquidationsphase für sehr bedeutend gehalten wird. Auch nach der Mindermeinung, die eine Übertragung der Bestellungs- und Abberufungskompetenz zulässt, haben sie immerhin noch mittelbaren Einfluss auf die Bestellung der Liquidatoren. In der Nachtragsliquidation können sie sich demgegenüber lediglich gegen die gerichtliche Bestellung wehren, indem sie Beschwerde gemäß § 402 FamFG einlegen. Mit Sicherheit wird eine solche wie oben gezeigt allerdings nur als zulässig erachtet, wenn die Gesellschafter durch den früheren Geschäftsführer im Namen der GmbH Beschwerde einlegen, weil ein Beschwerderecht der einzelnen Gesellschafter nicht allgemein anerkannt ist. Bei einer erneuten gerichtlichen Bestimmung des Liquidators steht ihnen dann aber wiederum kein Mitspracherecht zu.

Im Vergleich mit der regulären Liquidation, in der der Zuständigkeit der Gesellschafter für die Bestimmung der Liquidatoren eine große Rolle beigemessen wird, spricht vieles dafür, dass die GmbH in der Nachtragsliquidation nicht mehr eine solche sein kann, sondern vielmehr eine andere Form angenommen haben muss. Diesem Schluss stehen jedoch wiederum Sinn und Zweck der gerichtlichen Bestellung entgegen, die zum Schutz und im Interesse des Rechtsverkehrs sowie von Dritten geboten ist. Um ein deutlicheres Ergebnis zu erlangen, soll im Folgenden noch die mögliche gerichtliche Bestellung und Abberufung von Liquidatoren nach § 66 Abs. 2, Abs. 3 S. 1 GmbHG betrachtet werden. Wenn diese mit der Situation in der Nachtragsliquidation vergleichbar ist, die GmbH aber trotzdem noch als solche besteht, könnte der Autonomieverlust in der Nachtragsliquidation für den Fortbestand als juristische Person ebenfalls unschädlich sein.

## 4. Gerichtliche Liquidatorenbestellung und -abberufung nach § 66 Abs. 2, Abs. 3 S. 1 GmbHG

In § 66 Abs. 2 GmbHG ist eine außerordentliche Liquidatorenbestellung durch das Gericht bei Vorliegen eines wichtigen Grundes vorgesehen. Diese Bestellung ist anders als die Notbestellung analog §§ 48, 29 BGB grundsätzlich eine dauerhafte.[1096] Entsprechend Absatz 2 regelt § 66 Abs. 3 S. 1 GmbHG die gerichtliche Abberufung von Liquidatoren aus wichtigem Grund.

### a. Erforderlichkeit eines Antrags und Antragsbefugnis

Voraussetzung für die Bestellung und die Abberufung ist ein entsprechender Antrag. Den Antrag können nur Gesellschafter stellen, die allein oder bei Beantragung durch mehrere zusammen mindestens 10% des Stammkapitals der GmbH halten.[1097] Das Antragsrecht aus § 66 Abs. 2, Abs. 3 S. 1 GmbHG gehört zu den unentziehbaren Minderheitsrechten der Gesellschafter.[1098] Es kann nicht auf Dritte übertragen werden.[1099] Wollen letztere eine gerichtliche Liquidatorenbestellung erreichen, müssen sie einen Antrag gemäß §§ 48, 29 BGB analog stellen. Grund für das Gesellschafterrecht aus § 66 Abs. 2, Abs. 3 GmbHG ist der besondere Schutz, den Minderheitsgesellschafter in der Liquidation benötigen.[1100] Damit soll der Gefahr begegnet werden, dass die Mehrheitsgesellschafter die Liquidation zu ihren Gunsten beeinflussen, indem sie den Liquidator zum Beispiel anhalten, ihnen gegenüber günstige Geschäfte vorzunehmen oder sie bei der Vermögensverteilung zu bevorzugen.[1101] Um eine unparteiische und gerechte Verwertung und Verteilung des Vermögens zu erreichen, kann deshalb gegebenenfalls eine neutrale Person als Liquidator notwendig werden.

---

1096 Michalski – *Nerlich*, § 66, Rdn. 53.
1097 Baumbach/Hueck – *Haas*, § 66, Rdn. 19.
1098 Vgl. MüKoGmbHG – *H. F. Müller*, § 66, Rdn. 29.
1099 Michalski – *Nerlich*, § 66, Rdn. 37.
1100 *Kühn*, S. 66.
1101 Vgl. MüKoGmbHG – *H. F. Müller*, § 66, Rdn. 27.

### b. Von der gerichtlichen Abberufungsbefugnis erfasste Liquidatoren

Die Abberufungsbefugnis des Gerichts aus § 66 Abs. 3 S. 1 GmbHG bezieht sich auf sämtliche Liquidatoren, unabhängig von der Art ihrer Bestellung.[1102] Es können also nicht nur gerichtlich bestellte Liquidatoren vom Gericht abberufen werden, sondern alle. Auch ein satzungsgemäßes Sonderrecht hindert nicht die Abberufung aus wichtigem Grund durch das Gericht.[1103]

### c. Voraussetzung der gerichtlichen Zuständigkeit: Vorliegen eines wichtigen Grundes

Ein wichtiger Grund, der eine Bestellung rechtfertigt, kann vorliegen, wenn weniger als die erforderliche Anzahl an Liquidatoren vorhanden ist und die Gesellschafter sich nicht auf eine Person als Liquidator einigen können oder wenn die Mehrheit eine Bestellung generell blockiert.[1104] Durch die gerichtliche Bestellung wird die Handlungsfähigkeit der Gesellschaft sichergestellt.[1105] Ein lediglich vorübergehendes Fehlen eines Liquidators reicht nicht aus, da ansonsten die Minderheit, die auf regulärem Wege kein Vertretungsorgan bestimmen kann, die Bestellung eines Liquidators durchsetzen könnte, deren Abberufung der Mehrheit dann nicht nach § 66 Abs. 3 S. 2 GmbHG möglich wäre.[1106] Auf diese Weise könnte die Minderheit das Prinzip der Mehrheitsentscheidung unterlaufen.

Sind genügend Liquidatoren bestellt, kann ein wichtiger Grund zur Liquidatorenbestellung vorliegen, wenn die vorhandenen Liquidatoren ihr Amt nicht ordnungsgemäß ausüben und deshalb eine ordentliche Abwicklung nicht zu erwarten ist, so dass der Abwicklungszweck gefährdet wird.[1107] In diesem Fall werden die Anträge der Absätze 2 und 3 regelmäßig verbunden und der vorhandene Liquidator abberufen, während ein neuer bestellt wird.[1108] Das Fehlverhalten des vorhandenen Liquidators, das eine Abberufung rechtfertigt, kann in einer groben Pflichtverletzung seinerseits oder der Unfähigkeit zur ordnungsgemäßen Geschäftsführung liegen.[1109] Ebenso kommt die Neubestellung eines anderen

---

1102 Michalski – *Nerlich*, § 66, Rdn. 68.

1103 Ulmer – *Paura*, § 66, Rdn. 62; Scholz – *K. Schmidt*, § 66, Rdn. 45.

1104 Hachenburg – *Hohner*, § 66, Rdn. 29; MüKoGmbHG – *H. F. Müller*, § 66, Rdn. 32; anders Baumbach/Hueck – *Haas*, § 66, Rdn. 20, der für die Bestellung eines Notliquidators analog §§ 48 Abs. 1, 29 BGB eintritt, wenn nicht genügend Liquidatoren vorhanden sind.

1105 MüKoGmbHG – *H. F. Müller*, § 66, Rdn. 27.

1106 Scholz – *K. Schmidt*, § 66, Rdn. 19.

1107 OLG Köln GmbHR 03, 360, 362; Lutter/Hommelhoff – *Kleindiek*, § 66, Rdn. 11.

1108 Vgl. BayObLG BB 96, 234.

1109 BayObLGZ 1987, 222, 227; OLG Düsseldorf NZG 98, 853, 854; Ulmer – *Paura*, § 66,

Liquidators in Betracht, wenn Tatsachen Bedenken gegen die Unparteilichkeit des vorhandenen Liquidators begründen.[1110] Hier ist denkbar, dass der Liquidator einzelne Gesellschafter bei der Verwertung des Vermögens bevorzugt.[1111] Auch bei der Gefahr einer Interessenkollision kann es zu einer gerichtlichen Abberufung und darauf folgender Neubestellung eines Abwicklers kommen.[1112] Streitigkeiten unter den Beteiligten müssen jedoch nicht zwangsläufig zu einer gerichtlichen Abberufung von Liquidatoren führen. Vielmehr kommt es im Einzelfall darauf an, ob eine ordnungsgemäße Verwertung und gerechte Verteilung des Gesellschaftsvermögens noch gewährleistet ist und den Interessen der Mitglieder, vor allem der Gesellschafterminderheit, ausreichend Rechnung getragen wird.[1113] Das Vorliegen eines wichtigen Grundes kommt hier insbesondere in Betracht, wenn das Vertrauensverhältnis zur Minderheit so weit erschüttert ist, dass eine Abberufung des vorhandenen und die Bestellung eines neuen Liquidators angezeigt erscheinen.[1114] Allein das Fehlen von Vertrauen der Minderheit in einen Liquidator stellt keinen wichtigen Grund für seine Abberufung dar.[1115] Ansonsten würde die Berechtigung der Mehrheit, einen der Minderheit nicht genehmen Liquidator zu bestellen, ausgehöhlt.[1116]

Die gerichtliche Bestellung eines Liquidators nach § 66 Abs. 2 GmbHG kann aber auch bei Vorhandensein von Liquidatoren ohne deren Abberufung in Betracht kommen, um ihnen bei der Abwicklung Unterstützung zukommen zu lassen oder damit der neu bestellte Liquidator die schon vorhandenen kontrolliert.[1117]

Das Gericht ist auch befugt, unabhängig von einer Neubestellung lediglich einen vorhandenen Liquidator abzuberufen. Eine Neubestellung wird nur nötig, wenn durch die Abberufung nicht mehr genügend Liquidatoren vorhanden sind. Sind aber weiterhin ausreichend Liquidatoren vorhanden, die die Abwicklung durchführen können, vor allem im Hinblick auf die Vertretung der Gesellschaft, muss das Gericht nicht gleichzeitig mit der Abberufung eine Neubestellung vornehmen. Grund dafür ist, dass in diesem Fall kein wichtiger Grund für eine

---

Rdn. 40.

1110 BayObLGZ 1987, 222, 227; MüKoGmbHG – *H. F. Müller*, § 66, Rdn. 34.

1111 Ulmer – *Paura*, § 66, Rdn. 62.

1112 BayObLGZ 1987, 222, 227 f.; Scholz – *K. Schmidt*, § 66, Rdn. 45.

1113 OLG Frankfurt GmbHR 06, 493; vgl. dazu auch Scholz – *K. Schmidt*, § 66, Rdn. 45; MüKoGmbHG – *H. F. Müller*, § 66, Rdn. 34.

1114 Rowedder/Schmidt-Leithoff – *Rasner*, § 66, Rdn.14.

1115 Hachenburg – *Hohner*, § 66, Rdn. 50.

1116 Ebd.

1117 Ulmer – *Paura*, § 66, Rdn. 39.

Neubestellung gegeben ist und der Eingriff des Gerichts nicht weiter ausgedehnt werden soll als notwendig.

## d. Entscheidung des Gerichts

Das Gericht hat im Rahmen von § 66 Abs. 2, Abs. 3 S. 1 GmbHG keinen Ermessensspielraum hinsichtlich der Ernennung oder Abberufung eines Liquidators. Das „kann" im Wortlaut bedeutet hier nur eine Zuständigkeitszuweisung, beinhaltet aber kein Ermessen.[1118] Liegen die Voraussetzungen vor, muss das Gericht tätig werden und einen Liquidator bestellen beziehungsweise abberufen.[1119] Der unbestimmte Rechtsbegriff „wichtiger Grund" ist jedoch konkretisierungsbedürftig, so dass dem Gericht ein voll überprüfbarer Beurteilungsspielraum zusteht.[1120] Ein Ermessen hat das Gericht lediglich in Bezug auf die konkrete Person, die bestellt wird, die Anzahl der Liquidatoren und die Ausgestaltung der Vertretungsverhältnisse.[1121] Hierbei ist das Gericht nicht an die in der Satzung getroffene Bestimmung gebunden.[1122]

## e. Stellung des gerichtlich bestellten Abwicklers

Der nach § 66 Abs. 2 GmbHG bestellte Liquidator hat dieselbe Stellung gegenüber der Gesellschaft wie ein nach Absatz 1 bestellter.[1123] Ihn treffen dieselben Rechte und Pflichten. Sein Vergütungsanspruch richtet sich dementsprechend allein gegen die GmbH.[1124] Grundsätzlich unterliegt er auch den Weisungen der Gesellschafter. Widersprechen diese aber dem Liquidationszweck oder dem Gesetz, muss er ihnen ebenso wenig wie ein regulär bestellter Liquidator Folge leisten. Um den Schutz der Minderheit tatsächlich zu gewährleisten, müssen auch solche Weisungen nicht befolgt werden, die sich zwar generell noch im zulässigen Rahmen halten, aber zu einer Bevorteilung der Mehrheit und damit zu einer ungerechten Verwertung des Gesellschaftsvermögens führen. Denn jene soll durch die gerichtliche Bestellung gerade vermieden werden.

---

1118 Hachenburg – *Hohner*, § 66, Rdn. 32.
1119 Michalski – *Nerlich*, § 66, Rdn. 40.
1120 BayObLG GmbHR 87, 306, 307.
1121 Baumbach/Hueck – *Haas*, § 66, Rdn. 21.
1122 Scholz – *K. Schmidt*, § 66, Rdn. 22.
1123 Roth/*Altmeppen*, § 66, Rdn. 40.
1124 BayObLGZ 1975, 260, 262.

### f. Abberufbarkeit des gerichtlich bestellten Liquidators

#### *aa. Durch die Gesellschafter*

Obwohl er dieselbe Stellung wie ein regulär bestellter Liquidator hat, kann der gerichtlich bestellte Liquidator nicht nach § 66 Abs. 3 S. 2 GmbHG von den Gesellschaftern aus seinem Amt abberufen werden. Nur das Gericht ist gemäß § 66 Abs. 3 S. 1 GmbHG befugt, die Abberufung des von ihm selbst bestellten Liquidators auszusprechen. Jedoch können die Gesellschafter versuchen, die Stellung des gerichtlich bestellten weitgehend auszuhöhlen, indem sie weitere Liquidatoren bestimmen und die Befugnisse des gerichtlich bestellten Abwicklers im Innenverhältnis durch Geschäftsverteilungsregeln möglichst gering halten.[1125] Es kann dann allerdings im Interesse des Minderheitenschutzes die Abberufung des regulär bestellten Liquidators geboten sein, wenn dadurch die Position des gerichtlich bestellten so weitgehend beeinträchtigt wird, dass eine ordnungsgemäße Abwicklung gefährdet erscheint.[1126] Das Minderheitenrecht aus § 66 Abs. 2 GmbHG und die gerichtliche Bestellung dürfen jedenfalls nicht durch die Maßnahmen der Gesellschaftermehrheit unterlaufen werden.[1127]

#### *bb. Durch das Gericht*

Sind die wichtigen Gründe, welche die gerichtliche Bestellung gerechtfertigt haben, weggefallen, kann und muss das Gericht den Liquidator nach § 66 Abs. 3 S. 1 GmbHG wieder abberufen.[1128] Ansonsten könnte ein gerichtlich bestellter Liquidator nicht mehr abberufen werden, wenn kein wichtiger Grund im Sinne von § 66 Abs. 3 S. 1 GmbHG dafür vorliegt, auch wenn nun auf regulärem Wege ausreichend fähige und neutrale Liquidatoren bestellt wurden.[1129]

### g. Rechtsmittel gegen die gerichtliche Bestellung und Abberufung

Gegen die gerichtliche Bestellung und die Abberufung jedenfalls eines regulär bestellten Liquidators kann die Gesellschaft Beschwerde nach §§ 402 Abs. 1, 375 Nr. 6 FamFG einlegen.[1130] Ebenso können die einzelnen Gesellschafter Beschwerde einlegen, da sie in ihrem Mitgliedschaftsrecht betroffen sind.[1131] Die

1125 Hachenburg – *Hohner*, § 66, Rdn. 48.
1126 Ebd.
1127 Ebd.
1128 Hachenburg – *Hohner*, § 66, Rdn. 51.
1129 Vgl. Michalski – *Nerlich*, § 66, Rdn. 69.
1130 BayObLG NJW-RR 90, 52, 53; Baumbach/Hueck – *Haas*, § 66, Rdn. 22, 27.
1131 BayObLGZ 1976, 126, 128; OLG Düsseldorf NZG 98, 853, 854 mit der Einschrän-

Beschwerde kann sich dabei generell gegen die Bestellung oder Abberufung richten oder für den Fall einer Bestellung auch gegen die konkrete Person des gerichtlich Bestellten.

### h. Zwischenergebnis

Trotz der Befugnis des Gerichts, in bestimmten Fällen die Liquidatoren zu bestellen oder abzuberufen, führt dies im Hinblick auf den Status der Gesellschaft zu keinen Veränderungen. Sie besteht weiterhin als juristische Person, mithin als GmbH. Die Zuständigkeit des Gerichts nach § 66 Abs. 2, Abs. 3 S. 1 GmbHG soll für eine ordnungsgemäße Liquidation sorgen. Dabei sollen insbesondere die Interessen der Minderheit berücksichtigt werden. Damit dieser Schutz der Minderheit von der Mehrheit nicht einfach zunichte gemacht werden kann, hat der gerichtlich bestellte Liquidator eine relativ starke Stellung und kann nicht von den Gesellschaftern abberufen werden. Auf diese Weise verlieren die Gesellschafter einen Teil der ihnen grundsätzlich zustehenden Leitungsmacht, was zum Schutz der anderen Gesellschafter, namentlich der Minderheit, erforderlich ist.

Die von der herrschenden Meinung nicht zugelassene Übertragung der Befugnis zur Liquidatorenbestellung zeigt, wie wichtig gerade im Liquidationsstadium die Selbstbestimmung der Gesellschafter ist. Sie soll jedoch nicht zu einer Übermacht der Mehrheit und damit einer Benachteiligung der Minderheit führen. Dies ist gerade im Stadium der Liquidation wichtig, während es im Vergleich dazu im werbenden Stadium unbedeutender ist. In letzterem spielt das Interesse der Gesellschaft selbst eine größere Rolle. Jenes der Gesellschafter ist regelmäßig nur insoweit relevant, als es um den Wert ihrer Beteiligung und damit die später zu erwartende Liquidationsquote beziehungsweise den Verkaufserlös ihrer Beteiligung geht. Dieses Interesse tritt mit der Auflösung der GmbH hervor und ist in der Liquidation besonders zu schützen. Damit nicht nur die Mehrheitsgesellschafter aufgrund der ihnen gegebenen Möglichkeit der Beschlussfassung von der Stärkung der Stellung der Gesellschafter in der Abwicklungsphase profitieren, sondern auch die Minderheit, muss deren Stellung besonders gesichert werden. Dies erfolgt über das ihr zustehende Antragsrecht zur gerichtlichen Bestellung und Abberufung der Liquidatoren und indirekt dann auch durch den gerichtlich Bestellten. Droht eine Benachteiligung der Minder-

---

kung, dass der Gesellschafter am Bestellungsbeschluss des abberufenen Liquidators mitgewirkt haben muss; Baumbach/Hueck – *Haas*, § 66, Rdn. 22, 27; Hachenburg – *Hohner*, § 66, Rdn. 36, 53; MüKoGmbHG – *H. F. Müller*, § 66, Rdn. 47, 66; Scholz – *K. Schmidt*, § 66, Rdn. 23, 47.

heit, kann das Gericht deshalb unter den oben dargestellten Voraussetzungen Liquidatoren bestellen oder von der Mehrheit bestellte Abwickler abberufen. Dabei kann die Fremdbestimmung so weit gehen, dass ausschließlich vom Gericht bestellte Liquidatoren für die GmbH tätig werden und kein einziger aus der Gesellschaft heraus bestellter mehr das Amt bekleidet. Erst wenn die Gesellschafter für eine ordnungsgemäße Durchführung der Abwicklung sorgen, indem sie geeignete Liquidatoren bestellen, welche die Interessen aller Gesellschafter gleichermaßen berücksichtigen, kann die durch die gerichtliche Liquidatorenbestellung eingetretene Fremdbestimmung entfallen, so dass das Gericht befugt ist, die von ihm selbst bestellten Liquidatoren auch ohne Vorliegen eines wichtigen Grundes abzuberufen. In der Folge kann die Abwicklung der GmbH wieder auf herkömmliche Weise vollkommen aus ihr selbst heraus durchgeführt werden.

### i. Vergleich mit der Situation in der Nachtragsliquidation

Es ist nun zu erwägen, ob hieraus Schlüsse für die Ausgestaltung der Gesellschaft in der Nachtragsliquidation gezogen werden können. Die Konstellationen sind insoweit vergleichbar, als sich beide Situationen auf die Liquidation beziehen und damit die Gesellschaft jeweils ihren völligen Untergang anstrebt. In der Nachtragsliquidation muss jedoch nur noch ein Rest abgewickelt werden, während im Fall der gerichtlichen Bestellung nach § 66 Abs. 2 GmbHG gegebenenfalls noch eine komplette Abwicklung vorzunehmen ist. Dem Nachtragsliquidator kommt infolgedessen regelmäßig eine kleinere Aufgabe mit geringerem Aufwand zu.

Beiden Situationen gemeinsam ist jedoch, dass die Gesellschafter jeweils auf die Stellung des durch das Gericht bestellten Liquidators keinen Einfluss nehmen können. Sie können ihn nicht abberufen. Zumindest die Mehrheit kann sich aber in beiden Fällen gegen die gerichtliche Entscheidung zur Wehr setzen, indem sie durch die Gesellschaft selbst Beschwerde erhebt. Ob die einzelnen Gesellschafter dies im Fall der Nachtragsliquidation können, ist wie schon erwähnt umstritten. In der regulären Liquidation können die Gesellschafter dem gerichtlich bestellten Abwickler allerdings Weisungen erteilen, solange diese nicht rechtswidrig sind oder dadurch der Sinn und Zweck der gerichtlichen Bestellung unterlaufen wird. Eine solche Befugnis steht den Gesellschaftern in der Nachtragsliquidation nicht mehr zu. Hier ist der Einfluss der Gesellschafter also nochmals geringer. Jedoch hat auch der Nachtragsliquidator aufgrund seiner begrenzten Befugnisse einen geringeren Einfluss als der nach § 66 Abs. 2 GmbHG bestellte Abwickler.

In beiden Fällen rechtfertigt die besondere Interessenlage die gerichtliche Bestellung. Im Fall von § 66 Abs. 2, Abs. 3 S. 1 GmbHG soll die Minderheit geschützt werden, die Interesse an einer ordnungsgemäßen Liquidation, insbesondere einer gerechten Verteilung des Gesellschaftsvermögen hat; im Fall der Nachtragsliquidation diejenigen, die noch einen Anspruch gegen die Gesellschaft geltend machen wollen. Dies können sowohl Gesellschafter sein, als auch außenstehende Gläubiger. Die jeweils zu schützenden Personen haben in beiden Situationen nicht den gebotenen Einfluss, um ihre Rechte adäquat durchzusetzen. Damit diese nicht unterlaufen werden, greift die Zuständigkeit des Gerichts als neutrale Instanz.

In der Nachtragsliquidation ist die Zuständigkeit des Gerichts daneben auch aus Gründen der Rechtssicherheit geboten. Es muss denjenigen, die noch berechtigte Ansprüche gegen die GmbH geltend machen wollen, ermöglicht werden, ihre Forderungen durchzusetzen. Zur Sicherstellung der Handlungsfähigkeit der Gesellschaft ist deshalb die gerichtliche Zuständigkeit notwendig. Bis eine Nachtragsliquidation erforderlich wird, kann nach der Löschung schon eine geraume Zeit vergangen sein, so dass unklar ist, ob die Gesellschafter überhaupt noch greifbar sind und Interesse an der Nachtragsabwicklung zeigen, mithin für eine ausreichende Vertretung sorgen würden. Aufgrund dessen ist der noch geringere Einfluss der Gesellschafter auf das Leitungsorgan der GmbH im Rahmen der Nachtragsliquidation gerechtfertigt. Allerdings ist es in der Nachtragsliquidation auch gar nicht mehr denkbar, dass noch Weisungen der Gesellschafter ergehen könnten. Denn die auf die Löschung folgende Liquidation dient allein der Restabwicklung und der Vollbeendigung der Gesellschaft. Die entgegenstehenden Weisungen wären nichtig. Die Nachtragsliquidatoren müssen den ihnen durch das Gericht erteilten Auftrag ausführen und dürfen dem auch nicht aufgrund von Gesellschafterweisungen zuwider handeln.[1132] Inhaltlich zulässige Weisungen würden also nur den Auftrag des Gerichts wiederholen und wären damit sinnlos.

Es wurde gezeigt, dass über die gerichtliche Zuständigkeit des § 66 Abs. 2, Abs. 3 S. 1 GmbHG eine komplette Fremdbestimmung der GmbH möglich ist, ohne dass sich dies statusverändernd auswirkt. Auch wenn die Gesellschafter dem noch abhelfen können, indem sie selbst ausreichend geeignete Liquidatoren bestellen, wird dadurch doch deutlich, dass die GmbH in der fremdbestimmten Phase weiterhin als solche bestehen kann. Die Fremdbestimmung allein, die auch im Stadium der Nachtragsliquidation vorliegt, hat folglich keinen Einfluss auf den Status und die Rechtsnatur der GmbH. Durch sie ist nicht ausgeschlossen, dass die Gesellschaft in der Nachtragsliquidation noch als juristische Person existiert. Ein gesicherter Schluss im Hinblick auf die Ausgestaltung der GmbH in der Nachtragsliquidation kann aus dem Vergleich mit der gerichtlichen Liqui-

1132 Ähnlich *H. Schmidt*, S. 165.

datorenbestimmung nach § 66 Abs. 2, Abs. 3 S. 1 GmbHG jedenfalls nicht gezogen werden. Der Verlust der für unentziehbar gehaltenen Kompetenz der Gesellschafter zur Liquidatorenbestellung kann allein nicht dazu führen, dass die GmbH nicht mehr als solche besteht. Die Kompetenzverschiebung ist nämlich gerade aufgrund der besonderen Interessenlage geboten. Weil diese Interessen für wichtiger und schutzwürdiger gehalten werden als die Gesellschafterrechte, müssen letztere dahinter zurückstehen. Auswirkungen auf den Bestand der GmbH kann eine solche Zuständigkeitsverlagerung jedoch nicht haben.

## 5. Situation der insolventen Gesellschaft

Nachstehend soll die Lage in der Insolvenz hinsichtlich der Fremdbestimmung mit der in der Nachtragsliquidation verglichen werden. Dabei kann nur ein kurzer Überblick über die Situation des Insolvenzverfahrens gegeben werden, wobei nicht auf einzelne Probleme eingegangen wird, da dies den Umfang der Arbeit weit übersteigen würde.

### a. Allgemeines zum Insolvenzverfahren

In der Insolvenz reicht das beim Schuldner vorhandene Vermögen regelmäßig nicht mehr zur Befriedigung aller Gläubiger. Würde das in der Einzelzwangsvollstreckung geltende Prioritätsprinzip auch in der Insolvenz noch gelten, würde sich der „Wettlauf der Gläubiger" verschärfen, weil jeder einzelne von ihnen versuchen würde, seine Forderung noch zu realisieren.[1133] Daneben bestünde die Gefahr des Zusammenwirkens eines oder mehrerer Gläubiger mit dem Schuldner zum Nachteil der anderen Gläubiger. Dem soll das unter gerichtlicher Aufsicht ablaufende Insolvenzverfahren entgegenwirken.[1134]

### b. Haftungsverwirklichung als Ziel des Insolvenzverfahrens

Das Insolvenzverfahren dient gemäß § 1 S. 1 InsO der gemeinschaftlichen Befriedigung der Gläubiger, soweit eine Befriedigung überhaupt erreichbar ist. Die Haftungsverwirklichung steht demnach im Vordergrund.[1135] Um das Ziel möglichst weitgehend zu erreichen, ist bei allen Beteiligten teilweise ein Verlust ihrer Privatautonomie erforderlich.[1136] Ferner muss der gerichtlich bestellte Insol-

---

1133 *Foerste*, Rdn. 1, 4, 6.
1134 Dazu auch MüKoInsO – *Ganter*, § 1, Rdn. 8.
1135 Braun – *Kießner*, § 1, Rdn. 2.
1136 *Häsemeyer*, Rdn. 2.02.

venzverwalter, dem Ziel entsprechend, vorrangig die Interessen der Gläubiger wahren.[1137] Da auch das Interesse des Schuldners nicht unbeachtet bleiben darf und um ein ordnungsgemäßes Verfahren sicherzustellen, steht der Verwalter dabei nach § 58 Abs. 1 S. 1 InsO unter der Aufsicht des Gerichts.[1138] Aufgrund der Zielsetzung ist das Insolvenzverfahren vom Grundsatz der Gläubigerautonomie geprägt.[1139] Die Gläubiger entscheiden deshalb nicht nur über die Form und Art der Masseverwertung und die Gestaltung des Verfahrens, sondern gemäß § 157 InsO auch über die vorläufige Fortführung oder Stilllegung des schuldnerischen Unternehmens.[1140]

### c. Auflösung und Abwicklung der Gesellschaft als Ziel

Durch die Eröffnung des Insolvenzverfahrens wird die GmbH nach § 60 Abs. 1 Nr. 4 GmbHG aufgelöst. Diese Auflösungsanordnung verdeutlicht, dass das Insolvenzverfahren neben der gleichmäßigen Gläubigerbefriedigung auch die vollständige Abwicklung der Schuldnergesellschaft zum Ziel hat.[1141] Für den Fall der Abwicklung übernimmt das Insolvenzverfahren gleichzeitig die Funktion der gesellschaftsrechtlichen Liquidation.[1142] Auch wenn dieses Ziel keine Aufnahme ins Gesetz gefunden hat, wie es ursprünglich in § 1 Abs. 2 S. 3 InsO des Regierungsentwurfes vorgesehen war, zeigen § 60 Abs. 1 Nr. 4 GmbHG, § 394 Abs. 1 S. 2 FamFG und § 199 S. 2 InsO doch jedenfalls, dass durch das Insolvenzverfahren auch die vollständige Abwicklung der Gesellschaft herbeigeführt werden soll.[1143] Ob dieses Ziel gleichrangig neben dem primären Zweck der gleichmäßigen Gläubigerbefriedigung steht[1144] oder dahinter zurücktritt, wenn die Vollabwicklung letzterem entgegensteht[1145], ist umstritten. Der Streit spielt für die weitere Untersuchung jedoch keine Rolle, weil es hier darum geht, die Situation in der Nachtragsliquidation, insbesondere im Hinblick auf die Selbst-

---

1137 BGH NJW 96, 2035, 2036.

1138 MüKoInsO – *Graeber*, § 58, Rdn. 1.

1139 Uhlenbruck – *Pape*, § 1, Rdn. 3.

1140 Uhlenbruck – *Pape*, § 1, Rdn. 13.

1141 Nach der allgemeinen Begründung des Regierungsentwurfs zur Insolvenzordnung ist die Vollabwicklung Aufgabe des Insolvenzverfahrens, vgl. BT-Drucks. 12/2443, S. 84; vgl. auch Begründung zum Regierungsentwurf zum EGInsO, BT-Drucks. 12/3803, S. 70; ferner auch MüKoInsO – *Ganter*, § 1, Rdn. 47.

1142 MüKoGmbHG – *H. F. Müller*, § 66, Rdn. 3.

1143 So auch *H. F. Müller*, S. 13 f.

1144 So *H. F. Müller*, S. 13 f.; *K. Schmidt*, Wege, S. 161.

1145 So BGHZ 148, 252, 258 f.; BGHZ 163, 32, 35 f.; MüKoInsO – *Stürner*, Einl., Rdn. 2 bezeichnet Liquidation als sekundären Verfahrenszweck, der dem übergeordnetem Zweck der Gläubigerbefriedigung dient.

bestimmung der Gesellschaft, mit der in der Insolvenz zu vergleichen. Dabei ist vor allem die Organisation der insolventen GmbH zu betrachten. Es kommt für die anzustellende Untersuchung somit lediglich darauf an, dass beide Verfahren, Nachtragsliquidation und Insolvenzverfahren, grundsätzlich auf die Beendigung der Gesellschaft gerichtet sind, und nicht darauf, welche Ziele ansonsten eine Rolle spielen oder möglicherweise sogar im Vordergrund des Verfahrens stehen.

Alternativ zu der vollständigen Abwicklung ist im Insolvenzverfahren auch eine Sanierung der insolventen Gesellschaft möglich. In diesem Fall besteht die Möglichkeit einer Fortsetzung der Gesellschaft nach § 60 Abs. 1 Nr. 4 GmbHG, wenn auch die Gesellschaft als Unternehmensträgerin erhalten bleiben soll und nicht allein das Unternehmen im Wege einer übertragenden Sanierung bestehen bleibt.

### d. Durchführung der Abwicklung durch den Insolvenzverwalter

Die Abwicklung in der Insolvenz wird allerdings nicht wie die reguläre gesellschaftsrechtliche autonom durch den Verband bestimmt und durchgeführt. Vielmehr ist mit dem Insolvenzverwalter ein außenstehender, neutraler Dritter für die Abwicklung im Regelverfahren zuständig.[1146] Dies verdeutlicht den hohen Stellenwert der Gläubiger, die nicht noch weiter durch autonomes Handeln des Verbandes gefährdet werden sollen.

### e. Auswirkungen der Insolvenz auf die Organisation der GmbH

Die Auflösung durch die Insolvenzeröffnung berührt – wie regelmäßig – nicht die Verfassung der Gesellschaft, insbesondere nicht ihre Organisation und ihren rechtlichen Status. Die GmbH bleibt deshalb als rechts- und handlungsfähiges Subjekt mit ihren Organen bestehen.[1147] Letztere üben die Rechte aus, die der GmbH als Schuldnerin des Insolvenzverfahrens obliegen und erfüllen ihre insolvenzrechtlichen Pflichten (§ 101 InsO). Die Eröffnung des Insolvenzverfahrens berührt allerdings insofern die Verfassung der GmbH, als die Zuständigkeiten der Organe durch den Insolvenzzweck und die Zuständigkeiten des Insolvenzverwalters überlagert werden.[1148] Der Verwalter erlangt insbesondere die Verwaltungs- und Verfügungsbefugnis hinsichtlich der Insolvenzmasse nach § 80 Abs. 1 InsO, wenn nicht Eigenverwaltung gemäß §§ 270 ff. InsO angeordnet ist. In letzterer wird der Schuldner lediglich durch einen nach § 270 Abs. 3 S. 1 InsO vom Gericht bestellten Sachwalter beaufsichtigt (§ 274 Abs. 2 InsO).

---

1146 *H. F. Müller*, S. 61.

1147 Scholz – *K. Schmidt/Bitter*, Vor § 64, Rdn. 90.

1148 Ebd.

Im Vergleich zum werbenden Stadium und zum regulären Liquidationsverfahren sind die Befugnisse der Gesellschaftsorgane hier zwar modifiziert; die Einschränkungen gehen aber nicht vergleichbar weit wie in der fremdbestimmten Nachtragsliquidation, so dass die Eigenverwaltung bei der folgenden Untersuchung auszunehmen ist. Es besteht jedoch in der Eigenverwaltung regelmäßig ein faktischer Druck, im Interesse der Gläubiger zu handeln, da sonst die Gefahr besteht, dass die Eigenverwaltung gemäß § 272 InsO wieder aufgehoben wird. Somit sind die Organe im Fall der Eigenverwaltung in der Ausübung ihrer vergleichsweise weiten Kompetenzen ebenfalls nicht wirklich frei.

Im regulären Insolvenzverfahren gehen sämtliche Befugnisse, die die Insolvenzmasse betreffen, auf den Insolvenzverwalter über, wie zum Beispiel die Prozessführungsbefugnis bezüglich der die Masse betreffenden Prozesse.[1149] Die Kompetenzen, die auf den Insolvenzverwalter mit Eröffnung des Insolvenzverfahrens gemäß § 80 Abs. 1 InsO i. V. m. § 35 InsO übergehen, sind ausschließlich vermögensrechtlich orientiert.[1150] Dem Schuldner verbleiben in vermögensmäßiger Hinsicht nur Befugnisse im Bereich des insolvenzfreien Vermögens (§§ 36, 35 Abs. 2 InsO). Bei Kapitalgesellschaften ist jedoch streitig, ob diese solches haben können.[1151] Der Streit hat hier außer Betracht zu bleiben, da er den Rahmen der Arbeit überschreiten würde. Ihm kommt darüber hinaus auch für die im Anschluss anzustellenden Überlegungen keine große Relevanz zu. Denn sollte der GmbH insolvenzfreies Vermögen zugestanden werden, wäre dieses doch eher gering und würde den Gesellschaftsorganen keinen großen Handlungsspielraum gewähren.

Unstreitig ist jedenfalls, dass der Schuldner durch die Eröffnung des Insolvenzverfahrens einen großen Teil seiner Befugnisse verliert. Hauptsächlich beschränken sich die Rechte und Pflichten der für die Schuldner-GmbH handelnden Organe auf nichtvermögensrechtliche Bereiche. Zu diesen gehören vor allem gesellschaftsinterne Maßnahmen (insolvenzfreier Bereich) und die Wahrnehmung der Verfahrensrechte und -pflichten der Gemeinschuldnerin im Insolvenzverfahren (Gemeinschuldnerbereich).[1152] In diesen Bereichen können die Organe der Schuldnergesellschaft die verbleibenden Befugnisse dann allerdings auch autonom wahrnehmen, das heißt ohne Einfluss des Insolvenzverwalters oder der Gläubigerversammlung.

---

1149 Zur Prozessführungsbefugnis Uhlenbruck – *Uhlenbruck*, § 80, Rdn. 9.

1150 *Götker*, Rdn. 991.

1151 Dazu Scholz – *K. Schmidt/Bitter*, Vor § 64, Rdn. 84 ff.

1152 Baumbach/Hueck – *Haas*, § 60, Rdn. 43; MüKoGmbHG – *H. F. Müller*, § 64, Rdn. 86 ff.

Schon im Insolvenzeröffnungsverfahren kann das Gericht zur Sicherung des schuldnerischen Vermögens nach § 21 InsO Sicherungsmaßnahmen anordnen. Dazu gehört die Bestellung eines vorläufigen Insolvenzverwalters oder die Anordnung eines Verfügungsverbots. Bereits durch diese Maßnahmen werden die Kompetenzen der Organe ähnlich wie durch die Verfahrenseröffnung begrenzt. Im Folgenden wird auf das Insolvenzeröffnungsverfahren nicht gesondert eingegangen.

### *aa. Stellung und Kompetenzen der Geschäftsführer im Insolvenzverfahren*

Die Geschäftsführer verlieren mit Eröffnung des Insolvenzverfahrens den größten Teil ihrer Kompetenzen.[1153] Das beruht vor allem darauf, dass das Insolvenzverfahren vorrangig der Gläubigerbefriedigung dient.[1154] Um dies weitestgehend zu gewährleisten, übernimmt ein neutraler, den Interessen der Gläubiger verpflichteter, Amtstreuhänder die Geschäfte der insolventen Gesellschaft. Die Geschäftsführer scheinen dafür regelmäßig nicht geeignet, weil sie oftmals eine Verantwortung für die Krise der Gesellschaft trifft. Außerdem müssen sie als Organ der GmbH grundsätzlich deren Interessen vertreten und soweit wie möglich durchsetzen. Diese stehen jedoch zumindest teilweise den Interessen der Gläubiger entgegen. Um eine möglichst weitreichende Haftungsverwirklichung zu erreichen, müssen dem Schuldner und damit auch den Organen der schuldnerischen GmbH zumindest die Kompetenzen hinsichtlich der haftenden Insolvenzmasse genommen werden.[1155] Dementsprechend verlieren die Geschäftsführer als Handlungsorgan des Schuldners nach § 80 InsO das Recht, das zur Insolvenzmasse gehörende Vermögen zu verwalten und über dieses zu verfügen.[1156] Dennoch von ihnen getroffene Verfügungen sind gemäß § 81 InsO absolut unwirksam. Aufgrund des zwingenden Verfügungsverbots ist somit die Handlungsfähigkeit der Geschäftsführer für die Gesellschaft eingeschränkt.

#### α. Organstellung und Anstellung

Die Organstellung der Geschäftsführer wird durch die Eröffnung des Insolvenzverfahrens nicht berührt.[1157] Sie bleiben im Amt, bis dieses auf ordnungsgemäße Art und Weise beendet wird. Weder der Insolvenzverwalter noch das Insolvenz-

---

1153 Ulmer – *Casper*, § 64, Rdn. 71.
1154 MüKoInsO – *Ott/Vuia*, § 80, Rdn. 1.
1155 Vgl. Uhlenbruck – *Uhlenbruck*, § 80, Rdn. 2.
1156 Braun – *Kroth*, § 80, Rdn. 10.
1157 Baumbach/Hueck – *Haas*, § 60, Rdn. 44; *Noack*, Rdn. 290.

gericht können darauf einwirken.[1158] Ersterer kann lediglich das Anstellungsverhältnis gemäß § 113 InsO kündigen.[1159] Für die Abberufung aus der Organstellung sind allein die Gesellschafter oder das Organ, dem regulär die entsprechende Befugnis übertragen ist, zuständig.[1160]

Die gewöhnliche gesellschaftsrechtliche Abwicklung übernehmen nach § 66 Abs. 1 GmbHG, wie oben gezeigt wurde, grundsätzlich die Geschäftsführer als geborene Liquidatoren, wenn im Gesellschaftsvertrag oder durch Beschluss der Gesellschafter nicht andere Personen zu Liquidatoren bestimmt werden.[1161] Dies gilt nach dem Wortlaut der Vorschrift jedoch ausdrücklich nicht für den Fall des Insolvenzverfahrens. Danach werden die Geschäftsführer mit Eröffnung des Insolvenzverfahrens nicht automatisch zu Liquidatoren, sondern behalten die organschaftliche Stellung des Geschäftsführers.[1162] Die Liquidation wird sodann im Rahmen des Insolvenzverfahrens durch den Insolvenzverwalter durchgeführt.

β. Fortführung oder Stilllegung des Unternehmens

Wird ein vorhandenes Unternehmen mit Geschäftsbetrieb in der Insolvenz zumindest für eine Weile fortgeführt, ist dafür gleichfalls der Insolvenzverwalter zuständig, weil in dieser Konstellation stets die den Gläubigern haftende Vermögensmasse betroffen ist.[1163] Die im Amt bleibenden Geschäftsführer können in diesem Bereich demgemäß nicht mehr für die GmbH auftreten. Sie sind ebenso wenig befugt, den Betrieb von sich aus stillzulegen.

γ. Beschränkungen der Kompetenzen soweit erforderlich

Generell werden die Zuständigkeiten der Geschäftsführer insoweit, aber auch nicht weitergehend, auf den Insolvenzverwalter übertragen, wie es für die Durchsetzung der Gläubigerbefriedigung erforderlich ist.[1164] Den Kompetenzbereich des Insolvenzverwalters müssen die Geschäftsführer achten, da sie ihre Befugnisse in diesem Bereich verlieren.[1165] Die Geschäftsführer dürfen insbesondere nicht mehr auf die Insolvenzmasse Einfluss nehmen. Auch die Pflichten zur Buchführung und Rechnungslegung bezüglich der Insolvenzmasse sind nach

---

1158 *Götker*, Rdn. 899.

1159 BGH NJW 05, 3069, 3070; Ulmer – *Casper*, § 64, Rdn. 71.

1160 *Fichtelmann*, GmbHR 08, 76, 84.

1161 S. dazu E. IV. 3. a.

1162 Ulmer – *Casper*, § 64, Rdn. 71.

1163 Vgl. dazu MüKoInsO – *Füchsl/Weishäupl*, § 148, Rdn. 55.

1164 *Götker*, Rdn. 890, 974.

1165 Vgl. *Götker*, Rdn. 920.

§ 155 Abs. 1 S. 2 InsO vom Verwalter zu erfüllen. Hinsichtlich der Kompetenzen, die grundsätzlich auf den Insolvenzverwalter übergegangen sind, bleiben die Geschäftsführer nur zuständig, falls jener einem Interessenkonflikt unterliegt.[1166]

δ. Verbleibende Kompetenzen der Geschäftsführer

Außer den Befugnissen hinsichtlich des insolvenzfreien Vermögens, dessen Vorliegen bei der GmbH wie erwähnt umstritten ist, kommen den Geschäftsführern im eröffneten Verfahren noch verfahrensmäßige Kompetenzen[1167] sowie solche aus dem gesellschaftsinternen Bereich zu. Zu ersteren gehören Auskunfts- und Mitwirkungspflichten (§§ 101 Abs. 1 S. 1, 97 InsO), die Geltendmachung von Rechtsbehelfen im Verfahren und das Recht zur Vorlage eines Insolvenzplans.[1168] Schon im Insolvenzeröffnungsverfahren sind die Geschäftsführer zur Wahrnehmung der Verfahrensrechte berufen und dementsprechend auch dazu befugt, gegen den Antrag auf Insolvenzeröffnung Einwendungen vorzubringen.

Da grundsätzlich nur die Geschäftsführer berechtigt sind, die Gesellschaft nach außen zu vertreten, wird an dieser Stelle besonders deutlich, dass ihr Vorhandensein im Insolvenzverfahren weiterhin erforderlich ist. Wären keine Geschäftsführer mehr in vertretungsberechtigter Zahl bestellt, könnte niemand die Verfahrensrechte für die GmbH und damit ihre Interessen geltend machen. Der grundsätzlich neutrale Insolvenzverwalter ist dafür nicht geeignet, da er im Verfahren vor allem die Interessen der Gläubiger zu beachten hat.[1169]

Zu den verbleibenden Befugnissen der Geschäftsführer im gesellschaftsinternen Bereich zählen die Führung der Gesellschafterliste und die Einberufung der Gesellschafterversammlung.[1170] Die Geschäftsführer müssen die innergesellschaftliche Organisation aufrechterhalten, damit im Insolvenzverfahren eine interne Willensbildung der GmbH möglich bleibt, so dass Entscheidungen über Schuldnerrechte getroffen werden können.[1171] Auch hier wird deutlich, dass das Vorhandensein der Geschäftsführung unverzichtbar für die Wahrnehmung der Interessen der Gesellschaft ist.

---

1166 Ulmer – *Casper*, § 64, Rdn. 71.

1167 Scholz – *K. Schmidt/Bitter*, Vor § 64, Rdn. 113; Ulmer – *Casper*, § 64, Rdn. 71.

1168 MüKoGmbHG – *H. F. Müller*, § 64, Rdn. 90.

1169 Er hat zwar auch die Interessen des Schuldners mit zu berücksichtigen, vorrangig aber die Interessen der Gläubiger zu wahren, vgl. BGH NJW 96, 2035, 206; Uhlenbruck – *Pape*, § 1, Rdn. 1, 6.

1170 MüKoGmbHG – *H. F. Müller*, § 64, Rdn. 87.

1171 *H. F. Müller*, S. 115.

### ε. Weisungsgebundenheit

Grundsätzlich unterliegen die Geschäftsführer auch in der Insolvenz weiterhin den Weisungen der Gesellschafter.[1172] Diese reichen aber nur soweit, wie auch die Kompetenzen der Geschäftsführer bestehen bleiben. Für den Bereich der zwingenden Verfahrenspflichten gilt das Weisungsrecht allerdings nicht, denn diese Pflichten sind in jedem Fall von den Geschäftsführern zu befolgen.[1173] Entgegenstehende Weisungen würden gegen die Normen verstoßen, die im öffentlichen Interesse oder zum Schutz der Gläubiger die Befolgung der Pflichten anordnen, und wären deshalb nichtig.[1174] Weisungen, die die Insolvenzmasse betreffen, sind schon deswegen ausgeschlossen, weil die Geschäftsführer in der Hinsicht ihre gesamten Befugnisse verloren haben. Der Insolvenzverwalter hingegen kann den Geschäftsführern keine Weisungen erteilen. Er darf generell nicht in den Gemeinschuldnerbereich eingreifen.[1175]

### ζ. Zusammenfassung

Zusammenfassend lässt sich sagen, dass die Geschäftsführer einen Großteil ihrer Befugnisse durch die Eröffnung des Insolvenzverfahrens verlieren, insbesondere in den Bereichen, die das Vermögen betreffen. Ihnen verbleiben allerdings regelmäßig die Handlungsbefugnisse, durch deren Wahrnehmung eine Beeinträchtigung der Gläubigerbefriedigung nicht zu befürchten ist. Mithin behalten sie ihre Kompetenzen insoweit, als die Masse nicht geschmälert werden kann. Die Geschäftsführer können deshalb keine Geschäfte für die GmbH mehr führen, wenn dadurch die Insolvenzmasse betroffen wird. Im regulären Insolvenzverfahren ist es ihnen folglich nicht mehr möglich, der ihnen grundsätzlich zugewiesenen Aufgabe der laufenden Geschäftsführung nachzukommen, weil die Geschäfte überwiegend die Insolvenzmasse betreffen werden. Dementsprechend ist den Geschäftsführern auch die Befugnis zur Unternehmensleitung genommen.

Aufgrund der verbleibenden Kompetenzen können die Geschäftsführer Einfluss auf das Verfahren nehmen, hierbei sind sie jedoch an die Weisungen der Gesellschafter gebunden.

---

1172 MüKoGmbHG – *H. F. Müller*, § 64, Rdn. 93.

1173 Ebd.; *Henssler* in Kölner Schrift, S. 990, 1014 (Rdn. 59).

1174 *Götker*, Rdn. 919; Hachenburg – *Mertens*, § 43, Rdn. 77.

1175 Vgl. dazu auch Uhlenbruck – *Uhlenbruck*, § 80, Rdn. 184.

### η. Folgen für den Status der Gesellschaft als GmbH

Der Verlust der Geschäftsführungsbefugnis betreffend das laufende Tagesgeschäft kann keinerlei Auswirkungen auf den Bestand der GmbH als solcher haben, weil diese Kompetenz den Geschäftsführern generell genommen werden kann, denn sie steht ihnen nicht obligatorisch zu.[1176] Schwerer wiegt hingegen der Verlust der Vertretungsbefugnis hinsichtlich der Vermögensmasse, da die Vertretungsmacht grundsätzlich unentziehbar den Geschäftsführern zugewiesen ist[1177]. Gleiches gilt für die ihnen vom Gesetz gemäß §§ 41, 42 GmbHG i. V. m. §§ 238, 242, 264 HGB zwingend zugewiesene Aufgabe der Buchführung und Bilanzierung. Jedoch sind ihnen diese Befugnisse in der Insolvenz aufgrund der vordergründig zu berücksichtigenden Gläubigerinteressen genommen. Dies erscheint gerechtfertigt, denn wegen der Krise der GmbH, in der die Gefahr besteht, dass die Gläubiger mit ihren Forderungen zumindest teilweise ausfallen, genießen deren Interessen Vorrang. Die Geschäftsführer, die oftmals eine Mitverantwortung für die Krise trifft, sollen deshalb nicht weiter Einfluss auf die Insolvenzmasse nehmen können, so dass der Verlust ihrer (Vertretungs-)Befugnisse angemessen ist. Aufgrund des Zweckes des Insolvenzverfahrens geht die Vermögensverwaltung vom gesellschaftrechtlichen Bereich auf den insolvenzrechtlichen über, in welchem die Geschäftsführer keine Kompetenzen haben. Somit können sie auch keine auf die Masse bezogenen Befugnisse haben. Dieser Zuständigkeitsverlust kann sich aber nicht auf den Status der GmbH auswirken, welche in der Insolvenz als aufgelöste Gesellschaft fortbesteht. Außerdem verlieren die Geschäftsführer ihre Vertretungsbefugnis nicht vollständig, sondern sie verbleibt ihnen insofern, als die Insolvenzmasse durch ihr Handeln nicht betroffen ist. Hinsichtlich der verfahrensmäßigen Kompetenzen und des gesellschaftsinternen Bereichs steht ihnen ebenfalls ein eigener Kompetenzbereich zu. Der Kompetenzverlust der Geschäftsführer beruht nicht auf einer unzulässigen Verlagerung ihrer Befugnisse auf die Gesellschafter oder ein anderes Organ der GmbH. Er erfolgt hier nicht durch die Gesellschafter, die grundsätzlich für die Kompetenzverteilung zuständig sind, sondern aufgrund der besonderen Berücksichtigung der Gläubigerinteressen von externer Seite. Dementsprechend enthält die Satzung keine unzulässige – weil zu weitgehende – Kompetenzübertragung auf andere Gesellschaftsorgane. Selbst eine unzulässige Regelung der Kompetenzen würde den Bestand der GmbH nicht berühren. Vielmehr wäre eine solche und damit die Zuständigkeitsübertragung unwirksam, so dass es bei der gesetzlichen Regelung bliebe.

---

1176 Dazu oben E. III. 1. b. bb. α.

1177 Ebd.

*bb. Stellung und Kompetenzen der Gesellschafter im Insolvenzverfahren*

Die Gesellschafterversammlung beziehungsweise die Gesamtheit der Gesellschafter bleibt auch in der Insolvenz das oberste Organ der GmbH.[1178] Grundsätzlich bestehen ihre gesetzlichen und satzungsmäßigen Zuständigkeiten fort, werden aber wie die der Geschäftsführer beschränkt.[1179] Einmal ergibt sich, wie in den allgemeinen Ausführungen zur Kompetenzverlagerung in der Insolvenz dargestellt[1180], eine Begrenzung aus dem Übergang von Befugnissen auf den Insolvenzverwalter. Soweit dieser zuständig wird, verlieren die Gesellschafter ihre Kompetenzen. Eine weitere Grenze folgt auch für die Gesellschafter aus dem Zweck des Insolvenzverfahrens.[1181] Läuft es diesem Zweck zuwider, dass die Gesellschafter bestimmte Befugnisse behalten, verlieren sie dieselben, damit die Erreichung des Zweckes nicht vereitelt wird. Es ist darüber hinaus zu berücksichtigen, dass die Gesellschaft durch die Eröffnung des Insolvenzverfahrens aufgelöst wird und schon dadurch die Kompetenzen der Gesellschafter beschränkt werden, weil der Liquidationszweck zu beachten ist.[1182]

Den Gesellschaftern verbleiben damit die Zuständigkeiten für das nicht vom Insolvenzverfahren betroffene Innenverhältnis sowie hinsichtlich des insolvenzfreien Vermögens, sofern man ein solches bei der GmbH für möglich hält.[1183]

α. Beschlüsse, Satzungsänderungen und Entscheidungen hinsichtlich der Zukunft des Unternehmens

Grundsätzlich behalten die Gesellschafter weiterhin die Beschlussfassungskompetenz, allerdings nur im Rahmen ihrer beschränkten Befugnisse.[1184] Hierzu zählt auch die Befugnis, Satzungsänderungen vorzunehmen, denn dafür sind auch in der Insolvenz allein die Gesellschafter zuständig.[1185] Jedoch wird diese Kompetenz ebenfalls durch den Insolvenzzweck begrenzt, der über den Weg einer Satzungsänderung nicht gefährdet werden darf.[1186] Sind zu einer etwaigen Sanierung Strukturänderungen, wie zum Beispiel eine Umwandlung erforder-

---

1178 Hachenburg – *Ulmer*, § 63, Rdn. 95.
1179 Ulmer – *Casper*, § 64, Rdn. 72.
1180 S. oben E. IV. 5. e.
1181 Baumbach/Hueck – *Haas*, § 60, Rdn. 52.
1182 Ulmer – *Casper*, § 64, Rdn. 72.
1183 Ebd.
1184 Scholz – *K. Schmidt/Bitter*, Vor § 64, Rdn. 105.
1185 Ulmer – *Casper*, § 64, Rdn. 73.
1186 Michalski – *Nerlich*, § 60, Rdn. 159.

lich, können hierüber allein die Gesellschafter entscheiden.[1187] Sie sind allerdings nicht befugt, über die Stilllegung oder Fortführung des Unternehmens zu bestimmen. Genauso wenig können die Geschäftsführer dahingehende Beschlüsse ausführen, da die Befugnisse in dem Bereich aufgrund der Masserelevanz auf die Insolvenzorgane übergegangen sind.

β. Bestellung der Geschäftsführer und Weisungsrechte

Die Bestellungs- und Abberufungskompetenz hinsichtlich der Geschäftsführer verbleibt bei den Gesellschaftern, wenn die Satzung sie nicht generell einem anderen Organ zuweist.[1188] Grundsätzlich bleibt das Organ zuständig, welches auch im werbenden Stadium der GmbH zuständig ist. Allerdings verlieren die Gesellschafter beziehungsweise das satzungsgemäß zuständige Organ die Befugnis zum Abschluss und zur Änderung der Anstellungsverträge der Geschäftsführer, da dadurch aufgrund von Vergütungsvereinbarungen immer die Insolvenzmasse betroffenen ist.[1189] Die Gesellschafter sind aber dem Grunde nach weiterhin für die Überwachung der Geschäftsführer zuständig.[1190] Dementsprechend können sie diesen in den ihnen verbleibenden Kompetenzbereichen Weisungen erteilen.[1191] Dies bezieht sich auch auf die verfahrensmäßigen Kompetenzen, so dass die Gesellschafter auf diese Weise Einfluss auf den Ablauf des Insolvenzverfahrens nehmen können.

γ. Einfluss auf den Insolvenzverwalter

Dem Insolvenzverwalter können die Gesellschafter keine Weisungen erteilen[1192], denn er steht nach § 58 Abs. 1 InsO unter der Aufsicht des Insolvenzgerichts. Hier ist deutlich zwischen dem gesellschaftsrechtlichen und insolvenzrechtlichen Bereich zu trennen. In letzterem verliert die schuldnerische Gesellschaft ihre Kompetenzen aufgrund der vorrangig zu beachtenden Gläubigerinteressen. Auch wenn die Gesellschafter während des Insolvenzverfahrens das oberste Gesellschaftsorgan bleiben, sind sie dennoch dem Insolvenzverwalter nicht übergeordnet.[1193] Hätten die Gesellschafter ein Weisungsrecht gegenüber dem Insolvenzverwalter oder könnten sie sonst irgendwie auf ihn einwirken,

1187 Baumbach/Hueck – *Haas*, § 60, Rdn. 53.
1188 BGH NZG 07, 384, 386.
1189 MüKoGmbHG – *H. F. Müller*, § 64, Rdn. 93; Ulmer – *Casper*, § 64, Rdn. 74.
1190 Scholz – *K. Schmidt/Bitter*, Vor § 64, Rdn. 107.
1191 Ulmer – *Casper*, § 64, Rdn. 74.
1192 Gottwald – *Haas/Hossfeld*, § 92, Rdn. 302.
1193 Scholz – *K. Schmidt/Bitter*, Vor § 64, Rdn. 105.

würde ein unzulässiger Einfluss der Gesellschafter auf das von der Gläubigerautonomie bestimmte Insolvenzverfahren vorliegen. Deswegen haben die Gesellschafter auch keine Mitwirkungsbefugnisse hinsichtlich der Bestellung des Insolvenzverwalters.[1194] Diese erfolgt gemäß § 56 InsO durch das Insolvenzgericht, wobei die Gläubigerversammlung nach § 57 InsO eine andere Person wählen kann. Der Schuldner kann gegen die Bestellung nur in Rahmen der sofortigen Beschwerde gegen den Eröffnungsbeschluss nach § 34 Abs. 2 InsO vorgehen.[1195] Der Bestellungsbeschluss kann also nicht isoliert, sondern nur zusammen mit dem Eröffnungsbeschluss angegriffen werden. Zur Einlegung der Beschwerde sind die Geschäftsführer als Vertretungsorgan der GmbH berechtigt, müssen aber diesbezügliche Weisungen der Gesellschafter beachten.

#### δ. Zusammenfassung

Parallel zum Kompetenzverlust der Geschäftsführer verlieren auch die Gesellschafter ihre Befugnisse insofern, als die Insolvenzorgane zuständig werden, also soweit die Insolvenzmasse betroffen ist. Wie bereits oben gezeigt, hat dies seinen Grund in der Berücksichtigung der Gläubigerinteressen, die im Insolvenzverfahren eine vorrangige Rolle spielen. Aufgrund dessen verlieren die Gesellschafter die Möglichkeit, vollständig über die GmbH zu bestimmen. Die von ihnen bestellten Vertretungsorgane verlieren einen Großteil ihrer Befugnisse, während sie auf den Insolvenzverwalter, der für die GmbH zumindest bei einem Vermögensbezug auftritt, keinen Einfluss haben. Weil der Insolvenzverwalter grundsätzlich auch für die Abwicklung der Gesellschaft zuständig ist, können die Gesellschafter wie in der Nachtragsliquidation nicht mehr über die Person des Abwicklers bestimmen.

Über das „Leben“ ihrer GmbH können die Gesellschafter mithin auch nicht mehr selbstständig entscheiden. Sie können lediglich die Geschäftsführer aufgrund ihres Weisungsrechtes anhalten, Rechtsbehelfe einzulegen, zum Beispiel die sofortige Beschwerde nach § 34 Abs. 2 InsO gegen die Eröffnung des Insolvenzverfahrens. Kommen die Geschäftsführer dem nicht nach, haben die Gesellschafter weiterhin die Möglichkeit, sie abzuberufen.

Des Weiteren können sie versuchen, auf die Sanierung und damit den Fortbestand der GmbH durch Vorlage eines Insolvenzplans gemäß §§ 217 ff. InsO hinzuwirken. Dieser hätte eine Aufhebung des Insolvenzverfahrens nach § 258 InsO zur Folge, was letztendlich dazu führt, dass die schuldnerische Gesellschaft

---

1194 Sie können lediglich einen unverbindlichen Vorschlag machen, vgl. MüKoInsO – *Graeber*, § 56, Rdn. 129.

1195 Uhlenbruck – *Uhlenbruck*, § 56, Rdn. 62.

nach § 259 Abs. 1 InsO die Verwaltungs- und Verfügungsbefugnis über ihr Vermögen zurückerhält. Jedoch haben nicht die Gesellschafter, sondern die Gläubiger und das Insolvenzgericht darüber zu entscheiden, ob ein solcher Insolvenzplan Wirksamkeit erlangt.

Alles in allem haben es die Gesellschafter während des Insolvenzverfahrens nicht in der Hand, was mit der GmbH geschieht. Die Entscheidung darüber haben letztendlich die Gläubigerversammlung und das Insolvenzgericht zu treffen sowie hinsichtlich konkreter Einzelentscheidungen der Insolvenzverwalter.

Allerdings haben die Gesellschafter in der Insolvenz grundsätzlich die Möglichkeit, die Fremdbestimmung der Gesellschaft zu beenden, indem sie durch eine externe Finanzierung den Insolvenzgrund beseitigen und so die Einstellung des Insolvenzverfahrens nach § 212 InsO herbeiführen, wodurch die schuldnerische Gesellschaft wieder die Verwaltungs- und Verfügungsbefugnis über ihr Vermögen erlangt.

#### ε. Folgen für den Status der Gesellschaft als GmbH

Der Verlust der Kompetenzen der Gesellschafter der insolventen GmbH hat keine Auswirkungen auf den Status der Gesellschaft. Die meisten der ihnen zwingend zugewiesenen Befugnisse, wie die Zuständigkeit für Grundlagenentscheidungen, zu denen auch Satzungsänderungen gehören, verbleiben ihnen auch in der Insolvenz, soweit die Masse nicht betroffen ist. Der Kompetenzverlust hinsichtlich des Vermögens ist aber, wie mehrfach betont, im Insolvenzverfahren erforderlich.

Die Auflösungsfolge ist dementsprechend ebenfalls gerechtfertigt. Dass die Entscheidung über die Auflösung den Gesellschaftern grundsätzlich nicht genommen werden kann, bedeutet nur, dass Dritte nicht autonom über die Auflösung entscheiden können. Neben der Möglichkeit der Auflösung durch die Gesellschafter bestehen allerdings, wie § 60 Abs. 1 GmbHG zeigt, andere Auflösungsgründe im öffentlichen Interesse, die auch nicht durch die Gesellschafter abbedungen werden können. Aus denselben Gründen ist auch der Verlust der Leitungsmacht, namentlich dass die Gesellschafter den Insolvenzverwalter nicht bestimmen können, angemessen. Dies widerspricht im Fall der Insolvenz nicht dem Grundsatz der Verbandssouveränität, denn gesellschaftsrechtlich bleiben die Gesellschafter das oberste Organ, dessen Befugnisse teilweise durch den insolvenzrechtlichen Bereich verdrängt sind. Im verbliebenen gesellschaftsrechtlichen Bereich können die Gesellschafter aber grundsätzlich noch über die Leitungsorgane bestimmen. Faktisch kann dies allerdings dadurch eingeschränkt sein, dass sie nicht mehr befugt sind, mit neu berufenen Geschäftsführern Anstellungsverträge zu schließen.

*cc. Aufsichtsrat oder andere fakultative Organe*

Hinsichtlich anderer Organe der GmbH, wie einem Aufsichtsrat, ergeben sich im Vergleich zum Geschäftsführer und zu den Gesellschaftern in der Insolvenz keine Besonderheiten. Sie bleiben grundsätzlich bestehen, behalten ihre Kompetenzen aber nur, soweit der Insolvenzzweck dem nicht entgegensteht.[1196] Ist der Insolvenzverwalter aufgrund des Insolvenzzweckes zuständig, verliert das Organ die ihm zugewiesene Befugnis. Dadurch kann die Bedeutung der Organe, je nachdem welche Kompetenzen ihnen satzungsgemäß zustehen, stark reduziert sein. Insbesondere ein Aufsichtsrat verliert einen Großteil seiner Überwachungsfunktion, weil sich diese nur auf den oder die Geschäftsführer bezieht, die keine laufenden Geschäfte mehr tätigen.[1197] Gegenüber dem Insolvenzverwalter oder auch dem vorläufigen Insolvenzverwalter steht ihm eine solche Kontrolle nicht zu.[1198] Hat das Organ eine Beratungsfunktion, so kann diese nur gegenüber den Gesellschaftsorganen, nicht aber gegenüber dem Insolvenzverwalter erfolgen.[1199] Dadurch beschränkt sich die Überwachung und Beratung auf die den Geschäftsführern und den Gesellschaftern verbleibenden Aufgaben.[1200]

## f. Zusammenfassung und Vergleich der GmbH in der Insolvenz mit der in der Nachtragsliquidation

Die Ausführungen verdeutlichen, dass der GmbH und ihren Organen in der Insolvenz nur Befugnisse im innergesellschaftlichen und nichtvermögensrechtlichen Bereich verbleiben, falls nicht die Möglichkeit von insolvenzfreiem Vermögen befürwortet wird. Gegenüber Gläubigern tritt der Geschäftsführer nur noch auf, wenn es um Ansprüche geht, die die Insolvenzmasse nicht berühren, also insbesondere bei nichtvermögensrechtlichen Verbindlichkeiten. Im Rahmen der Unternehmensfortführung oder auch der vermögensrechtlichen Abwicklung kann die Gesellschaft aus sich heraus nicht mehr tätig werden.

Anders als in der Nachtragsliquidation besteht die Organisation der Gesellschaft aber grundsätzlich komplett fort. Die Fremdbestimmung der GmbH in der Insolvenz reicht also nicht ganz so weit wie die in der Nachtragsliquidation. Allerdings ist das Aufrechterhalten der Organisation im Insolvenzverfahren, anders als in der Nachtragsliquidation, auch in jedem Fall erforderlich, um die Interessen der Gesellschaft zu wahren. Die Gesellschaft wurde vorher noch nicht ab-

1196 Rowedder/Schmidt-Leithoff – *Schmidt-Leithoff*, § 63, Rdn. 140.
1197 *Robrecht*, DB 68, 471, 472: „Aufgaben […] werden […] praktisch gegenstandslos."
1198 K. Schmidt/Uhlenbruck – *K. Schmidt*, Rdn. 7.5.
1199 Rowedder/Schmidt-Leithoff – *Schmidt-Leithoff*, § 63, Rdn. 140.
1200 MüKoGmbHG – *H. F. Müller*, § 64, Rdn. 95.

gewickelt und steht zunächst noch voll im Leben. Je nach Fortschritt der Insolvenz betreibt sie gegebenenfalls auch noch ein Unternehmen. Im Fall der Nachtragsliquidation hat hingegen entweder schon ein Abwicklungsverfahren oder ein Löschungsverfahren nach § 394 FamFG stattgefunden. Während beider Verfahren ist die Organisation der GmbH in aller Regel noch komplett vorhanden. Demzufolge hatten die Organe die Möglichkeit, in diesen Verfahren die Rechte der GmbH geltend zu machen. Die reguläre Liquidation wird durch die Organe selbst durchgeführt, so dass die Interessen der Gesellschaft Berücksichtigung finden. Im Verfahren nach § 394 FamFG sind die Organe zu beteiligen und haben die Möglichkeit, Widerspruch einzulegen. Auf diese Weise werden die Interessen der GmbH ebenfalls beachtet. In der Nachtragsliquidation ist regelmäßig nur noch eine Restabwicklung erforderlich, an der primär die Gläubiger ein Interesse haben, um ihre Ansprüche durchzusetzen. Weil die Interessen der Gesellschaft in den vorhergehenden Verfahren hinreichend berücksichtigt werden konnten, ist das Vorhandensein ihrer Organe unter diesem Gesichtspunkt nicht mehr geboten. Anders ist die Lage allerdings im Insolvenzverfahren. Hier müssen auch die Interessen der GmbH beachtet und gewahrt werden, wozu ihre Organe berufen sind. Insbesondere sind dafür die Geschäftsführer erforderlich, um die Verfahrensrechte geltend zu machen. Noch mehr gilt dies für das Insolvenzeröffnungsverfahren, vor allem, wenn der Eröffnungsantrag von einem Gläubiger gestellt wurde. Hier muss es der Gesellschaft durch ihre Organe möglich sein, das Vorliegen eines Eröffnungsgrundes zu widerlegen, um die Verfahrenseröffnung zu verhindern.

Die Fremdbestimmung der GmbH in der Insolvenz beruht darauf, dass das Insolvenzverfahren unter dem Einfluss der Gläubiger steht und es vorrangig um ihre Befriedigung und die Wahrung ihrer Interessen geht. Die Verbandssouveränität der GmbH hat dahinter zurückzustehen, was dadurch gerechtfertigt ist, dass die Insolvenz in der Regel durch schlechte Unternehmensführung oder nicht hinreichende Kapitalausstattung bedingt ist. Sie hat ihre Ursachen demnach oftmals innerhalb der Gesellschaft, wofür deren Organe zuweilen eine Verantwortung trifft. Die außen stehenden Gläubiger sind in diesem Fall besonders schützenswert.

Allerdings besteht die GmbH trotz der Insolvenz und des eröffneten Verfahrens weiterhin als juristische Person und Kapitalgesellschaft, was insbesondere für die Haftungsabwicklung erforderlich ist[1201]. Darauf hat auch die Fremdbestimmung keinen Einfluss. Die Gesellschaft ist zwar aufgelöst, aber dadurch ändert sich gerade nichts am Status der GmbH, wie mehrfach betont wurde.

---

1201 *Häsemeyer*, Rdn. 30.01.

Die Situation in der Nachtragsliquidation ist jedoch nicht vollständig mit der im Insolvenzverfahren vergleichbar. Dies liegt vor allem daran, weil im Insolvenzverfahren die Organisation zwangsläufig in einem größeren Umfang fortbesteht, denn hier sind noch Rechte und Pflichten der GmbH zu beachten. In der Nachtragsliquidation kommt den Organen unterdessen keine Funktion mehr zu, so dass ihr Fortbestand nicht erforderlich ist.

Auch der Grund für die Fremdbestimmtheit der Gesellschaft ist in beiden Verfahren nur zum Teil vergleichbar. Im Insolvenzverfahren steht deutlich das Interesse der Gläubiger im Vordergrund, wodurch die Kompetenzbeschränkungen gerechtfertigt sind. In der Nachtragsliquidation spielt zwar ebenfalls das Interesse des Antragsstellers, der oftmals ein Gläubiger sein wird, an der Durchsetzung seiner Rechte eine entscheidende Rolle. Er soll hieran nicht durch die Untätigkeit der Gesellschaft gehindert werden, so dass die gerichtliche Zuständigkeit dazu dient, ihm die Rechtsdurchsetzung zu ermöglichen. Die Gefahrenlagen sind in beiden Verfahren jedoch unterschiedlich. Ist die Insolvenz bereits eingetreten, droht besonders Gefahr durch die Einzelvollstreckung, an deren Stelle das Insolvenzverfahren tritt. Mithin sind die einzelnen Gläubiger auch und gerade durch die anderen Gläubiger gefährdet. Im Fall der Nachtragsliquidation sind vorher in der Regel nicht so viele Gläubiger mit ihren Forderungen ausgefallen und die restliche Abwicklung wird oftmals nur aufgrund eines bestimmten Gläubigers durchgeführt. Eine andere Lage ergibt sich lediglich im Fall der Löschung aufgrund Vermögenslosigkeit, wenn vorher das Insolvenzverfahren mangels Masse abgewiesen wurde. Dann bleiben die Gläubiger zum allergrößten Teil unbefriedigt, so dass viele von ihnen Interesse an einer Nachtragsliquidation hätten, sollten die Voraussetzungen dafür vorliegen. Ob sich eine masselose Liquidation grundsätzlich nach Gesellschafts- oder Insolvenzrecht richtet, ist eine nach wie vor umstrittene Frage, der hier nicht näher nachgegangen werden kann.[1202] Jenseits dieser Ausnahmesituation ist eine umfangreiche Abwicklung – vergleichbar dem Ausmaß in der Insolvenz – in der Regel nicht mehr angezeigt. Es sollen lediglich die restlichen Abwicklungsmaßnahmen möglichst zügig durchgeführt und die Gesellschaft ihrem Ende zugeführt werden. Währenddessen muss in der Insolvenz die komplette Abwicklung vorgenommen werden, wenn eine Sanierung nicht in Betracht kommt.

Aufgrund der spezifischen Gläubigergefährdung findet in der Insolvenz auch die Trennung des gesellschaftsrechtlichen und insolvenzrechtlichen Bereichs statt. Eine solche Trennung ist in der Nachtragsliquidation grundsätzlich nicht erforderlich, weil eine vergleichbare Gefährdungslage gerade fehlt. Hier

---

1202 Kritisch zur h. M., die für eine gesellschaftsrechtliche Abwicklung eintritt, Scholz – *K. Schmidt/Bitter*, § 60, Rdn. 28 ff. und monographisch *Wolf Schulz*, passim.

muss das auftauchende Vermögen in der Regel nicht vor dem Zugriff anderer Gläubiger geschützt werden. Da es meist deutlich geringer sein wird als noch vorhandenes Vermögen in der Insolvenz, besteht auch keine ebenso große Gefahr des Zugriffs durch die Gesellschafter oder Organe der GmbH.

Grundsätzlich zeigt auch die Lage in der Insolvenz – wie die schon zuvor betrachteten Konstellationen – dass ein gewisser Grad an Fremdbestimmung gerechtfertigt sein kann. Allein aufgrund dieser Fremdbestimmung ändert sich nichts an der Struktur und dem Status der GmbH. Es fragt sich aber, ob überhaupt Schlüsse für die Lage in der Nachtragsliquidation aus der Insolvenz gezogen werden können, weil beide Situationen nur bedingt vergleichbar sind. Dies ist im Ergebnis aufgrund des unterschiedlichen Grades der Fremdbestimmung und auch den verschiedenen dahinter stehenden Gründen abzulehnen. Aus der Lage in der Insolvenz lässt sich mithin nichts für den Bestand und die Ausgestaltung der Gesellschaft in der Nachtragsliquidation herleiten.

## 6. Zusammenfassung zur Untersuchung der autonomen Liquidationsabwicklung

Für alle Situationen, in denen eine gerichtliche Bestellung von Handlungsorganen der GmbH erforderlich wird, mithin für jegliche Art der Fremdbestimmung, liegen Gründe vor, die diese rechtfertigen. Meist geht es um die Berücksichtigung von Interessen Dritter, wie der Gläubiger, sowie von Interessen der Minderheitsgesellschafter. Ebenso können die Interessen der Gesellschaft für die gerichtliche Bestellung eine Rolle spielen, so dass sie von der bestellten Person zu beachten sind. In vielen der dargestellten Fälle ist die gerichtliche Bestellung durch das Verhalten der Gesellschafter bedingt, die vorher nicht für eine hinreichende Vertretung der Gesellschaft gesorgt haben.

Während es der gerichtlichen Notbestellung und der Insolvenz an einer wirklichen Vergleichbarkeit mit der Nachtragsliquidation fehlt, spricht die den Gesellschaftern in der regulären Liquidation unentziehbar zustehende Bestellungskompetenz bezüglich der Liquidatoren dafür, dass die GmbH in der Nachtragsliquidation mangels einer dahingehenden Befugnis der Gesellschafter nicht mehr als solche bestehen kann. Allerdings ist die gerichtliche Zuständigkeit wie gezeigt aus den in der konkreten Situation gegebenen Gründen erforderlich. Es ist in der Phase der Nachtragsliquidation vor allem nicht gesichert, dass die Gesellschafter tatsächlich noch greifbar sind und tätig werden, um neue Liquidatoren zu bestellen. Hierzu können sie auch nicht gezwungen werden. Deshalb besteht immer die Gefahr, dass sie versuchen, die restliche Abwicklung zu vereiteln. Eine gerichtliche Zuständigkeit, die erst griffe, wenn die Gesellschafter nicht tätig würden, kann gegebenenfalls schon zu spät erfolgen. Das Interesse des die Nachtragsliquidation beantragenden Gläubigers könnte bereits zunichte gemacht sein.

Des Weiteren zeigt die mögliche gerichtliche Liquidatorenbestimmung in der regulären Abwicklung, dass die Bestellung der Liquidatoren kein so überragend wichtiges Merkmal der GmbH ist, dass eine solche unter den Gegebenheiten keinesfalls bestehen kann. Vielmehr wird dadurch deutlich, dass eine komplette Fremdbestimmung allein keinen Einfluss auf den Bestand der GmbH hat. Dies gilt erst Recht, wenn nur noch wenige Maßnahmen für die Abwicklung der GmbH durchzuführen sind und regelmäßig keine Interessen der Gesellschafter und ihrer Mitglieder mehr bestehen, die einer solchen Fremdbestimmung entgegenstehen oder die überhaupt zu berücksichtigen wären.

Im Ergebnis lässt sich aus der Fremdbestimmung der GmbH und der damit einhergehenden fehlenden Leitungsmacht der Mitglieder nicht herleiten, dass die GmbH nicht mehr besteht. Die Fremdbestimmung an sich ist somit unschädlich für den Bestand der GmbH.

Aus der gerichtlichen Bestellung kann aber andererseits nicht geschlossen werden, dass die Gesellschaft in der Nachtragsliquidation keinesfalls eine andere Ausgestaltung annimmt. Oben[1203] wurde bereits erwähnt, dass auch bei Personengesellschaften ausnahmsweise eine gerichtliche Bestellung von Nachtragliquidatoren in Betracht kommen kann. Hiernach wäre vollkommen offen, ob die GmbH nach ihrer Löschung noch als juristische Person weiterbesteht oder ein Gebilde anderer Art vorhanden ist, dem die Abwicklungsmaßnahmen zugeordnet werden.

## V. Eintragung

Die Verfechter der konstitutiven Löschungswirkung argumentieren mit der konstitutiv wirkenden Eintragung der GmbH ins Handelsregister.[1204] Gemäß § 11 Abs. 1 GmbHG entsteht die GmbH erst mit dieser „als solche“. Vorher existiert nach nunmehr ganz herrschender Meinung die Vor-GmbH[1205], die jedoch noch keine juristische Person ist. Den Status als GmbH und damit als juristische Person und Kapitalgesellschaft erlangt die Personenvereinigung nach dem geltenden System der Normativbestimmungen erst mit der Eintragung ins Handelsre-

1203 S. unter E. III. 3. a. ff.

1204 Dazu bereits B. III. 3. a. aa.

1205 BGHZ 21, 242, 246; BGHZ 51, 30, 32; Baumbach/Hueck – *Hueck/Fastrich*, § 11, Rdn. 3.

gister.[1206] Die Anhänger der konstitutiv wirkenden Löschung sehen die Löschung als actus contrarius der Eintragung, so dass durch sie die GmbH als solche untergeht. Diese Überlegung lässt die Frage aufkommen, wie genau die Eintragung wirkt und ob die Löschung zwangsläufig das Gegenteil der Eintragung bewirken muss. Dies ist zu klären, genau wie die Funktion, die hinter der konstitutiven Eintragung bei der Entstehung der Kapitalgesellschaften, insbesondere der GmbH, steht. Dabei ist auch das System der Normativbestimmungen genauer in den Blick zu nehmen und zu hinterfragen, ob es dem Fortbestand der GmbH als solcher in der Nachtragsliquidation entgegensteht, was von den Vertretern der Theorie der konstitutiv wirkenden Löschung ebenfalls als Argument gegen die anderen Ansichten vorgetragen wird[1207].

## 1. Konstitutive Wirkung der Eintragung

### a. Entstehung als juristische Person

Die GmbH als solche entsteht gemäß § 11 Abs. 1 GmbHG erst mit der Eintragung ins Handelsregister. Im Vorfeld haben die Gesellschafter den Gesellschaftsvertrag nach §§ 2, 3 GmbHG geschlossen und Geschäftsführer bestellt, welche die Gesellschaft zur Eintragung ins Handelsregister angemeldet haben. Daraufhin nimmt das Registergericht die Eintragung vor, wenn die Voraussetzungen dafür vorliegen und vollendet so die Entstehung der GmbH.[1208] Die Eintragung wirkt also konstitutiv in dem Sinne, dass sie die Entstehung der GmbH als solcher begründet.[1209] Nunmehr gelten die Satzung und die gesetzlichen Vorschriften zur GmbH uneingeschränkt.[1210]

### b. Vorheriger Bestand einer Vorgesellschaft

Die Gesellschaft entsteht nicht von einer Sekunde auf die andere mit der Eintragung, sondern es bedarf zunächst ihrer Errichtung durch die Gründungsmitglieder, mithin des Abschlusses eines Gesellschaftsvertrages. Mit diesem Abschluss besteht bereits ein Personenzusammenschluss und damit eine Gesellschaft, die sogenannte Vor-GmbH. Die Gründer haben sich durch den Abschluss des Gesellschaftsvertrages der GmbH zu der Vorgesellschaft zusammengeschlossen,

---

1206 Vgl. dazu Ulmer – *Ulmer*, § 11, Rdn. 89.

1207 Dazu bereits B. III. 1. g. cc.

1208 Dies ergibt sich auch aus einem Umkehrschluss aus § 9c Abs. 1 GmbHG; vgl. auch MüKoGmbHG – *Wicke*, § 9c, Rdn. 1 a. E.

1209 MüKoGmbHG – *Merkt*, § 11, Rdn. 148.

1210 Rowedder/Schmidt-Leithoff – *Schmidt-Leithoff*, § 11, Rdn. 132.

um einen gemeinsamen Zweck zu erreichen. Dieser Zweck besteht darin, die Eintragung der Gesellschaft herbeizuführen und damit die Gründung zu vollenden[1211], kann aber darüber hinausgehen.[1212] Letzteres ist beispielsweise der Fall, wenn die Gesellschaft schon ein Unternehmen betreibt.

Die Vor-GmbH zeichnet sich bereits durch eine körperschaftliche Struktur aus.[1213] Insbesondere gelten für sie sowohl das Prinzip der Fremdorganschaft[1214] als auch das Mehrheitsprinzip[1215] hinsichtlich der Fassung von Beschlüssen, die nicht die Satzung betreffen. Ebenfalls ist schon ein Gesellschafterwechsel, ein Beitritt oder ein Ausscheiden eines Gesellschafters im Gründungsstadium möglich, wobei die Durchführung dieser Vorgänge im Vergleich zum werbenden Stadium erschwert ist.[1216] Erforderlich ist dafür ein notariell beurkundeter, satzungsändernder Vertrag, dem alle Gesellschafter zustimmen müssen.[1217] Die Möglichkeit des Mitgliederwechsels verdeutlicht, dass die Vor-GmbH wie eine Körperschaft von ihrem konkreten Mitgliederbestand unabhängig ist.

In Bezug auf ihre Rechtsfähigkeit ist umstritten, wie die Vor-GmbH genau zu behandeln ist. Jedoch kreist dieser Streit mehr um Begrifflichkeiten, als um die eigentliche Qualität der Vorgesellschaft im Rechtsverkehr. Ob sie als teilrechtsfähig, rechtsfähig oder mit einem anderen Ausdruck zu bezeichnen ist, kann an dieser Stelle offen bleiben, denn es ist jedenfalls anerkannt, dass ihr Rechte und Pflichten zugeordnet werden können.[1218] Das Entstehen einer Gesellschaft, die Trägerin von Rechten und Pflichten sein kann, ist dementsprechend von der Eintragung unabhängig. Dies ist auch bei Personengesellschaften

---

1211 BGHZ 80, 129, 139.

1212 Vgl. Michalski – *Michalski/Funke*, § 11, Rdn. 45.

1213 BGHZ 80, 129, 132; *Windbichler*, § 21, Rdn. 18; Scholz – *K. Schmidt*, § 11, Rdn. 30 meint sogar, die Vor-GmbH sei bereits eine Körperschaft, auch wenn sie noch keine juristische Person sei.

1214 Dies wird dadurch deutlich, dass im Stadium der Vor-GmbH bereits die Geschäftsführer zu bestellen sind, die mit Eintragung solche der GmbH werden, bei der das Prinzip der Fremdorganschaft gilt.

1215 BGHZ 80, 212, 214.

1216 BGHZ 15, 204, 206 (Beitritt); BGHZ 21, 242, 246 (Ausscheiden); OLG Frankfurt NJW-RR 97, 1062 (Gesellschafterwechsel); MüKoGmbHG – *Merkt*, § 11, Rdn. 36.

1217 Baumbach/Hueck – *Hueck/Fastrich*, § 11, Rdn. 8.

1218 Für Teilrechtsfähigkeit Michalski – *Michalski/Funke*, § 11, Rdn. 47; für „beschränkte Rechtsfähigkeit" Rowedder/Schmidt-Leithoff – *Schmidt-Leithoff*, § 11, Rdn. 74; von „vollwertiger Rechtsträgerin" spricht *K. Schmidt* in Scholz § 11, Rdn. 34 f.; zustimmend *Grunewald*, 2 F II 6 a), Rdn. 36 (S. 347 f.) („rechtsfähig"); alle Genannten sehen die Vor-Gesellschaft aber selbst als Zuordnungssubjekt der Rechte und Pflichten an.

so, denen ebenfalls ohne eine Registereintragung Rechte und Pflichten zugeordnet werden können.

Im Vergleich zur GmbH sind auf die Vorgesellschaft bestimmte GmbH-rechtliche Normen, die die Eintragung voraussetzen, nicht anwendbar.[1219] Ferner fehlt der Vor-GmbH der Status als juristische Person und Kapitalgesellschaft, mithin die eigene Rechtspersönlichkeit. Diesen Status erlangt die Personenvereinigung vielmehr erst aufgrund der Eintragung. In dem Zeitpunkt tritt auch erst die der GmbH typischerweise anhaftende Beschränkung der Haftung auf ihr eigenes Vermögen ein.[1220] Die Gründer trifft gegenüber der Gesellschaft infolgedessen nur noch die Unterbilanzhaftung auf Ersatz der zuvor eingetretenen Verluste bis zur Höhe des Stammkapitals[1221]. Allerdings muss betont werden, dass nicht allein die Eintragung oder der Status als juristische Person beziehungsweise Kapitalgesellschaft die Haftungsbeschränkung herbeiführt. Die Eintragung ist zwar diesbezüglich der entscheidende Zeitpunkt, aber nicht zugleich als solche der dahinter stehende Grund. Dieser liegt in der vorherigen Aufbringung des Haftungskapitals und der durch die Eintragung gegebenen Publizität.[1222]

Zusammenfassend lässt sich sagen, dass die Vor-GmbH der eingetragenen GmbH bereits sehr weit angenähert ist. Es bestehen jedoch Unterschiede insoweit, als die Eintragung Bedingung für bestimmte Charakteristika der GmbH ist.

## c. Vergleich mit dem Vereinsrecht des BGB

Sehr ähnlich ist die Lage im Vereinsrecht des BGB. Der bürgerlich-rechtliche Verein als Grundform der körperschaftlich strukturierten juristischen Personen des Privatrechts erlangt nach § 21 BGB gleichfalls Rechtsfähigkeit mit der Eintragung in ein Register (Vereinsregister). Hier regelt § 21 BGB lediglich die Entstehung der juristischen Person. Die Personenvereinigung mit ihrer Struktur, mithin die Körperschaft, ist vor der Eintragung bereits vorhanden. Dies zeigt, dass die Bildung der Körperschaft als solcher frei ist.[1223] Das wird weiter dadurch unterstrichen, dass der nicht eingetragene Verein, der keine juristische Person ist, ebenfalls körperschaftlich strukturiert ist.[1224] Die Errichtung eines solchen Vereins nach § 54 BGB ist jedoch ohne staatliche Kontrolle möglich. Nur für die Verselbstständigung als juristische Person ist die Mitwirkung des

---

1219 BGHZ 21, 242, 246; MüKoGmbHG – *Merkt*, § 11, Rdn. 12.

1220 MüKoGmbHG – *Wicke*, § 9c, Rdn. 3.

1221 Vgl. dazu MüKoGmbHG – *Merkt*, § 11, Rdn. 156 ff.

1222 So schon *Theobald*, S. 86 ff.; dazu auch noch im folgenden Abschnitt unter F. IV. 2. a.

1223 *H. Westermann*, FS-Michaelis, S. 337, 346.

1224 Jauernig – *Jauernig*, § 54, Rdn. 1.

Staates nötig.[1225] Auch der nicht eingetragene Verein kann dementsprechend seine Eintragung ins Vereinsregister erreichen und damit zur juristischen Person werden, wenn er die für das Vereinsrecht geltenden Normativbestimmungen einhält. Hier ist die Situation vergleichbar mit der Rechtslage bei der Entstehung der GmbH.

### d. Zusammenfassung zur Wirkung der Eintragung

Die Eintragung wirkt konstitutiv hinsichtlich der Entstehung der GmbH. Dies betrifft aber lediglich den Status als juristische Person und damit ihre Rechtspersönlichkeit. Als Gesellschaft entsteht die GmbH nicht von einer Sekunde auf die anderen mit der Eintragung, sondern es ist bereits zuvor ein Personenzusammenschluss vorhanden, der zumindest schon eine körperschaftliche Struktur aufweist. Ergo ist die Bildung einer Personenvereinigung mit körperschaftlicher Verfassung nicht von einer Eintragung in ein staatlich geführtes Register abhängig. Lediglich die Subjektqualität als juristische Person des Privatrechts ist durch diese Eintragung bedingt.

## 2. Löschung als actus contrarius der Eintragung

Die Verfechter der konstitutiven Löschungswirkung stellen für ihre Lösung hinsichtlich der Beendigung der GmbH auf die konstitutiv wirkende Eintragung der Gesellschaft ab.[1226] Weil die GmbH erst durch die Eintragung als solche entstehe, müsse sie durch ihre Löschung als solche untergehen. Der der Eintragung entgegengesetzte Akt der Gesellschaftslöschung mache das zunichte, was die Eintragung herbeigeführt habe. Es wurde gezeigt, dass die Eintragung lediglich konstitutiv für den Status als juristische Person und Kapitalgesellschaft ist, so dass die Löschung ebenfalls nur diesen Status konstitutiv wieder vernichten könnte. Die Gesellschaft würde dann im Fall einer Nachtragsliquidation eine andere Ausgestaltung haben. Die Vertreter dieser Ansicht gehen dementsprechend auch von einem Strukturwandel der Gesellschaft aus, der durch die Löschung herbeigeführt wird.[1227] Hinterher bestehe sie deshalb nicht mehr als GmbH, sondern nehme eine andere Gestalt an. Es fragt sich aber, ob der Schluss, dass die Löschung konstitutiv wirkt, weil auch die Eintragung konstitutiv wirkt, richtig ist. Das wäre jedenfalls der Fall, wenn die Löschung einer Ein-

---

1225 Dazu *H. Westermann*, FS-Michaelis, S. 337, 346.

1226 Hachenburg – *Ulmer*, § 60, Rdn. 18 sowie die weiteren Nachweise oben im Abschnitt B. III. 3. a. aa.

1227 Vgl. dazu insbesondere die verschiedenen Lösungsansätze unter C. I. 3.

tragung, insbesondere einer konstitutiven, regelmäßig das Gegenstück der Eintragung wäre. Zwingend wäre der Schluss, wenn sich jeder konstitutiven Eintragung eine ebenso wirkende Löschung anschließen würde, letztere mithin stets das genaue Gegenstück der Eintragung wäre. Nachfolgend wird deswegen ein Blick auf einige Handelsregistereintragungen und ihre Wirkung geworfen.

## a. Deklaratorische Eintragungen

Deklaratorische Eintragungen dienen lediglich der Kundmachung von bereits außerhalb des Handelsregisters eingetretener Tatsachen.[1228] Die entgegenstehende Löschung lässt regelmäßig das Vorliegen einer solchen Tatsache entsprechend unberührt. Diese tritt wiederum außerhalb des Handelsregisters ein. Zum Beispiel weist ein Kaufmann im Sinne von § 1 HGB bereits vor Eintragung seiner Firma ins Handelsregister die Kaufmannseigenschaft auf. Stellt er den Geschäftsbetrieb ein, erlischt die Firma außerhalb des Registers und die Löschung derselben nach § 31 Abs. 2 HGB hat gleichfalls nur deklaratorische Bedeutung. Ebenfalls kundmachende Wirkung haben die Eintragung der Erteilung einer Prokura nach § 53 Abs. 1 HGB und die entsprechende Löschung gemäß § 53 Abs. 2 HGB.

## b. Eintragung eines Kleingewerbetreibenden nach § 2 HGB

### *aa. Wirkung von Eintragung und Löschung*

Anders als der Istkaufmann erwirbt der Kleingewerbetreibende nach § 2 HGB erst mit der Eintragung ins Handelsregister die Kaufmannseigenschaft, so dass die Eintragung konstitutiv wirkt. In Bezug auf die Löschung ist zwischen zwei Fällen zu unterscheiden: Wird der Geschäftsbetrieb eingestellt, sind diese tatsächlichen Umstände maßgeblich und die Firma erlischt außerhalb des Handelsregisters. Die Löschung hat dann anders als die Eintragung lediglich deklaratorische Bedeutung. Wird das Geschäft hingegen unverändert fortgeführt, so dass auch die Voraussetzungen nach § 1 Abs. 2 HGB weiterhin nicht vorliegen und der Kannkaufmann demnach zwischenzeitlich nicht zum Istkaufmann geworden ist, besteht die Möglichkeit, dass die Firma auf Antrag des Geschäftsinhabers nach § 2 S. 3 HGB wieder gelöscht wird. In diesem Fall wirkt die Löschung – genau wie die Eintragung – konstitutiv in Bezug auf die Kaufmannseigenschaft.[1229] Auch eine zu Unrecht oder ohne Willen des eingetragenen Gewerbe-

---

1228 *Jung*, § 10, Rdn. 8.

1229 MüKoHGB – *Krafka*, § 31, Rdn. 11.

treibenden vorgenommene Löschung wirkt konstitutiv.[1230] Jedoch kann eine solche unberechtigte Löschung nach § 395 FamFG von Amts wegen wieder beseitigt werden[1231], so dass die Kaufmannseigenschaft dem Gewerbetreibenden wieder zukommt. Im Ergebnis ist festzustellen, dass die Löschung der nach § 2 S. 1, 2 HGB konstitutiven Eintragung nicht in jedem Fall ebenfalls konstitutive Wirkung hat. Es wird deutlich, dass eine Löschung nicht immer die der Eintragung entsprechende gegenteilige Wirkung haben muss, sondern dass die Eintragung trotz ihrer konstitutiven Wirkung schon außerhalb des Handelsregisters zunichte gemacht werden kann.

*bb. Vergleich mit der Situation bei der GmbH*

Für den Kleingewerbetreibenden hat die Löschung konstitutive und damit dieselbe Wirkung wie die entsprechende Eintragung allein in dem Fall, dass sich an dem Geschäftsbetrieb zwischenzeitlich nichts verändert hat. Diese Situation ist aber nicht mit derjenigen der GmbH in der Nachtragsliquidation vergleichbar, weil hier sehr wohl eine Änderung vorliegt. Im Vergleich zum werbenden Stadium besteht die Veränderung jedenfalls in der Auflösung und der in der Regel stattgefundenen Liquidation. In der Nachtragsliquidation ist kein Geschäftsbetrieb mit gewöhnlichem Geschäftsleben mehr vorhanden. Es kann auch nicht gesagt werden, dass nun dieselbe Situation wie vor der Eintragung gegeben ist. Auch wenn die Struktur des Gebildes in der Nachtragsliquidation noch nicht im Einzelnen untersucht wurde, kann an dieser Stelle bereits festgehalten werden, dass die Gesellschaft in der Nachtragsliquidation nicht dieselbe Ausgestaltung wie die Vor-GmbH hat. Sowohl die vorhandene Organisation und die Tätigkeit der Gesellschaft als auch die Interessenlage vor Eintragung sind eine andere als in der Nachtragsliquidation. Hier ist die Situation eher vergleichbar mit der, bei der die Firma des Kannkaufmanns aufgrund der Einstellung des Geschäftsbetriebes ohne Eintragung im Handelsregister untergeht, so dass die Eintragung lediglich die schon eingetretene Tatsache kundmacht. In beiden Fällen ist kein Geschäftsbetrieb mehr gegeben, so dass es an einem Gewerbe mangelt, welches Voraussetzung für die Kaufmannseigenschaft ist. Andererseits fehlt auch hier die Vergleichbarkeit, denn die GmbH erlangt als Formkaufmann die Kaufmannseigenschaft unabhängig von einem Gewerbebetrieb.[1232] Deswegen kann sie diese Eigenschaft auch nicht einfach mit Einstellen des Gewerbebetriebes verlieren, weil dies beispielsweise auf einer Umstrukturierung beruhen kann und

---

1230 Röhricht/Graf v. Westphalen – *Röhricht*, § 2, Rdn. 25.

1231 MüKoHGB – *K. Schmidt*, § 2, Rdn. 22.

1232 Baumbach/Hopt – *Hopt*, § 6, Rdn. 3.

nicht zwangsläufig auf die Beendigung der Gesellschaft hinauslaufen muss. Welcher Wirkung der Löschung der GmbH tatsächlich zukommt, kann aus der Situation bei dem Kleingewerbetreibenden nicht geschlossenen werden. Allerdings zeigt die vorstehende Untersuchung, dass eine Löschung nicht immer der actus contrarius der Eintragung sein muss.

## c. Konstitutive Eintragung von Land- und Forstwirten gemäß § 3 HGB und die Löschung derselben

Eine konstitutive Eintragung ist auch die nach § 3 Abs. 2 HGB.[1233] Land- und Forstwirte können sich freiwillig dem Handelsrecht unterwerfen, wenn sie sich ins Handelsregister eintragen lassen. Erst durch die Eintragung werden sie zu Kaufleuten. Eine freiwillige Löschung, die konstitutiv die Kaufmannseigenschaft wieder beseitigt, ist dann allerdings nicht mehr möglich, wenn der Betrieb nach Art und Umfang kaufmännischer Einrichtung bedarf.[1234] Nach § 3 Abs. 2 HGB ist eine Löschung nur unter denselben Voraussetzungen wie bei § 1 HGB möglich. Danach kann die Löschung der Firma gemäß § 31 Abs. 2 HGB erst und nur vorgenommen werden, wenn die Firma bereits erloschen ist. Hier bekundet die Eintragung dann lediglich die schon eingetretene Tatsache. Erneut zeigt dies, dass die Löschung nicht zwangsläufig dieselbe Wirkung haben muss, wie die entsprechende Eintragung.

## d. Eintragung einer OHG und ihre Löschung

Die Eintragung einer OHG wirkt grundsätzlich wie die Eintragung eines Istkaufmanns deklaratorisch.[1235] Die Gesellschaft ist gemäß § 123 Abs. 2 HGB schon vor ihrer Eintragung ins Handelsregister entstanden, wenn sie bereits ihre Geschäfte aufgenommen hat. Ebenso wirkt die Löschung der Firma nach § 157 Abs. 1 HGB nur deklaratorisch.[1236] Eine andere Wirkung der Eintragung ergibt sich nur im Fall des § 105 Abs. 2 HGB, das heißt, wenn die Gesellschaft zuvor keinen kaufmännischen Gewerbebetrieb im Sinne von § 1 Abs. 2 HGB betreibt. Das ist beispielsweise der Fall, wenn eine GbR anstrebt, durch die Eintragung Kaufmannseigenschaft zu erlangen. Dann hat die Eintragung nach § 123 Abs. 1 HGB konstitutive Wirkung in dem Sinne, dass die Gesellschaft dadurch zur OHG wird.[1237]

---

1233 MüKoHGB – *K. Schmidt*, § 3, Rdn. 24.
1234 Baumbach/Hopt – *Hopt*, § 3, Rdn. 8.
1235 MüKoHGB – *Langhein*, § 106, Rdn. 46.
1236 BGH NJW 79, 1987.
1237 Baumbach/Hopt – *Hopt*, § 105, Rdn. 12.

Die Löschung nach einer Liquidation ist allerdings unabhängig davon, welche Wirkung der Eintragung zukommt, deklaratorisch.[1238] Der Untergang richtet sich allein danach, ob Vollbeendigung der Gesellschaft gegeben ist oder nicht. Diese liegt vor, wenn kein Vermögen der OHG mehr vorhanden ist.[1239]

Allerdings hat die Gesellschaft, die nicht schon außerhalb des Handelsregisters als OHG besteht, sondern diesen Status erst durch Eintragung nach § 123 Abs. 1 HGB erwirbt, durch den Verweis in § 105 Abs. 2 S. 2 HGB auf § 2 S. 3 HGB die Möglichkeit, ohne Liquidation ihre Löschung aus dem Handelsregister zu beantragen. Liegen die Voraussetzungen dafür vor, wirkt diese Löschung konstitutiv hinsichtlich der Kaufmannseigenschaft und des Status als OHG. Die Lage ist dieselbe wie bei einem eingetragenen Kleingewerbetreibenden gemäß § 2 HGB.

Die Löschung der konstitutiven Eintragung nach § 123 Abs. 1 HGB kann folglich wie dort, je nachdem aus welchem Grund sie erfolgt, konstitutiv oder deklaratorisch wirken.

## e. Weitere Beispiele für einander nicht entsprechende Eintragungs- und Löschungswirkungen

Weitere Fälle in denen die Eintragung ins Handelsregister konstitutiv wirkt, sind Unternehmensverträge.[1240] Bei diesen sieht § 294 Abs. 2 AktG die Wirksamkeit erst mit Eintragung ins Handelsregister vor.[1241] § 298 AktG verlangt hingegen die Anmeldung der Beendigung des Unternehmensvertrages und des Zeitpunktes der Beendigung zur Eintragung ins Handelsregister. Dies zeigt, dass die Beendigung bereits vorher eingetreten sein muss[1242], so dass die entsprechende Eintragung lediglich deklaratorische Wirkung haben kann. Die Eintragung der Beendigung eines Unternehmensvertrages ist mit einer Löschung vergleichbar, da angezeigt wird, dass eine zuvor eingetragene Tatsache nicht mehr gegeben ist. Auch eine Löschungseintragung ist eine Eintragung des Erlöschens oder Ähnlichem. Daneben enthält eine Löschung die Rötung der gegenstandslos gewordenen Eintragungen.

Das Gleiche wie für Unternehmensverträge gilt für die Eingliederung gemäß § 319 AktG, dessen Absatz 7 die konstitutive Wirkung der entsprechenden Eintragung vorsieht, während § 327 Abs. 3 AktG die Anmeldung des Endes dersel-

---

1238 Baumbach/Hopt – *Hopt*, § 157, Rdn. 3.

1239 *Koller*/Roth/Morck, § 157, Rdn. 1; auf Abwicklung jeglicher Rechtsbeziehungen stellt ab MüKoHGB – *K. Schmidt*, § 157, Rdn. 10.

1240 Vgl. dazu *Kantak*, S. 107.

1241 Vgl. auch *Hüffer*, AktG, § 294, Rdn. 17.

1242 Vgl. auch Spindler/Stilz – *Veil*, § 298, Rdn. 10.

ben vorschreibt. Hier bekundet die entsprechende Eintragung dann wiederum nur die bereits eingetretene Tatsache.[1243]

### f. Zwischenergebnis

Insgesamt wurde deutlich, dass die Löschung einer konstitutiven Eintragung nicht immer die gegenteilige Wirkung der Eintragung hat. Nicht in allen Fällen beseitigt die Löschung genau das, was durch die Eintragung begründet wurde. Der Schluss der Vertreter der Theorie der konstitutiven Löschungswirkung von der konstitutiven Eintragung auf die ebenso wirkende Löschung ist demnach nicht zwingend. Gleichzeitig soll damit aber noch nicht gesagt sein, dass die Handelsregisterlöschung der GmbH nur bekundende Wirkung hat und diese unabhängig von der Registereintragung erlischt und dann auch außerhalb des Registers bestehen kann, wie die Lehre vom Doppeltatbestand es annimmt, wenn noch Vermögen oder anderer Abwicklungsdarf vorhanden ist. Insbesondere der Wortlaut von § 74 Abs. 1 GmbHG spricht im Vergleich zu den Formulierungen bei den hier untersuchten deklaratorischen Löschungseintragungen gegen die lediglich bekundende Wirkung bei der GmbH.[1244] In allen aufgezeigten Fällen, ist ein Erlöschen oder eine Beendigung anzumelden, während nach § 74 Abs. 1 GmbHG das Ende der Liquidation angemeldet wird, regelmäßig verbunden mit dem Antrag, die Gesellschaft zu löschen. Es wird also lediglich die bereits beendete Liquidation angemeldet, nicht aber eine etwaige Beendigung der Gesellschaft. Auf den Antrag hin trägt das Gericht die Liquidationsbeendigung und die Löschung der GmbH ein.[1245] Gleichzeitig wird das Registerblatt nach § 22 Abs. 1 HRV gerötet und geschlossen. In der Formulierung der Löschungseintragung bei der GmbH liegt ein entscheidender Unterschied zu den untersuchten Eintragungen und den ihnen entsprechenden Löschungen, der darauf hindeutet, dass die Gesellschaft vorher noch nicht beendet wurde, sondern die Löschungseintragung der GmbH vielmehr konstitutive Wirkung hat.

Dies soll nachfolgend untersucht werden. Hierfür ist die Funktion der Eintragung der GmbH und das dahinter stehende System der Normativbestimmungen näher zu betrachten und zu schauen, ob daraus Aussagen für die Wirkung der Löschung und einen etwaigen späteren Bestand der GmbH hergeleitet werden können.

---

1243 S. auch *Hüffer*, AktG, § 319, Rdn. 18, § 327, Rdn. 2.

1244 Darauf berufen sich auch die Befürworter einer konstitutiv wirkenden Löschung, siehe bereits B. III. 3. a. cc.

1245 So auch Scholz – *K. Schmidt*, § 74, Rdn. 6.

## 3. Funktion der Eintragung

Das Eintragungserfordernis bei den juristischen Personen des Privatrechts stellt die staatliche Mitwirkung bei der Entstehung der Kapitalgesellschaften sicher. Dadurch werden die Publizität und die Kontrolle der juristischen Personen ermöglicht.[1246] Formell kommt dabei ein Verleihungs- oder Registrierungsverfahren in Betracht, wobei sich der Gesetzgeber bei den Kapitalgesellschaften für letzteres entschieden hat (§§ 7, 9c, 11 Abs. 1 GmbHG; §§ 36, 38, 41 Abs. 1 S. 1 AktG).[1247] Danach erfolgt auf Anmeldung und nach Prüfung des Vorliegens der Normativbestimmungen die Eintragung der Gesellschaft. Nur wenn die durch den Staat im Vorfeld aufgestellten Bedingungen eingehalten sind, wird die Eintragung vorgenommen und die juristische Person kommt sodann zur Entstehung.

### a. Publizität

Durch die staatliche Mitwirkung soll sichergestellt werden, dass keine juristische Person ohne Publizitätsakt entsteht.[1248] Aus Gründen der Rechtssicherheit soll die Existenz von selbstständigen Vermögensmassen durch die Beteiligung des Staates festgestellt werden können.[1249] Deshalb müssen sie registriert werden, wozu die Eintragung in ein Register gehört, durch die sie zur Entstehung gelangen. In der Folge ist eine Zuordnung von Rechten und Pflichten zu der juristischen Person problemlos möglich. Ohne diese Publizität ist die juristische Person für den Rechtsverkehr nicht greifbar. Ihre Existenz ist nicht sichtbar, anders als bei einer natürlichen Person. Um zu verhindern, dass wahllos die Existenz von juristischen Personen behauptet wird, ist die Publizität notwendig.

Die Publizität und damit die Mitwirkung des Staates ist aber nicht nur hinsichtlich der Existenz der juristischen Person erforderlich, sondern es soll auch kundgetan werden, dass die Haftung auf das Vermögen der juristischen Person beschränkt ist, ohne dass auf eine natürliche Person zurückgegriffen werden kann.[1250] Es wird mithin indirekt auch bekannt gemacht, dass die Mitglieder, die hinter der juristischen Person stehen, nicht für die Verbindlichkeiten derselben haften.

---

1246 *Wiedemann*, § 4 II 1 (S. 207).
1247 Dazu *K. Schmidt*, GesR, § 8 II 5 (S. 194).
1248 Michalski – *Michalski*, Syst. Darst. 1, Rdn. 24.
1249 *Wiedemann*, § 4 II 1 (S. 207).
1250 MüKoBGB – *Reuter*, Vor § 21, Rdn. 7.

### b. Kontrolle: System der Normativbestimmungen

Der Rechtsverkehr hat ein Interesse daran, dass die Entstehung der juristischen Person an bestimmte Voraussetzungen geknüpft und deren Einhaltung kontrolliert wird, um Gefahren für den Verkehr zu vermeiden. Die Gründer sollen keine juristischen Personen schaffen können, ohne die materiellen Voraussetzung dafür zu erfüllen.[1251] Darüber hinaus soll verhindert werden, dass die hinter der juristischen Person stehenden Mitglieder sie für unerwünschte Zwecke verwenden, beispielsweise zum Nachteil von Dritten.[1252] Eine dahingehende Gefahr besteht insbesondere, weil aufgrund des Trennungsprinzips allein die juristische Person mit dem ihr zugeordneten Vermögen den Gläubigern haftet, nicht aber die hinter ihr stehenden Mitglieder[1253]. Die Bildung von solchen rechtsfähigen Personenvereinigungen darf deshalb aufgrund von Verkehrsschutzgesichtspunkten nicht allein den Gründern überlassen werden. Dementsprechend hat der Gesetzgeber für die Entstehung der juristischen Personen Normativbestimmungen aufgestellt, die bei der Gründung einzuhalten sind. Nur wenn diese erfüllt sind, wird die Eintragung ins Register vorgenommen, so dass die juristische Person entstehen kann.[1254] Bei einer Kapitalgesellschaft wie der GmbH müssen die Gründer dafür insbesondere einen bestimmten Betrag bereitstellen, welcher der Gesellschaft als Haftungsfonds dient.[1255] Erst infolgedessen ist die Teilnahme am Rechtsverkehr ohne persönliche Haftung der Mitglieder gerechtfertigt[1256], weil die Gründer sich auf diese Weise quasi die Freistellung von der persönlichen Haftung erkaufen.

Es kann festgehalten werden, dass bei Vorliegen der zwingend einzuhaltenden Gründungsvoraussetzungen das Gericht die Eintragung vornimmt und die GmbH als juristische Person entsteht. Durch die gerichtliche Prüfung der Voraussetzungen soll gewährleistet werden, dass nur ordnungsgemäß errichtete Gesellschaften als GmbH entstehen können.[1257] Jedoch entsteht die GmbH als solche grundsätzlich auch, wenn die Eintragung vorgenommen wird, obwohl sie nicht hätte erfolgen dürfen, weil nicht alle Voraussetzungen vorlagen.[1258] In diesem Fall werden die Publizität und damit auch die Rechtssicherheit höher ge-

---

1251 Vgl. zur GmbH Michalski – *Michalski*, Syst. Darst. 1, Rdn. 25.

1252 Vgl. dazu *Kübler/Assmann*, § 4 IV 3 (S. 32).

1253 Zum Trennungsprinzip MüKoGmbHG – *Merkt*, § 13, Rdn. 328.

1254 Vgl. Michalski – *Michalski/Funke*, § 11, Rdn. 114; MüKoGmbHG – *Wicke*, § 9c, Rdn. 3.

1255 Vgl. Michalski – *Michalski*, Syst. Darst. 1, Rdn. 26.

1256 *Jäger*, DStR 96, 231.

1257 Scholz – *Veil*, § 9c, Rdn. 1.

1258 Vgl. Michalski – *Tebben*, § 9c, Rdn. 50; MüKoGmbHG – *Wicke*, § 9c, Rdn. 53 f.

wertet als das tatsächliche Vorliegen der materiellen Entstehungsvoraussetzungen. Grund dafür ist, dass für den Rechtsverkehr durch die Registereintragung der Eindruck des Vorhandenseins einer juristischen Person entsteht. Darauf soll sich der Verkehr im Interesse der Rechtssicherheit verlassen dürfen.

Kommt es später zu einem Wegfall der Eintragungsvoraussetzungen, wie beispielsweise bei Verlust des Haftungskapitals, geht die GmbH dadurch nicht automatisch unter. Die Normativbedingungen müssen also lediglich im Zeitpunkt der Eintragung, mithin der Entstehung der juristischen Person, vorliegen. Fallen sie später weg, kann eventuell eine Auflösung in Betracht kommen, wenn das Gesetz einen entsprechenden Auflösungsgrund vorsieht. Auf den Bestand der GmbH als juristische Person wirkt sich ein solcher Wegfall allein aber nicht aus. Dafür spricht namentlich, dass eine fortwährende Kontrolle der Gesellschaft von staatlicher Seite nicht stattfindet, die zu Konsequenzen für den Bestand der GmbH führen könnte.[1259] Dem Gericht oder einer sonstigen staatlichen Instanz ist es nicht möglich, über die komplette Lebensdauer der GmbH darauf zu achten, ob die Normativbestimmungen noch vorliegen. Das Gesetz ist gerade so ausgestaltet, dass die Vorgaben nur bei der Entstehung der juristischen Person erfüllt sein müssen. In Extremfällen kommt gegebenenfalls eine Auflösung nach §§ 61, 62 GmbHG in Betracht. Wie mehrmals verdeutlicht hat diese aber keine Folgen für den Status der GmbH als juristische Person.

## 4. Zusammenfassung und Schlussfolgerung

### a. Löschung nicht zwingend actus contrarius der Eintragung

Die Löschung einer Handelsregistereintragung muss nicht zwangsläufig der actus contrarius ihrer Eintragung sein. Wie gezeigt, ist es nicht zwingend, dass beide einander entsprechen. Es lässt sich deshalb allein aus der konstitutiven Eintragung der GmbH nicht herleiten, dass ihre Löschung ebenfalls konstitutive Wirkung hat, sie mithin aufgrund der Löschung aus dem Rechtsleben verschwindet. Aufgrund des Vergleichs mit der Wirkung von anderen Eintragungen und ihren Löschungen lässt sich keine sichere Aussage hinsichtlich der Wirkung der Löschung der GmbH treffen.

### b. Wortlaut § 74 Abs. 1 GmbHG

Jedoch spricht der Wortlaut des § 74 Abs. 1 GmbHG, der die Löschung der GmbH behandelt, im Vergleich mit den anderen Löschungsvorschriften, denen

---

1259 Vgl. hierzu auch *H. Schmidt*, S. 132.

eine deklaratorische Wirkung zukommt, für eine konstitutive Wirkung. Es ist gerade nicht die Beendigung der Gesellschaft anzumelden, so dass davon auszugehen ist, dass dieselbe vorher noch nicht eingetreten ist. Unter anderem auf diesen Wortlaut stützen die Vertreter der Ansicht von der konstitutiven Löschungswirkung ihre Argumentation.[1260]

## c. Kontrollfunktion der Eintragung

Die Kontrollfunktion der Eintragung spielt nach der Entstehung der juristischen Person kaum noch eine Rolle. Lediglich über die §§ 61, 62 GmbHG ergibt sich eine gewisse Kontrolle der Gesellschaft. Jedenfalls lässt sich aus der Kontrollfunktion der Eintragung nichts über die Wirkung der Löschung ableiten.

Es ist aber zu beachten, dass auch bei der Löschung der Gesellschaft eine gewisse Kontrolle stattfindet. Nachdem die Beendigung der Liquidation angemeldet wird, prüft das Gericht, ob die jeweiligen Voraussetzungen vorliegen, bevor es eine entsprechende Eintragung ins Handelsregister und die Löschung der Gesellschaft verfügt.[1261] Wenn die Kontrolle auch nicht so weit geht wie im Fall der Gründung, so soll durch sie doch sichergestellt werden, dass keine Gesellschaften gelöscht werden, bei denen noch Abwicklungsbedarf besteht.

## d. Publizitätsfunktion der Eintragung

Hingegen spricht wiederum die Publizitätsfunktion der Eintragung der GmbH gegen eine lediglich deklaratorische Wirkung der Löschung. Dem Rechtsverkehr soll erkennbar sein, welche Rechtssubjekte es ohne die Haftung von natürlichen Personen gibt.

### *aa. Fortbestand der GmbH bis zur Löschung*

Im Rahmen der Ablehnung der deklaratorischen Löschungswirkung[1262] wurde deswegen bereits aufgezeigt, dass die GmbH jedenfalls so lange besteht, wie sie ins Handelsregister eingetragen ist. Für diesen Zeitraum ist gerade die Publizität gegeben, auf die der Verkehr sich verlassen können soll. So wird nicht nur Rechtssicherheit für den Verkehr, sondern auch für die Handlungsträger der Gesellschaft geschaffen.

---

1260 Vgl. oben B. III. 3. a. cc.

1261 Scholz – *K. Schmidt*, § 74, Rdn. 5.

1262 Siehe C. VII. 1.

*bb. Keine Publizität nach der Löschung*

Fehlt es aufgrund der Löschung an einer Registereintragung, ist für den Rechtsverkehr demgegenüber die Existenz des Rechtsträgers GmbH nicht mehr ersichtlich. Dies gilt zumindest so lange, bis zur Eröffnung der Nachtragsliquidation die Gesellschaft oder zumindest die bestellten Abwickler wieder ins Handelsregister eingetragen werden. Wird eine solche Eintragung grundsätzlich abgelehnt, wie meist bei einer nichtvermögensrechtlichen Abwicklung, wäre für den Rechtsverkehr auch später eine etwaige Fortexistenz als juristische Person nicht erkennbar.

Über diesen Umstand könnte jedoch hinweggesehen werden, weil sich voraussichtlich allein unbefriedigt gebliebene Altgläubiger für die Gesellschaft oder ihren übrig gebliebenen Rest interessieren werden. Der sonstige Rechtsverkehr wird regelmäßig nicht mit der Gesellschaft in Nachtragsliquidation in Berührung kommen. Die Altgläubiger aber wissen, dass sie es in der Vergangenheit mit einer GmbH zu tun hatten und demnach keine natürliche Person für die Schulden unbeschränkt haftet. Darüber hinaus können sie sich vom Nachtragsliquidator den gerichtlichen Bestellungsbeschluss vorlegen lassen, um sich Gewissheit über seine Handlungsbefugnisse zu verschaffen.

Es kann aber nicht mit völliger Sicherheit ausgeschlossen werden, dass die Gesellschaft zu Abwicklungszwecken noch neue Rechtsgeschäfte eingehen oder sonst aktiv werden muss. Darüber hinaus könnten unredliche Gesellschafter versuchen, ihre Position auszunutzen, indem sie sich der GmbH bedienen und sich damit die Haftungsbeschränkung auf das – inzwischen kaum noch vorhandene – Gesellschaftsvermögen zu Nutze machen. Mag die Gefahr des Missbrauchs der juristischen Person auch gering sein, so ist sie dennoch nicht gänzlich von der Hand zu weisen. Die Gefahr lässt sich ausschließen, wenn die juristische Person nicht mehr als existent angesehen wird.

Es ist aber zu beachten, dass die Löschung bei Erkennen der tatsächlichen Lage nicht hätte erfolgen dürfen. Allein aufgrund eines Versehens fehlt es an der Publizität. Jedoch lässt auch die Eintragung der Gesellschaft, obgleich nicht alle Voraussetzungen vorliegen, die GmbH entstehen. Sie entfaltet somit ihre konstitutive Wirkung, obwohl sie nicht hätte erfolgen dürfen. Gleiches müsste auch für die Löschung aus dem Handelsregister gelten, die danach zu einem Untergang der Gesellschaft führen würde, obwohl sie aus objektiver Sicht fälschlicherweise vorgenommen wurde.

Die fehlende Publizität in der Nachtragsliquidation ist folglich ein starkes Indiz gegen den Fortbestand der GmbH als solcher nach ihrer Löschung und damit auch gegen die Lehre vom Doppeltatbestand. Es ist aufgrund der Löschung für den Rechtsverkehr der Eindruck der Beendigung der GmbH entstanden. Der Untergang der Gesellschaft wurde, solange sich kein Abwicklungsbedarf gezeigt hat, wahrscheinlich nicht angezweifelt. Klagen gegen die Gesellschaft wären in dieser Zeit, wenn der Kläger kein Vermögen oder sonstigen Abwicklungsbedarf aufzeigen würde, aufgrund Nichtexistenz der Beklagten als unzulässig abgewiesen worden. In dieser Zeit ahnt niemand etwas von einem Fortbestand der Gesellschaft in welcher Gestalt auch immer. Selbst noch vorhandenes Vermögen ändert, wenn es nicht entdeckt wird, nichts an dem Eindruck der vollständigen Beendigung der Gesellschaft.

#### *cc. Untergang der GmbH mit ihrer Löschung: pro konstitutive Wirkung der Löschung*

Auch wenn aus der konstitutiven Eintragung der Schluss auf eine entsprechend wirkende Löschung nicht zwingend ist, kann doch im Hinblick auf die mit der Eintragung verfolgte Publizität nichts anderes überzeugen. Der Rechtsverkehr soll über die Existenz der juristischen Personen des Privatrechts und über die Haftungsbeschränkung auf deren Vermögen informiert werden. Deswegen entsteht die GmbH nicht, bevor die Publizität nicht durch die Eintragung sichergestellt ist. Dementsprechend kann es keine Existenz derselben außerhalb des Registers geben. An der notwendigen Information der Öffentlichkeit fehlt es infolge der Löschung. Die GmbH muss als solche deshalb mit ihrer Löschung aus dem Register untergehen.[1263] Nur so ergibt sich Rechtssicherheit hinsichtlich der Existenz von juristischen Personen des Privatrechts. Die Löschung muss also, wie der Wortlaut des § 74 Abs. 1 S. 2 GmbHG vermuten lässt, konstitutive Wirkung haben. Es besteht nicht nur der Eindruck der Beendigung der GmbH, sondern sie ist tatsächlich beendet.

---

1263 Eine Ausnahme ist lediglich zu machen, wenn die Löschung vollkommen unbegründet erfolgte, z. B. aufgrund eines Fehlers des Registergerichts. In diesen Fällen fand keine Liquidation statt und es ist keine Vermögenslosigkeit gegeben. Das Gericht hat sofort nach Bemerken des Fehlers die Löschung der Löschung nach § 395 FamFG von Amts wegen zu verfügen. Die nicht konstitutive Wirkung der Löschung ist hier gerechtfertigt, da regelmäßig kein vorheriges Verfahren stattgefunden hat, so dass die Gesellschaft und ihre Mitglieder keine Kenntnis von der Löschung haben und sie nicht beeinflussen konnten. Durch einen solchen Fehler des Gerichts kann nicht der Bestand der Gesellschaft beeinflusst werden. Regelmäßig wird sich an dem Betrieb der Gesellschaft auch nichts verändert haben, so dass ohne Einsicht in das Register – anders als nach einer Abwicklung oder im Fall der Vermögenslosigkeit – für den Verkehr nicht der Eindruck einer untergegangenen Gesellschaft entstanden ist.

*dd. Kein Wiederaufleben aufgrund Abwicklungsbedarfs*

In Erwägung gezogen werden muss aber, ob die GmbH trotz der konstitutiv wirkenden Löschung in der Nachtragsliquidation wieder auflebt, um den später hervortretenden Rechten und Pflichten ein Zuordnungssubjekt zu schaffen.

Jedoch kann die GmbH nach ihrer Löschung gerade im Hinblick auf die konstitutive Bedeutung der Eintragung nicht einfach als solche erneut aufleben, allein weil Abwicklungsbedarf übersehen wurde. Mangels Publizität und wegen der konstitutiv wirkenden Löschung ist es ferner nicht möglich, sie aufgrund des vorhandenen Abwicklungsbedarfs für die komplette Zeit als fortbestehend anzusehen. In der Zeit nach der Löschung, bevor sich Abwicklungsbedarf zeigt, denkt niemand an ein Weiterbestehen der Gesellschaft und zeigt auch kein Interesse an einem solchen. Sollte später noch Vermögen offenbar werden, wird der Betrag regelmäßig eher gering sein und mit überwiegender Wahrscheinlichkeit nicht das nach den Gründungsvorschriften aufzubringende Kapital erreichen. Der Status als juristische Person wird aber nur zugebilligt, wenn die vorgeschriebenen Normativbestimmungen eingehalten wurden, also unter anderem das erforderliche Kapital aufgebracht wurde. Es ist deshalb nicht gerechtfertigt, der Gesellschaft in der Nachtragsliquidation den Status einer GmbH allein aufgrund der Tatsache zu gewähren, dass noch Abwicklungsbedarf vorhanden ist, der die Nachtragsliquidation erforderlich macht. Die GmbH als vollwertige juristische Person kann infolgedessen nicht ohne erneute Kapitalaufbringung existieren.

Daran vermag auch eine etwaige Wiedereintragung im Vergleich mit der Ersteintragung, bei der entsprechende Voraussetzungen fehlen, nichts zu ändern. Durch die Ersteintragung entsteht die GmbH in jedem Fall aufgrund der höher bewerteten Publizität. Das Vorliegen aller Entstehungsvoraussetzungen hat dahinter zurückzustehen. Jedoch werden durch die Eintragung nur gewisse Mängel geheilt, nicht aber eine vollkommen fehlende Gründung und die Nichterfüllung aller Normativbestimmungen überwunden, wie das bei der Wiedereintragung in der Nachtragsliquidation der Fall wäre.

Gegen ein Fortbestehen oder ein Wiederaufleben der GmbH und damit gegen die Lehre vom Doppeltatbestand spricht auch, dass eine Fortsetzung nach überwiegender Ansicht in der Nachtragsliquidation nicht für zulässig gehalten wird.[1264] Dies zeigt, dass selbst ein Großteil der Befürworter des Doppeltatbestandes[1265] nicht mehr von einer gänzlich vollwertigen GmbH ausgeht. Unter

1264 Siehe dazu bereits C. V.

1265 Zu der Fortsetzungsfähigkeit nach dieser Ansicht C. V. 2.

diesem Gesichtspunkt erscheint es noch unangemessener, den in der Nachtragsliquidation verbleibenden Rest der Gesellschaft als GmbH anzuerkennen.

### e. Fazit

Von den am Beginn der Untersuchung dargestellten Auffassungen zur Beendigung der GmbH ist die von der konstitutiven Löschungswirkung vorzugswürdig. Die Löschung wirkt insoweit konstitutiv, als der entsprechenden Eintragung der Gesellschaft konstitutive Wirkung zukommt. Das führt dazu, dass die GmbH mit ihrer Löschung den Status als juristische Person und Kapitalgesellschaft verliert. Gleichzeitig verliert sie die damit verbundene Rechtspersönlichkeit. Ein Personenverband anderer Art kann aber auch nach der Löschung noch fortbestehen. Ist die GmbH allerdings vollständig abgewickelt und können ihr keine Rechte und Pflichten mehr zugeordnet werden, besteht kein Bedürfnis, unter den ehemaligen Gesellschaftern noch einen Verband anzunehmen. Die GmbH ist in diesem Fall mit ihrer Löschung vollständig untergegangen. Ergibt sich aber die Notwendigkeit einer Nachtragsliquidation, resultiert daraus die Erforderlichkeit einer der GmbH nachfolgenden Nach-GmbH. Auf die Ausgestaltung dieser ist im sich anschließenden Teil F. im Einzelnen einzugehen.

## VI. Zusammenfassung und Ergebnis

Die vorstehende Untersuchung hat offenbart, dass das Vermögen aufgrund der Haftungsbeschränkung für die Entstehung der GmbH zwar eine gewisse Rolle spielt, aber der Verlust des Vermögens nicht dazu führt, dass sie nicht mehr als solche bestehen kann. Die Vermögenslosigkeit allein hat keine Auswirkungen auf den Bestand der GmbH.

Weiter wurde gezeigt, dass die GmbH keinen Betrieb im wirtschaftlichen Sinne innehaben muss. Sie muss nicht Trägerin eines Unternehmens sein, sondern kann auch ohne ein solches als Kapitalgesellschaft bestehen. Die Einstellung eines zuvor betriebenen Unternehmens wirkt sich deshalb nicht auf den Bestand der GmbH aus. Ebenso wenig schadet die gänzliche Passivität der Gesellschaft ihrem Fortbestand als juristische Person, denn es besteht keine Tätigkeitspflicht. Das geltende Recht knüpft keinerlei Konsequenzen an eine Untätigkeit der GmbH. Selbst die Nichtbefolgung öffentlicher Pflichten, die eine GmbH grundsätzlich treffen, hat keine Auswirkungen auf den Status der Gesellschaft als juristische Person und Kapitalgesellschaft, solange nicht ein Auflösungsgrund vorliegt.

Ist die Abwicklung noch nicht beendet, kann davon ausgegangen werden, dass die Gesellschafter noch zusammen einen Zweck verfolgen, namentlich die Vollabwicklung der Gesellschaft. Sowohl der für eine Gesellschaft erforderliche gemeinsame Zweck besteht somit noch als auch ein überindividueller Zweck der Gesellschaft selbst, mag er auch mit dem der Gesellschafter größtenteils deckungsgleich sein. Es kann danach jedenfalls in der Nachtragsliquidation noch eine Gesellschaft bestehen. Über deren Ausgestaltung lässt sich jedoch nichts aus dem Vorhandensein der Zwecke schließen. Dieses spricht weder für noch gegen den Fortbestand als GmbH in der Nachtragsliquidation.

Durch die Löschung verlieren die Geschäftsführer beziehungsweise Liquidatoren ihr Amt. Dies wirkt sich gleichwohl nicht auf den Bestand der GmbH aus. Mit dem Wegfall oder der Verhinderung der das Amt bekleidenden Personen, fällt nicht das Organ als solches weg. Eine Abschaffung des Geschäftsführungsorgans wäre nicht möglich, da es dem zwingenden Strukturbild der GmbH widerspräche. Jedoch ist ein neuer Geschäftsführer zu bestellen, bei entsprechender Vertretungsregelung in der Satzung sogar mehrere.

In der Nachtragsliquidation bestimmt allein das Gericht den oder die Abwickler. Die Gesellschaft und ihre Mitglieder haben keinen Einfluss mehr auf die für sie tätigen Personen. Neben den Liquidatoren sind keine anderen Organe notwendig.

Die Gesellschafterversammlung beziehungsweise die Gesamtheit der Gesellschafter als Organ kann de facto ebenfalls nicht wegfallen. Solange Gesellschafter vorhanden sind, gibt es auch eine Versammlung oder Gesamtheit derselben. In der Nachtragsliquidation werden regelmäßig weiterhin Gesellschafter vorhanden sein, denen gewisse Rechte zustehen, wie der Anspruch auf Auszahlung eines etwa verbleibenden Liquidationserlöses. Das Abhalten einer Gesellschafterversammlung ist bereits in der werbenden Gesellschaft nicht in regelmäßigen Abständen erforderlich. Es ist dementsprechend unschädlich, dass die Mitglieder in der Nachtragsliquidation nicht mehr zusammenkommen und auch sonst keine Beschlüsse fassen, da dies mangels Aufgaben, die ihnen noch zukommen, nicht notwendig ist.

Die in der Nachtragsliquidation vorhandene Organisation würde nach den angestellten Untersuchungen einer GmbH genügen. Allerdings kann aus der Organisation nicht auf die Ausgestaltung der Gesellschaft geschlossen werden. Dies muss vielmehr umgekehrt geschehen. Danach wäre nicht ausgeschlossen, dass die GmbH in der Nachtragsliquidation als solche besteht. Allerdings wäre auch eine andere Ausgestaltung des vorhandenen Gebildes möglich, denn auch andere Gesellschaften können eine vergleichbare Organisation haben.

Gemäß dem Grundsatz der Verbandssouveränität muss die Leitungsmacht in Personenvereinigungen von den Mitgliedern ausgehen. Dritteinfluss ist zwar zulässig, muss aber hinreichend kontrollierbar sein. Grundsätzlich bestellen die Gesellschafter deshalb zumindest mittelbar die Leitungsorgane. Es gibt aber Situationen, in denen das Gericht auf Antrag tätig wird und Geschäftsführer respektive Liquidatoren bestellt, sollte dies erforderlich sein. Regelmäßig geht dem Eingreifen des Gerichts eine Untätigkeit der Gesellschafter voraus, die nicht für eine ordnungsgemäße Vertretung der Gesellschaft sorgen. Die gerichtliche Bestellung ist deshalb durch die besondere Interessenlage in den einzelnen Fällen gerechtfertigt. Dies gilt auch für die Nachtragsliquidation, in der die Gesellschafter keinen Einfluss auf die Liquidatoren mehr haben. Da nach § 66 Abs. 2, Abs. 3 S. 1 GmbHG ebenfalls eine gänzliche Fremdbestimmung der GmbH möglich ist, muss eine solche unschädlich sein. Es lässt sich demnach aus der Fremdbestimmung in der Nachtragsliquidation nicht ableiten, dass die GmbH nicht mehr fortbestehen kann.

Die Eintragung der GmbH wirkt insoweit konstitutiv, als die GmbH dadurch „als solche" entsteht. Vorher ist mit der Vor-GmbH bereits ein körperschaftlich strukturiertes Gebilde vorhanden, dem Rechte und Pflichten zugeordnet werden können. Den Status als juristische Person und Körperschaft erlangt die Gesellschaft aber allein durch ihre Eintragung. Auch die endgültige Beschränkung der Haftung auf das Vermögen der GmbH ist erst damit gegeben. Es wurde gezeigt, dass eine Löschung nicht zwangsläufig die gegenteilige Wirkung der Eintragung haben muss. Bei der Löschung der GmbH ist der Wortlaut des § 74 Abs. 1 S. 2 GmbHG jedoch ein starkes Indiz für eine konstitutive Wirkung der Löschung.

Das Eintragungserfordernis der GmbH soll die staatliche Kontrolle und die Publizität der Gesellschaft sicherstellen. Während die Kontrolle hauptsächlich bei der Entstehung der GmbH eine Rolle spielt, ist die Publizität für die ganze Dauer ihrer Existenz von Bedeutung. Aufgrund der Wichtigkeit der Publizität, durch die dem Rechtsverkehr das Vorhandensein einer juristischen Person des Privatrechts und die fehlende unbeschränkte Haftung von natürlichen Personen mitgeteilt wird, kann es keine GmbH außerhalb des Registers geben. Sie muss somit durch die Löschung als solche untergehen. Ohne erneute Einhaltung der Normativbestimmungen kann es später nicht mehr zu einem Fortleben dieser GmbH kommen. Allein aus Gründen der Praktikabilität, namentlich um die Restabwicklung der Gesellschaft zu ermöglichen, kann ein Fortbestand oder ein Wiederaufleben der GmbH über die Löschung hinaus nicht angenommen werden. Es kann sich infolge der Löschung aber die Erforderlichkeit des Bestehens einer Nach-GmbH ergeben, wenn noch Rechte und Pflichten der gelöschten Gesellschaft vorhanden sind, die eines Zuordnungssubjekts bedürfen.

# F. Ausgestaltung des Gebildes in der Nachtragsliquidation

Nach der vorangehenden Untersuchung besteht die GmbH nicht mehr als juristische Person, sobald sie aus dem Handelsregister gelöscht wurde. Es hat sich somit gezeigt, dass von den zur Beendigung der GmbH vertretenen Auffassungen diejenige vorzugswürdig ist, welche einen Untergang der juristischen Person mit der Löschung aus dem Register annimmt. Der Löschungseintragung kommt mithin konstitutive Wirkung zu.

Werden nach der Löschung der GmbH noch Abwicklungsmaßnahmen offenbar, müssen diese im Rahmen einer Nachtragsliquidation erledigt werden. Als Subjekt dafür steht die GmbH als solche nicht mehr zur Verfügung. Es muss in der Nachtragsliquidation ein anderes Gebilde existieren, quasi der Rest der ehemals bestehenden GmbH, der hier, wie es in den vorhergehenden Ausführungen bereits getan wurde, Nach-GmbH oder auch Nachgesellschaft genannt werden soll, im Einklang mit einigen anderen Befürwortern der (teil-)konstitutiven Löschungswirkung[1266]. Die vorstehenden Ausführungen haben ergeben, dass eine Nachgesellschaft grundsätzlich erforderlich ist, wenn sich nach der Registerlöschung noch Abwicklungsmaßnahmen zeigen. Ihr können dann die noch vorhandenen Rechte und Pflichten der GmbH zugeordnet werden. Um Rechtssicherheit für das Stadium der Nachtragsliquidation zu erlangen, muss jedoch die Ausgestaltung der Nach-GmbH geklärt werden. Im folgenden Teil ist deshalb die Situation der Gesellschaft in der Nachtragsliquidation im Einzelnen zu untersuchen. Dabei ist insbesondere die Rechtsnatur der Nach-GmbH, der genaue Vorgang der Entstehung inklusive des Übergangs der noch bestehenden Rechte und Pflichten auf sie sowie ihre Verfassung, gerade auch im Hinblick auf die Haftungslage, herauszuarbeiten.

## I. Rechtsnatur

Weil die Nach-GmbH der GmbH wegen deren Unterganges nicht vollkommen gleichen kann, muss ihre Rechtsnatur bestimmt werden. Grundsätzlich fällt mit der Löschung die Eigenschaft als juristische Person weg, denn diese Eigenschaft wird durch die Eintragung erlangt, welche aufgrund der damit verbundenen Pub-

---

1266 Vgl. *Buchner*, S. 115; Hachenburg – *Ulmer*, § 60, Rdn. 18; *Heller*, S. 129, 142; MüKoZPO – *Lindacher*, § 50, Rdn. 14; *H. Schmidt*, passim; Spindler/Stilz – *Bachmann*, § 262, Rdn. 103.

lizität auch erforderlich ist, um diese Qualifizierung beizubehalten. An dieser Stelle kommt die Frage auf, welche Konsequenzen diese Überlegung für die Rechtsnatur und Struktur der Nach-GmbH mit sich bringt.

Bei der Untersuchung der Rechtsnatur hat die insbesondere im 19. Jahrhundert äußerst umstrittene Frage des Wesens der juristischen Person außer Betracht zu bleiben.[1267] Dieser Streit ist mehr theoretischer Natur und bringt keinen Erkenntnisgewinn für die Lösung praktischer Fragen[1268], so auch nicht für die hier zu untersuchende Rechtsnatur der Nach-GmbH. Unstreitig ist, dass die GmbH den Status als juristische Person im Gründungsprozess erst durch ihre konstitutive Eintragung erlangt hat. Diesen Status verliert sie wieder durch die insoweit konstitutiv wirkende Löschung aus dem Register. Damit ist erwiesen, dass die Nach-GmbH keine juristische Person mehr darstellt. Wie sich die verschiedenen Theorien zum Wesen der juristischen Person hinsichtlich der Nach-GmbH verhalten, muss deshalb nicht untersucht werden.

Genauer in den Blick zu nehmen sind die oben dargestellten bestehenden Meinungen, die sich mit der Rechtsnatur des nach der konstitutiven Löschung bestehenden Gebildes auseinander setzen.[1269] Dabei ist zu fragen, ob diese Lösungen überzeugen. Sollte dies nicht der Fall sein, müssen ihre Schwachpunkte herausgearbeitet werden und bei einer eigenen Lösung beachtet werden.

## 1. Ablehnung der Fiktionstheorie

Die von *Hönn* vertretene Fiktionstheorie[1270] vermag nicht zu überzeugen. Hier ist auf die oben dargestellt Kritik zu verweisen.[1271] Es reicht nicht aus, das Vorhandensein eines der GmbH nachfolgenden Gebildes anzuerkennen, ohne dessen genaue Ausgestaltung aufzuzeigen. Auf die Herausarbeitung der Struktur des verbleibenden Restes der GmbH kann nicht verzichtet werden. Vor allem weil zumindest theoretisch die Möglichkeit besteht, dass die Gesellschaft in der Nachtragsliquidation noch neue Geschäfte eingehen muss, ist es erforderlich, ihre Ausgestaltung genau zu bestimmen. Es ist insbesondere wichtig, die Handlungs- und Haftungsverfassung zu klären. Darüber hinaus ist eine genaue Definition des Gebildes nötig, um den noch vorhandenen Gläubigern die Durchsetzung ihrer Rechte gegebenenfalls auch im Wege der Klage zu ermöglichen.

---

1267 Zu diesem Streit *W. Flume*, Juristische Person, § 1 (S. 1 ff.).

1268 Vgl. *Raiser*, AcP 199 (1999), 104, 105.

1269 Zu diesen Meinungen vgl. insbesondere C. I. 3.

1270 *Hönn*, ZHR 138 (1974), 50, 74 ff.; vgl. oben C. I. 3. a.

1271 Siehe C. I. 3. a. bb.

## 2. Ablehnung der Gesamthandstheorie

Die Ansicht von *Hüffer*, der von einer Gesamthand der Gesellschafter der ehemaligen GmbH als teilrechtsfähige Abwicklungsgesellschaft ausgeht[1272], hat vereinzelt Zustimmung gefunden[1273]. Bestand eine Einmann-GmbH soll sich diese im Falle der Nachtragsliquidation als ein Sondervermögen des Gesellschafters fortsetzen. Diese Meinung kann jedoch ebenfalls nicht überzeugen, weil eine Gesamthand beziehungsweise ein Sondervermögen nur entstehen können, wenn sich Vermögen zeigt.[1274] Ist allein eine nichtvermögensrechtliche Abwicklung erforderlich, kann sich die Gesellschaft nicht in der von *Hüffer* angenommenen Form fortsetzen. In diesem Fall fehlt es an einem Zuordnungssubjekt der Pflichten.

Generell ist eine Gesamthandsgesellschaft in geringerem Umfang als eine juristische Person von ihren Mitgliedern verselbstständigt.[1275] Die juristische Person tritt als eigene Rechtspersönlichkeit neben ihre Mitglieder, während die Gesamthandsgesellschaft sich trotz ihrer Rechtsfähigkeit durch die verbundenen Gesellschafter in ihrer Gesamtheit definiert.[1276] Sie kann sich zwar in dieser Zusammensetzung ebenfalls von ihren Mitgliedern verselbstständigen, doch geht dies nicht so weit, wie bei einer Personenvereinigung, welcher der Status der juristischen Person zukommt.[1277] Das zeigen die zumindest bei der GbR sehr weitgehenden personenbezogenen Auflösungsgründe, die das Gesetz vorsieht.[1278] Auch wenn diese nicht zwingend sind[1279], offenbaren sie doch eine stärkere Abhängigkeit der Gesamthandsgesellschaften von ihren Mitgliedern, als sie bei den privatrechtlichen Körperschaften besteht. Weil die GmbH als körperschaftliche juristische Person vor ihrer Löschung als eigene Rechtspersönlichkeit neben ihren Gesellschaftern existierte, überzeugt es nicht, der Nach-GmbH

---

1272 *Hüffer*, GS-Schultz, S. 99, 107 ff.; vgl. oben C. I. 3. c.

1273 Bürgers/Körber – *Füller*, § 264, Rdn. 4, § 273, Rdn. 10; Ensthaler/Füller/Schmidt – *Ensthaler*, § 66, Rdn. 18; Ensthaler/Füller/Schmidt – *Zech*, § 60, Rdn. 4; *Gehrlein*, DStR 97, 31, 34; Hachenburg – *Ulmer*, § 60, Rdn. 18; *Heerma*, S. 85; Rowedder/Schmidt-Leithoff – *Pentz*, § 13, Rdn. 9.

1274 Dies kritisiert bereits *Heller*, S. 126.

1275 Dazu MüKoBGB – *Reuter*, Vor § 21, Rdn. 7 f.

1276 Auf die Rechtspersönlichkeit als Unterscheidungsmerkmal stellt auch MüKoBGB – *Ulmer*, Vor § 705, Rdn. 12 f. ab.

1277 Von persönlicher Verbundenheit der Gesellschafter einer Personengesellschaft spricht MüKoBGB – *Ulmer*, § 705, Rdn. 309.

1278 Vgl. z. B. § 723 BGB (Kündigung) sowie § 727 BGB (Tod eines Gesellschafters).

1279 Vgl. § 736 Abs. 1 BGB sowie MüKoBGB – *Ulmer*, § 727, Rdn. 4.

einen so großen Teil der vormals vorhandenen Verselbstständigung zu nehmen und sie nun als Gesamthandsgesellschaft anzusehen.

Des Weiteren ist es schwierig, im Falle eines einzelnen Gesellschafters eine strikte Trennung des Sondervermögens vom Privatvermögen vorzunehmen, ohne von einer weitergehenden Verselbstständigung des Sondervermögens auszugehen. Die Durchführung der Trennung bleibt im Einzelnen unklar, was im Falle der Einpersonen-Gesellschaft zu Rechtsunsicherheit führen kann.

Ferner greift in den gesetzlich vorgesehenen Gesamthandsgesellschaften jeweils eine persönliche Haftung der Gesellschafter für die Verbindlichkeiten der Gesellschaft.[1280] Ob eine solche nach der Gesamthandstheorie auch bei der Nach-GmbH gegeben ist, die von den Vertretern der Ansicht keiner der gesetzlich geregelten Gesamthandsgesellschaften zugeordnet wird, bleibt unklar. Es steht jedoch in Frage, ob und wie eine persönliche Haftung der Gesamthänder beziehungsweise des vormaligen Alleingesellschafters vermieden werden könnte.

Zweifelhaft ist ferner, ob die Gesamthand selbst Partei eines noch durchzuführenden Prozesses sein kann, was mit Blick auf die Anerkennung der Parteifähigkeit der Außengesellschaft bürgerlichen Rechts[1281] angenommen werden könnte. Dies lässt allerdings die Frage aufkommen, unter welcher Bezeichnung sie dort aufträte. Hier käme die frühere Firma der GmbH in Betracht, allerdings könnte sie nicht mehr den Rechtsformzusatz, der auf eine GmbH hindeutet, führen. Ebenfalls ungeklärt ist, wie eine Prozessbeteiligung des Sondervermögens im Falle einer Einmann-Gesellschaft auszusehen hätte.

Alles in allem bietet die Gesamthandstheorie keine im Einzelnen ausgearbeitete und überzeugende Lösung für die Rechtsnatur der Nach-GmbH.

## 3. Lösungsansätze der Verfechter der teilkonstitutiven Löschungswirkung

Möglicherweise kann aus den Ansätzen der Befürworter der teilkonstitutiven Löschungswirkung für die zu untersuchende Frage der Rechtsnatur der Nachgesellschaft Nutzen gezogen werden.

---

1280 § 128 HGB (ggf. in analoger Anwendung), § 8 Abs. 1 S. 1 PartGG, Art. 24 Abs. 1 S. 1 EWIV-VO.

1281 BGHZ 146, 341, 347 ff.

## a. Teilrechtsfähige Abwicklungsgesellschaft

Eine der Spielarten der Ansichten von der teilkonstitutiven Löschungswirkung nimmt eine teilrechtsfähige Nachgesellschaft an.[1282] Ihr sollen lediglich die noch abzuwickelnden Rechte und Pflichten zugeordnet werden, so dass sich der Umfang der Rechtsfähigkeit nach dem vorhandenen Abwicklungsbedarf richtet.

### *aa. Verstoß gegen die Nichtgeltung der ultra-vires-Doktrin*

Es ist zu hinterfragen, ob die Teilrechtsfähigkeit mit der Ablehnung des ultra-vires-Grundsatzes im deutschen Recht vereinbar ist. Die ultra-vires-Doktrin besagt, dass eine Personenvereinigung grundsätzlich nur innerhalb ihres satzungsmäßigen Zweckes Geschäfte tätigen kann.[1283] Erreicht wird dies entweder durch eine Beschränkung der Rechtsfähigkeit, wodurch Geschäfte, die außerhalb des Zweckes liegen, nichtig sind, oder durch eine Beschränkung der Handlungsfähigkeit, was praktisch zu einer Beschränkung der Vertretungsmacht der Organe des Verbandes führt. In Deutschland gilt dieses Prinzip für juristische Personen des öffentlichen Rechts[1284], wird aber für die des Privatrechts abgelehnt[1285]. Letzteren kommt danach stets unbeschränkte Rechts- und Handlungsfähigkeit zu. Dahinter stehen vor allem Verkehrsschutzaspekte.[1286] Der Rechtsverkehr soll sich darauf verlassen können, dass die von den Organen der juristischen Person vorgenommenen Rechtsgeschäfte ihr tatsächlich zugeordnet werden.[1287] Deswegen besteht grundsätzlich auch eine nicht beschränkbare Vertretungsmacht der organschaftlichen Vertreter.[1288] Meist wird die Frage nach der Geltung der ultra-vires-Doktrin im Zusammenhang mit der Rechtsfähigkeit der juristischen Personen des Privatrechts gestellt. *Karsten Schmidt* weist jedoch darauf hin, dass sie auch bei anderen privatrechtlichen Verbänden, die als Rechtsträger angesehen werden, wie zum Beispiel den Personenhandelsgesellschaften, eine Rolle spielt.[1289] Danach genießen alle Körperschaften und rechtsfähigen Personengesellschaften unbeschränkte Rechts- und Handlungsfähigkeit.[1290] Ausgenommen

---

1282 S. dazu C. I. 3. d. aa.

1283 *Wiedemann*, § 14 IV 1 a) (S. 813).

1284 BGHZ 20, 119, 124.

1285 *K. Schmidt*, GesR, § 8 V 2 a) (S. 214).

1286 Michalski – *Michalski/Funke*, § 13, Rdn. 40.

1287 In Bezug auf die Unbeschränktheit der Vertretungsmacht sagt dies auch *Wiedemann*, § 10 II 1 (S. 524).

1288 Zur GmbH MüKoGmbHG – *Stephan/Tieves*, § 37, Rdn. 156.

1289 *K. Schmidt*, GesR, § 8 V 2 (S. 214 ff.).

1290 *K. Schmidt*, GesR, § 8 V 2 (S. 216).

sind dabei Rechte, die einem Personenverband naturgemäß nicht zustehen können, wie beispielsweise die Ehefähigkeit aus dem Bereich des Familienrechts.[1291]

Nach den Befürwortern der teilrechtsfähigen Nach-Gesellschaft steht die Teilrechtsfähigkeit im Stadium der Nachtragsliquidation nicht im Widerspruch zur Ablehnung der ultra-vires-Doktrin.[1292] Als Begründung hierfür wird vorgebracht, die Teilrechtsfähigkeit sei aus Aspekten des Verkehrsschutzes erforderlich, weil die Gesellschafter die Nach-GmbH auf diese Weise nicht für abwicklungsfremde Geschäfte missbrauchen könnten.[1293] Aufgrund der Teilrechtsfähigkeit könnten Geschäfte, die von ihr nicht gedeckt seien, der Nach-GmbH nicht mehr zugerechnet werden. Vielmehr träfen die Folgen daraus den Handelnden persönlich, was für die Gläubiger in der Regel eine wirtschaftliche Besserstellung darstellen würde, weil die Gesellschaft in den allermeisten Fällen in der Nachtragsliquidation keine oder kaum Haftungsmasse zur Verfügung haben werde.[1294]

Diese Überlegungen mögen auf den ersten Blick einleuchten. Es überzeugt jedoch nicht, einem Teilnehmer des Rechtsverkehrs aus Befürchtungen, er verfüge nicht über eine hinreichende Haftungsmasse, nur eine beschränkte Rechtsfähigkeit zuzugestehen. Bei Kapitalgesellschaften ist die Erlangung des Status der juristischen Person und damit die Verselbstständigung des Verbandes als Rechtspersönlichkeit zwar unter anderem an die Aufbringung eines Haftungsfonds gebunden. Jedoch geht der Verband nicht mit dem Verlust des Haftungsfonds unter.[1295] Des Weiteren ist die bereits vor der Prüfung der Kapitalaufbringung bestehende Vor-GmbH ebenfalls fähig, Träger von Rechten und Pflichten zu sein, so dass ihr Rechtsfähigkeit zukommt.[1296] Die Rechtsfähigkeit ist folglich nicht durch das Vorhandensein einer Haftungsmasse bedingt. In Übereinstimmung damit überzeugt es nicht, die Nach-GmbH lediglich aus diesem Grund als teilrechtsfähig anzusehen, um den potentiellen Gläubigern einen solventeren Schuldner zu verschaffen. Diese Argumentation hilft nicht darüber hinweg, dass bei rechtsfähigen privatrechtlichen Gebilden die ultra-vires-Doktrin grundsätzlich abgelehnt wird und ihnen dementsprechend umfassende Rechtsfähigkeit

---

1291 Vgl. *Wiedemann*, § 4 II 2 (S. 208).

1292 *Heller*, S. 141.

1293 *Buchner*, S. 121; *Heller*, S. 138 f.

1294 *Buchner*, S. 125 f.

1295 Vgl. dazu bereits E. I. 1. und 7.

1296 *Grunewald*, 2 F II 6 a), Rdn. 36 (S. 347 f.); Scholz – *K. Schmidt*, § 11, Rdn. 34 f.; den Begriff Teilrechtsfähigkeit in dieser Hinsicht verwendet ebenfalls Michalski – *Michalski/Funke*, § 11, Rdn. 47.

zukommen muss. Mithin verstößt die Annahme von Teilrechtsfähigkeit hiergegen.

*bb. Generelle Kritik an Teilrechtsfähigkeit*

Darüber hinaus ist die Annahme von Teilrechtsfähigkeit grundsätzlich kritisch zu sehen. Zweifelhaft ist, ob überhaupt die Möglichkeit besteht, die Rechtsfähigkeit vergleichbar der Geschäftsfähigkeit nur beschränkt zu gewähren und falls ja, wo dann die Grenzen der Rechtsfähigkeit zu ziehen sind. Es ist nicht einsichtig, in welchen Bereichen oder besser zu welchen Teilen die Rechtsfähigkeit fehlt oder wie sie im Einzelnen beschränkt ist.[1297] Weiter ist unklar, ob die Rechtsfähigkeit generell hinsichtlich bestimmter Rechte ausgeschlossen ist, so dass die Nach-GmbH niemals Trägerin eben dieser Rechte sein könnte. Dies lässt die Frage aufkommen, welche Rechte hier erfasst wären, denn der vorher bestehenden GmbH kommt grundsätzlich umfassende Rechtsfähigkeit zu, so dass noch diverse Abwicklungsmaßnahmen erforderlich werden können, für die die Nach-GmbH als Zuordnungssubjekt vorhanden sein müsste. Infolgedessen erscheint eine generelle Rechtsunfähigkeit für bestimmte Rechte nicht vorstellbar, solange es sich nicht lediglich um die Rechte handelt, die einem Personenverband naturgemäß nicht zustehen können. Alternativ könnte die Rechtsfähigkeit der Nach-GmbH potentiell alle Bereiche erfassen, so dass stets im Einzelfall konkret bestimmt werden müsste, wie weit sie geht und in welcher Hinsicht sie fehlt. Dies wäre allerdings mit Rechtsunsicherheit verbunden, da der Umfang der Rechtsfähigkeit jeder Nachgesellschaft jeweils im Einzelfall bestimmt werden müsste.

Bezogen auf die Rechtsfähigkeit der Nach-GmbH bleiben nach der hier behandelten Variante der Ansicht von der teilkonstitutiven Löschungswirkung die genannten Aspekte unklar. Es ist nicht offensichtlich, wie weit der Zweck der Gesellschaft und damit ihre Teilrechtsfähigkeit konkret reichen. Ob nur die tatsächlich aufgetauchten Rechte und Pflichten vom noch vorhandenen Gesellschaftszweck erfasst wären oder dieser genereller gehalten würde, wird nicht klargestellt. Es könnten alle potentiellen Liquidationsgeschäfte darunter fallen, wobei dann aber weiter bestimmt werden müsste, welche genau erfasst wären, denn in einzelnen Fällen können die Liquidationsgeschäfte sehr weitgehend sein. Was bei einer Gesellschaft im Rahmen der Abwicklung erforderlich ist,

---

1297 In diese Richtung kritisch zum Begriff der Teilrechtsfähigkeit auch *Huber*, FS-Lutter, S. 107, 112 und *Mülbert*, AcP 199 (1999), 38, 44; vgl. auch *Fichtelmann*, GmbHR 11, 912, 914, der darauf hinweist, dass eine Rechtsfähigkeit für bestimmte Bereiche unserem Rechtssystem fremd sei.

kann sich für eine andere als ein werbendes Geschäft darstellen. Des Weiteren steht in Frage, ob die Grenzen der Teilrechtsfähigkeit im Einzelfall flexibel wären. Denn würde sich nach der Eröffnung der Nachtragsliquidation noch weiterer Abwicklungsbedarf zeigen, müsste auch dieser der Nachgesellschaft zugeordnet werden, so dass sich ihre konkrete Teilrechtsfähigkeit verändern, namentlich erweitern würde. Ihr müsste nun auch die Rechtsfähigkeit hinsichtlich der neu aufgetauchten Rechte und Pflichten zukommen. Bei Erledigung einer konkreten Maßnahme müsste sich die Rechtsfähigkeit der Nach-GmbH demgegenüber verringern.

*cc. Annahme von Teilrechtsfähigkeit nicht überzeugend*

Die vorstehenden Ausführungen zeigen, dass die Behandlung als teilrechtsfähig viele Fragen offenlässt und deshalb zu Rechtsunsicherheit führt. Grundsätzlich muss es aufgrund des Verkehrsschutzes bei der unbeschränkten Rechtsfähigkeit von Verbänden bleiben. Wird Rechtsfähigkeit zuerkannt, muss diese umfassend sein, ansonsten ist sie gänzlich abzulehnen. In Einzelfällen könnte bei einer Gefährdung des Rechtsverkehrs aufgrund der bestehenden vollumfänglichen Rechtsfähigkeit an eine Beschränkung der Handlungsfähigkeit und damit der Vertretungsmacht der Organe gedacht werden. Die Annahme von Teilrechtsfähigkeit steht jedenfalls nicht mit der Ablehnung der ultra-vires-Doktrin im deutschen Recht im Einklang.

*dd. Weitere Kritik an der Annahme einer teilrechtsfähigen Abwicklungsgesellschaft*

Gegen die an dieser Stelle zu untersuchende Spielart der Ansicht von der teilkonstitutiven Löschungswirkung sprechen aber noch weitere Gesichtspunkte. Laut *Heller* soll die Nach-GmbH noch „teilweise juristische Person“[1298] oder anders ausgedrückt „juristische Teilpersönlichkeit“[1299] sein. Hier bleibt unklar, was genau damit gemeint ist. Sollte sie nur zu einem Teil juristische Person sein, so bliebe offen, ob es noch einen anderen Teil gibt und wie dieser strukturiert sein könnte. Die Aufspaltung der Nach-GmbH in Teile kann jedoch kaum gemeint sein. Neben dem abzuwickelnden Gebilde sind keine anderen Teile ersichtlich. Ansonsten könnte mit der Bezeichnung gemeint sein, dass der Nach-GmbH nur ein Teil der Eigenschaften einer juristischen Person zusteht. Dann wäre jedoch unklar, welche das sein sollten. Dies lässt darüber hinaus die Frage

1298 *Heller*, S. 128.
1299 *Heller*, S. 130.

aufkommen, ob nicht gerade alle Eigenschaften, die eine juristische Person in sich vereinigt und die sie ausmachen, gegeben sein müssen, damit eine solche vorliegt. Des Weiteren ist zu bezweifeln, ob es eine teilweise juristische Person überhaupt gibt. Entweder kommt einem Gebilde die Eigenschaft der juristischen Person zu oder nicht. Die Annahme einer teilweisen juristischen Person überzeugt insbesondere im Hinblick darauf nicht, dass neben den natürlichen und juristischen Personen auch andere Gebilde als Rechtsträger und Verpflichtete anerkannt sind. Auch der alternativ verwendete Begriff der juristischen Teilpersönlichkeit passt nicht. Es ist zweifelhaft, ob es eine solche überhaupt geben kann. Ferner lässt er die Frage aufkommen, ob die Persönlichkeit gespalten sein soll und nur zum Teil dem Gebilde zugestanden wird.

Die soeben aufgeworfenen Fragen können und sollen im Rahmen der durchzuführenden Untersuchung nicht beantwortet werden. Das von den Vertretern der hier behandelten Ansicht herausgearbeitete Konzept bietet ohne eine entsprechende Klärung jedenfalls keine zufriedenstellende Lösung. Es bleibt aber nach der Auseinandersetzung mit dieser Auffassung festzuhalten, dass aufgrund des Widerspruchs zur im deutschen Gesellschaftsrecht grundsätzlich geltenden unbeschränkten Rechtsfähigkeit die Beschränkung der Rechtsfähigkeit im Sinne einer Teilrechtsfähigkeit nicht überzeugt. Die Grenzen dieser Teilrechtsfähigkeit sind zu undefiniert. Ob allerdings eine Beschränkung der Vertretungsmacht der Nachtragsliquidatoren angenommen werden kann, soll an dieser Stelle noch dahinstehen.

#### *ee. Fazit*

Im Ergebnis liefert die hier untersuchte Ansicht von der teilkonstitutiven Löschungswirkung insofern interessante Ansätze, als sie die Nach-GmbH als eigenes selbstständiges Rechtssubjekt ansieht. Die genaue Ausgestaltung, insbesondere die Zuerkennung von Teilrechtsfähigkeit und die Behandlung als teilweise juristische Person, überzeugen jedoch im Einzelnen nicht. Hier bleiben letztlich zu viele Unklarheiten.

### b. Personifikation unterhalb der Stufe der juristischen Person

Andere Anhänger der teilkonstitutiven Löschungswirkung beziehen die konstitutive Wirkung ausdrücklich nur auf die Rechtspersönlichkeit, nicht aber auf die Existenz des Verbandes.[1300] Danach besitzt die Nach-GmbH noch Rechtssubjektivität, ist aber weniger verselbstständigt als die eingetragene GmbH. Sie sei

---

1300 S. die Ausführungen unter C. I. 3. d. bb.

keine juristische Person, aber auch keine Gesamthandsgesellschaft, sondern wird als „juristische Person in Nachexistenz“[1301] angesehen. Dabei wird sie auf einer Stufe zwischen den beiden genannten herkömmlichen Rechtsformen für privatrechtliche Personenvereinigungen eingeordnet. Die Vertreter dieser Meinungsvariante sprechen der Nachgesellschaft ebenfalls nur Teilrechtsfähigkeit zu.

*aa. Konstitutive Löschungswirkung hinsichtlich der Rechtspersönlichkeit überzeugend*

Der Löschung insoweit konstitutive Wirkung beizumessen, als dadurch die Rechtspersönlichkeit der Gesellschaft vernichtet wird, ist überzeugend. Diese Rechtspersönlichkeit hat die GmbH mit der Eintragung erlangt. Vorher existiert mit der Vor-GmbH schon eine körperschaftlich strukturierte Personenvereinigung, der ohne die Eintragung jedoch das Charakteristikum juristische Person noch fehlt. Dementsprechend überzeugt es, ihr genau diese Eigenschaft mit der Löschung wieder zu nehmen. Dies steht im Einklang mit dem bereits oben Festgestellten.[1302]

*bb. Annahme von Teilrechtsfähigkeit nicht überzeugend*

Allerdings überzeugt es wiederum nicht, der Nach-GmbH lediglich Teilrechtsfähigkeit zuzuerkennen. Hier ist auf die soeben dargestellte Kritik zur Teilrechtsfähigkeit zu verweisen. Im Unterschied zur zuvor behandelten Ansicht wäre es denkbar, dass die Verfechter der Personifikation unterhalb der Stufe der juristischen Person mit dem Begriff der Teilrechtsfähigkeit gerade den Unterschied zur juristischen Person hervorheben wollen. Jedoch vermag die Begrifflichkeit auch in dieser Hinsicht nicht zu überzeugen. Ebenso wie für die Personengesellschaften ist der Ausdruck der Teilrechtsfähigkeit nicht passend. Der Unterschied zur juristischen Person lässt sich vielmehr verdeutlichen, indem allen anderen Gebilden die Rechtspersönlichkeit abgesprochen wird, weil es ihnen im Gegensatz zu den juristischen Personen an der Verselbstständigung gegenüber ihren Mitgliedern fehlt. Davon geht ersichtlich auch der Gesetzgeber aus, der in § 11 Abs. 2 Nr. 1 InsO die Personengesellschaften als „Gesellschaft[en] ohne Rechtspersönlichkeit“ bezeichnet.

Den Kapitalgesellschaften wird demgegenüber Rechtspersönlichkeit zuerkannt, da sie zu den juristischen Personen gehören.[1303] Bei ihnen wird aufgrund

---

1301 MüKoZPO – *Lindacher*, § 50, Rdn. 14.

1302 Unter E. V. 4. e.

1303 Zur GmbH MüKoGmbHG – *Fleischer*, Einl., Rdn. 5.

der Verselbstständigung der Gründungsvertrag zwischen den Mitgliedern zur Organisationsgrundlage.[1304] Die juristische Person tritt als eigenständige Person neben ihre Mitglieder.[1305] Daran fehlt es bei den Personengesellschaften. Sie definieren sich über die Gesamtheit ihrer Mitglieder.[1306] Der Gesellschaftsvertrag zur Gründung einer Personengesellschaft kann zwar ebenfalls Organisationselemente beinhalten[1307], jedoch verselbstständigt sich der Verband nicht so weit von seinen einzelnen Mitgliedern, dass er vergleichbar der Kapitalgesellschaft eine eigene Person darstellt. Dennoch kann auch die Personengesellschaft als solche Trägerin von Rechten und Pflichten sein, wie § 14 Abs. 2 BGB verdeutlicht.[1308] Jedoch kann sich dies nicht nur auf einen bestimmten Teil aller Rechte und Pflichten beziehen[1309], der es rechtfertigen würde, den Begriff der Teilrechtsfähigkeit zu verwenden, denn eine solche Art der beschränkten Rechtsfähigkeit gibt es nicht.

### *cc. Verstoß gegen den numerus clausus der Gesellschaftsformen*

Es ist des Weiteren zu überlegen, ob die Annahme einer Personifikation unterhalb der Stufe der juristischen Person, wie die Kritiker vorbringen, gegen den numerus clausus der Gesellschaftsformen verstößt.[1310] Dieser besagt, dass es im Recht der Personenverbände nur möglich ist, die vom Gesetz zugelassenen Rechtsformen zu gründen. Wer demnach eine nach außen auftretende Gesellschaft schaffen will, muss zwischen den vorgegebenen Formen wählen.[1311] Das geltende Recht gibt für die Rechtsformen gewisse Bestimmungen hinsichtlich der Organisation und Haftungsverfassung vor[1312], die je nach Art des Verbandes mehr oder weniger stark individuell ausgestaltet werden können.

---

1304 MüKoBGB – *Ulmer*, Vor § 705, Rdn. 23.

1305 Ebd.; MüKoBGB – *Reuter*, Vor § 21, Rdn. 7.

1306 Vgl. dazu auch MüKoBGB – *Ulmer*, Vor § 705, Rdn. 13: „persönliche Zusammenschluss als Kennzeichen der gesellschaftsrechtlichen Gesamthand".

1307 Dazu MüKoBGB – *Ulmer*, § 705, Rdn. 158.

1308 Dies ordnet z. B. § 124 HGB für die OHG gerade an; zu anderen Personengesellschaften vgl. MüKoBGB – *Ulmer*, Vor § 705, Rdn. 12.

1309 Mit Ausnahme derjenigen, die nur natürlichen Personen zustehen können, dazu bereits F. I. 3. a. aa.

1310 So *Sammeck*, S. 69.

1311 *K. Schmidt*, GesR, § 5 II 1 a) (S. 96).

1312 *Sammeck*, S. 69.

α. Anerkennung der Nach-GmbH durch den Gesetzgeber

Zu untersuchen ist, ob der Gesetzgeber die Nach-GmbH bereits im Gesetz anerkannt und damit in den numerus clausus der Gesellschaftsformen aufgenommen hat. Dem Gesetzgeber ist es möglich, den numerus clausus zu verändern, indem er neue Rechtsformen schafft oder alte streicht.[1313] Darüber hinaus ist eine Modifikation des numerus clausus in engen Grenzen auch durch Rechtsfortbildung möglich.[1314] Ein Beispiel hierfür ist die Anerkennung der Vorgesellschaften bei der Gründung von Körperschaften, wie der Vor-AG und der Vor-GmbH. Die Vorgesellschaft ist als Gesellschaftsform anerkannt, weil sie ein notwendiges Stadium bei der Gründung von solchen Vereinigungen darstellt, also auch bei der Gründung einer Kapitalgesellschaft. Danach ist der numerus clausus nicht nur auf Rechtsformen beschränkt, die das Gesetz ausdrücklich vorsieht, sondern es werden auch solche Gesellschaftsformen anerkannt, die das Gesetz voraussetzt, ohne sie im Einzelnen zu regeln und einer bestimmten Rechtsform zu unterstellen.[1315] Durch die wenigen Regelungen zum Gründungsstadium geht der Gesetzgeber jedenfalls vom Vorhandensein einer Vorgesellschaft aus.

Da das GmbH-Gesetz ebenfalls Regelungen zur Nachtragsliquidation enthält und die aktienrechtliche Regelung des § 273 Abs. 4 AktG auf die GmbH entsprechend angewandt wird[1316], muss der Gesetzgeber gleichwohl von einem Gebilde ausgehen, das auf die GmbH und auch die Aktiengesellschaft nach ihrer konstitutiv wirkenden Löschung folgt. Die Nach-GmbH ist mithin ebenso wie die Vor-GmbH vom Gesetz vorausgesetzt. Allerdings geben die Regelungen wenig über die Ausgestaltung der Nach-GmbH her. Es lässt sich aber festhalten, dass das Gesetz aufgrund dieser Anerkennung der Ansicht vom Vorliegen einer Personifikation von minderem Verselbstständigungsgrad im Stadium der Nachtragsliquidation – angesiedelt unterhalb der juristischen Person – nicht entgegensteht.

---

1313 *K. Schmidt*, GesR, § 5 II 1 b) (S. 97), der als Beispiel für eine abgeschaffte Rechtsform die bergrechtliche Gewerkschaft nennt; aus neuerer Zeit kann die Unternehmergesellschaft (haftungsbeschränkt), die eine Unterart der GmbH darstellt, als Beispiel für eine neue geschaffene Rechtsform genannt werden.

1314 *K. Schmidt*, GesR, § 5 II 1 b) (S. 97).

1315 Michalski – *Michalski/Funke*, § 11, Rdn. 43; Ulmer – *Ulmer*, § 11, Rdn. 11; nach *John*, Einmann-GmbH, S. 36 gibt es deswegen auch nur einen numerus clausus der gesetzlich vorgesehenen konkreten Organisationsformen.

1316 BGHZ 53, 264, 266.

### β. Verkehrsschutz

Durch den numerus clausus und die damit verbundenen gesetzlichen Vorgaben für die Ausgestaltung der Gesellschaftsformen sollen der Rechtsverkehr und auch die Gesellschafter geschützt werden, indem sie erkennen können, mit welcher Gesellschaftsart sie es zu tun haben.[1317]

Es ist zu überlegen, ob dieser Schutzzweck der Ausgestaltung der Nach-GmbH als Personifikation unterhalb der juristischen Person entgegensteht.

#### αα. Schutz der Gesellschafter

Zunächst muss hinterfragt werden, ob die Gesellschafter überhaupt noch schutzbedürftig sind. Der numerus clausus der Gesellschaftsformen soll insbesondere bei Publikumsgesellschaften den eintretenden Gesellschaftern Schutz bieten.[1318] Im Stadium der Nachtragsliquidation ist hingegen eine Aufnahme neuer Gesellschafter kaum noch vorstellbar. Selbst wenn wie im regulären Liquidationsstadium auch in der Nachtragsliquidation die Übertragung von Geschäftsanteilen oder auch eine Kapitalerhöhung noch für möglich gehalten werden, wird gewöhnlich niemand Interesse daran haben, einer Gesellschaft beizutreten, die sich unmittelbar vor ihrem Ende befindet und von der lediglich ein geringer Rest übrig ist. Außerdem wird die Nach-GmbH, wenn überhaupt, in der Regel nur noch über geringes Vermögen verfügen, so dass ein Beitritt dem neuen Gesellschafter höchstwahrscheinlich auch keinen Liquidationserlös einbrächte. Weil die Nach-GmbH nach der überwiegenden Ansicht nicht fortgesetzt werden kann, könnten die Gesellschafter sie auch nicht weiter für andere Zwecke nutzen, woran sie unabhängig von einem Liquidationserlös ein Interesse haben könnten. Hätte die Gesellschaft doch noch einen größeren Teil an Vermögen, so dass für die Gesellschafter die Aussicht auf Auszahlung eines Liquidationserlöses bestünde, werden die Gesellschafter kaum ihre Anteile verkaufen, wenn ihnen nicht ein dem Erlös gleichwertiger Preis geboten würde. Denn regelmäßig treffen die Gesellschafter in der Nachtragsliquidation keine Verpflichtungen mehr, denen sie versuchen wollten zu entgehen, so dass sie sich mit einem geringeren Kaufpreis einverstanden erklären würden. Vielmehr könnte es sein, dass die Gesellschafter keinerlei Tätigkeiten nachkommen müssten, aber am Ende den Erlös aus dem aufgetauchten Vermögen erhalten würden. In einem solchen Fall ist deshalb die Anteilsübertragung ebenfalls sehr unwahrscheinlich.

---

1317 *Kraft/Kreutz*, A. V. 1. (S. 11).

1318 Vgl. ebd.

Da keine neuen Gesellschafter zu erwarten sind, ist ihr Schutz auch nicht erforderlich, so dass im Hinblick darauf der mit dem numerus clausus der Rechtsformen bezweckte Schutz nicht greift. Aus diesem Grund müsste die Nach-GmbH nicht unbedingt einer der gesetzlich geregelten Gesellschaftsformen zugeordnet werden.

Die gegenwärtigen Gesellschafter sind ebenfalls nicht schutzbedürftig. Bei der Gesellschaftsgründung oder beim Beitritt zur GmbH war den Gesellschaftern bewusst, in welcher Gesellschaftsform sie Mitglied werden. Die Nach-GmbH ist nach der hier zu untersuchenden Ansicht im Hinblick auf die für die Gesellschafter vor allem relevante Haftungsverfassung genau wie die zuvor bestehende GmbH ausgestaltet.[1319] Danach haften die Gesellschafter auch jetzt nicht persönlich für die Gesellschaftsverbindlichkeiten. Für die Gesellschafter ändert sich in dieser Hinsicht nichts und sie bedürfen demnach auch keines Schutzes durch den numerus clausus, der gegen die Ausgestaltung als Personifikation zwischen der juristischen Person und der Gesamthand spricht.

ββ. Schutz der Gläubiger

In Frage steht weiterhin, ob der durch den numerus clausus bezweckte Schutz des Rechtsverkehrs gegen die Ausgestaltung der Nach-GmbH als Personifikation unterhalb der Stufe der juristischen Person spricht. Die alten noch vorhandenen Gläubiger kamen mit der Gesellschaft in Kontakt, als sie noch unter eine der ausdrücklich geregelten Gesellschaftsformen, die der GmbH, fiel. Sie wussten dementsprechend um die Beschränkung der Haftung auf das vorhandene Gesellschaftsvermögen und die fehlende persönliche Haftung der Gesellschafter. Aus dem Handelsregister war ihnen grundsätzlich auch ersichtlich, wie hoch das als ursprüngliche Haftungsmasse aufgebrachte Stammkapital der Kapitalgesellschaft ist. Allein das Fehlen oder geringe Vorhandensein von Gesellschaftsvermögen in der Nachtragsliquidation kann nicht zu einem besonderen Schutzbedürfnis der Gläubiger führen, das eine Einordnung der Nach-GmbH in die herkömmlichen Gesellschaftsformen erfordert. Eine Einordnung in eine der gesetzlich im Einzelnen ausgestalteten Gesellschaftsformen würde darüber hinaus nichts an dem vorhandenen Vermögen ändern, so dass sie auch nicht unmittelbar zu einer Besserstellung der Gläubiger führen würde. Diese könnte höchstens durch eine persönliche Haftung der Gesellschafter erreicht werden. Allein die Erforderlichkeit einer Nachtragsliquidation kann aber nicht zu einer solchen führen. Verhalten die Gesellschafter sich ordnungsgemäß, sind die Gläubiger, verglichen mit dem werbenden Stadium, keiner weitergehenden Gefahr ausgesetzt,

1319 *H. Schmidt*, S. 162 f.

vor der sie zu schützen sind. Der Zugriff der Gesellschafter auf etwaiges noch vorhandenes Vermögen ist im Stadium der Nachtragsliquidation auch nicht etwa erleichtert, so dass hiervon ebenfalls keine Gefahr für die Gläubiger ausgeht, die ihren Schutz erforderlich macht. Es ist auch nicht ersichtlich, dass sie allein durch die Löschung und die wiedereröffnete Nachtragsliquidation nun mit einer persönlichen Haftung rechnen.

Ob darüber hinaus eine Gefahr für Neugläubiger besteht, die eine Einordnung in den numerus clausus der Gesellschaftsformen zwingend erfordert, ist zweifelhaft. Wie schon mehrfach erwähnt, werden regelmäßig keine oder allenfalls sehr vereinzelt neue Geschäfte der Nach-GmbH erforderlich sein, so dass sie mit hoher Wahrscheinlichkeit neuen Gläubigern nicht gegenübertritt. Darüber hinaus firmiert die Gesellschaft nach der hier untersuchten Ansicht weiterhin unter ihrem alten Namen mit einem Zusatz, der die Liquidation anzeigt.[1320] Dadurch wird zunächst eine Beschränkung der Haftung auf das Vermögen der Gesellschaft deutlich und daneben auch, dass sie sich auf dem Wege zur Vollbeendigung befindet. Allerdings wird daraus nicht ersichtlich, dass die Gesellschaft sich bereits in der Nachtragsliquidation befindet. In dieser wird das Vermögen regelmäßig geringer sein als in einer ordnungsgemäßen Liquidation vor der Erlösverteilung an die Gesellschafter. Die Gefahr für die Neugläubiger könnte hier also doch erhöht sein, sollte der unwahrscheinliche Fall eintreten, dass neue Geschäfte notwendig sind. Hier könnte es aber genügen, die Nach-GmbH unter einem das Stadium der Nachtragsliquidation andeutenden Zusatz auftreten zu lassen, um den Unterschied zum regulären Liquidationsstadium zu verdeutlichen.

Darüber hinaus wird der Gefahr für die Neugläubiger durch eine vermögenslose Gesellschaft nicht entgangen, indem die Nach-GmbH in eine der gesetzlich im Einzelnen geregelten Gesellschaftsformen gezwängt wird. Beispielsweise führt allein die Zuerkennung des Status der GmbH und damit der juristischen Person nicht dazu, dass Vermögen in größeren Mengen vorhanden ist. Es ist vielmehr gar nicht möglich, dass sie diesen Status nach der Löschung ohne erneute Einhaltung der Gründungsvorschriften erhält. Die Gesellschafter müssten die Gesellschaft neu gründen und insbesondere die Vorschriften zur Kapitalaufbringung befolgen. Ohne die Einhaltung dieses Verfahrens wäre die Gefahr für die Gläubiger in der Nachtragsliquidation eher erhöht, wenn die Gesellschaft noch eine GmbH darstellen würde. Denn dann würden die Gläubiger voraussichtlich vom Vorhandensein von Vermögen ausgehen. Dies zeigt nochmals, dass die Gesellschaft in der Nachtragsliquidation nicht mehr als juristische Per-

---

1320 *H. Schmidt*, S. 164.

son bestehen kann, sondern dass die Löschung vielmehr ihren Untergang als GmbH herbeiführen muss.

Allein aufgrund von fehlendem Vermögen überzeugt es auch nicht, die Nach-GmbH in die Form einer Gesamthandsgesellschaft einzuordnen. Dies würde den Gläubigern zwar einen Vorteil bringen, weil die Mitglieder bei den Gesamthandsgesellschaften grundsätzlich persönlich haften. Ob dies gerechtfertigt wäre, ist jedoch stark zu bezweifeln. Jedenfalls gehen etwaige Neugläubiger aufgrund der Firmierung der Nachgesellschaft nicht von einer persönlichen Mitgliederhaftung aus, so dass ihnen dieser Vorteil nicht gewährt werden muss.

Der mit dem numerus clausus der Gesellschaftsformen bezweckte Schutz der Gläubiger spricht demnach nicht gegen die Einordnung der Nachgesellschaft als Personifikation unterhalb der Stufe der juristischen Person.

γ. Zusammenfassung

Die Verkehrsschutzgesichtspunkte, die hinter dem numerus clausus der Gesellschaftsformen stehen, greifen im Stadium der Nachtragsliquidation nicht mehr. Diese stehen deshalb der Ausgestaltung der Nach-GmbH als Personifikation unterhalb der Stufe der juristischen Person nicht entgegen. Firmiert die Nach-GmbH anders als nach der hier untersuchten Ansicht mit einem Zusatz, der die Nachtragsliquidation verdeutlicht, würde eine etwaige Gefahr für potentielle Neugläubiger noch geringer, weil diesen dann die besondere Situation der Gesellschaft offengelegt wäre und sie bewusst wählen könnten, ob sie mit einer solchen Gesellschaft Geschäfte machen wollen.

Darüber hinaus geht der Gesetzgeber vom Vorhandensein einer Nach-GmbH aus. Mithin steht der numerus clausus der Gesellschaftsformen der Anerkennung der Nach-GmbH als Personifikation unterhalb der Stufe der juristischen Person nicht im Wege.

*dd. Zwischenergebnis*

Auch wenn die hier untersuchte Teilauffassung von der konstitutiven Löschungswirkung ebenfalls nicht vollkommen zu überzeugen vermag, liefert sie doch brauchbare Ansätze für die Rechtsnatur der Nach-GmbH. Gerade weil die Ansicht nicht versucht, das verbleibende Gebilde in die herkömmlichen Rechtsformen der juristischen Person und der Gesamthand hineinzuzwängen, erscheint sie von den zur Nachgesellschaft bereits in der Vergangenheit entwickelten Ansichten die vorzugswürdigste zu sein. Allerdings kann ihr aufgrund der vorgebrachten Kritik nicht in Gänze gefolgt werden.

## 4. Eigener Lösungsansatz

Keine der von den Sympathisanten einer konstitutiven Löschungswirkung herausgearbeiteten Lösungsansätze zur Rechtsnatur der Gesellschaft während der Nachtragsliquidation überzeugt gänzlich. Es soll deshalb im Folgenden ein eigener Ansatz zur Rechtsnatur der Nach-GmbH präsentiert werden, der die Schwachstellen der vorhandenen Meinungen zu vermeiden sucht.

### a. Einordnung in eine gesetzlich geregelte Gesellschaftsform

Auch wenn es grundsätzlich überzeugend erscheint, die Nach-GmbH nicht blindlings in die Unterteilung juristische Person/Gesamthand einzuordnen, ist dennoch zunächst zu untersuchen, ob nicht eine der gesetzlich geregelten Gesellschaftsformen für sie passend erscheint. Eine solche gesetzesimmanente Lösung ist gegenüber der Ausgestaltung als Gesellschaft sui generis vorzugswürdig, auch wenn letztere dem numerus clausus der Gesellschaftsformen nicht generell widersprechen würde. Eine Zuordnung zu einer im Einzelnen geregelten Gesellschaftsform kann aufgrund der gesetzlichen Vorgaben zu einem Mehr an Rechtssicherheit führen. Voraussetzung ist aber, dass die Gesellschaftsform auch tatsächlich für die Ausgestaltung der Nach-GmbH passt. Dabei gibt es mit den verschiedenen Arten der juristischen Person des Privatrechts und den diversen Gesamthandsgemeinschaften, die nicht alle den Gesellschaften zuzuordnen sind, vielfältige Ausgestaltungen. Die zu den juristischen Personen gehörenden und die den Gesamthandsgemeinschaften zugeordneten Gesellschaftsformen weisen allerdings jeweils untereinander zum Teil nur noch in wenigen Punkten Ähnlichkeiten auf. An dieser Stelle ergäbe sich folglich Spielraum, sollte die Nachgesellschaft in eine der überkommenen Rechtsformen eingeordnet werden, so dass sie trotzdem eine weitgehend eigene Ausgestaltung haben könnte.

Andere Vereinigungen, die zur juristischen Person verselbstständigt sind, kommen allerdings von vornherein nicht als Rechtsform für die Nach-GmbH in Betracht. Wie die GmbH setzen auch die anderen juristischen Personen eine Registereintragung voraus. Darüber hinaus wären sie aufgrund der vor der Löschung bestehenden GmbH weniger passend als die Form der GmbH selbst.

#### *aa. Nach-GmbH als Personenhandelsgesellschaft*

Für das Vorliegen einer Personenhandelsgesellschaft ist das Betreiben eines Handelsgewerbes beziehungsweise im Fall eines Kleingewerbebetriebes oder der Vermögensverwaltung die Eintragung ins Handelsregister erforderlich. An beidem fehlt es der Nach-GmbH. Sie wird keinesfalls als Personenhandelsgesellschaft in die entsprechende Abteilung A des Handelsregisters eingetragen, denn so wäre ein Bezug zu der vorher bestehenden GmbH nur schwer herstellbar. Sollte eine Wiedereintragung vorgenommen werden, würde diese in Abteilung B unter der Nummer der GmbH erfolgen, um zu verdeutlichen, dass es sich um die Nachtragsliquidation gerade dieser Gesellschaft handelt. Des Weiteren ist es äußerst unwahrscheinlich, dass in der Nachtragsliquidation noch ein Handelsgewerbe betrieben wird. War vor der Auflösung ein solches vorhanden, wird es im Rahmen der Liquidation oder aufgrund der Vermögenslosigkeit eingestellt oder veräußert worden sein. Regelmäßig tauchen nach der Löschung nur noch wenige erforderliche Abwicklungsmaßnahmen auf. Diese erreichen kaum ein Ausmaß, das zum Betrieb eines Handelsgewerbes führt. Infolgedessen kommt die Einordnung der Nach-GmbH als offene Handelsgesellschaft, Kommanditgesellschaft oder stille Gesellschaft im Sinne von § 230 HGB bereits aus diesen Gründen nicht in Betracht.

*bb. Einordnung als Gesellschaft bürgerlichen Rechts*

Zu überlegen ist, ob die Nach-GmbH in die Rechtsform der Gesellschaft bürgerlichen Rechts eingeordnet werden kann. Diese ist mittlerweile als rechtsfähig anerkannt, zumindest wenn sie als Gesellschaft nach außen im Rechtsverkehr auftritt.[1321]

Die GbR als Grundform der Personengesellschaften betreibt kein Handelsgewerbe und wird nicht ins Handelsregister eingetragen.[1322] Deshalb käme sie als Rechtsform für die Nach-GmbH grundsätzlich in Frage.

Gegen die Ausgestaltung als GbR spricht nicht schon die gerichtliche Liquidatorenbestellung. Grundsätzlich gilt zwar im Recht der Personengesellschaften das Prinzip der Selbstorganschaft, so dass die Gesellschafter nach der gesetzlichen Ausgestaltung nicht vollkommen von der Geschäftsführung ausgeschlossen werden können.[1323] Allerdings ist in der Liquidation bei Vorliegen eines wichtigen Grundes analog § 146 Abs. 2 HGB die gerichtliche Bestellung eines Abwicklers möglich. Dies gilt entsprechend auch im Rahmen einer Nachtragsliquidation.[1324]

---

1321 BGHZ 146, 341, 343; MüKoBGB – *Ulmer*, Vor § 705, Rdn. 11.

1322 Vgl. MüKoBGB – *Ulmer*, § 705, Rdn. 3.

1323 MüKoBGB – *Ulmer/Schäfer*, § 709, Rdn. 5 m. w. N.

1324 Grundsätzlich zur Geltung des § 146 Abs. 2 HGB in der Nachtragsliquidation MüKoHGB – *K. Schmidt*, § 146, Rdn. 29.

α. Gesamthandseigentum versus Bruchteilsgemeinschaft

Zeigen sich nach der Löschung Vermögenswerte, läge bei Annahme einer Nach-GmbH in Form einer GbR regelmäßig Gesamthandseigentum vor.[1325] Auch wenn eine GbR nicht zwangsläufig Gesamthandsvermögen bilden muss[1326], wäre dies im Fall der Nachtragsliquidation einer Kapitalgesellschaft doch die einzige Ausgestaltung, die in Frage käme, falls die Nachgesellschaft eine GbR darstellen würde. Die Annahme einer Bruchteilsgemeinschaft der Gesellschafter als Alternative dazu[1327], erscheint stärker verfehlt als die von Gesamthandseigentum, denn die Nach-GmbH ging aus der verselbstständigten GmbH hervor, welche selbst Zuordnungssubjekt des Vermögens war. Probleme ergäben sich ferner, wenn sich Verbindlichkeiten zeigen, da an diesen keine Bruchteilsgemeinschaft bestehen kann.[1328] Hinsichtlich der Verbindlichkeiten müsste deshalb eine andere Zuordnung zu den Gesellschaftern angenommen werden, wie zum Beispiel eine Gesamtschuld. Dies ist jedoch nicht passend im Fall einer Nach-GmbH. Insbesondere ist eine Inanspruchnahme allein der Gesellschaft und nicht der Gesellschafter persönlich so nicht denkbar. Die Annahme einer nicht rechtsfähigen Bruchteilsgemeinschaft im Stadium der Nachtragsliquidation überzeugt folglich nicht.[1329]

Sollte die Nach-GmbH der Gesellschaft bürgerlichen Rechts zugeordnet werden, müsste sie dementsprechend bei Vorhandensein von Vermögen Gesamthandseigentum bilden. Dann käme sie der Lösung von *Hüffer*, der eine Gesamthand der Gesellschafter als teilrechtsfähige Abwicklungsgesellschaft annimmt[1330], sehr nahe. In diesem Fall stellt sich die Frage, ob eine GbR als rechtsfähige Außengesellschaft bestehen kann, wenn keine vermögenswerten Rechte vorhanden sind, die ihr zugeordnet werden können. Die Bildung von Gesamthandsvermögen ist zwar charakteristisch für die rechtsfähige GbR, aber nicht zwingend erforderlich.[1331] Nicht alle im Alltagsleben vorkommenden Gesellschaften des bürgerlichen Rechts werden Vermögen aufweisen. Theoretisch könnte somit eine Nach-GmbH in Form einer GbR bestehen, der lediglich nicht-

---

1325 Das Vorhandensein von Gesamthandsvermögen ist charakteristisch für die Außengesellschaft, vgl. MüKoBGB – *Ulmer*, § 705, Rdn. 254.

1326 Erman – *H. P. Westermann*, § 718, Rdn. 2; MüKoBGB – *Ulmer/Schäfer*, § 718, Rdn. 10 f.

1327 Zur GbR mit Bruchteilseigentum MüKoBGB – *Ulmer*, Vor § 705, Rdn. 124; MüKoBGB – *Ulmer/Schäfer*, § 718, Rdn. 11.

1328 MüKoBGB – *K. Schmidt*, § 741, Rdn. 23.

1329 So auch MüKoBGB – *K. Schmidt*, § 741, Rdn. 29.

1330 Vgl. oben C. I. 3. c.

1331 MüKoBGB – *Ulmer*, § 705, Rdn. 254.

vermögensrechtlicher Abwicklungsbedarf zugeordnet wird. Sie könnte dann aber wiederum mangels gesamthänderisch gebundenem Vermögen keine Gesamthandsgesellschaft sein, so dass ihre Rechtsfähigkeit zu bezweifeln wäre.[1332]

Aufgrund dieser Problematik erscheint die GbR nicht vollkommend passend als Rechtsform der Nach-GmbH. Sie soll aber dennoch weiter untersucht werden, um herauszufinden, ob sie im Hinblick auf andere Aspekte besonders adäquat für die Ausgestaltung der Nachgesellschaft ist und folglich die beste Lösung für die Frage ihrer Rechtsnatur darstellt.

#### β. Personalistische oder körperschaftliche Struktur

Die grundsätzlich personalistische Ausgestaltung der GbR spricht nicht bereits gegen die Einordnung der Nach-GmbH als GbR. Oftmals ist eine GmbH ebenfalls personalistisch strukturiert.[1333] Ferner kann im Einzelfall eine GbR eine körperschaftliche Struktur aufweisen. Sie könnte sich folglich der Verfassung der Nach-GmbH oder sogar der ehemals bestehenden GmbH gegebenenfalls anpassen.

#### γ. Persönliche Haftung der Gesellschafter der GbR

Gegen die Einordnung der Nach-GmbH in die Form der Gesellschaft bürgerlichen Rechts spricht jedoch die bei dieser Gesellschaftsform grundsätzlich bestehende persönliche Haftung der Gesellschafter[1334]. Die Gesellschafter der Nachgesellschaft haben sich demgegenüber ursprünglich dazu entschieden, eine GmbH zu gründen und damit ein bestimmtes Kapital aufzubringen, um so zulässigerweise einer persönlichen Haftung zu entgehen. Sie wollten gerade nicht das Risiko einer persönlichen Inanspruchnahme auf sich nehmen und konnten sich die Haftungsbeschränkung auch leisten, wie die Aufbringung des Stammkapitals zeigt. Die Gründer hatten bei der Errichtung der Gesellschaft den Willen, eine GmbH zu gründen, nicht aber eine GbR, bei der sie eine persönliche Haftung trifft. Der Gesellschaftsvertrag bildet lediglich die Grundlage für die Errichtung einer GmbH und den damit zwangsläufig zusammenhängenden Stadien, wie der Vor-GmbH und auch der Nach-GmbH in der Phase der Nachtragsliquidation. Auch wenn die GmbH durch die Löschung als solche mittlerweile untergegangen ist, kann den letzten vorhandenen Mitgliedern der GmbH nicht der Wille

---

1332 Diese wird der GbR-Gesamthand zugesprochen, vgl. MüKoBGB – *Ulmer*, § 705, Rdn. 302.

1333 Michalski – *Michalski*, Syst. Darst. 1, Rdn. 7.

1334 BGHZ 142, 315, 318 f.; Erman – *H. P. Westermann*, § 714, Rdn. 11.

unterstellt werden, im Fall einer erforderlichen Nachtragsliquidation nun eine Gesellschaft bürgerlichen Rechts zu bilden. Infolgedessen mangelt es für diese an der notwendigen vertraglichen Gesellschaftsgrundlage.

Eine persönliche Haftung der Gesellschafter erscheint nicht nur aufgrund ihres entgegenstehenden Willens verfehlt. Ein solcher Wille allein kann aus Verkehrsschutzgesichtspunkten nicht eine beschränkte Haftung rechtfertigen. Jedoch haben sich die GmbH-Gesellschafter den Ausschluss der persönlichen Haftung durch die Einhaltung der Gründungsvorschriften und die Kapitalaufbringung verdient und erkauft. Das von den Gesellschaftern der GmbH aufgebrachte Kapital wird bei der Gründung Vermögen der verselbstständigten Kapitalgesellschaft. Es ist von dem Privatvermögen der Mitglieder strikt getrennt. Solange dem so ist und die Gesellschafter nicht auf andere Weise die juristische Person und die damit einhergehende Haftungsbeschränkung auf deren Vermögen missbrauchen, ist eine persönliche Haftung der Anteilsinhaber ausgeschlossen. Bei redlichem Verhalten muss ihnen deswegen auch die Möglichkeit gegeben werden, die GmbH aufzulösen und abzuwickeln, ohne dass eine persönliche Haftung eintritt. Allein die Tatsache, dass in der Liquidation oder vor Löschung der GmbH wegen Vermögenslosigkeit Abwicklungsmaßnahmen übersehen wurden, kann eine persönliche Haftung der Gesellschafter nicht rechtfertigen. Dies wäre lediglich anders zu beurteilen, wenn sie sich etwas hätten zu Schulden kommen lassen, wodurch ein Haftungsdurchgriff auf ihr Vermögen begründet würde. Ist dem nicht so, muss eine persönliche Haftung der Gesellschafter auch in der Nachtragsliquidation ausscheiden.

#### δ. Ausgestaltung als GbR bei Einpersonen-Gesellschaft unmöglich

Die Ausgestaltung der Nach-GmbH als GbR kommt darüber hinaus nicht in Betracht, wenn die Gesellschaft vor ihrer Löschung aus nur einem Gesellschafter bestand. Eine Gesellschaft des bürgerlichen Rechts muss grundsätzlich mehr als einen Gesellschafter haben.[1335] Hätte die Nach-GmbH nur ein Mitglied, müsste sie eine andere Ausgestaltung und Rechtsnatur haben als im Fall einer Mehrpersonengesellschaft. Hier stünde genau wie bei der Einpersonen-Vorgesellschaft[1336] in Frage, welche Rechtsnatur in Betracht zu ziehen ist und wie genau die Rechtsfähigkeit der Nach-GmbH begründet werden könnte.

Weil bei der Vor-GmbH grundsätzlich von einer gesamthänderischen Bindung des Gesellschaftsvermögens ausgegangen wird, erkennt die wohl noch

---

1335 BGHZ 65, 79, 83; Erman – *H. P. Westermann*, § 705, Rdn. 23; MüKoBGB – *Ulmer*, § 705, Rdn. 62.

1336 Zu diesem Streit MüKoGmbHG – *Merkt*, § 11, Rdn. 182 ff.

herrschende Meinung der Einmann-Vorgesellschaft die Rechtsfähigkeit nicht zu.[1337] Als Begründung wird angeführt, im deutschen Privatrecht seien neben den natürlichen Personen nur die juristischen Personen und die gesamthänderischen Personengesellschaften als rechtsfähig anerkannt.[1338] Weil die Einmann-Kapitalgesellschaft vor der Eintragung weder das eine noch das andere sei, mangele es ihr an der Rechtsfähigkeit. Deswegen sei die Einmann-Vor-GmbH ein organisatorisch verselbstständigtes Sondervermögen des einzigen Gründers.[1339] Die Einpersonen-Gründerorganisation selbst ist danach aber keine Rechtsträgerin.[1340]

Die stark vertretene Gegenansicht befürwortet hingegen die Rechtsträgerschaft der Einpersonen-Vor-GmbH.[1341] Durch die gesetzliche Zulassung der Gründung einer GmbH durch eine Person wurde die dazugehörige Gründerorganisation der Mehrpersonen-Vorgesellschaft gleichgestellt und müsse deswegen genauso behandelt werden.[1342] Damit setzen sich die Vertreter der Gegenansicht über die von der ersten Ansicht vorgebrachte Kritik hinweg, dass die Einpersonen-Vorgesellschaft nicht zu den von der Rechtsordnung als rechtsfähig anerkannten Gebilden gehöre. Der Streit hinsichtlich der Rechtsnatur der Einpersonen-Vorgesellschaft soll hier nicht vertieft dargestellt und entschieden werden. Mit dem kurzen Einblick in den Streitstand sollte lediglich noch deutlicher gemacht werden, dass die Rechtsform der GbR generell für die Nach-GmbH nicht passt. Im Fall der Einmann-Gesellschaft müsse der von der GmbH übrig gebliebene Rest eine andere Rechtsnatur annehmen, was Konstruktionsschwierigkeiten bereitet. Darüber hinaus führt es zu Rechtsunsicherheit, wenn Unterschiede in der Ausgestaltung bestehen, je nachdem wie viele Gesellschafter die GmbH vor ihrer Löschung hatte.

#### ε. Zwischenergebnis: Ausgestaltung als GbR nicht passend

Generell erscheint die Einordnung der Nach-GmbH als Gesellschaft bürgerlichen Rechts nicht passend und eher gekünstelt. Ferner haben die Gründer weder vor Eintragung der GmbH noch nach ihrer Löschung den Willen, dass eine Gesellschaft bürgerlichen Rechts zwischen ihnen entsteht. Darüber hinaus hat der

---

1337 Statt aller Ulmer – *Ulmer*, § 11, Rdn. 24 m. w. N.

1338 Ebd.

1339 *W. Flume*, Juristische Person, § 5 IV 2 (S. 174); Ulmer – *Ulmer*, § 11, Rdn. 25.

1340 Vgl. *W. Flume*, Juristische Person, § 5 IV 2 (S. 174): „auf den Einmann-Gründer bezogen".

1341 Michalski – *Michalski/Funke*, § 11, Rdn. 74; Scholz – *K. Schmidt*, § 11, Rdn. 167.

1342 Scholz – *K. Schmidt*, § 11, Rdn. 167.

Gesetzgeber die Nachgesellschaft vorausgesetzt, ohne die Geltung des Rechts der GbR für sie anzuordnen.

### *cc. Ausgestaltung als nicht eingetragener (nicht rechtsfähiger) Verein*

#### α. Einordnung aufgrund der Struktur passender als Ausgestaltung als GbR

Die Einordnung der Nach-GmbH als nicht rechtsfähiger Verein im Sinne von § 54 BGB erscheint auf den ersten Blick passender als die Ausgestaltung als GbR. Entgegen der Bezeichnung in § 54 BGB wird dem nicht rechtsfähigen Verein heute allgemein die Fähigkeit zuerkannt, Träger von Rechten und Pflichten zu sein.[1343] Ihm mangelt es im Gegensatz zum eingetragenen Verein lediglich an dem Charakteristikum „juristische Person", weil er die Rechtsfähigkeit nicht durch staatliche Verleihung oder Eintragung erlangt hat.[1344] Er steht der Nach-GmbH näher, als ihr die GbR steht, da er wie die vormals bestehende GmbH eine Körperschaft ist und seine Mitglieder grundsätzlich nicht persönlich für die Verbindlichkeiten des Vereins haften.[1345] Die Gesellschafter der GmbH wollten ebenfalls nie das Risiko einer persönlichen Haftung eingehen, so dass eine solche nicht zu rechtfertigen ist, wenn sie sich während der gesamten Lebensdauer des Verbandes redlich verhalten haben. Dies lässt die Ausgestaltung als nicht rechtsfähigen Verein zumindest passender erscheinen, als die Einordnung als GbR. Auch wenn gesagt wird, das Vermögen stehe den Mitgliedern zur gesamten Hand zu, so ist der Verein doch von den Mitgliedern insoweit verselbstständigt, als er selbst als Rechtsträger angesehen wird.[1346]

#### β. Kritik an der Ausgestaltung als nicht rechtsfähiger Verein

Andererseits spricht gegen die Einordnung als nicht rechtsfähiger Verein, dass ein Verein grundsätzlich auf Dauer angelegt ist[1347]. Die Nach-GmbH hingegen ist zwangsläufig nur auf Restabwicklung gerichtet und soll den Verband seiner vollständigen Vernichtung zuführen. Wird die Fortsetzungsmöglichkeit, wie dies überwiegend der Fall ist, abgelehnt, besteht für die Nach-GmbH auch keine Aussicht auf längerfristigen Fortbestand nach Erledigung der erforderlichen Abwicklungsmaßnahmen.

---

1343 Erman – *H. P. Westermann*, § 54, Rdn. 1.

1344 *K. Schmidt*, GesR, § 25 I 1 (S. 733).

1345 BGHZ 50, 325, 329; *W. Flume*, Personengesellschaft, § 7 I (S. 88).

1346 BGHZ 50, 325, 329; Staudinger – *Weick*, § 54, Rdn. 9.

1347 MüKoBGB – *Reuter*, § 54, Rdn. 1; *K. Schmidt*, GesR, § 25 I 1 (S. 732); Soergel – *Hadding*, Vor § 21, Rdn. 64 sieht dies im Stadium des Vorvereins als unschädlich an.

Weiter können auch einige der Gründe, die schon gegen das Vorliegen einer Gesellschaft bürgerlichen Rechts im Stadium der Nachtragsliquidation der GmbH sprechen, der Annahme einer Ausgestaltung der Nachgesellschaft als nicht rechtsfähigem Verein entgegengesetzt werden. Die Gründer und später eintretenden Gesellschafter hatten ebenso wenig den Willen, nach der Löschung einen Verein im Sinne von § 54 BGB entstehen zu lassen, wie den, gemeinsam eine GbR zu bilden. Auch hat der Gesetzgeber die Nach-GmbH vorausgesetzt, ohne sie dem Recht des nicht rechtsfähigen Vereins zu unterstellen.

Ein gewichtiges Argument gegen die Ausgestaltung der Nach-GmbH in der Rechtsform des nicht rechtsfähigen Vereins ist die in § 54 S. 2 BGB angeordnete persönliche Haftung des Handelnden. Sie kann nur durch ausdrückliche Abrede mit dem Vertragspartner ausgeschlossen werden.[1348] Im Fall der Nach-GmbH ist der gerichtlich bestellte Nachtragsliquidator der für die Gesellschaft Handelnde. Diesem eine persönliche Haftung aufzuerlegen, erscheint nicht angemessen. Im Vergleich zur heute überwiegend angenommenen Rechtslage, in der den Nachtragsliquidator keine Haftung trifft, würde es sich in der Folge als noch schwerer erweisen, eine zur Übernahme des Amtes des Nachtragsliquidators bereite Person zu finden, wenn zu der Gefahr, dass keine Vergütung für die Tätigkeit zu erlangen ist, auch noch die der persönlichen Haftung hinzuträte.

Des Weiteren gibt es auch Ausnahmen von der grundsätzlich ausgeschlossenen persönlichen Haftung der Mitglieder des Vereins für nicht rechtsfähige wirtschaftliche Vereine.[1349] Für diejenigen Vereine, die ein Handelsgewerbe betreiben, ist die unbeschränkte Haftung mit dem Privatvermögen nach § 128 HGB über den Verweis in § 54 S. 1 BGB anerkannt.[1350] Ein Handelsgewerbe wird die Nach-GmbH jedoch unabhängig davon, ob sie vor der Löschung ein solches betrieben hat, im Stadium der Nachtragsliquidation nicht mehr betreiben.[1351] In Erwägung gezogen werden muss aber, ob eine wirtschaftliche Tätigkeit in diesem Stadium dennoch angenommen werden kann. Viele Gesellschaften mit beschränkter Haftung sind auf den Betrieb eines wirtschaftlichen Unternehmens gerichtet, wenn das auch nicht obligatorisch ist. Im Stadium der Nachtragsliquidation ist davon mit ganz überwiegender Wahrscheinlichkeit aber nichts mehr vorhanden. Es sind regelmäßig nur noch wenige Abwicklungsmaßnahmen durchzuführen. Dennoch könnte die Nach-GmbH weiter als wirtschaftlicher Verein und nicht als Idealverein einzuordnen sein, sollte sie unter die Rechtsform des nicht rechtsfähigen Vereins eingeordnet werden, weil die Ge-

---

1348 RG JW 37, 392, 393; MüKoBGB – *Reuter*, § 54, Rdn. 64.

1349 Vgl. *W. Flume*, Personengesellschaft, § 7 I (S. 88).

1350 MüKoBGB – *Reuter*, § 54, Rdn. 44.

1351 Dazu bereits F. I. 4. a. aa.

sellschaft vor ihrer Auflösung und Löschung wirtschaftlich tätig war. Für wirtschaftliche nicht rechtsfähige Vereine, die kein Handelsgewerbe betreiben, wird überwiegend ebenfalls eine persönliche unbeschränkte Haftung der Mitglieder angenommen, die sich nicht nur auf die rechtsgeschäftlichen Verbindlichkeiten erstreckt.[1352] Wie mehrfach betont wollten die Gesellschafter aber gerade keine persönliche Haftung eingehen und haben sich die entsprechende Haftungsbeschränkung durch die Aufbringung des Stammkapitals auch ordnungsgemäß erkauft. Es ist deshalb nicht gerechtfertigt, den Gesellschaftern eine persönliche Haftung aufzuerlegen, obwohl sie sich ordnungsgemäß verhalten haben.

Die Einordnung der Nach-GmbH als nicht rechtsfähiger Verein passt somit ebenfalls nicht.

#### *dd. Zwischenergebnis*

Keiner der vom Gesetzgeber explizit vorgesehenen und geregelten Personenverbände passt wirklich für die Nach-GmbH. Eine gesetzesimmanente Lösung kommt danach nicht in Betracht. Würde darauf beharrt werden, müsste die Nach-GmbH in ein ihr nicht passendes Gewand gezwängt werden. Zu diskutieren ist nun, ob die Nach-GmbH eine Gesellschaft eigener Art sein kann.

### b. Nach-GmbH als Gesellschaft eigener Art?

Weil keine der gesetzlich vorgesehenen Gesellschaftsformen auf die GmbH im Stadium der Nachtragsliquidation passt, käme hinsichtlich ihrer Rechtsnatur eine Einordnung als Gesellschaft eigener Art ähnlich wie bei der Vor-GmbH in Frage. Dies könnte der Einordnung als Personifikation auf einer Stufe zwischen den juristischen Personen und den Gesamthandsgesellschaften nahe kommen. Nachstehend soll zunächst auf die Anerkennung der Vorgesellschaft als eine Gesellschaft sui generis eingegangen werden, bevor untersucht wird, ob es sich anbietet, aus der Situation bei der Vor-GmbH Schlüsse für die Rechtsnatur der Nachgesellschaft zu ziehen.

#### *aa. Billigung der Vorgesellschaft als Gebilde eigener Art*

Die Anerkennung von Vorgesellschaften bei der Gründung einer Körperschaft zeigt, dass Gebilde eigener Art neben den überkommenen Gesellschaftsformen ebenfalls gebilligt werden. Die Vorgesellschaft wird nicht einer der herkömmlichen Arten der Personenvereinigungen zugeordnet und damit nicht in eine der

---

1352 MüKoBGB – *Reuter*, § 54, Rdn. 47; Staudinger – *Weick*, § 54, Rdn. 55.

vorhandenen Strukturen gepresst, sondern als Gebilde sui generis angesehen[1353]. Dabei wird berücksichtigt, dass der Personenzusammenschluss auf die Gründung einer juristischen Person gerichtet ist, mithin eine juristische Person in der Entstehungsphase darstellt. Dafür wird oftmals auch der Begriff „werdende juristische Person“ verwandt.[1354] Die Vorgesellschaft ist der eingetragenen und damit fertigen juristischen Person bereits sehr weit angenähert, so dass größtenteils die gesetzlichen Regelungen, welche letztere betreffen, schon auf sie angewandt werden.[1355] Nach herrschender Meinung ist die Vorgesellschaft zwar körperschaftlich strukturiert, bildet aber ein Gesamthandsvermögen, wobei sie selbst als Rechtsträgerin verselbstständigt ist.[1356] Anderer Ansicht nach liegt ein Sondervermögen eigener Art vor.[1357] *Karsten Schmidt* spricht demgegenüber lediglich von einem Gesellschaftsvermögen, welches der Vorgesellschaft zusteht, sieht sie aber grundsätzlich nicht als Gesamthandsgesellschaft.[1358]

### *bb. Parallelen zur Rechtsnatur der Vor-GmbH*

Da die Nach-GmbH in keine der herkömmlichen Gesellschaftsformen passt, könnte hinsichtlich ihrer Rechtsnatur eine Parallele zur Vorgesellschaft gezogen werden. Sie würde dann gleichfalls als Gesellschaft sui generis angesehen. Dafür spricht, dass die Nach-GmbH ebenso wie die Vorgesellschaft vom Gesetzgeber vorausgesetzt wird, es jedoch an einer in die Einzelheiten gehenden Regelung fehlt. Das Gesetz beschränkt sich darauf, die Nachtragsliquidation für nach der Löschung hervortretende Rechte und Pflichten anzuordnen, für die ein Träger notwendig ist. Aufgrund der konstitutiven Löschungswirkung, durch welche die GmbH als solche untergeht, kann sie selbst nicht dieser Rechts- und Pflichtenträger sein. Es mangelt dem verbleibenden Gebilde an der Rechtspersönlichkeit der GmbH, die durch die Registereintragung erlangt wurde und welcher die GmbH durch die Löschung verlustig geht. Die Nach-GmbH muss aber trotz fehlender Rechtspersönlichkeit die Fähigkeit besitzen, Träger von Rechten und Pflichten zu sein, damit ihr die sich hinterher zeigenden Abwicklungsmaßnah-

---

1353 BGHZ 21, 242, 246; BGHZ 51, 30, 32; Baumbach/Hueck – *Hueck/Fastrich*, § 11, Rdn. 6.

1354 Nach *Rittner*, siehe insbesondere S. 319 f. zu dem Begriff; dazu MüKoGmbHG – *Merkt*, § 11, Rdn. 11.

1355 Lutter/Hommelhoff – *Bayer*, § 11, Rdn. 7.

1356 BGHZ 80, 129, 132, 135; *Roth*/Altmeppen, § 11, Rdn. 4, 38; Ulmer – *Ulmer*, § 11, Rdn. 41, 59.

1357 Rowedder/Schmidt-Leithoff – *Schmidt-Leithoff*, § 11, Rdn. 61.

1358 Scholz – *K. Schmidt*, § 11, Rdn. 30, 35; dem zustimmend Lutter/Hommelhoff – *Bayer*, § 11, Rdn. 5.

men zugeordnet werden können. Hier ist die Lage ganz ähnlich wie vor der Eintragung. Wie die Vor-GmbH kann die Nachgesellschaft keine juristische Person sein, weil es ihr an der Eintragung mangelt. Oben wurde gezeigt, dass sie selbst im Falle ihrer Wiedereintragung nicht den Status der juristischen Person zurückerhält.[1359] Dafür müsste eine Neugründung vorgenommen werden, denn durch die Löschung ist die GmbH und damit die juristische Person untergegangen und nicht mehr existent und kann nicht allein aufgrund des Vorliegens von Abwicklungsbedarf wieder als solche aufleben. Die Nach-GmbH muss mithin ein Personenverband sein, der Rechtsfähigkeit zukommt, dem es aber an der eigenständigen Rechtspersönlichkeit einer juristischen Person mangelt. Die Untersuchung führt zu dem Ergebnis, dass sich hinsichtlich ihrer Rechtsnatur eine Parallele zur Vor-GmbH anbietet.

### c. Ergebnis: Nach-GmbH ist Gebilde eigener Art

Der Gesetzgeber hat sowohl durch die Regelung der Handelsregistereintragung und -löschung als auch derjenigen der Nachtragsliquidation anerkannt, dass nach der Löschung noch ein Personenverband existiert. Er hat ihn aber gerade nicht einer der vorhandenen Gesellschaftsformen unterstellt.[1360] Diese passen wie gezeigt auch nicht für die Nach-GmbH, so dass sich eine Einordnung in eine dieser Formen nicht anbietet. Die einzigen näher in Betracht zu ziehenden Rechtsformen der Gesellschaft bürgerlichen Rechts und des nicht rechtsfähigen Vereins haben sich als sachlich verfehlt für die Nach-GmbH erwiesen.[1361] Weil sie aber vom Gesetzgeber vorausgesetzt wird, muss sie wie die Vor-GmbH eine Gesellschaft sui generis sein. Sie könnte als „Personifikation unterhalb der Stufe der juristischen Person“ bezeichnet werden, wie es zum Teil geschieht[1362]. Diese Bezeichnung ist aber nicht zwingend, da der Begriff „Gesellschaft sui generis“ im Hinblick auf die Begrifflichkeit bei der Vor-GmbH passender scheint. Dieser drückt ebenfalls aus, dass die Gesellschaft weder den juristischen Personen noch den Gesamthandgesellschaften zugeordnet ist. Darüber hinaus lässt er offen, ob ihr ein Mehr an Persönlichkeit oder Rechtsfähigkeit im Vergleich zu den Gesamthandsgesellschaften zukommt, wie die Verwendung des Ausdrucks „Personifikation unterhalb der Stufe der juristischen Person“ vermuten lässt. Denn da-

---

1359 Vgl. E. V. 4. d. dd.

1360 Zur Vor-GmbH ebenso Ulmer – *Ulmer*, § 11, Rdn. 11.

1361 So auch für die Vor-GmbH Ulmer – *Ulmer*, § 11, Rdn. 11.

1362 *Lindacher*, FS-Henckel, S. 549, 554; *H. Schmidt*, S. 139; s. dazu bereits C. I. 3. d. bb. sowie F. I. 3. b.

mit einherzugehen scheint, dass das Gebilde zwischen Gesamthandsgesellschaft und juristischer Person einzuordnen ist.

*aa. Rechtsfähigkeit und Verselbstständigung ohne Rechtspersönlichkeit*

Die Nachgesellschaft ist eine besondere Gesellschaft für das Stadium der Nachtragsliquidation von Kapitalgesellschaften. Sie ist ebenso wie die vor der Löschung bestehende juristische Person von ihren Mitgliedern verselbstständigt und als solche rechtsfähig. Jedoch mangelt es ihr an dem Status der juristischen Person und der damit verbundenen Rechtspersönlichkeit. Diese hat die Gesellschaft durch die Löschung aus dem Register verloren, woraufhin die GmbH als solche untergegangen ist. Die Verselbstständigung der Nach-GmbH geht dementsprechend nicht mehr so weit wie die der GmbH. Dies zeigt auch schon die Fremdsteuerung durch den gerichtlich bestellten Nachtragsliquidator. Danach ist die Gesellschaft zwar von ihren Mitgliedern unabhängig, kann aber nicht autonom aus sich heraus geführt werden. Wie oben verdeutlicht wurde, soll die gerichtliche Zuständigkeit und Aufsicht für eine möglichst zügige Abwicklung und damit auch für Verkehrsschutz und Rechtssicherheit sorgen.[1363]

Trotz der verminderten Verselbstständigung im Vergleich zur GmbH ist die Nach-GmbH Trägerin derjenigen Rechte und Pflichten, die bei der Liquidation der GmbH beziehungsweise vor ihrer Löschung wegen Vermögenslosigkeit übersehen wurden. Nicht etwa die Gesellschafter in ihrer Gesamtheit, sondern sie selbst ist das Zuordnungssubjekt. Zeigt sich noch Vermögen, steht dieses nicht den Gesellschaftern in gesamthänderischer Verbundenheit zu, sondern die Nach-GmbH als solche ist dessen Inhaberin. Ihr kommt umfassende Rechtsfähigkeit zu und nicht lediglich eine Teilrechtsfähigkeit, da diese generell abzulehnen ist. Der Nach-GmbH können alle denkbaren Rechte und Pflichten zuerkannt werden mit Ausnahme derjenigen in den vereinzelten Bereichen, in denen naturgemäß oder vom Gesetz angeordnet, nur bestimmten Personifikationen die Rechtsfähigkeit zukommt. Dabei ist ihre Rechtsfähigkeit auch nicht auf den Liquidationszweck beschränkt.

Grundsätzlich bleibt die körperschaftliche Struktur der Gesellschaft im Stadium der Nachtragsliquidation erhalten. Der Bestand der Nach-GmbH ist von ihren Mitgliedern unabhängig, so dass auch die Mitgliedschaft theoretisch noch übertragen werden könnte, auch wenn dies praktisch nicht mehr vorstellbar ist. Sollten noch Entscheidungen der Gesellschafter nötig werden, würde auch hier das Mehrheitsprinzip gelten. Ferner gilt für sie der Grundsatz der Fremdorgan-

1363 Siehe insbesondere oben E. IV. 1. b.

schaft, wobei das Handlungsorgan im Falle der Nachtragsliquidation wie mehrfach betont allein vom Gericht bestimmt wird.

Weil die Nach-GmbH als Gesellschaft sui generis weiterhin von ihren Mitgliedern verselbstständigt ist und ihr ebenso weitreichende Rechtsfähigkeit wie der GmbH zukommt, muss sich die fehlende Rechtspersönlichkeit an anderer Stelle manifestieren. Zunächst einmal ist damit der mangelnde Status als juristische Person und Kapitalgesellschaft verbunden. Dies zieht allerdings kaum praktische Konsequenzen nach sich, da andere rechtsfähige Personengebilde den juristischen Personen zum Teil sehr weit angenähert sind. Dies gilt für die Nach-GmbH als die GmbH in Nachtragsliquidation noch mehr als für die Gesamthandsgesellschaften wie die OHG oder die GbR. Die fehlende Rechtspersönlichkeit zeigt sich vielmehr darin, dass die Nach-GmbH nur noch ein Restgebilde darstellt, welches abzuwickeln ist. Die Gesellschaft ist zwar weitgehend von ihren Mitgliedern unabhängig, kann aber trotzdem nicht mehr als vollkommen selbstständiges Gebilde im Rechtsverkehr auftreten, weil ihr Handlungsorgan gerichtlich zu bestellen und zu überwachen ist. Dies hat Auswirkungen für das Auftreten nach außen, denn auf diese Art und Weise kann es zu einer Einschränkung der Handlungsfähigkeit kommen, auf die noch einzugehen sein wird. Sie berührt aber nicht die Rechtsfähigkeit der Nachgesellschaft oder die Unabhängigkeit von ihren Mitgliedern.

Es wurde gezeigt, dass die Nach-GmbH weiterhin als eigenständiges Subjekt neben ihren Gesellschaftern steht und sich auch nicht wie eine Gesamthandsgesellschaft durch die Gesellschafter in ihrer Verbundenheit definiert. Dem entspricht es, dass auch der Einpersonen-Nach-GmbH noch Rechtsfähigkeit als selbstständiges Subjekt zukommt. Hinsichtlich der Eigenständigkeit wird auch ein Unterschied zur Vorgesellschaft deutlich. Während sich in letzterer die Gründungsgesellschafter zusammenschließen, um eine GmbH zur Entstehung zu bringen, existierte im Vorfeld der Nach-GmbH schon eine juristische Persönlichkeit. Die Vor-GmbH geht demgegenüber aus dem Zusammenschluss der Gründer hervor und verselbstständigt sich dann mit ihrer Eintragung und der Erlangung des Status der juristischen Person vollkommen gegenüber den Gründern. Die Nach-GmbH hingegen folgt gerade der verselbstständigten juristischen Person.[1364] Hier treten die Gesellschafter nach der Löschung nicht wieder verstärkt hervor, so dass sie nicht, wie es im Rahmen der Vor-GmbH oftmals vertreten wird, Träger des Gesellschaftsvermögens in ihrer gesamthänderischen Verbundenheit sind. Im Rahmen der Vor-GmbH verfolgen die Gesellschafter

1364 Wie genau die Nach-GmbH aus der GmbH hervorgeht und wie sich der Übergang der Rechte und Pflichten auf diese vollzieht, soll im folgenden Abschnitt (F. II. 3) noch im Einzelnen untersucht werden.

das gemeinsame Ziel der Gründung einer GmbH, um mit dieser hinterher tätig zu werden. Unabhängig davon, ob der Gesellschaftszweck der Vor-GmbH ebenfalls auf die Herbeiführung der Eintragung beschränkt wird[1365], oder als deckungsgleich mit dem der später eingetragenen GmbH angesehen wird[1366], verselbstständigt sich die Gesellschaft doch niemals so weit von ihren Gründern, dass sie, selbst wenn die Gesellschafter wegfallen oder die Gründung nicht weiter verfolgen, die Handelsregistereintragung vorantreibt. Dies zeigt auch die Konsequenz, die die Aufgabe der Eintragungsabsicht durch die Gesellschafter nach sich zieht. Die Gesellschaft wird aufgelöst und liquidiert beziehungsweise wandelt sich in eine unechte Vor-GmbH um, wenn die Gesellschafter weiterhin in ihrem Namen tätig werden, so dass sie in der Folge wie eine GbR oder OHG zu behandeln ist.[1367] Wird der Betrieb nicht fortgesetzt oder war er noch gar nicht aufgenommen, muss die Gesellschaft mit Aufgabe der Eintragungsabsicht liquidiert werden. Infolgedessen ist die Existenz der Vor-GmbH trotz ihrer Annäherung an die juristische Person bis zu einem gewissen Grad von dem Willen der Gesellschafter abhängig. Dies ist bei der Nach-GmbH anders. Auch wenn den Mitgliedern im Falle der Nachtragsliquidation weiterhin der gemeinsame Wille unterstellt werden kann, die Gesellschaft endgültig abzuwickeln und ihrem vollständigen Ende zuzuführen, ist gerade dies doch ebenso ein Zweck der von ihnen verselbstständigten Nach-GmbH. Würden die Gesellschafter wegfallen, bliebe dieser Zweck der Gesellschaft dennoch bestehen und sie würde ihn weiter verfolgen. Aus diesem Vergleich wird ersichtlich, dass es im Stadium der Nachtragsliquidation bei einer verstärkten Verselbstständigung der Nach-GmbH gegenüber ihren Gesellschaftern bleibt. Deswegen kann auch die Einpersonen-Nach-GmbH als Zurechnungssubjekt der sich zeigenden Rechte und Pflichten der früheren GmbH angesehen werden. Diese Erscheinungsform der Nach-GmbH besitzt ebenso Rechtsfähigkeit wie eine Nach-GmbH, die sich aus mehreren Personen zusammensetzt. Ähnlich einer Einmann-Körperschaft bleibt auch die Einpersonen-Nach-GmbH neben ihrem einzigen Gesellschafter als getrenntes Zuordnungssubjekt bestehen, so dass es weiterhin bei einer Trennung der Rechts- und Pflichtenkreise und damit auch des Vermögens bleibt, sollte der Nach-GmbH noch solches zustehen.

---

1365 So BGHZ 80, 129, 139; MüKoGmbHG – *Merkt*, § 11, Rdn. 15 a. E.; Ulmer – *Ulmer*, § 11, Rdn. 34.

1366 So Scholz – *K. Schmidt*, § 11, Rdn. 32.

1367 Dazu BGHZ 80, 129, 142; Michalski – *Michalski/Funke*, § 11, Rdn. 79.

### *bb. Auf die Nach-GmbH anwendbares Recht*

Zunächst einmal werden auf die Nach-GmbH die wenigen Regelungen, die speziell das Stadium der Nachtragsliquidation behandeln, angewandt. Dies sind § 66 Abs. 5 GmbHG und aufgrund der anerkannten analogen Anwendung auch § 273 Abs. 4 AktG. Daraus ergibt sich jedenfalls die gerichtliche Bestellung der Liquidatoren, so dass die generelleren Regelungen in § 66 Abs. 1, Abs. 2 GmbHG verdrängt werden. Aus dem Sinn und Zweck der gerichtlichen Bestellungsbefugnis folgt, dass auch die Überwachung der Liquidatoren in den Händen des Gerichts liegt, was zur Unanwendbarkeit des § 46 Nr. 6 GmbHG führt. Darüber hinaus ist aufgrund der Nähe der Nach-GmbH zur vormals bestehenden und mit der Löschung untergegangenen GmbH auf sie grundsätzlich das Recht der GmbH anzuwenden, mit Ausnahme der Vorschriften, die das Vorhandensein der Rechtspersönlichkeit voraussetzen und für die die Gesellschaft noch als Kapitalgesellschaft im Handelsregister eingetragen sein muss.[1368] Ferner ausgeschlossen ist die Anwendung von Normen, die das werbende Stadium erfordern. Generell können deshalb nur Normen zur Anwendung kommen, die nach § 69 Abs. 1 GmbHG auch in der regulären Liquidationsphase greifen. Dabei muss allerdings immer die konkrete Lage in der Nachtragsliquidation beachtet werden, denn hier können sich Besonderheiten im Vergleich zur gewöhnlichen Abwicklung ergeben. Insbesondere bedarf es im Rahmen der Nachtragsliquidation, die der Löschung nach einer regulären Liquidation folgt, keiner Eröffnungsbilanz, keines neuen Gläubigeraufrufes und nicht der Einhaltung eines weiteren Sperrjahres.[1369] Dies könnte bei der Nachtragsliquidation, die nach einer Löschung aufgrund Vermögenslosigkeit durchgeführt wird, anders sein, weil hier erstmals eine Liquidation der Gesellschaft stattfindet. Allerdings kann die Vorgehensweise diesbezüglich nicht verallgemeinert werden. Es muss hier vielmehr im Einzelfall aufgrund des Ausmaßes des Abwicklungsbedarfs entschieden werden, ob eine Eröffnungsbilanz, ein Gläubigeraufruf und die Einhaltung eines Sperrjahres notwendig sind. Zeigen sich beispielsweise nur vermögensneutrale Abwicklungsmaßnahmen, ist die Einhaltung dieser Formalia übertrieben. Ebenso verhält es sich, wenn nur ganz geringes Vermögen offenbar wird. Müsste der Nachtragsliquidator die Vorgaben aus den §§ 65 Abs. 2 S. 2, 71, 73 GmbHG einhalten, würde sich sein Aufgabenspektrum erweitern.[1370] Folge davon wäre ein erhöhter Vergütungsanspruch, dessen Zahlung je nach Vermögenslage der Gesellschaft in der Praxis dem Antragsteller auferlegt wird. Dementsprechend

---

1368 Ähnlich bereits *Heller*, S. 142.

1369 Vgl. Lutter/Hommelhoff – *Kleindiek*, § 74, Rdn. 22.

1370 Vgl. hierzu bereits E. II. 3. c. cc. γ.

werden Gläubiger eher von der Geltendmachung ihrer Ansprüche absehen. Grundsätzlich müssten auch die Gesellschafter nochmals zur Feststellung der Eröffnungsbilanz nach § 71 Abs. 2 GmbHG tätig werden. Darüber hinaus würde die Einhaltung des Sperrjahres die Nachtragsliquidation künstlich in die Länge ziehen. Dies widerspricht dem Ziel, die Nach-GmbH möglichst zügig abzuwickeln und ihrem vollständigen Ende zuzuführen. Die Erstellung einer Eröffnungsbilanz und die Einhaltung des Sperrjahres nach einem Gläubigeraufruf erscheinen demnach nur angemessen, wenn sich nach der Löschung aufgrund Vermögenslosigkeit tatsächlich noch Vermögen in großem Umfang zeigen sollte. Ansonsten steht der Aufwand, den die Einhaltung der Formalia mit sich bringt, nicht in einem angemessenen Verhältnis zu den in der Nachtragsliquidation zu erledigenden Aufgaben.

Eine Schlussrechnung ist aber sehr wohl bei beiden Arten der nach Löschung stattfindenden Liquidation aufgrund der entsprechenden für die GmbH geltenden Regelungen erforderlich.[1371] Da die Gesellschafter nicht mehr für die Überwachung der Liquidatoren zuständig sind, muss die Schlussrechnung gegenüber dem Registergericht erfolgen, welches den Nachtragsliquidator bestellt hat. Nimmt die Abwicklung längere Zeit in Anspruch, kann gegebenenfalls die Aufstellung eines Jahresabschlusses erforderlich sein.[1372]

### *cc. Fortsetzung in der Nachtragsliquidation unmöglich*

Die Fortsetzung der Gesellschaft im Stadium der Nachtragsliquidation ist nicht möglich. Weil die GmbH mit der Löschung aus dem Register als solche untergegangen ist und der Nach-GmbH der Status als juristische Person fehlt, kann sie nicht einfach durch einen Fortsetzungsbeschluss und die Einhaltung etwaiger anderer Kriterien als GmbH fortgesetzt werden. Daran ändert auch die Tatsache nichts, dass die Löschung trotz Fehlens der objektiven Voraussetzungen – Vermögenslosigkeit oder vollständige Liquidation – erfolgt ist. Während der Liquidation beziehungsweise des Löschungsverfahrens bestand die Möglichkeit, die Gesellschaft fortzusetzen. Es ist nicht gerechtfertigt, den Gesellschaftern der ehemaligen GmbH nach ihrem Untergang eine weitere Betätigung mit der

1371 Hachenburg – *Hohner*, § 74, Rdn. 39; Hachenburg – *Ulmer*, Anh. § 60, Rdn. 42; a. A. Scholz – *K. Schmidt*, § 74, Rdn. 23, wonach daneben auch eine Schlussbilanz erforderlich ist; dabei ist allerdings fraglich, wer über deren Feststellung beschließt, denn die Gesellschafter sind dazu regelmäßig nicht mehr befugt und die Gesellschafterversammlung lebt nicht wieder neu auf, so dass diese Aufgabe nur dem Gericht zukommen könnte.

1372 MüKoGmbHG – *H. F. Müller*, § 74, Rdn. 53.

GmbH zu ermöglichen. Eine „Fortsetzung" erfordert vielmehr eine Neugründung, nachdem die Gesellschaft aufgrund der konstitutiven Löschung untergegangen ist. In diesem Fall kann eigentlich nicht mehr von einer Fortsetzung gesprochen werden, denn es entsteht eine neue Gesellschaft. Noch bestehende Rechte und Pflichten, die in der Nachtragsliquidation erledigt werden sollen, können jedoch nicht einfach auf die neu gegründete Gesellschaft übergehen. Hier wäre ein Übertragungsakt notwendig.

Aufgrund der Unmöglichkeit der Fortsetzung scheidet die Anwendbarkeit einiger Vorschriften des GmbH-Gesetzes auf die Nach-GmbH aus. Insbesondere eine Kapitalerhöhung, die einer etwaigen Fortsetzung dient, ist dann anders als im regulären Liquidationsverfahren nicht mehr zulässig, so dass die entsprechenden Normen nicht anwendbar sind.

### *dd. Bezeichnung der Nach-GmbH beim Auftreten im Rechtsverkehr*

Wie bereits im Rahmen der Auseinandersetzung mit der Ansicht, welche die Nach-GmbH als Personifikation auf einer Stufe unterhalb der juristischen Person ansiedelt, angedeutet wurde, kann die Nach-GmbH weiterhin unter dem Namen der gelöschten GmbH auftreten.[1373] Dabei sollte allerdings verdeutlicht werden, dass sie sich in Nachtragsliquidation befindet. Es reicht deshalb nicht, ihr lediglich einen Liquidationszusatz anzufügen. Vielmehr muss der Unterschied zur GmbH in Liquidation, die aber noch im Handelsregister eingetragen ist und damit noch eine juristische Person darstellt, hervorgehoben werden. Führt nach der Löschung zulässigerweise ein Dritter die gleiche Firma, erfolgt die Abgrenzung zwischen der Nach-GmbH und dem neuen Firmenträger durch den auf die Nachtragsliquidation hinweisenden Zusatz.[1374]

### *ee. Keine Wiedereintragung der Gesellschaft ins Handelsregister*

Eine Wiedereintragung der Gesellschaft ins Handelsregister hat zu unterbleiben, weil dies auf Vollrechtsfähigkeit und die Ausgestaltung als juristische Person hindeuten würde. Eine Eintragung des gerichtlich bestellten Liquidators von Amts wegen gemäß § 67 Abs. 4 GmbHG kann ebenfalls nicht erfolgen. § 67 Abs. 4 GmbHG kann ausnahmsweise auf die gerichtliche Bestellung eines Liquidators im Fall der Nachtragsliquidation keine Anwendung finden, weil diese

---

1373 Siehe F. I. 3. b. bb. β. ββ.

1374 Hachenburg – *Hohner*, § 69, Rdn. 10; für die Annahme einer neuen Firma oder die Bezeichnung als „früher unter XY firmierende GmbH" Scholz – *K. Schmidt*, § 69, Rdn. 13.

Norm für die Situation der Nachgesellschaft nicht passt. Eine Eintragung wäre technisch nur möglich, wenn das Registerblatt wieder geöffnet würde, indem die Rötung aufgehoben würde.[1375] Eine alleinige Eintragung des Nachtragsliquidators auf dem geröteten und geschlossenen Blatt kann nicht erfolgen. Die erneute Öffnung des Registerblattes der Gesellschaft würde aber dazu führen, dass die Gesellschaft wieder als eingetragen im Handelsregister gilt. Lediglich die nun gerötete Löschungseintragung würde noch von der bereits erfolgten Löschung zeugen. Diese wäre allerdings auf einem aktuellen Auszug nicht vorhanden, was auf das Vorhandensein einer vollwertigen Kapitalgesellschaft hindeutet. Deswegen muss auf die Eintragung des Nachtragsliquidators verzichtet werden. Legitimiert ist er dann allein durch den ihm zugestellten Bestellungsbeschluss des Registergerichts.[1376]

## II. Entstehung der Nach-GmbH und ihr Verhältnis zur GmbH

Nachdem die Rechtsnatur der Nach-GmbH geklärt wurde, ist zu untersuchen, wie die Nach-GmbH genau entsteht und wie ihr Verhältnis zur eingetragenen GmbH ist. Eng damit verbunden ist die Frage, wie der Übergang der Rechte und Pflichten der GmbH auf die Nachgesellschaft erfolgt. Zweifellos werden alle noch bestehenden Rechte und Pflichten, die solche der gelöschten GmbH waren, nun der Nach-GmbH zugeordnet. Wie dies dogmatisch zu erfassen ist, bedarf einer Klärung. Eine Verbindung zwischen beiden Gesellschaften ist offensichtlich, muss aber rechtlich genau eingeordnet werden. Zuvor werden einige grundsätzliche Gedanken zur Entstehung der Nach-GmbH angestellt, insbesondere ob sie ausnahmslos in jedem Fall nach der Löschung einer GmbH aus dem Handelsregister entsteht und zu welchem Zeitpunkt diese Entstehung genau vor sich geht.

---

1375 So die Auskunft des Registergerichts Freiburg i. Br.

1376 So wird es auch in der Praxis zum Teil gemacht, z. B. in Freiburg i. Br. laut Auskunft des Registergerichts. Zuweilen wird aber auch der Löschungsvermerk durch Rötung rückgängig gemacht und so das Registerblatt wieder geöffnet, um den Liquidator einzutragen, z. B. in Aurich laut Auskunft des Registergerichts dort. Diese Vorgehensweise ist aus den dargestellten Gründen jedoch abzulehnen.

## 1. Entstehung der Nach-GmbH nur, wenn tatsächlich Liquidationsbedarf besteht

Solange die GmbH noch ins Register eingetragen ist, existiert die juristische Person und ist Zuordnungssubjekt der noch bestehenden Rechte und Pflichten. Nach der Löschung und dem damit verbundenen Untergang der Kapitalgesellschaft müssen noch vorhandene Rechte und Pflichten der Nach-GmbH zugeordnet werden. Eine Nachtragsliquidation wird eröffnet, wenn die Durchführung von Abwicklungsmaßnahmen erforderlich und auch ausführbar ist. Allein in diesem Fall ist das Vorhandensein eines abzuwickelnden Subjekts notwendig, welches Berechtigter beziehungsweise Verpflichteter im Hinblick auf den Liquidationsrückstand ist. Denn auch nur in einer solchen Situation wird die Frage nach dem Vorhandensein eines Abwicklungssubjekts gestellt. Ist eine Nachtragsliquidation nicht notwendig, bedarf es mangels Vorhandenseins von Rechten und Pflichten keines Zuordnungssubjekts. Die Entstehung der Nach-GmbH wird dementsprechend lediglich relevant, wenn tatsächlich eine Nachtragsliquidation erforderlich ist. Sind keine Abwicklungsmaßnahmen mehr durchzuführen, gehen sowohl der Rechtsverkehr als auch die GmbH-Gesellschafter und das Registergericht von einem vollständigen Untergang der GmbH aus, die nunmehr in keiner Weise mehr nachwirkt. In diesem Fall ist das Vorhandensein einer Nachgesellschaft nicht notwendig und kann auch nicht angenommen werden. Es kommt dabei immer auf die tatsächliche objektive Lage an. Irrelevant für das Vorhandensein der Nach-GmbH ist, ob sich die Rechte und Pflichten zeigen oder nicht. Denn sofern aufgrund ihrer fehlenden Erledigung eine Nachtragsliquidation gerechtfertigt ist, muss ein Zuordnungssubjekt für sie vorhanden sein. Die Nach-GmbH entsteht also nur, wenn tatsächlich noch Abwicklungsmaßnahmen unerledigt sind. Das ist vor allem der Fall, wenn sie übersehen wurden. Aber auch falls der Gesellschaft zum Beispiel ein erkannter, jedoch nicht werthaltiger Anspruch gegen einen illiquiden Schuldner zusteht, muss die Nach-GmbH als Zuordnungssubjekt entstehen. Die Löschung der GmbH aus dem Register wird trotz Vorliegen eines solchen Anspruchs vorgenommen, da die Gesellschaft aufgrund der Wertlosigkeit des Anspruchs entweder als vermögenslos gilt[1377] oder es in dem entscheidenden Moment nichts mehr zu liquidieren gibt. Es geht nicht an, in dieser Situation die Registerlöschung so lange aufzuschieben und damit die GmbH als solche fortbestehen zu lassen, bis ausgeschlossen ist, dass der Anspruch noch durchgesetzt werden kann, weil er beispielsweise verjährt ist oder der Schuldner weggefallen ist, ohne einen Rechtsnachfolger zu hinterlassen. Damit dieser Anspruch, sollte er doch wieder Wert erlangen, geltend

---

1377 BayObLG ZIP 85, 33, 34; OLG Hamm NJW-RR 93, 547, 549.

gemacht werden kann, muss auch er genau wie anderer noch vorhandener Abwicklungsbedarf einem Rechtssubjekt, namentlich der Nach-GmbH, zugeordnet werden.

## 2. Zeitpunkt der Entstehung der Nach-GmbH

Zu hinterfragen ist, in welchem Zeitpunkt die Nach-GmbH exakt entsteht. Frühester in Frage kommender Zeitpunkt ist die Löschung aus dem Register. In Betracht kommt aber auch eine Entstehung im Moment der Eröffnung der Nachtragsliquidation. Es überzeugt jedoch nicht, die Nachtragsliquidation einer Gesellschaft zu eröffnen und erst damit die betreffenden Rechte und Pflichten auf die Nach-GmbH übergehen zu lassen. Vielmehr müssen die notwendigen Abwicklungsmaßnahmen ihr bereits vorher zugeordnet werden. Ein Entstehen der Nach-GmbH gleichzeitig mit Eröffnung der Nachtragsliquidation ist deshalb verspätet. Alternativ käme als Entstehungszeitpunkt auch das Offenbarwerden der betreffenden Rechte und Pflichten in Betracht, oder bei vorhandenen Forderungen gegen illiquide Schuldner der Moment, in dem die Ansprüche werthaltig werden. Jedoch ist fraglich, wem die durchgängig vorhandenen Rechte und Pflichten in der Zwischenzeit zugeordnet werden sollten oder ob sie für eine Zeit lang subjektlos bestehen könnten. Regelmäßig ergeben sich die noch abzuwickelnden Rechte und Pflichten aus Schuldverhältnissen zwischen der ehemaligen GmbH und Dritten. Schuldverhältnisse setzen grundsätzlich einen Schuldner und Gläubiger voraus, mithin das Vorhandensein eines Verpflichteten und eines Berechtigten. Fällt eine Seite ersatzlos weg, erlischt das Schuldverhältnis.[1378] Demgemäß dürften die Rechte und Pflichten der gelöschten GmbH mit der Registerlöschung nicht subjektlos werden.[1379] Selbst wenn das Bestehen von subjektlosen Rechten anerkannt würde[1380], ist zweifelhaft, welchen Vorteil ein Zwischenstadium bringen sollte, in dem weder die GmbH noch die Nach-GmbH als Zuordnungssubjekt existiert. Eine solche künstlich wirkende Konstruktion würde zu keiner Vereinfachung führen. Bei Annahme eines Zwischenstadiums ließe sich ferner die Verbindung zwischen der GmbH und der Nachgesellschaft weniger deutlich erkennen, müsste aber dennoch als Erklärung für den späteren Rechts- und Pflichtenerwerb der Nach-GmbH herangezogen werden. Nimmt man jedoch diese Verbindung für bare Münze, ist es passender die Rechte und Pflichten direkt mit der Löschung von der GmbH auf die Nach-GmbH überge-

---

1378 MüKoBGB – *Fetzer*, Vor § 362, Rdn. 5.

1379 Zu subjektlosen Rechten vgl. *Hohner*, zum Streit über die Möglichkeit ihrer Bestehens insbes. S. 56 ff.

1380 So z. B. *Dölle*, FS-Wolff, S. 23, 28; *Hübner*, Rdn. 125 (S. 78).

hen zu lassen, ohne den Umweg eines gekünstelten Zwischenstadiums. So ist auch sichergestellt, dass dauerhaft ein Berechtigter beziehungsweise Verpflichteter der Abwicklungsmaßnahmen vorhanden ist. Auf diese Art und Weise treten ferner keine Erklärungsschwierigkeiten hinsichtlich der Subjektlosigkeit von Rechten und Pflichten auf. Die Nachgesellschaft entsteht deshalb zeitgleich mit dem Untergang der GmbH im Zeitpunkt der Löschung aus dem Handelsregister. Daran ändert auch die Tatsache nichts, dass zu diesem Zeitpunkt niemand Kenntnis von der erforderlichen Restabwicklung hat. Genau wie das Vorhandensein der Rechte und Pflichten nicht von einer tatsächlichen Kenntnis abhängt, richtet sich auch das Bestehen der Nach-GmbH nicht danach. Dass die Nach-GmbH dann zumindest für eine Zeit lang oder sogar dauerhaft unentdeckt besteht, ist kein übertriebener Fortbestand einer Gesellschaft. Sie treffen keine anderen Pflichten, vielmehr steht sie allein für die restliche Abwicklung bereit. Auch muss für sie keine Organisation vorgehalten werden, solange eine Nachtragsliquidation vom Gericht nicht eröffnet wird. Die Nachgesellschaft besteht währenddessen quasi latent fort. Für ihr Bestehen ist aber wie erwähnt die objektive Lage entscheidend, mithin, ob tatsächlich noch Abwicklungsbedarf besteht.

## 3. Übergang der noch bestehenden Rechte und Pflichten

Es muss eine dogmatische Erklärung gefunden werden für die nunmehrige Zuordnung der noch bestehenden Rechte und Pflichte der gelöschten GmbH zur Nach-Gesellschaft im Zeitpunkt ihrer Entstehung.

### a. Einzelrechtsnachfolge

Für den Übergang der Rechte und Pflichten der GmbH auf die Nachgesellschaft käme zunächst eine Einzelrechtsnachfolge in Betracht. Jedoch muss eine Einzelübertragung ausscheiden, weil beide Gesellschaften nie gleichzeitig bestehen und deshalb die Rechte nicht einzeln von einer auf die andere übertragen und die Pflichten nicht einzeln übernommen werden können. Es existieren nie zeitgleich Vertreter von beiden Gesellschaften, die sich über einen Übergang einigen könnten. Auch bestünde bei dieser Lösung immer die Gefahr, dass wiederum Abwicklungsmaßnahmen übersehen werden, die dann nicht der Nachgesellschaft zugeordnet werden, weil naturgemäß über deren Übergang keine Einigung erzielt wurde. Eine Einzelrechtsnachfolge bietet nicht die Sicherheit, dass die Nach-GmbH jegliche noch vorhandenen Rechte und Pflichten erwirbt. So würde sich wieder das Problem der Subjektlosigkeit der Rechte und Pflichten ergeben, denn die GmbH als vorheriges Zuordnungssubjekt besteht nicht mehr.

Darüber hinaus würde eine Einzelrechtsnachfolge die Verbindung zwischen der eingetragenen Gesellschaft und der Gesellschaft in der Nachtragsliquidation leugnen. Sie kommt deshalb nicht Betracht.

## b. Umwandlung im Sinne des Umwandlungsgesetzes

### *aa. Direkte Anwendung des Umwandlungsgesetzes*

Es fragt sich, ob das Umwandlungsgesetz im Verhältnis zwischen GmbH und Nachgesellschaft direkt angewandt werden kann, so dass sich ihr Verhältnis und der Rechtsübergang nach diesem Gesetz richten. Jedoch ist schon zweifelhaft, ob das Gesetz auf die Nach-GmbH überhaupt Anwendung finden kann. Diese ist in § 3 UmwG (ggf. i. V. m. § 124 UmwG) und in § 191 UmwG nicht als umwandlungsfähiger Rechtsträger genannt, was nicht verwunderlich ist, weil der Gesetzgeber sie außer in einigen wenigen Vorschriften gar nicht erwähnt. Eine Einbeziehung der Nach-GmbH in den Kreis der umwandlungsfähigen Rechtsträger käme in Betracht, wenn das Umwandlungsgesetz auch auf andere nicht genannte Rechtsträger angewandt wird und die Nach-GmbH mit diesen vergleichbar ist. Ferner falls die Nachgesellschaft hinsichtlich der Umwandlung generell mit einer der dort genannten Gesellschaften vergleichbar ist.

Ebenfalls nicht als umwandlungsfähiger Rechtsträger genannt ist die Vor-GmbH. Bei ihr wird die Anwendbarkeit des Umwandlungsgesetzes überwiegend abgelehnt.[1381] Dies beruht darauf, dass eine Umwandlung nach dem Umwandlungsgesetz eine Registereintragung voraussetzt.[1382] Auf die Vorgesellschaft werden aber nur Normen angewandt, die die Eintragung nicht voraussetzen, so dass die eine Umwandlung betreffenden Regelungen davon nicht erfasst sind.

Dementsprechend könnte daran gedacht werden, gleichwohl die Umwandlungsfähigkeit der Nach-GmbH abzulehnen, denn auch sie ist nicht mehr im Handelsregister eingetragen. Ist sie jedoch als der GmbH nachfolgende Gesellschaft wie diese einzuordnen, könnte eine Anwendbarkeit des Umwandlungsgesetzes wiederum in Betracht gezogen werden, denn immerhin ist mit dem geschlossenen Registerblatt noch ein gewisses Maß an Publizität vorhanden. Jedoch muss bereits für die abgewickelte oder vermögenslose, noch nicht gelöschte GmbH die Umwandlungsfähigkeit abgelehnt werden. Eine aufgelöste Gesellschaft ist nach § 3 Abs. 3 UmwG (gegebenenfalls in Verbindung mit § 124 Abs. 2 UmwG) beziehungsweise gemäß § 191 Abs. 3 UmwG nur so lange um-

---

1381 KölnerKommUmwG – *Simon*, § 3, Rdn. 23; *K. Schmidt*, GesR, § 13 II 1 b) aa) (S. 369).

1382 Michalski – *Michalski/Funke*, § 11, Rdn. 71, nach denen aber eine Umwandlung aufschiebend bedingt auf die Eintragung beschlossen werden kann.

wandlungsfähig, wie sie noch fortgesetzt werden könnte. Die Nach-GmbH ist, wie soeben gezeigt wurde, nicht fortsetzungsfähig, so dass eine Umwandlung nach dem Umwandlungsgesetz nicht mehr in Frage kommt.

### *bb. Ähnlichkeiten des Verhältnisses von GmbH und Nach-GmbH zu Umwandlungsformen des Umwandlungsgesetzes*

Für das Verhältnis zwischen der eingetragenen GmbH und der Nachgesellschaft könnte aber auf die Umwandlungsarten aus dem Umwandlungsgesetz rekurriert werden, falls sich hier Ähnlichkeiten zeigen, so dass sich die Wandlung von der juristischen Person zur Nach-GmbH entsprechend vollziehen könnte. Zunächst ist nochmals zu betonen, dass beide Gesellschaftsarten niemals zeitgleich nebeneinander bestehen. Es scheiden deshalb von vornherein alle Umwandlungsarten aus, bei denen die beteiligten Rechtsträger nebeneinander vorhanden sein müssen. In der hier interessierenden Situation ist immer nur ein Rechtsträger vorhanden, zunächst die GmbH und später die Nach-GmbH.

#### α. Heranziehung der Verschmelzung

Die Nach-GmbH kann deshalb nicht aufgrund einer der Verschmelzung nach §§ 2 ff. UmwG ähnlichen Konstellation aus der GmbH entstehen. Bei der Verschmelzung durch Neugründung gemäß § 2 Nr. 2 UmwG müssen mindestens zwei übertragende Rechtsträger einen neuen Rechtsträger gründen.[1383] Im vorliegenden Fall ist aber anfangs allein die GmbH als übertragender Rechtsträger vorhanden. Auch bei einer übernehmenden Verschmelzung nach § 2 Nr. 1 UmwG sind zu Beginn des Vorganges zwei Rechtsträger erforderlich, weil der übernehmende Rechtsträger anders als bei der Verschmelzung durch Neugründung schon existent sein muss.[1384] Die Nach-GmbH als potentieller übernehmender Rechtsträger besteht aber gerade nicht zeitgleich neben der eingetragenen GmbH. Das bedeutet, die Rechte und Pflichten der letzteren können nicht vergleichbar dem Übergang bei einer Verschmelzung auf die Nach-GmbH übergehen.

#### β. Ähnlichkeit mit der Spaltung

Zu erwägen ist, ob zwischen der GmbH und der Nach-GmbH ein der Spaltung (§ 123 UmwG) ähnliches Verhältnis besteht. Jedoch sind am Ende eines Spal-

---

1383 Semler/Stengel – *Stengel*, § 2, Rdn. 29.
1384 KölnerKommUmwG – *Simon*, § 2, Rdn. 23.

tungsvorganges immer mindestens zwei Rechtsträger vorhanden. Mit der Nach-GmbH existiert aber nur ein Rechtsträger, denn die juristische Person als solche ist mit der Löschung untergegangen. Sie hat ihr Vermögen auch nicht wie bei einer Aufspaltung auf mehr als eine Gesellschaft übertragen, sondern jegliche Rechte und Pflichten stehen nun der Nachgesellschaft zu. Bei einer Abspaltung oder Ausgliederung bleibt demgegenüber der übertragende Rechtsträger, in unserem Fall wäre das die eingetragene Gesellschaft, bestehen.[1385] Es wurde aber im Verlauf der Untersuchung mehrfach verdeutlicht, dass die GmbH mit der Löschung aus dem Handelsregister untergeht. Eine Parallele zur umwandlungsrechtlichen Spaltung bietet sich folglich in keiner der vom Gesetz vorgesehenen Formen an.

### γ. Gedanke der Vermögensübertragung

Als weitere Umwandlungsform des Umwandlungsgesetzes kommt eine Vermögensübertragung in Betracht. Direkt ist diese nur in den wenigen in § 175 UmwG genannten Verhältnissen möglich. Zu hinterfragen ist aber, ob die eingetragene Gesellschaft und die Nach-GmbH in einem ähnlichen Verhältnis zueinander stehen. Allerdings erfolgt die Übertragung des Vermögens nach § 174 UmwG auf einen bereits bestehenden Rechtsträger.[1386] Die Nach-GmbH besteht aber niemals zeitgleich neben der eingetragenen Kapitalgesellschaft.

### δ. Ähnlichkeit mit dem Formwechsel

Der Formwechsel unterscheidet sich von den angesprochenen Umwandlungsformen dadurch, dass bei ihm keine Vermögensübertragung stattfindet.[1387] Der Rechtsträger ändert seine Rechtsform und damit seine Verfassung.[1388] Nur er allein ist an einem Formwechsel beteiligt, so dass kein Übergang des Vermögens stattfinden kann und muss.[1389] Es bleibt vielmehr immer demselben Rechtsträger zugeordnet, der nun eine andere Rechtsform annimmt.[1390] Dem Formwechsel wesentlich ist der Fortbestand der rechtlichen und wirtschaftlichen Identität.[1391] Die im Rechtsverkehr auftretende juristische Einheit bleibt demge-

---

1385 Semler/Stengel – *Stengel*, § 123, Rdn. 13 f.
1386 KölnerKommUmwG – *Leuering*, § 174, Rdn. 1.
1387 Semler/Stengel – *Semler/Stengel*, Einl. A, Rdn. 49.
1388 KölnerKommUmwG – *Dauner-Lieb*, § 1, Rdn. 37.
1389 Semler/Stengel – *Semler*, § 1, Rdn. 55.
1390 Semler/Stengel – *Stengel*, § 190, Rdn. 1.
1391 Semler/Stengel – *Stengel*, § 190, Rdn. 4.

mäß nach dem Formwechsel dieselbe.[1392] Die rechtliche Identität zeigt sich beispielsweise durch die Beibehaltung der Firma nach § 200 UmwG sowie die Kontinuität der Mitgliedschaft und der daran bestehenden Rechte Dritter gemäß § 202 Abs. 1 Nr. 2 UmwG.[1393] Die wirtschaftliche Identität bezieht sich darauf, dass das Unternehmen in seinem Bestand unberührt bleibt.[1394] Diskontinuität ist hingegen hinsichtlich der auf den Rechtsträger anwendbaren Normen und damit der Organisations- und Verbandsverfassung gegeben, weil nach dem Formwechsel das Recht der neuen Form anwendbar ist.[1395] Grundsätzlich käme ein dem Formwechsel ähnliches Verhältnis zwischen der eingetragenen GmbH und der Nachgesellschaft in Betracht. Es kann aber nur bestehen, wenn zwischen ihnen Identität gegeben ist. Dies soll im Folgenden untersucht werden. Dabei wird die Gesamtrechtsnachfolge als alternative Beziehung zwischen beiden betrachtet und gegebenenfalls dann auf den Formwechsel zurückzukommen sein.

### c. Gesamtrechtsnachfolge oder Identität

Wie bereits erwähnt müssen der Nach-GmbH alle noch bestehenden Rechte und Pflichten der GmbH zugeordnet werden. Jedenfalls gilt dies für solche Rechte und Pflichten, die Abwicklungsbedarf darstellen und deshalb die Eröffnung einer Nachtragsliquidation rechtfertigen. Der Erwerb durch die Nachgesellschaft darf deshalb nicht nur die sich später zeigenden Abwicklungsrückstände erfassen, sondern muss auch solche einbeziehen, die verborgen bleiben, denn auch sie müssen einem Subjekt zugeordnet werden, damit sie nicht ohne Berechtigten beziehungsweise Verpflichteten sind. Darüber hinaus wird nur so ihre Erledigung ermöglicht, denn dafür ist ein abzuwickelndes Subjekt erforderlich, welches selbst oder durch seine Vertreter handeln kann, wenn die Nachtragsliquidation eröffnet wird. Sowohl eine Gesamtrechtsnachfolge[1396] als auch der Fall der Identität garantieren einen solchen Übergang aller vorhandenen Rechte und Pflichten, die der eingetragenen Gesellschaft zugeordnet waren, auf die nun bestehende Nach-GmbH. Für das Verhältnis der GmbH zur Nach-GmbH bedeutet

---

1392 Ebd.

1393 Lutter – *Decher*, § 190, Rdn. 3.

1394 Semler/Stengel – *Stengel*, § 190, Rdn. 4.

1395 KölnerKommUmwG – *J. W. Flume*, Einl. B, Rdn. 52; Semler/Stengel – *Kübler*, § 202, Rdn. 12.

1396 Eine Gesamtrechtsnachfolge muss nicht zwangsläufig den gesamten Teil eines Vermögens erfassen, sondern kann als partielle Gesamtrechtsnachfolge auch nur einen Teil erfassen wie beispielsweise bei der Spaltung gemäß § 131 UmwG; beim Verhältnis zwischen der GmbH und der Nach-GmbH kommt aber nur eine Gesamtrechtsnachfolge in Betracht, die das komplette noch vorhandene Vermögen der GmbH erfasst.

dies, dass dem Grunde nach Identität zwischen den Gesellschaften in Betracht kommt, aber auch, dass die Nach-GmbH Gesamtrechtsnachfolgerin der nun gelöschten GmbH sein könnte. Zu klären ist deshalb, welche der beiden dogmatischen Ansatzpunkte besser zu der Veränderung der Zuordnung der Rechte und Pflichten von der eingetragenen GmbH auf die Nach-GmbH passt. Im Rahmen der folgenden Untersuchung soll insbesondere auch der Meinungsstand zum Verhältnis der Vor-GmbH zur juristischen Person betrachtet werden, denn diese Situation ist insoweit mit derjenigen bei der Nach-GmbH vergleichbar, als sie beide mit der juristischen Person GmbH verbunden sind. Die Vor-GmbH geht ihr voraus, aus jener entwickelt sich die GmbH. Demgegenüber entsteht die Nachgesellschaft aus der GmbH. Darüber hinaus stehen sich auch hinsichtlich des Verhältnisses von Vor-GmbH und GmbH hauptsächlich Meinungen gegenüber, die entweder Identität oder Gesamtrechtsnachfolge annehmen.

### *aa. Gesamtrechtsnachfolge*

Bei der Gesamtrechtsnachfolge tritt ein Subjekt in die Rechte und Pflichten eines anderen Subjekts ein, ohne dass besondere Übertragungsakte für einzelne Sachen oder Rechte erforderlich wären, wie sie das Spezialitätsprinzip grundsätzlich verlangt.[1397] Der Erwerb im Rahmen einer Gesamtrechtsnachfolge erfolgt kraft Gesetzes.[1398] Er tritt unmittelbar ohne besonderen Willen der Beteiligten ein. Von der Gesamtrechtsnachfolge sind alle erfassten Rechte und Pflichten des übertragenden Rechtsträgers betroffen, auch wenn diese ihm und dem Erwerber unbekannt sind. Die Gesamtrechtsnachfolge richtet sich allein nach dem objektiven Bestand des Vermögens. Beispiel für eine Gesamtrechtsnachfolge im deutschen Recht ist der Erbfall. Nach § 1922 BGB geht das Vermögen des Erblassers ipso iure als Ganzes auf den oder die Erben über. Auch bei der oben schon erwähnten Verschmelzung nach § 20 UmwG (ggf. i. V. m. § 36 Abs. 1 UmwG) tritt der übernehmende Rechtsträger als Gesamtrechtsnachfolger in die rechtliche Stellung des oder der übertragenen Rechtsträger ein.[1399]

Grundsätzlich scheint die Annahme eines Gesamtrechtsnachfolgeverhältnisses zwischen der GmbH und der Nachgesellschaft denkbar. Die Gesamtrechtsnachfolge kann dementsprechend im Folgenden in Betracht gezogen werden und ist genauer daraufhin zu prüfen, ob sie für das Verhältnis der beiden passt.

---

1397 *Wolf/Neuner*, § 19, Rdn. 47, deutlicher noch in der Vorauflage, erschienen unter dem Namen *Larenz/Wolf*, § 14, Rdn. 32.

1398 *Claussen*, S. 110; das heißt aber nicht, dass die Gesamtrechtsnachfolge nicht rechtsgeschäftlich eingeleitet werden kann.

1399 Semler/Stengel – *Kübler*, § 20, Rdn. 8.

### *bb. Identität*

Der Ausdruck „identisch“ wird im alltäglichen Sprachgebrauch regelmäßig verwandt, um eine Übereinstimmungen von zwei oder mehr Dingen zu verdeutlichen. In diesem Fall wird der Begriff im Sinne von „gleich“ gebraucht.[1400]

Ein Mehr an Identität ist gegeben, wenn es sich um dieselbe Sache oder Person handelt.[1401] Sie kann sich verändern, ohne dass sich diese Veränderung auf die Identität auswirkt. Beispielsweise bleibt ein Mensch derselbe, obwohl er sich äußerlich oder auch vom Wesen her verändert. Niemand würde hier an seiner Identität zweifeln und davon ausgehen, dass er nun ein anderer Mensch ist. Ebenso ist die Situation bei einer Sache, wenn es nicht zu einer solch weitgehenden Veränderung wie bei einer Verarbeitung gemäß § 950 BGB und damit zur Herstellung einer neuen Sache kommt.

Identität schließt also eine Veränderung des betroffenen Wesens nicht aus. Dieselbe Sache oder Person behält ihre Identität trotz der Modifizierung. Der Begriff „Identität“ umfasst danach den Kern einer Person oder Sache, der sie ausmacht und von anderen unterscheidet und der keinen Veränderungen unterliegt. Wirklich greifbar ist dieser Kern jedoch nicht. Tritt eine Veränderung ein und wird weiterhin von Identität ausgegangen, muss angenommen werden, dass der Kern nicht betroffen ist.

Nach einem Verständnis liegt Identität mithin vor, wenn zwei oder mehr Dinge sich (äußerlich) gleichen. In einem anderen Sinne ist immer nur dieselbe Sache oder Person mit sich selbst identisch. Sie behält ihre Identität, kann sich ihrer nicht entledigen und ist dadurch von anderen, auch identischen im Sinne von gleichen Dingen, abgrenzbar. Eineiige Zwillinge beispielsweise können identisch aussehen und besitzen teilweise sogar dieselbe DNA, aber jeder besitzt eine eigene Identität, die sich nicht austauschen lässt. Jeder verfügt über einen eigenen Personalausweis mit individueller Ausweisnummer, durch den die eigenen Identität festgestellt und vom anderen abgegrenzt werden kann.

Bezogen auf das Verhältnis der GmbH zur Nach-GmbH ist festzuhalten, dass diese sich nicht vollständig gleichen. Insbesondere die Organisation der Geschäftsführung differiert. Die satzungsgemäß bestellten Geschäftsführer beziehungsweise Liquidatoren verlieren, wie mehrfach betont wurde, mit der Löschung der Gesellschaft aus dem Handelsregister ihre Stellung. Die Nach-GmbH hat zwar mit dem Nachtragliquidator ebenfalls ein geschäftsführendes Organ,

---

1400 Auch im Duden, Deutsches Universalwörterbuch wird der Begriff „identisch“ unter anderem mit „vollkommen gleich“ beschrieben.

1401 So wird der Begriff Identität im Duden, Deutsches Universalwörterbuch auch unter anderem mit „Echtheit einer Person od. Sache; völlige Übereinstimmung mit dem, was sie ist […]“ erklärt.

allerdings wird dieses erst auf Antrag durch das Gericht bestellt. Direkt im Anschluss an die Löschung der Gesellschaft ist die latent vorhandene Nach-GmbH ohne geschäftsführendes Organ. Grundsätzlich fehlt der Nachgesellschaft durch die vorangegangene Liquidation auch ein werbender Betrieb, den die GmbH, zumindest bis zu ihrer Auflösung, in der Regel geführt hat. Auch besteht ein Unterschied in der Rechtsnatur, da die Nachgesellschaft keine typisierte juristische Person und Kapitalgesellschaft ist. Auf die tatsächlichen Unterschiede zwischen der GmbH und der Gesellschaft in der Nachtragsliquidation wurden in der vorangegangenen Untersuchung[1402] immer wieder eingegangen. Hauptsächlich bestehen die Ungleichheiten in Äußerlichkeiten, jedoch betrifft die Rechtsnatur das Wesen einer Gesellschaft. Weil es sich bei der GmbH und der Nach-GmbH aber lediglich um verschiedene Stadien derselben Gesellschaft handeln könnte, ist nicht ausgeschlossen, dass der für die Identität wesentliche Kern nicht betroffen ist, so dass Identität zwischen beiden in Betracht zu ziehen ist.

### *cc. Verhältnis zwischen Vorgesellschaft und juristischer Person*

Um das Verhältnis der GmbH zur Nach-GmbH besser einordnen zu können, vor allem um die Frage zu klären, ob eine Gesamtrechtsnachfolge vorliegt oder ob Identität gegeben ist, soll die Entstehungsphase der Kapitalgesellschaft vergleichend herangezogen werden. Seit der Aufgabe des Vorbelastungsverbotes durch den Bundesgerichtshof im Jahre 1981[1403] herrscht Einigkeit dahingehend, dass auf die GmbH alle Rechte und Pflichten der Vorgesellschaft übergehen.[1404] Das Vermögen wird nun ihr zugeordnet und die Verbindlichkeiten der Vorgesellschaft treffen jetzt die juristische Person als Schuldnerin. Nach einhelliger Ansicht ist dafür kein Übertragungs- oder Übernahmeakt notwendig, sondern die Rechtsverhältnisse mit allen dazugehörigen Rechten und Pflichten gehen automatisch auf die juristische Person über.[1405] Hinsichtlich der genauen dogmatischen Einordnung werden allerdings verschiedene Ansichten vertreten.

---

1402 Deutlich werden diese Unterschiede insbesondere durch die Ausführungen in D. II. und IV. 2.

1403 BGHZ 80, 129.

1404 Michalski – *Michalski/Funke*, § 11, Rdn. 70; MüKoGmbHG – *Merkt*, § 11, Rdn. 151.

1405 Baumbach/Hueck – *Hueck/Fastrich*, § 11, Rdn. 56; Bork/Schäfer – *Schroeter*, § 11, Rdn. 54; MüKoGmbHG – *Merkt*, § 11, Rdn. 150; *Windbichler*, § 21, Rdn. 29.

### α. Identität zwischen Vor-GmbH und GmbH

Der Großteil der Literatur nimmt an, dass Vor-GmbH und GmbH identische Rechtsträger sind.[1406] Es liegt danach keine (Gesamt-)Rechtsnachfolge vor.[1407] Regelmäßig wird eine Parallele zur formwechselnden Umwandlung gezogen.[1408] Der Rechtsträger ändere durch die Eintragung der Gesellschaft nur seine Rechtsform.[1409] Er werde von der Vorgesellschaft, die eine Gesellschaft eigener Art darstelle, zu einer Kapitalgesellschaft. Die Gesellschaft bleibe dieselbe, durchlaufe aber verschiedene Entwicklungsstadien.[1410] Die Vor-GmbH als Durchgangsstadium zur juristischen Person sei ein auf letztere angelegtes Gebilde, welches mit der Eintragung in der GmbH aufgehe.[1411] Ein Übergang der Rechte und Pflichten sei nicht nötig und aufgrund der Identität auch nicht möglich.[1412] Durch den Wechsel der Form ändere sich die Haftungsverfassung entsprechend, so dass sich die Haftung von nun an nach den für die juristische Person geltenden Normen richte.[1413] Die Rechtsverhältnisse der Vor-GmbH setzten sich vollständig bei der mit der Eintragung entstehenden juristischen Person fort. In dieser Hinsicht bestehe völlige Kontinuität.[1414] Trotz Änderung der Haftungsverfassung sei aber auch Haftungskontinuität gegeben, weil die Verbindlichkeiten aufgrund der Identität der beiden Gesellschaften nun ipso iure die GmbH träfen.[1415] Für diese haftet nach § 13 Abs. 2 GmbHG nunmehr allein die juristische Person. Die Handelndenhaftung nach § 11 Abs. 2 GmbHG und die Verlustdeckungshaf-

---

1406 Bork/Schäfer – *Schroeter*, § 11, Rdn. 52, 54; Lutter/Hommelhoff – *Bayer*, § 11, Rdn. 5; Michalski – *Michalski/Funke*, § 11, Rdn. 70; *Raiser/Veil*, § 26, Rdn. 111, 119; Saenger/Inhester – *Pfisterer*, § 11, Rdn. 43; Scholz – *K. Schmidt*, § 11, Rdn. 31, 152; aus der Rechtsprechung BFHE 169, 343, 346; OLG Stuttgart NJW-RR 89, 637, 638; in einem Nebensatz spricht auch BGH NJW 09, 2883, 2884 davon, dass die Vor-GmbH mit der später eingetragenen GmbH identisch sei und verweist dabei auf BGHZ 91, 148, 151, wo es jedoch lediglich heißt, dass mit der Eintragung die zuvor bestehende Vorgesellschaft mit allen Rechten und Pflichten in der GmbH aufgeht; abgesehen von der in NJW 09, 1883 veröffentlichten Entscheidung neigt der BGH wohl eher der Auffassung zu, es liege Gesamtrechtsnachfolge zwischen Vor-GmbH und eingetragener GmbH vor, vgl. BGHZ 105, 300, 303 f.

1407 OLG Stuttgart NJW-RR 89, 637, 638; *W. Flume*, Juristische Person, § 5 III 4 (S. 167); Scholz – *K. Schmidt*, § 11, Rdn. 152.

1408 *Roth*/Altmeppen, § 11, Rdn. 19; Saenger/Inhester – *Pfisterer*, § 11, Rdn. 43.

1409 *Roth*/Altmeppen, § 11, Rdn. 19.

1410 Vgl. Scholz – *K. Schmidt*, § 11, Rdn. 151.

1411 BFHE 169, 343, 346.

1412 Vgl. Scholz – *K. Schmidt*, § 11, Rdn. 152.

1413 *K. Schmidt*, GesR, § 11 IV 4 b) (S. 307).

1414 Scholz – *K. Schmidt*, § 11, Rdn. 46, 155.

1415 *K. Schmidt*, GesR, § 34 III 4 (S. 1028).

tung der Gesellschafter enden hingegen nach allgemeiner, auch von der Gegenansicht anerkannter Auffassung mit der Eintragung ins Handelsregister.[1416] Letztere haben jedoch im Innenverhältnis eine bei Eintragung bestehende Unterbilanz auszugleichen (Vorbelastungshaftung).[1417]

Nach der Identitätstheorie setzt sich die Mitgliedschaft der Gründer in der eingetragenen Gesellschaft fort.[1418] Hinsichtlich der Organisation herrsche grundsätzlich ebenfalls Kontinuität. Deshalb blieben die Geschäftsführer im Amt, wenn nichts anderes bestimmt sei. Eine Ausnahme bilde ein obligatorischer Aufsichtsrat, der nach herrschender Meinung auch bei Vorliegen der Voraussetzungen (Beschäftigung von mehr als 500 Arbeitnehmern schon im Gründungsstadium) erst nach Eintragung der Gesellschaft gebildet werden müsse[1419], was allerdings nicht unbestritten ist.[1420] Ist jedoch vor Eintragung ein (fakultativer) Aufsichtsrat gebildet worden, muss sich dieser aufgrund der Organisationskontinuität bei der GmbH mit seinen konkreten Organwaltern fortsetzen.

Weitere Beispiele, die nach Ansicht ihrer Vertreter die Identitätstheorie bestätigen, sind die Fortführung der Firma der Vor-GmbH durch die GmbH und die Tatsache, dass Grundbucheintragungen lediglich durch Beseitigung des Gründungszusatzes richtig gestellt werden.[1421] Auch ein laufender Prozess der Vor-GmbH werde ohne Unterbrechung von der GmbH fortgesetzt, was keinen Parteiwechsel, sondern nur eine Berichtigung der Parteibezeichnung erfordere.[1422] Da nach der Identitätstheorie keine Rechtsnachfolge vorliegt, können Vollstreckungstitel, die gegen die Vorgesellschaft ergangen sind, ohne Titelumschreibung gemäß § 727 ZPO zur Vollstreckung gegen die GmbH genutzt werden, indem formlos die Parteibezeichnung geändert wird.[1423]

---

1416 Bork/Schäfer – *Schroeter*, § 11, Rdn. 53.

1417 Dazu Bork/Schäfer – *Schroeter*, § 11, Rdn. 57 ff.; Lutter/Hommelhoff – *Bayer*, § 11, Rdn. 32 ff.

1418 Vgl. Scholz – *K. Schmidt*, § 11, Rdn. 31.

1419 Scholz – *K. Schmidt*, § 11, Rdn. 61.

1420 Zum Streit MüKoGmbHG – *Merkt*, § 11, Rdn. 30; der Streit herrscht aber nicht nur unter den Befürwortern der Identitätstheorie, sondern zieht sich durch alle Auffassungen, die übereinstimmend von einer Kontinuität der Organisation ausgehen.

1421 Scholz – *K. Schmidt*, § 11, Rdn. 152.

1422 Scholz – *K. Schmidt*, § 11, Rdn. 156.

1423 OLG Stuttgart NJW-RR 89, 637, 638; Scholz – *K. Schmidt*, § 11, Rdn. 156.

### β. Gesamtrechtsnachfolge der GmbH in die Stellung der Vor-GmbH

Nach der anderen starken Meinungsströmung wird die GmbH als Gesamtrechtsnachfolgerin der Vor-GmbH angesehen.[1424] Danach tritt die juristische Person in alle Rechte und Pflichten, mithin in alle Rechtsverhältnisse der Vor-GmbH ein. Auch in diesem Fall ist kein besonderer Übertragungs- oder Übernahmeakt notwendig.[1425] Vielmehr erfolgt der Übergang automatisch.[1426] Jedoch ist anders als bei der Identitätstheorie sehr wohl ein Übergang im eigentlichen Sinne erforderlich, welcher im Zeitpunkt der Eintragung, wenn die Vorgesellschaft untergeht und die GmbH entsteht, vonstattengeht. Grund hierfür ist, dass die Gesellschaft im Gründungsstadium nicht als identisch mit der eingetragenen Gesellschaft angesehen wird. Dies wird ungeachtet der Tatsache, dass es sich bei der Vor-GmbH um ein Durchgangsstadium auf dem Weg zur juristischen Person handelt und damit bei den Gesellschaften um unterschiedliche Entwicklungsstadien derselben Kapitalgesellschaft, so vertreten. Anerkannt wird lediglich eine Identität der Organisation, welche sich bei der GmbH mit ihrer Entstehung fortsetzt.[1427] In Bezug auf die Zuordnung von Rechten und Pflichten werden beide Gesellschaften jedoch als zwei verschiedene Subjekte und nicht als identisch angesehen.[1428] Die Vor-GmbH und die GmbH sind dementsprechend unterschiedliche Rechtsträger. Dies führt dazu, dass ein Übergang der Rechte und Pflichten von der Vorgesellschaft auf die juristische Person notwendig ist. Die Ablehnung der Identität wird überwiegend mit den zwischen beiden Stadien bestehenden Strukturunterschieden begründet.[1429] Die Vor-GmbH als Gesamthand könne danach nicht mit der juristischen Person identisch sein. Die Vermögenszuordnung sei eine gänzlich andere und bei einer Umwandlung der gesamthänderisch strukturierten Gesellschaft könne nicht das Vermögen, welches den Gesellschaftern zusteht, auf die neu gegründete Kapitalgesellschaft übergehen. Nur Gegenstände, die der umzuwandelnden Gesellschaft zugeordnet seien, könnten nach einem

---

1424 BGHZ 105, 300, 303 f.; Baumbach/Hueck – *Hueck/Fastrich*, § 11, Rdn. 56; MüKoGmbHG – *Merkt*, § 11, Rdn. 58, offen lassend allerdings in Rdn. 151; auch von Gesamtrechtsnachfolge spricht BGH NJW 82, 932 unter Verweis auf BGHZ 80, 129, wo das Gericht jedoch lediglich von einem Übergang der Aktiva und Passiva spricht, diesen aber dogmatisch nicht näher konkretisiert.

1425 *Windbichler*, § 21, Rdn. 29 f.

1426 Baumbach/Hueck – *Hueck/Fastrich*, § 11, Rdn. 56.

1427 Baumbach/Hueck – *Hueck/Fastrich*, § 11, Rdn. 55; *Hüffer*, Jus 83, 161, 167.

1428 *Hüffer*, Jus 83, 161, 167.

1429 MüKoGmbHG – *Merkt*, § 11, Rdn. 58; Ulmer – *Ulmer*, § 11, Rdn. 89, wobei *Ulmer* die Identität im Sinne einer vollständigen Gleichheit ablehnt, aber davon ausgeht, dass der Rechtsträger nach der Eintragung nur eine andere Rechtsform hat, so dass er nicht wechselt und keine Gesamtrechtsnachfolge vorliegen kann, vgl. a. a. O. Rdn. 90.

Formwechsel der neuen Gesellschaft zustehen.[1430] Da jedoch die Vorgesellschaft mittlerweile allgemein als Trägerin ihres Vermögens anerkannt wird, kann dieses Argument nicht mehr überzeugen.

Weiter bringen die Befürworter der Gesamtrechtsnachfolge vor, die Identitätstheorie beachte nicht genügend die konstitutive Wirkung der Eintragung.[1431] Weil die GmbH mit der Eintragung erst als neues Rechtssubjekt entstehe, könne das Zuordnungssubjekt für die Rechte und Pflichten vor und nach der Eintragung nicht dasselbe sein.[1432]

Darüber hinaus spreche für die Gesamtrechtsnachfolge das zeitliche Aufeinanderfolgen von der Vorgesellschaft und der GmbH.[1433]

Die Gesamtrechtsnachfolge wird dogmatisch überwiegend mit einem Vergleich zum Formwechsel einer Personengesellschaft in eine Kapitalgesellschaft gemäß §§ 190 ff., 214 ff. UmwG begründet.[1434] Dies kann jedoch wiederum nicht überzeugen, da der Gesetzgeber mit dem Umwandlungsgesetz von 1994 gerade den Grundsatz der Identität bei dem Formwechsel einer Personenhandelsgesellschaft in eine Kapitalgesellschaft anerkannt hat[1435]. Nach der früheren Rechtslage war eine formwechselnde Umwandlung einer Personengesellschaft in eine Kapitalgesellschaft nicht möglich.[1436] Vielmehr erfolgte nach § 44 Abs. 1 S. 2 beziehungsweise § 49 Abs. 2 S. 2 des Umwandlungsgesetzes von 1969 eine übertragende Umwandlung. In der Folge trat die übernehmende Kapitalgesellschaft als Gesamtrechtsnachfolgerin in die Rechtsverhältnisse der übertragenden Personengesellschaft ein.[1437]

### γ. Stellungnahme

Es ist überzeugender, Identität zwischen der Vorgesellschaft und der eingetragenen juristischen Person anzunehmen. Zunächst findet eine Gesamtrechtsnachfolge nur in den Fällen statt, in denen sie gesetzlich angeordnet ist.[1438] Die Anerkennung des Vorhandenseins der Vorgesellschaft durch den Gesetzgeber al-

---

1430 Vgl. zur Umwandlung einer gesamthänderisch strukturierten Personengesellschaft in eine juristische Person BT-Drucks. 5/3165, S. 8.

1431 *Hüffer*, AktG, § 41, Rdn. 17.

1432 *Hüffer*, Jus 83, 161, 167.

1433 Ebd., wobei er damit allerdings die Einzelrechtsnachfolge ausschließen will.

1434 Baumbach/Hueck – *Hueck/Fastrich*, § 11, Rdn. 57; *Windbichler*, § 21, Rdn. 30.

1435 BT-Drucks. 12/6699, S. 136.

1436 Dazu Semler/Stengel – *Stengel*, § 190, Rdn. 9 f.

1437 BT-Drucks. 5/3165, S. 8, 11.

1438 *Brox/Walker*, Rdn. 637; *Büttner*, S. 132.

lein reicht dafür nicht, da die Fortsetzung der Rechte und Pflichten hier auch auf anderem Wege erklärbar ist.

Ferner kann die von den Befürwortern einer Gesamtrechtsnachfolge vorgebrachte Parallele zur formwechselnden Umwandlung einer Personengesellschaft in eine Kapitalgesellschaft nicht überzeugen, da bei ihr nach heutiger Rechtslage keine Gesamtrechtsnachfolge eintritt. Vielmehr beruht auch hier der „Übergang" der Rechte und Pflichten auf der Identität der Gesellschaft vor und nach Durchführung des Formwechsels. Es wurde gezeigt, dass eine Veränderung einer Person oder Sache keine Konsequenzen für die Identität derselben hat. Lediglich im Vergleich zu anderen kann die sich verändernde Person oder Sache nicht mehr als mit jenen identisch im Sinne von gleich angesehen werden. In Frage steht aber vielmehr, ob sie identisch in dem Sinne ist, dass sie dieselbe Gesellschaft ist, mithin ihr Kern identisch bleibt. Da sich die GmbH aus ihrer Vorgesellschaft entwickelt, ist dies zu bejahen, obwohl durch die Eintragung eine Veränderung stattfindet. Vor-GmbH und GmbH sind also dieselbe identische Gesellschaft in verschiedenen Stadien. Infolgedessen kann die GmbH auch nicht im Wege einer Gesamtrechtsnachfolge in die Rechte und Pflichten der Gründungsgesellschaft eintreten, denn für eine Gesamtrechtsnachfolge sind gerade zwei verschiedene Rechtsträger notwendig, die potentiell selbstständig nebeneinander bestehen könnten.[1439] Dies ist bei der Vor-GmbH und der eingetragenen juristischen Person jedoch nicht der Fall, da sie zwangsläufig aufeinander folgen.

Die Strukturunterschiede stehen einer Identität ebenfalls nicht entgegen, weil die Vor-GmbH selbst rechtsfähig und damit Zuordnungssubjekt ihres Vermögens ist. Genauso kann sie schon Trägerin eines Unternehmens sein.[1440] Das Vermögen kann sich demnach in der neu entstehenden GmbH fortsetzen, ohne dass ein Übergang notwendig ist.

Als Ergebnis lässt sich an dieser Stelle festhalten, dass zwischen der Vor-GmbH und der ausgereiften GmbH Identität besteht.

#### *dd. Verhältnis der GmbH zur Nach-GmbH*

Das gefundene Ergebnis führt unweigerlich zu der Frage, ob das Verhältnis zwischen der Vorgesellschaft und der eingetragenen Kapitalgesellschaft etwas für das Verhältnis der letzteren zur Nach-GmbH hergibt. So wie sich die GmbH aus der Vor-GmbH entwickelt, entsteht die Nach-GmbH aus der GmbH. Dass der letzte Entwicklungsschritt anders als der erste nicht auf einem Willen der Ge-

---

1439 *Büttner*, S. 132 f.; Saenger/Inhester – *Pfisterer*, § 11, Rdn. 43.
1440 MüKoGmbHG – *Merkt*, § 11, Rdn. 50.

sellschafter beruht, ist dabei irrelevant. Es kommt lediglich auf den tatsächlichen Vorgang an, wofür die subjektive Seite der Mitglieder keine Rolle spielt.

Der Übergang der noch vorhandenen Rechte und Pflichten der Kapitalgesellschaft auf die Nach-GmbH im Wege der Gesamtrechtsnachfolge ist ebenso wie bei der Entstehung der juristischen Person nicht gesetzlich angeordnet. Auch hier kann der Übergang auf eine andere Art und Weise erklärt werden, so dass nicht auf eine Gesamtrechtsnachfolge zurückgegriffen werden muss, indem dem Gesetzgeber unterstellt wird, die Universalsukzession indirekt anerkannt zu haben, weil er das Vorhandensein der Nach-GmbH voraussetzt.

Eine Veränderung der Rechtsnatur betrifft zwar das Wesen der Gesellschaft. Jedoch ist diese Situation auch bei einem Formwechsel gegeben, bei der in jedem Fall Identität zwischen der Gesellschaft vor und nach dem Formwechsel angenommen wird. Aufgrund dieser Identität ist dann kein Rechts- und Pflichtenübergang erforderlich, weil derselbe Rechtsträger Zuordnungssubjekt bleibt und lediglich seine Rechtsform ändert. In diesen Fällen ist das Wesen teilweise in noch gravierender Weise betroffen. Insbesondere wenn sich eine Personengesellschaft in eine Kapitalgesellschaft und umgekehrt umwandelt, ändert sich die Struktur der Gesellschaft ganz erheblich. Durch das Umwandlungsgesetz von 1994 hat der Gesetzgeber aber auch in diesen Fällen die Beibehaltung der Identität trotz Formwechsels anerkannt. Damit wird gewürdigt, dass die Personengesellschaften heute selbst als Zuordnungssubjekte der Rechte und Pflichten angesehen werden.[1441] Generell wird dadurch deutlich, dass eine Änderung der Rechtsnatur nicht so bedeutend ist, dass infolgedessen die Identität der Gesellschaft berührt wird. Im Vergleich dazu bestehen zwischen der Nach-GmbH und der noch eingetragenen juristischen Person keine so weitreichenden Unterschiede. Es wurde diesbezüglich gezeigt, dass die Nach-GmbH eine Gesellschaft eigener Art ist, die der GmbH in der Rechtsnatur angenähert ist. Wie bei letzterer steht das Vermögen nicht den Gesellschaftern in gesamthänderischer Verbundenheit zu, sondern die Nach-GmbH ist wie eine juristische Person selbst Zuordnungssubjekt des noch vorhandenen Abwicklungsbedarfs.

Der Vergleich mit dem Formwechsel zeigt des Weiteren, dass der Verlust der Stellung des geschäftsführenden Organs durch die Löschung nicht zu einem Ausschluss der Identität führen muss. Bei einem Formwechsel verlieren die organschaftlichen Vertreter ebenfalls ihre Stellung.[1442] Die Zuständigkeit des Gerichts für die Liquidatorenbestellung in der Nachtragsliquidation kann gleichermaßen keine Auswirkungen auf die Identität der Gesellschaften haben, denn es wurde gezeigt, dass eine gerichtliche Zuständigkeit auch bei der eingetragenen

1441 Vgl. auch *K. Schmidt*, AcP 191 (1991), 495, 508.

1442 Lutter – *Decher*, § 202, Rdn. 39.

GmbH greifen kann. Aufgrund dieser würde niemand eine Identität anzweifeln oder sogar ablehnen.

Es handelt sich somit bei der GmbH und der Nach-GmbH um dieselbe Gesellschaft in verschiedenen Stadien ihrer Existenz. Die GmbH als solche ist zwar untergegangen, aber ebenso wie sie als solche vor der Eintragung nicht besteht, heißt das nicht, dass sie sich nicht in anderer Form fortsetzen kann. Dies ist mit der Nach-GmbH der Fall, sollte nach der Löschung aus objektiver Sicht noch Abwicklungsbedarf bestehen. Dieser muss nicht auf die Nachgesellschaft übertragen werden, denn kraft der Identität beider Gesellschaften steht er ihr automatisch zu. Mit der Löschung der GmbH geht die juristische Person unter und gleichzeitig entsteht mit der Nach-GmbH eine Gesellschaft eigener Art. Ihr werden die noch bestehenden Rechte und Pflichten der erloschenen GmbH nunmehr zugeordnet. Das Verhältnis zwischen den beiden Stadien ist ähnlich wie das Verhältnis einer Gesellschaft vor und nach einem Formwechsel, bei dem ebenfalls die Identität gewahrt wird.

# III. Organisation der Nach-GmbH

Auf die Organisation der Nachgesellschaft, insbesondere die tatsächliche Lage, wurde oben bereits eingegangen.[1443] In diesem Bereich gelten für die Nach-GmbH nicht alle Vorschriften des GmbH-Rechts, denn die speziell die Nachtragsliquidation regelnden Normen sehen teilweise Besonderheiten vor. Ferner ergeben sich Abweichungen hinsichtlich der Organisation aus der Tatsache, dass die Nach-GmbH gerade keine GmbH mehr ist. Sie muss folglich nicht mit derselben Organisation ausgestattet sein wie eine GmbH. Grundsätzlich wird die Organisation der GmbH durch ihre Löschung und den damit verbundenen Untergang vernichtet. Solange sich kein Abwicklungsbedarf zeigt, besteht die Nach-GmbH lediglich latent ohne Organisation. Die Gesellschafter der GmbH bleiben aber grundsätzlich auch in dieser Phase Gesellschafter der Nachgesellschaft, wenn auch unbemerkt.

Im Stadium der Nachtragsliquidation lebt dann nicht die vollständige Organisation wieder auf, weil sie keinen Zweck mehr zu erfüllen hat. Bei der Nach-GmbH sind anders als bei der eingetragenen GmbH keine zwei Organe zwingend erforderlich. Die Nach-GmbH ist keine GmbH mehr, sondern eine Gesellschaft eigener Art, so dass die Regelungen zur GmbH hier nicht gelten, wenn speziellere Vorschriften vorhanden sind. Das ist mit den Normen zur Nachtragsliquidation der Fall. Danach reicht das Vorhandensein eines Nachtragsliquida-

1443 Dazu insbesondere E. III. 2. und die weiterführenden Hinweisen in den Fußnoten dort.

tors als geschäftsführendes Organ, während die Gesellschafterversammlung als willensbildendes Organ nicht erforderlich ist. Als für die GmbH geltende Regelung gilt der Grundsatz der Fremdorganschaft auch für die Nach-GmbH. Deshalb muss der Nachtragsliquidator als Vertreter der Gesellschaft kein Mitglied derselben sein.

Wie mehrfach betont, wird der Nachtragsliquidator ausschließlich vom Gericht bestellt und überwacht. Die Gesellschafter können den Liquidator nicht abberufen, ihm keine Weisungen erteilen und auch sonst keinen Einfluss auf ihn ausüben.[1444] Aus den Regelungen zur Nachtragsliquidation und aus dem mit ihr verfolgten Zweck folgt die Beschränkung der Kompetenzen der Gesellschafter in diesem Bereich.

## 1. Gesellschafter

Trotz des Kompetenzverlustes verlieren die Gesellschafter nicht ihre Stellung an sich. Das bedeutet, die früheren Gesellschafter der GmbH oder ihre Rechtsnachfolger sind nun Gesellschafter der Nach-GmbH. Die Beteiligungsquote richtet sich danach, wie viele Geschäftsanteile der untergegangenen GmbH sie innehatten und welche Größe die Anteile hatten. Die Beteiligungsverhältnisse sind demnach dieselben wie bei der GmbH vor ihrer Löschung.

Von den Gesellschafterrechten verbleibt den Mitgliedern insbesondere noch das Recht auf Auskehr eines etwaigen Liquidationserlöses. Dies verdeutlicht auch § 66 Abs. 5 GmbHG mittelbar, indem die Vorschrift von sich zeigendem Vermögen spricht, welches der Verteilung unterliegt. Der Anspruch auf den Gewinnanteil nach § 29 GmbHG steht den Gesellschaftern in der Nach-GmbH nicht mehr zu. Dieser ist schon in der regulären Liquidation der GmbH durch §§ 72, 73 GmbHG verdrängt.[1445] Ferner ist in der Nachtragsliquidation regelmäßig kein Jahresabschluss aufzustellen, wenn sich die Abwicklung nicht ausnahmsweise über einen langen Zeitraum erstreckt. Dieser wäre aber Voraussetzung für einen Gewinnverwendungsbeschluss.

Bei der GmbH richten sich die Rechte der Gesellschafter grundsätzlich nach dem Gesellschaftsvertrag und subsidiär nach §§ 46–51 GmbHG.[1446] Weil die Nach-GmbH allerdings auf vollständige Abwicklung und Vernichtung gerichtet ist, sind die meisten Gesellschafterrechte aus dem Stadium der eingetragenen GmbH gegenstandslos. Dies gilt vor allem für die Mitverwaltungsrechte, weil

1444 Vgl. oben E. III. 2. c. aa. mit weiteren Hinweisen.

1445 Lutter/Hommelhoff – *Kleindiek*, § 69, Rdn. 7.

1446 Rowedder/Schmidt-Leithoff – *Koppensteiner*, § 45, Rdn. 1.

die Befugnisse in der Nach-GmbH beim Nachtragsliquidator und dem Registergericht liegen. Weiter macht zum Beispiel eine Satzungsänderung keinen Sinn mehr, ebenso wie die Bestellung eines Aufsichtsrates, dem im Rahmen der Nach-GmbH keine Aufgaben mehr zukommen. Ferner können die Gesellschafter nicht mehr über Maßnahmen beschließen, die das werbende Stadium der GmbH betreffen, da die Nach-GmbH eine reine Abwicklungsgesellschaft ist und nicht ins werbende Stadium zurückgeführt werden kann. Deshalb können sie auch keinen Fortsetzungsbeschluss mehr fassen. Generell sind keinerlei Beschlüsse der Gesellschafter in der Nach-GmbH mehr notwendig, so dass ebenfalls keine Erforderlichkeit besteht, die Gesellschafter in einer Versammlung zusammentreten zu lassen. Sollten ganz ausnahmsweise doch Beschlüsse der Gesellschafter erforderlich werden, muss es ihnen aber möglich sein, diese herbeizuführen. Hierbei kommen die Abhaltung einer Gesellschafterversammlung, gegebenenfalls durch eine Herbeiführung der Einberufung über § 50 GmbHG, die Beschlussfassung in einem Verfahren gemäß § 48 Abs. 2 GmbHG oder andere in der GmbH-Satzung vorgesehene Beschlussverfahren in Betracht. Ist ein Beschluss der Gesellschafter notwendig, steht den Gesellschaftern der Nach-GmbH auch weiterhin wie in der eingetragenen GmbH das Recht zu, den Willensbildungsprozess durch Teilnahme an der Abstimmung zu beeinflussen. Theoretisch könnte ein Beschluss der Gesellschafter beispielsweise erforderlich sein, wenn tatsächlich ein Geschäftsanteil an der Nach-GmbH übertragen werden sollte und dafür die Zustimmung der Gesellschafter nach § 15 Abs. 5 GmbHG erforderlich ist.

Es ist nicht schädlich, dass die Gesellschafter die Rechte, die ihnen in der GmbH grundsätzlich unentziehbar zustehen, wie das Recht zur Satzungsänderung oder die Kompetenz-Kompetenz, nicht mehr innehaben, denn die Nach-GmbH ist gerade keine GmbH mehr, sondern eine Gesellschaft eigener Art, in denen die Rechte der Gesellschafter im Vergleich zur GmbH modifiziert sind. In diesem Bereich beanspruchen die Regelungen betreffend die GmbH keine Geltung für die Nach-GmbH.

Sollte der unwahrscheinliche Fall tatsächlich eintreten und ein Tätigwerden der Gesellschafter erforderlich werden, gilt dem Grunde nach auch die Treuepflicht der Gesellschafter wie in der GmbH weiter. Generell dürfen die Gesellschafter die restliche Abwicklung nicht ver- oder behindern, so dass ihnen regelmäßig keine Befugnisse zustehen, durch die eine Störung der Abwicklung denkbar wäre. Sonderrechte und -pflichten, die einzelnen Gesellschaftern in der Satzung eingeräumt wurden, gelten insoweit weiter, wie ihnen in der Nachtragsliquidation noch Relevanz zukommt. Dies ist zum Beispiel bei einem vermögensrechtlichen Sonderrecht auf eine höhere Liquidationsquote der Fall. Andere

Sonderrechte und -pflichten werden in der Nach-GmbH regelmäßig keine praktische Bedeutung mehr erlangen.

Grundsätzlich lässt sich sagen, dass die Gesellschafter in der Nachtragsliquidation keine Rolle mehr spielen. Sie müssen in der Regel nicht tätig werden und es ist sehr unwahrscheinlich, dass ein Handeln ihrerseits erforderlich wird. Der einzige Fall, in dem ihre Position als Mitglieder tatsächlich Bedeutung erlangt, ist der, dass sich Vermögen zeigt, welches noch an sie zu verteilen ist.

## 2. Nachtragsliquidator als geschäftsführendes Organ

Mehrfach wurde betont, dass der oder die Nachtragsliquidatoren vom Registergericht auf Antrag bestellt werden. Dabei überträgt das Gericht die Durchführung der noch erforderlichen Abwicklungsmaßnahmen dem Liquidator. Er soll nicht auf andere Art und Weise mit der Nach-GmbH tätig werden als im Rahmen der ihm zugewiesenen Aufgaben. Seine Zuständigkeit geht dahin, die Gesellschaft ihrem vollständigen Untergang zuzuführen. Lediglich weil noch Abwicklungsbedarf besteht, existiert die Nach-GmbH überhaupt. Sie soll jedoch schnellstmöglich ihrem Ende zugeführt werden. Ziel der Nachtragsliquidation ist allein die vollständige Abwicklung und Beendigung der Nach-GmbH. Um eine rasche Abwicklung zu gewährleisten sowie um die Missbrauchsmöglichkeiten und damit die Gefahr für den Rechtsverkehr soweit es geht einzudämmen, ist das Gericht für die Bestellung der Abwickler zuständig. Im Rahmen der Bestellung überträgt das Gericht dem Nachtragsliquidator nur die Aufgaben, die durchzuführen sind, um die Abwicklung und damit die Gesellschaft zu beenden. Zu überlegen ist, ob die Übertragung genau definierter Aufgaben durch das Gericht zu einer Beschränkung der Vertretungsmacht im Außenverhältnis führt. Alternativ könnte in Betracht gezogen werden, dass eine konkrete Aufgabenzuweisung lediglich Bedeutung für die Befugnisse des Liquidators im Innenverhältnis hat.

### a. Vertretungsmacht der Geschäftsführer in der eingetragenen GmbH

Bei der eingetragenen GmbH ist die Vertretungsmacht der Geschäftsführer nach § 37 Abs. 2 S. 1 GmbHG unbeschränkbar. Grundsätzlich sollen dadurch gesellschaftsfremde Dritte geschützt werden, die mit der Gesellschaft rechtsgeschäftliche Beziehungen eingehen, da sie die Interna der Gesellschaft nicht erkennen können.[1447] Eine Beschränkung der Vertretungsmacht des Geschäftsführers im

---

1447 MüKoGmbHG – *Stephan/Tieves*, § 37, Rdn. 156 f., die aber darauf hinweisen, dass im Hinblick auf Folgewirkungen für Außenstehende nicht nur die unmittelbaren Ver-

Außenverhältnis käme einer Geltung der ultra-vires-Doktrin nahe, weil die Gesellschaft auf diese Weise nur innerhalb des dem Geschäftsführer übertragenen Aufgabenfeldes tätig werden könnte. Ihre Rechtsfähigkeit wäre dadurch zwar nicht eingeschränkt, wohl aber ihre Handlungsfähigkeit.

## b. Anwendung von § 37 Abs. 2 GmbHG auf die Nach-GmbH

Zu überlegen ist, ob § 37 Abs. 2 GmbHG nach Löschung der Gesellschaft weiter für die Nach-GmbH Gültigkeit besitzt. Dies kommt in Betracht, wenn die Regelung für die Nach-GmbH passend ist. Durch die Firmierung der Nach-GmbH mit dem Zusatz, der die Nachtragsliquidation verdeutlicht, wird dem Rechtsverkehr offensichtlich, dass er es nicht mehr mit einer eingetragenen und typisierten juristischen Person zu tun hat. Deswegen können Personen, denen gegenüber der Nachtragsliquidator auftritt, grundsätzlich nicht mehr auf den gesetzlich vorgegebenen Umfang der Vertretungsmacht vertrauen. Der Frage, ob der Sinn und Zweck hinter der Regelung des § 37 Abs. 2 GmbHG dennoch seine Anwendung auf die Nach-GmbH gebietet, soll durch einen Vergleich mit der Rechtslage bei der Vor-GmbH nachgegangen werden.

### *aa. Vergleich mit der Vertretungsmacht in der Vor-GmbH*

Der Umfang der Vertretungsmacht des Geschäftsführers in der Vor-GmbH ist umstritten. Die herrschende Meinung befürwortet grundsätzlich eine beschränkte Vertretungsmacht des Geschäftsführers und spricht sich gegen die Anwendung von § 37 Abs. 2 GmbHG auf ihn aus.[1448] Die Vertretungsmacht ist danach durch den Zweck der Gesellschaft begrenzt, der von den Vertretern dieser Ansicht regelmäßig allein in der Herbeiführung der Eintragung und der Verwaltung und Erhaltung des eingebrachten Vermögens gesehen wird.[1449] Dabei wird als Argument vor allem angeführt, die unbeschränkte Vertretungsmacht bei der GmbH ergebe sich daraus, dass sie gemäß § 13 Abs. 3 GmbHG eine Handelsgesellschaft sei und als solche im Rechtsverkehr auftrete.[1450] Der von § 37 Abs. 2 GmbHG verfolgte Schutz des Rechtsverkehrs greife erst, wenn eine Handelsgesellschaft gegeben sei.[1451] Dies liegt daran, dass der Umfang organschaftlicher

---

tragspartner geschützt werden sollen.

1448 BGHZ 80, 129, 139; Baumbach/Hueck – *Hueck/Fastrich*, § 11, Rdn. 19.

1449 BGHZ 80, 129, 139; Rowedder/Schmidt-Leithoff – *Schmidt-Leithoff*, § 11, Rdn. 36, 85.

1450 MüKoGmbHG – *Merkt*, § 11, Rdn. 63.

1451 Ebd.

Vertretungsmacht im Handelsverkehr gesetzlich zwingend festgelegt ist,[1452] wie auch der Umfang von handelsrechtlichen Vertretern, wie Prokuristen und Handlungsbevollmächtigten. Diese Typisierung soll den Rechtsverkehr schützen, der gerade im Handelsverkehr oft mit Vertretern konfrontiert wird und dem interne Beschränkungen nur schwerlich zugänglich sind, so dass diese im Außenverhältnis nicht gelten, was zu einer unbeschränkten oder dem Umfang nach gesetzlich ausgestalteten Vertretungsmacht führt.[1453] Die Auffassung, die § 37 Abs. 2 GmbHG nicht auf die Vor-GmbH anwenden will, stützt dieses Ergebnis darauf, dass die Vorgesellschaft gerade noch keine Handelsgesellschaft und damit kein Kaufmann im Sinne des Handelsrechts sei.[1454] Um diesen Status zu erlangen müsse die Gesellschaft eingetragen sein.[1455] Deshalb sei die unbeschränkte Vertretungsmacht nicht gerechtfertigt, es sei denn, die Vorgesellschaft werde bereits unternehmerisch tätig oder die Gründer erweiterten die Vertretungsmacht der Geschäftsführer aus anderen Motiven.[1456] Betreibe auch die Vor-GmbH schon einen Gewerbebetrieb, was je nach eingebrachtem Gegenstand vor allem bei Sachgründungen der Fall sein könne, und trete sie deshalb schon im Handelsverkehr auf, sei sie in dieser Hinsicht wie eine Handelsgesellschaft zu behandeln. In der Folge ist die Vertretungsmacht der Geschäftsführer nach dieser Meinung unbeschränkt.[1457]

Die Gegenansicht wendet demgegenüber § 37 Abs. 2 GmbHG auf die Vor-GmbH an und spricht ihrem Geschäftsführer grundsätzlich unbeschränkte Vertretungsmacht zu.[1458] Dabei wird als Hauptargument angeführt, dass die Geschäftspartner die konkrete Beschränkung nicht erkennen könnten und deswegen schutzwürdiger seien als die Gesellschafter.[1459] Letztere seien es aber, die von einer beschränkten Vertretungsmacht profitierten, weil die Vor-GmbH nur im Rahmen der Vertretungsmacht vom Geschäftsführer verpflichtet werden könne und sich die Gesellschafter dann auch nur in diesem Umfang einer persönlichen Haftung ausgesetzt sähen. Die Haftung des Handelnden nach § 11 Abs. 2 GmbHG hingegen sei kein ausreichender Schutz für die Gläubiger, der für eine beschränkte Vertretungsmacht streiten könne.[1460]

---

1452 Vgl. dazu auch BGHZ 38, 26, 33 und *Kießling*, S. 256.

1453 Vgl. auch MüKoHGB – *Krebs*, Vor § 48, Rdn. 34.

1454 MüKoGmbHG – *Merkt*, § 11, Rdn. 63.

1455 Baumbach/Hueck – *Hueck/Fastrich*, § 11, Rdn. 13.

1456 MüKoGmbHG – *Merkt*, § 11, Rdn. 63.

1457 Ebd.

1458 Michalski – *Michalski/Funke*, § 11, Rdn. 63; Scholz – *K. Schmidt*, § 11, Rdn. 72 f.

1459 Scholz – *K. Schmidt*, § 11, Rdn. 73.

1460 Michalski – *Michalski/Funke*, § 11, Rdn. 63.

Überzeugen kann allein die Ansicht, die dem Grunde nach eine beschränkte und nur bei einer mit Zustimmung der Gründer ausgeübten unternehmerischen Tätigkeit der Vorgesellschaft eine unbeschränkte Vertretungsmacht annimmt. Denn nur in diesem Fall kommt sie einer Handelsgesellschaft sehr nahe, so dass die unbeschränkte Vertretungsmacht hier adäquat erscheint. Hat die Gesellschaft hingegen ihren werbenden Betrieb noch nicht aufgenommen und haben die Gesellschafter die Vertretungsmacht auch nicht auf andere Weise als durch Zustimmung zur Aufnahme der Tätigkeit erweitert, ist eine unbeschränkte Vertretungsmacht der Geschäftsführer nicht zu rechtfertigen.

*bb. Ergebnis zur Vertretungsmacht des Nachtragsliquidators*

Die Untersuchungen zur Vor-GmbH haben ergeben, dass eine unbeschränkte Vertretungsmacht namentlich dann anzunehmen ist, wenn die Gesellschaft schon ihren Betrieb aufgenommen hat und ähnlich einer Handelsgesellschaft im Rechtsverkehr auftritt. Es wurde gezeigt, dass die Nach-GmbH kein Gewerbe mehr betreibt und nicht weiter unternehmerisch tätig wird. Deswegen konnte sie auch nicht als Personenhandelsgesellschaft eingeordnet werden.[1461] Mit dem Untergang der GmbH verliert die Gesellschaft die Eigenschaft als Formkaufmann, die der Nach-GmbH aus diesem Grund nicht mehr zukommt. Sie ist keine Handelsgesellschaft, so dass die im Handelsrechtsverkehr generell geltende unbeschränkte Vertretungsmacht für ihre Vertreter keine Gültigkeit erlangt. Daran ändert auch die Tatsache nichts, dass der Nachtragsliquidator organschaftlicher Vertreter der Nach-GmbH ist. Die gesetzliche Regelung zur GbR zeigt, dass organschaftliche Vertretungsmacht beschränkbar ist. Dort richtet sich die organschaftliche Vertretungsmacht der Gesellschafter gemäß § 714 BGB nach der im Innenverhältnis maßgeblichen Geschäftsführungsbefugnis, wenn keine andere Regelung getroffen wird.

Die Tatsache, dass die Nach-GmbH auf ihren vollständigen Untergang zielt, spricht ebenfalls dafür, dem Nachtragsliquidator nur beschränkte Vertretungsmacht zuzugestehen, die vom Umfang her mit den ihm übertragenen Aufgaben konform geht. Werbende Tätigkeiten sind regelmäßig nicht mehr davon erfasst, es sei denn, die neuen Geschäfte dienen der Beendigung der Liquidation.[1462] Die Nach-GmbH tritt unter einem Zusatz im Rechtsverkehr auf, der die Nachtragsliquidation ersichtlich macht. Sollte der Nachtragsliquidator tatsächlich neuen Vertragspartnern gegenübertreten müssen, ist ihnen erkennbar, dass sie es mit einer besonderen Gesellschaftsart zu tun haben. Selbst wenn nicht jeder Teil-

---

1461 Siehe oben F. I. 4. a. aa.

1462 OLG München NZG 11, 38.

nehmer des Rechtsverkehrs den Zusatz richtig einordnen kann, weil ihm das Stadium der Nachtragsliquidation unbekannt ist, wird doch offenbar, dass es sich bei der Nachgesellschaft um eine Besonderheit handelt. Der Rechtsverkehr kann dementsprechend nicht davon ausgehen, dass in diesem Fall der Grundsatz der unbeschränkten Vertretungsmacht gilt.

Darüber hinaus kann sich eine unbeschränkte Vertretungsmacht des Nachtragsliquidators für die Nach-GmbH als negativ für etwaige Neugläubiger erweisen, jedenfalls wenn sie vermögenswerte Ansprüche gegen die Nachgesellschaft erwerben. Regelmäßig wird die Nach-GmbH über kein oder allenfalls sehr geringes Vermögen verfügen, so dass die Gesellschaft selbst kein solider Geschäftspartner ist. Eine persönliche Haftung der Gesellschafter ist in der Nachtragsliquidation bei redlichem Verhalten ihrerseits keinesfalls zu rechtfertigen.[1463] Insbesondere nicht für den Fall, dass der Liquidator seine ihm vom Gericht übertragenen Befugnisse überschreitet. Dies gilt umso mehr, weil die Gesellschafter bei der Auswahl der konkreten Person keine Möglichkeit der Mitbestimmung haben, es sei denn ihnen steht gegebenenfalls ein unverbindliches Vorschlagsrecht zu. Hält sich der Nachtragsabwickler nicht an die ihm gesetzten Grenzen, kann dies nicht den Gesellschaftern aufgebürdet werden, denen keinerlei Einwirkungsmöglichkeiten auf ihn zukommt. Das beste Mittel, den Rechtsverkehr zu schützen ist deshalb, die Grenzen, welche das Gericht dem Liquidator in seinem Bestellungsbeschluss setzt, gleichfalls als Beschränkung der Vertretungsmacht aufzufassen. Überschreitet er die Vertretungsmacht, haftet er selbst persönlich gemäß § 179 BGB. Auf diese Weise wird er dazu angehalten, nur im Rahmen der ihm zustehenden Vertretungsmacht tätig zu werden. Um sicher zu gehen, dass er sich keiner persönlichen Haftung aussetzt, kann er bei seinen Tätigkeiten den gerichtlichen Bestellungsbeschluss als Legitimation vorlegen. Generell wird er auch gegenüber den Altgläubigern so verfahren müssen, um seine Position als Nachtragsliquidator sowie generell die Zuständigkeit zum Handeln für die Nach-GmbH nachzuweisen.

Handelt der Nachtragsliquidator außerhalb seiner Vertretungsmacht für die Nach-GmbH, kann er das Geschäft als ihr organschaftlicher Vertreter auch nicht selbst gemäß § 177 Abs. 1 BGB genehmigen, weil er so seine Vertretungsmacht beliebig ausweiten könnte. Hierfür wäre das Gericht zuständig. Eine Genehmigung käme in Betracht, wenn sich ein Geschäft als erforderlich erweist, welches das Gericht bei der Bestellung des Nachtragsliquidators nicht in Betracht gezogen hat, so dass es nicht von den dem Liquidator übertragenen Aufgaben erfasst ist.

---

1463 Dazu bereits oben bei der Untersuchung der Rechtsnatur F. I. 4. a. bb. γ. und nachfolgend F. IV. 2.

Die Beschränkung der Vertretungsmacht des Nachtragsliquidators führt faktisch zu einer Begrenzung der Handlungsfähigkeit der Nach-GmbH, denn der Liquidator ist ihr organschaftlicher Vertreter. Er kann für die Nach-GmbH nur im Rahmen der ihm übertragenen Aufgaben tätig werden, so dass die Gesellschaft außerhalb dieses Rahmens nicht handeln kann. Dies führt jedoch nicht zu einer Einschränkung ihrer Rechtsfähigkeit, weil ihr potentiell jegliche Art von Rechten zugeordnet werden kann. Die Beschränkung der Handlungsfähigkeit ist im Interesse des Rechtsverkehrs erforderlich. Auf diese Weise wird am effektivsten sichergestellt, dass die Nach-GmbH tatsächlich ihrem Ende zugeführt wird. Deswegen steht auch die Nichtgeltung der ultra-vires-Doktrin der beschränkten Handlungsfähigkeit nicht entgegen.

Festzuhalten bleibt, dass die Vertretungsmacht des Nachtragsliquidators als organschaftlicher Vertreter der Nach-GmbH auf die ihm übertragenen Tätigkeiten beschränkt ist. Das Gericht überträgt ihm im Bestellungsbeschluss die Aufgaben, die im Rahmen der Nachtragsliquidation noch für die Nachgesellschaft vorzunehmen sind. Die interne Befugnis und das externe Können des Nachtragsliquidators entsprechen sich somit. Nennt das Gericht im Bestellungsbeschluss ganz konkrete Maßnahmen, für die der Nachtragsliquidator zuständig ist, besteht grundsätzlich die Gefahr, dass sich nach der Bestellung des Liquidators weitere Abwicklungsmaßnahmen als erforderlich herausstellen, zu deren Erledigung der Liquidator dann jedoch nicht befugt ist. Folglich müsste ein weiterer Bestellungsbeschluss auf erneuten Antrag ergehen. Dem kann entgangen werden, indem der Bestellungsbeschluss allgemein die Durchführung der Nachtragsliquidation und die damit zusammenhängenden Aufgaben erfasst. Eine solche Formulierung weitet die Vertretungsmacht des Nachtragsliquidators nicht unbegrenzt aus, da bei seinen Handlungen der Bezug zur Nach-GmbH immer offensichtlich werden muss. Dieser Bezug ist allein bei den noch vorhandenen Abwicklungsmaßnahmen gegeben, nicht aber zum Beispiel bei Neugeschäften der Gesellschaft. Dies schränkt die Möglichkeit des Missbrauchs seiner Stellung und seiner Vertretungsmacht für den Nachtragsliquidator weitgehend ein. Durch die lediglich beschränkte Vertretungsmacht des Nachtragsliquidators ist die Handlungsfähigkeit der Nach-GmbH ebenfalls beschränkt. Maßnahmen, die nicht im Rahmen der Nachtragsliquidation erforderlich sind, können nicht mehr vorgenommen werden. Dadurch ist gewährleistet, dass die Nach-GmbH zügig ihrem Ende zugeführt wird.

## IV. Haftungsverfassung der Nach-GmbH

### 1. Haftung der Nach-GmbH

Weil die noch bestehenden Verbindlichkeiten der GmbH nach ihrer Löschung der Nach-GmbH aufgrund der zwischen ihnen bestehenden Identität zugeordnet werden, haftet letztere nun für diese. Soweit Forderungen erfüllbar sind, stellt ihre Erfüllung eine dem Nachtragsliquidator übertragene Aufgabe dar. Für noch bestehende vermögenswerte Schulden kann die Nach-GmbH allerdings nur in dem Umfang haften, wie noch Vermögen offenbar wird, das ihr zusteht. Die vermögensneutralen Rechte und Pflichten der gelöschten GmbH werden in der Regel vollständig zu solchen der Nach-GmbH. Im unwahrscheinlichen Fall, dass neue Geschäfte der Nach-GmbH für die restliche Abwicklung erforderlich sind, die von der dem Nachtragsliquidator übertragenen Vertretungsmacht gedeckt sind, wird durch sein Handeln die rechtsfähige Nach-GmbH als Vertretene selbst Vertragspartnerin. Außerhalb seiner Vertretungsmacht kann er die Gesellschaft jedoch nicht verpflichten. Er handelt insofern als Vertreter ohne Vertretungsmacht, so dass die §§ 177 ff. BGB zur Anwendung kommen.

### 2. Persönliche Haftung der Gesellschafter der Nach-GmbH

Zu hinterfragen ist, ob auch die Gesellschafter in der Nachtragsliquidation eine persönliche Haftung trifft. Allgemein gilt im Handelsrecht der Grundsatz, dass derjenige, der Geschäfte betreibt, für die daraus entstandenen Verbindlichkeiten persönlich haftet.[1464] Dies behält so lange Gültigkeit, wie das Gesetz nichts anderes bestimmt oder mit dem Geschäftspartner vertraglich etwas anderes vereinbart wird.[1465] Regelmäßig müssen die Gründer, um in den Genuss eines gesetzlichen Ausschlusses ihrer persönlichen Haftung zu kommen, bestimmte Voraussetzungen erfüllen, die das Gesetz vorschreibt.[1466] Bei der eingetragenen GmbH sieht das Gesetz in § 13 Abs. 2 GmbHG einen Ausschluss der persönlichen Haftung vor. Danach haftet lediglich das Gesellschaftsvermögen für die Verbindlichkeiten der GmbH. Die Mitglieder hingegen, die durch die GmbH Geschäfte betreiben, trifft keine persönliche Haftung. Die Vorschrift ist Ausdruck des Trennungsprinzips, wonach die Gesellschaft und ihre Mitglieder getrennt zu behandeln, insbesondere deren Vermögen separiert sind.[1467] Es stellt sich nun die

---

1464 BGHZ 134, 333, 335; *W. Flume*, Juristische Person, § 5 III 3 (S. 164).

1465 BGHZ 134, 333, 335.

1466 Vgl. *K. Schmidt*, GesR, § 18 IV 1 a) bb) (S. 540).

1467 Michalski – *Michalski/Funke*, § 13, Rdn. 305.

Frage, ob dieser Haftungsausschluss der GmbH auch in der Phase der Nach-GmbH Gültigkeit besitzt. Dazu sind die Voraussetzungen des Ausschlusses zu betrachten und zu untersuchen, ob diese bei der Nach-GmbH noch vorliegen.

## a. Anwendbarkeit von § 13 Abs. 2 GmbHG auf die Nach-GmbH

Generell finden die Normen des GmbH-Gesetzes auf die Nach-GmbH Anwendung, wenn sie den Besonderheiten der Nachtragsliquidation Rechnung tragen und sofern nicht speziellere Regelungen für das Stadium der Nachtragsliquidation vorhanden sind. Nicht angewandt werden insbesondere Vorschriften, die eine Handelsregistereintragung und damit den Status als juristische Person voraussetzen.

Es ist nun ausfindig zu machen, ob der Ausschluss der persönlichen Haftung der Gesellschafter auch in der Nachtragsliquidation gilt. Mithin ist nach der Anwendbarkeit des § 13 Abs. 2 GmbHG auf die Nach-GmbH zu fragen. Dafür ist zu schauen, ob der Grund, durch den der Ausschluss der persönlichen Haftung der Gesellschaft gerechtfertigt ist, auch noch in der Phase der Nachtragsliquidation gegeben ist.

### *aa. Rolle der Eintragung und des Status als juristische Person*

Die Haftungsbeschränkung und damit auch § 13 Abs. 2 GmbHG gelten erst ab der Entstehung der GmbH als solcher und damit ab dem Zeitpunkt der Eintragung. Auf die Vorgesellschaft ist § 13 Abs. 2 GmbHG nicht anwendbar, weil er die Eintragung voraussetzt.[1468] Jedoch beruht der Ausschluss der persönlichen Haftung der Mitglieder nicht allein auf der Eintragung ins Handelsregister und dem damit erlangten Status als juristische Person.[1469] Bei der Kommanditgesellschaft auf Aktien, die eine juristische Person ist, haftet mindestens ein Gesellschafter unbeschränkt persönlich.[1470] Auf der anderen Seite gibt es bei der gesamthänderisch strukturierten Kommanditgesellschaft mit den Kommanditisten beschränkt haftende Gesellschafter.[1471] Die der Nach-GmbH fehlende Eigenschaft als juristische Person und die schon erfolgte Löschung müssen demnach nicht zwangsläufig eine unbeschränkte Haftung der Gesellschafter auslösen.

---

1468 MüKoGmbHG – *Merkt*, § 11, Rdn. 71.

1469 *H. Schmidt*, S. 163; *Theobald*, S. 84.

1470 Michalski – *Michalski/Funke*, § 13, Rdn. 12.

1471 Vgl. auch *Theobald*, S. 83.

*bb. Vermögenstrennung sowie Kapitalaufbringung und -erhaltung als Ausgleich für den Haftungsausschluss*

Die Beschränkung der Haftung auf das Vermögen der GmbH beruht vielmehr auf anderen Gründen als der Eigenschaft der juristischen Person. Zunächst einmal spielt die Trennung der Vermögensmassen eine wichtige Rolle.[1472] Die GmbH hat als von den Gesellschaftern unabhängige Rechtsform ein von dem Privatvermögen der Gesellschafter getrenntes Vermögen. Als Ausgleich für die fehlende persönliche Haftung haben die Mitglieder der GmbH bei ihrer Gründung einen bestimmten Betrag als Startkapital zur Verfügung gestellt, mit dem die Gesellschaft wirtschaften kann.[1473] Dadurch hat sie ein Anfangsvermögen. Die Kapitalaufbringungsregeln stellen sicher, dass das Anfangskapital tatsächlich der Gesellschaft zufließt, während die Kapitalerhaltungsvorschriften dessen spätere Rückzahlung verhindern. Im Grunde dient eine persönliche Haftung der hinter einer Gesellschaft stehenden Personen vor allem dem Gläubigerschutz. Die streng zu befolgende Kapitalaufbringung und -erhaltung ist bei den Gesellschaften, bei denen das Gesetz die persönliche Haftung der Gesellschafter ausschließt, ein Ausgleich dafür.[1474] Die hinter der Gesellschaft stehenden Mitglieder sollen mit ihr nicht ohne persönliches Risiko und ohne einen Vermögensaufwand im Rechtsverkehr auftreten können und dadurch Gläubiger gefährden. Bei einer vollkommen mittellosen Gesellschaft ohne persönliche Haftung ihrer Mitglieder würde aber eine Gefährdung der Gläubiger nahe liegen. Deswegen müssen die Gesellschafter der GmbH zunächst Kapital zuführen. Im Rahmen einer GmbH-Gründung findet eine Kontrolle der Kapitalaufbringung statt. Die Kapitalaufbringung an sich wird durch die Löschung aus dem Register nicht wieder zunichte gemacht.[1475] Daraus ergibt sich, dass dem Gebilde, welches nun als Nach-GmbH existiert, ursprünglich einmal Vermögen von Gesellschafterseite zugeführt worden ist, welches den Gläubigern als Haftungsfonds zur Verfügung stand. Durch die Aufbringung der Einlagen bei der Gründung haben sich die Gesellschafter die Haftungsbeschränkung „verdient".[1476]

In der Folge muss dieses Vermögen für die Dauer ihrer Tätigkeit bei der Gesellschaft verbleiben.[1477] Dafür sorgen die Kapitalerhaltungsregeln des GmbH-Gesetzes, insbesondere § 30 GmbHG. Bei einem Verstoß gegen sie, greift eine Ersatzpflicht der Gesellschafter und im Falle eines Verschuldens auch der Ge-

---

1472 Michalski – *Michalski/Funke*, § 13, Rdn. 12.

1473 Michalski – *Zeidler*, § 5, Rdn. 1.

1474 Baumbach/Hueck – *Hueck/Fastrich*, § 30, Rdn. 4 zur GmbH.

1475 Vgl. *H. Schmidt*, S. 163.

1476 Ebd.

1477 Baumbach/Hueck – *Hueck/Fastrich*, § 30, Rdn. 5.

schäftsführer ein (§ 31 GmbHG). Eine persönliche Haftung der Gesellschafter ist aber bei Beachtung der Kapitalerhaltungsvorschriften ausgeschlossen. In der Liquidationsphase gelten die Normen ebenfalls und werden ergänzt durch § 73 GmbHG, so dass das Kapital in diesem Stadium weiterhin gebunden ist.[1478] Fand nach der Liquidation eine ordnungsgemäße Vermögensverteilung an die Gesellschafter nach § 72 GmbHG statt, führt dies in der Nachtragsliquidation nicht zu einer persönlichen Haftung der Gesellschafter. Die Vermögensverteilung findet auf rechtmäßige Art und Weise erst statt, wenn alle bekannten Schulden beglichen oder gesichert sind.[1479] Hat die Gesellschaft noch unbekannte vermögenswerte Verbindlichkeiten, rechtfertigen diese allein nicht die Eröffnung einer Nachtragsliquidation.[1480] Die Verteilung des Vermögens war nach Ablauf des Sperrjahres rechtens, so dass eine persönliche Haftung nicht gerechtfertigt ist, nur weil sich verspätet noch Gläubiger melden. Waren diese bekannt und sind sie in der Liquidation oder vor der Löschung aufgrund Vermögenslosigkeit unbefriedigt geblieben, ist an die Gesellschafter bei rechtmäßigem Verfahren hingegen keine Auszahlung erfolgt. Zeigt sich nun noch Vermögen der GmbH, sind daraus zunächst die offen gebliebenen Verbindlichkeiten der Gesellschaft zu begleichen. Es wurden aber in diesem Fall vor der Löschung die Regelungen zur Kapitalerhaltung nicht verletzt.

Die von § 13 Abs. 2 GmbHG geforderten Voraussetzungen hinsichtlich Vermögen und Kapital der Gesellschaft sind demnach auch in der Phase der Nachtragsliquidation noch gegeben. Aus diesem Gesichtspunkt ist eine unbeschränkte Haftung der Gesellschafter nicht gerechtfertigt. Die Tatsache, dass die GmbH nun kein Vermögen mehr hat oder allenfalls ein sehr geringes, lässt eine solche Haftung nicht entstehen, wenn alle Beteiligten sich ordnungsgemäß verhalten haben.

#### *cc. Publizität als weitere Voraussetzung des Haftungsausschlusses*

Der Ausschluss der persönlichen Haftung rechtfertigt sich jedoch nicht allein aus der Bereitstellung und Erhaltung des Kapitals, sondern muss auch publik gemacht werden. Weil eine unbeschränkte persönliche Haftung die Regel ist, muss die Ausnahme der beschränkten Haftung von Gesellschaftern dem Rechtsverkehr offenbart werden.[1481] Dies geschieht regelmäßig durch Eintragung ins

1478 MüKoGmbHG – *H. F. Müller*, § 69, Rdn. 22.
1479 Vgl. MüKoGmbHG – *H. F. Müller*, § 73, Rdn. 3.
1480 Vgl. dazu auch die Ausführungen oben bei der Darstellung der unterschiedlichen Ansichten unter C. III.
1481 *Theobald*, S. 86.

Handelsregister und Auftreten der Gesellschaft im Verkehr mit dem entsprechenden Rechtsformzusatz. Dadurch wird die Tatsache verdeutlicht, dass allein die Gesellschaft mit ihrem eigenen Vermögen haftet und keine natürliche Person vorhanden ist, die unbeschränkt für die Schulden der Gesellschaft einsteht. Diesen die Haftungsbeschränkung anzeigenden Zusatz trägt auch die Nach-GmbH weiterhin. Sie tritt im Rechtsverkehr unter der vorherigen Firma der GmbH auf, wobei ein weiterer Zusatz das Stadium der Nachtragsliquidation verdeutlicht. Aus diesem gegenüber der GmbH besonderen Zusatz und der Tatsache, dass sich die Gesellschaft in der Phase der Nachtragsabwicklung befindet, kann aber nicht geschlossen werden, dass die Gesellschafter persönlich haften. Es schadet auch nicht, dass die Nach-GmbH nicht wieder ins Handelsregister eingetragen wird. Durch den von ihr geführten Zusatz wird dem Rechtsverkehr offenbart, dass keine natürliche Person unbeschränkt mit ihrem Vermögen haftet. Das ist ausreichend, zumal die Ersteintragung für den Ausschluss der Haftung keine so bedeutende Rolle spielt, dass sie diesen allein herbeiführt. Sie dokumentiert vielmehr lediglich, dass die Kontrolle hinsichtlich der Kapitalaufbringung stattfand und damit die Voraussetzung zum Erlangen der Haftungsbeschränkung vorliegt. Weiter gibt sie der Gesellschaft formal den Status der juristischen Person und verdeutlicht dem Rechtsverkehr, dass die Haftungsbeschränkung von nun an gilt. Diese ursprüngliche Publizität wird durch die Löschung der Gesellschaft jedoch nicht zunichte gemacht. Die Publizität in Bezug auf die Nach-GmbH reicht somit aus, um § 13 Abs. 2 GmbHG gerecht zu werden.

#### *dd. Ergebnis zur Anwendbarkeit von § 13 Abs. 2 GmbHG*

Die Voraussetzungen, die für den Ausschluss der persönlichen Haftung der Gesellschafter einer GmbH notwendig sind, liegen auch im Hinblick auf die Nach-GmbH noch vor. Die ursprüngliche Kapitalaufbringung kann gar nicht zunichte gemacht werden, wenn sie einmal ordentlich gegeben war, denn sie ist damit abgeschlossen. Die Kapitalerhaltungsregeln sind nicht verletzt, sollten die Abwicklung und Löschung ordnungsgemäß vorgenommen sein. Ebenso ist die Publizität der beschränkten Haftung ausreichend. § 13 Abs. 2 GmbHG kann deshalb grundsätzlich auf die Nach-GmbH angewandt werden.

### b. Besonderheiten, die einer Haftungsbeschränkung entgegenstehen

Trotz der grundsätzlichen Anwendbarkeit von § 13 Abs. 2 GmbHG auf die Nach-GmbH soll im Folgenden noch ein Blick auf die konkrete Lage der alten und etwaigen neuen Gläubiger der Nachgesellschaft geworfen werden. Dabei ist deren besondere Lage zu berücksichtigen und zu fragen, ob sich daraus nicht doch eine persönliche Haftung der Gesellschafter ergibt. Ferner ist kurz die Möglichkeit eines Haftungsdurchgriffes in der Phase der Nachtragsliquidation anzudenken.

*aa. Situation der Altgläubiger*

Die Altgläubiger konnten aufgrund ihrer Kenntnis von der Rechtsform der GmbH nie von einer persönlichen Haftung der Gesellschafter ausgehen. Sie können nun allein aufgrund der Tatsache, dass sich nach einer ordnungsgemäßen Löschung noch Abwicklungsbedarf der Gesellschaft zeigt und die Nachtragsliquidation eröffnet wird, nicht besser stehen. Ihnen gegenüber haftet danach in jedem Fall weiterhin nur die Gesellschaft mit den ihr verbleibenden Möglichkeiten.

*bb. Lage von etwaigen Neugläubigern*

Diskutieren lässt sich, ob die Lage von Neugläubigern anders zu beurteilen ist. Das Eingehen von neuen Geschäften ist zwar äußerst unwahrscheinlich, kann jedoch vereinzelt erforderlich werden. Allerdings wird auch den neuen Geschäftspartnern durch den Rechtsformzusatz offensichtlich, dass vormals eine GmbH bestand, bei der allein die Gesellschaft selbst für die Verbindlichkeiten haftet. Die Tatsache, dass Abwicklungsbedarf übersehen wurde, kann auch hier nicht eine persönliche Haftung der Gesellschafter rechtfertigen. Dies wird dadurch untermauert, dass die Gesellschafter vor der Löschung, trotz ihres Auskunfts- und Einsichtsrechtes gemäß § 51a GmbHG sowie ihres Weisungsrechtes gegenüber der Geschäftsführung, regelmäßig nicht den nötigen Überblick hatten, um alle Abwicklungsmaßnahmen zu sehen und die Liquidatoren zur Erledigung dieser anzuhalten. Wenn selbst die Geschäftsführer beziehungsweise die Liquidatoren den noch vorhandenen Abwicklungsbedarf nicht gesehen haben, ist es äußerst unwahrscheinlich, dass die Gesellschafter ihn bemerken, da ihre Kenntnis regelmäßig nicht größer sein wird, als die des geschäftsführenden Organs. Ihnen kann auch keine weitergehende Nachforschungspflicht als den Liquidatoren hinsichtlich bestehender Abwicklungsmaßnahmen auferlegt werden. Sie trifft deshalb regelmäßig keine Verantwortung für das Übersehen des Abwicklungsbedarfs und damit den Fortbestand der Gesellschaft als Nach-GmbH. Es ist demzufolge nicht überzeugend, sie in der Phase der Nachtragsliquidation für Neuverbindlichkeiten haften zu lassen. Obwohl ihnen der Wille unterstellt werden kann, ihre Gesellschaft ordnungsgemäß dem vollständigen Ende zuzuführen, ist davon nicht erfasst, dass sie gewillt sind, persönlich für die Pflichten der Gesellschaft einzustehen. Ihr Wille allein kann zwar noch keine Haftungsbeschränkung herbeiführen, jedoch sind auch keine objektiven Gesichtspunkte gegeben, die eine persönliche Haftung rechtfertigen könnten, wie soeben gezeigt wurde. Dieses Ergebnis wird dadurch bekräftigt, dass die Gesellschafter der Nach-GmbH keinerlei Einfluss auf die Tätigkeit des Nachtragsliquidators nehmen können. Für die Aufsicht und eine gegebenenfalls notwendig werdende Weisungserteilung liegt die Zuständigkeit allein beim Registergericht. In der Regel gibt es im Handelsrecht eine unbeschränkte persönliche Haftung von Gesellschaftern, wenn sie umfassenden Einfluss auf die Verwaltung der Gesellschaft haben und dadurch die Haftungsbegründung und den Umfang der Verbindlichkeit, jedenfalls im rechtsgeschäftlichen Bereich, mitbestimmen können.[1482] Aufgrund des gänzlich fehlenden Einflusses der Gesellschafter, auch auf die Aufgabenzuweisung an den Liquidator durch das Gericht, ist eine persönliche Haftung ihrerseits keinesfalls gerechtfertigt.

### *cc. Ausnahmsweise Haftungsdurchgriff in der Nachtragsliquidation*

Ferner ist die Situation in der Nachtragsliquidation, sollte im Vorfeld alles ordnungsgemäß verlaufen sein, nicht mit einem der Fälle vergleichbar, in denen die Gesellschafter in der noch eingetragenen GmbH eine Durchgriffshaftung trifft. Ein Durchgriff auf die Mitglieder und damit eine persönliche Haftung derselben kommt insbesondere bei einer Vermögens- oder Sphärenvermischung in Betracht, weil dort das Trennungsprinzip missachtet wird, und nach teilweise vertretener Auffassung auch bei materieller Unterkapitalisierung.[1483] Auch die Existenzvernichtung der Gesellschaft durch einen herrschenden Gesellschafter führt zu einer persönlichen Haftung, allerdings im Innenverhältnis gegenüber der GmbH.[1484] Liegen diese Tatbestände nicht vor, kommt ein Haftungsdurchgriff nicht in Betracht und muss demzufolge in der Nachtragsliquidation ausscheiden, wenn die jeweiligen Besonderheiten nicht gegeben sind.

### *dd. Zwischenergebnis*

In der Nachtragsliquidation gibt es nach der vorangegangenen Untersuchung keine Besonderheiten, die eine Anwendung des § 13 Abs. 2 GmbHG ausschließen. Folglich haften die Gesellschafter der Nach-GmbH auch in der Nachtragsliquidation nicht für die Verbindlichkeiten der Gesellschaft persönlich.

---

1482 *Kießling*, S. 146.

1483 Dazu Lutter/Hommelhoff – *Lutter/Bayer*, § 13, Rdn. 18 ff; Michalski – *Michalski/Funke*, § 13, Rdn. 339 ff., zu den Fallgruppen Rdn. 358 ff.

1484 BGHZ 173, 246, 252; Roth/*Altmeppen*, § 13, Rdn. 95.

## 3. Haftung des Nachtragsliquidators als Handelnder

Zu hinterfragen ist, ob den Nachtragsliquidator als für die Nach-GmbH Handelnden eine persönliche Haftung trifft.

### a. Haftung entsprechend Handelndenhaftung des § 11 Abs. 2 GmbHG

Zunächst könnte eine Haftung entsprechend der des Geschäftsführers der Vor-GmbH nach § 11 Abs. 2 GmbHG in Betracht gezogen werden. Durch diese Haftung soll der Geschäftsführer dazu angehalten werden, die Eintragung der GmbH baldmöglichst herbeizuführen.[1485] Daneben soll den Gläubigern ein Ausgleich dafür geschaffen werden, dass die Kapitalaufbringung noch nicht kontrolliert und die Kapitalerhaltung noch nicht gesichert ist.[1486] Auch wenn dem Geschäftsführer bei pflichtgemäßem Verhalten gegebenenfalls Regressansprüche[1487] gegen die Gesellschaft und eventuell auch gegen die Gründer zustehen, ist die Haftung doch ein Nachteil für ihn, da er direkt in Anspruch genommen werden kann und er das Insolvenzrisiko der Gesellschaft beziehungsweise der Gründer trägt.

Eine entsprechende Anwendung des § 11 Abs. 2 GmbHG auf den Nachtragsliquidator passt jedoch nicht. Die Interessenlage differiert hier von derjenigen in der Vor-GmbH. Es geht zwar ebenfalls um ein schnelles Handeln des Liquidators, nämlich die Gesellschaft möglichst zügig abzuwickeln. Jedoch soll dadurch nicht das Entstehen eines Schuldners mit einem gewissen Haftungsfonds beschleunigt werden, sondern gerade das Ende der Gesellschaft herbeigeführt werden. Das Mittel, um den Liquidator zu einem zügigen Vorgehen anzuhalten, ist bei der Nach-GmbH die gerichtliche Aufsicht. Dadurch kann gegebenenfalls Druck auf den Liquidator zu einem schnellen Handeln ausgeübt werden. Des Weiteren ist seine Vergütung regelmäßig nicht sehr hoch, sondern richtet sich nach den noch vorzunehmenden Abwicklungshandlungen. Er hat aufgrund dessen persönlich ein Interesse daran, die Handlungen zügig vorzunehmen und die Nachtragsliquidation zu beenden. Eine drohende persönliche Inanspruchnahme des Nachtragsliquidators macht in dieser Situation keinen Sinn, denn die notwendigen Handlungen sind zwingend vorzunehmen und er kann sie nicht, wie es bei der Vor-GmbH der Fall ist, so weit wie möglich begrenzen. Die Nachtragsliquidation wird gerade durchgeführt, um alle noch erforderlichen Abwicklungsmaßnahmen zu erledigen.

---

1485 Scholz – *K. Schmidt*, § 11, Rdn. 103.

1486 BGHZ 80, 129, 133; BGHZ 80, 182, 184; Scholz – *K. Schmidt*, § 11, Rdn. 103.

1487 Dazu MüKoGmbHG – *Merkt*, § 11, Rdn. 144 f.

Ferner wurde im Laufe des Daseins der Gesellschaft, die nun in Form der Nach-GmbH existiert, die Kapitalaufbringung und -erhaltung kontrolliert. Dass dies in einem anderen Stadium als dem nun gegebenen stattfand, ist unschädlich. Die durchgeführte Kontrolle wird nicht dadurch zunichte gemacht, dass die Gesellschaft in der Zwischenzeit aus dem Register gelöscht wurde und regelmäßig über keine oder nur sehr geringe Vermögenswerte verfügt. Darüber hinaus benötigen die Gläubiger hier nicht denselben Schutz wie bei der Vor-GmbH. Altgläubiger wissen, dass ihnen nur die GmbH haftet und keine natürliche Person. Neugläubiger wird es mit großer Wahrscheinlichkeit nicht geben und falls doch, ist ihnen aus dem Rechtsformzusatz der Nach-GmbH ersichtlich, dass nur die Gesellschaft und nicht ihre Mitglieder oder die Organwalter haften. Der Rechtsformzusatz muss auch den Status der Nachtragsliquidation offenbaren, so dass erkennbar ist, dass die Gesellschaft schon aus dem Handelsregister gelöscht wurde. Daraus wiederum kann geschlossen werden, dass sie allenfalls noch über sehr geringes Vermögen verfügt. Potentielle neue Vertragspartner der Nach-GmbH werden sich also gut überlegen, ob sie mit ihr Geschäfte abschließen. Entscheiden sie sich dafür, müssen sie das entsprechende Risiko selbst tragen. Jedenfalls kann es nicht durch eine persönliche Haftung des Nachtragsliquidators relativiert werden.

Die Lage bei der Vor-GmbH ist auch insofern eine andere, als vor der Eintragung ins Handelsregister nicht gesichert ist, dass diese tatsächlich vorgenommen wird und damit die GmbH als solche zur Entstehung gelangt. Die Handelndenhaftung schafft auch hierfür einen Ausgleich. Bei der Nach-GmbH hingegen ist die Situation für den Rechtsverkehr ersichtlich. Es ist bekannt, dass die Gesellschaft ihrem Ende zugeführt werden soll. Lässt sich doch jemand auf Geschäfte mit ihr ein, muss er das Risiko selbst tragen, denn er hat sich den Schuldner ausgesucht.

Gegen eine Haftung des Nachtragsliquidators entsprechend § 11 Abs. 2 GmbHG spricht darüber hinaus, dass eine solche das Risiko für den Nachtragsliquidator enorm erhöhen würde. Müsste ein Nachtragsliquidator mit einer persönlichen Inanspruchnahme aufgrund seines Handelns rechnen, würde sich keine zur Übernahme des Amtes bereite Person mehr finden. Denn auch die Möglichkeit eines Regress gegen die Gesellschaft oder die Gesellschafter wäre nicht gesichert und läge letztendlich in seinem Risikobereich.

Eine persönliche Haftung des Nachtragsliquidators entsprechend § 11 Abs. 2 GmbHG scheidet folglich aus.

## b. Haftung bei Überschreiten der Vertretungsmacht gemäß § 179 BGB

In Betracht kommt allerdings eine persönliche Haftung des Nachtragsliquidators bei Überschreiten seiner Vertretungsmacht. Das Gericht überträgt dem Abwickler im Bestellungsbeschluss bestimmte Aufgaben. Dies hat nicht nur Bedeutung im Innenverhältnis, vielmehr richtet sich auch die Vertretungsmacht des Nachtragsliquidators nach den ihm zugewiesenen Aufgaben.[1488] Handelt er außerhalb seiner Vertretungsmacht entfaltet sein Tun keine Wirksamkeit für und gegen die Nach-GmbH. Wie erwähnt kann der Liquidator das von ihm eingegangene Geschäft nicht selbst gemäß § 177 BGB genehmigen, da es ihm sonst möglich wäre, über den Umfang seiner Vertretungsmacht eigenmächtig zu entscheiden. In Ausnahmefällen kommt eine Genehmigung durch das Gericht in Betracht, jedoch nur, wenn das Geschäft für die restliche Abwicklung der Nach-GmbH tatsächlich erforderlich war und dem Gericht dies bei der Bestellung des Liquidators nicht bewusst war. In der Regel wird ein Handeln des Nachtragsliquidators außerhalb seiner Vertretungsmacht allerdings nicht genehmigt, so dass dessen Rechtsfolgen nicht die Gesellschaft als Vertretene treffen, sondern der Nachtragsliquidators dafür gemäß § 179 Abs. 1 BGB selbst einzustehen hat. Danach haftet er nach Wahl des Vertragspartners auf Erfüllung oder Schadensersatz. Die Beschränkung der Haftung auf den Vertrauensschaden gemäß § 179 Abs. 2 BGB kommt nicht in Betracht, weil der Nachtragsliquidator regelmäßig die Beschränkung seiner Vertretungsmacht kennt, denn die Reichweite derselben ist aus dem Bestellungsbeschluss ersichtlich. Allerdings könnte hier an einen Ausschluss der Haftung nach § 179 Abs. 3 BGB wegen Kenntnis beziehungsweise Kennenmüssen des Vertragspartners gedacht werden. Der Nachtragsliquidator tritt unter dem Namen der Nach-GmbH auf, die im Vergleich zur eingetragenen GmbH noch einen besonderen Zusatz führt, der den Status der Nachtragsliquidation verdeutlicht. In dieser Situation ist das Ziel der Gesellschaft die vollständige Restabwicklung, welche in der Regel keinen allzu großen Umfang annimmt, sondern sich auf einzelne oder einige wenige noch erforderliche Abwicklungsmaßnahmen beschränkt. Auf diese ist dann auch die Vertretungsmacht des Nachtragsliquidators begrenzt. Wie gezeigt ist deshalb in der Nachtragsliquidation die Vertretungsmacht des organschaftlichen Vertreters generell beschränkt. Der Rechtsverkehr und damit auch der konkrete Vertragspartner des Liquidators könnte demnach Kenntnis davon haben. Jedoch unterscheiden sich die einzelnen Nachgesellschaften in dem Umfang und der Art des noch erforderlichen Abwicklungsbedarfs, wonach sich im konkreten Fall die Vertretungsmacht richtet. Es kann deshalb nicht verallgemeinert werden, wie weit und auf welche Ge-

1488 Siehe oben F. III. 2. b. bb.

schäfte sich die Vertretungsmacht des Nachtragsliquidators bezieht. Einzelheiten sind dem Geschäftspartner nicht bekannt. Auch wenn ihm unterstellt werden könnte, dass er um die generell beschränkte Vertretungsmacht in der Nachtragsliquidation weiß, so ist er doch keinesfalls über die Reichweite der Beschränkung in der konkreten Situation im Bilde. Ihm kann in diesem Fall auch keine Nachforschungspflicht auferlegt werden. Eine solche wird in der Regel allein beim Vorliegen von tatsächlichen konkreten Anhaltspunkten, die Zweifel an der Vertretungsmacht begründen, angenommen.[1489] Auch wenn der Vertragspartner grundsätzlich von einer beschränkten Vertretungsmacht des Nachtragsliquidators auszugehen hat, muss er doch nicht annehmen, dass gerade das mit ihm abgeschlossene Geschäft nicht davon erfasst ist. Daran ändert auch die Tatsache nichts, dass es sich in den diesbezüglich relevant werdenden Fällen überwiegend um Neugeschäfte handeln wird, die in der Regel nicht von der Vertretungsmacht des Nachtragsliquidators erfasst sind. Ausnahmsweise kann sich wie gezeigt die Vertretungsmacht auf solche Geschäfte beziehen. Höchstens in Einzelfällen kann dem Vertragspartner eine Nachforschungspflicht auferlegt werden, wenn keinerlei Anhaltspunkt dafür besteht, dass das Geschäft einer restlichen Abwicklung dienlich sein könnte, so dass sich Zweifel an der vorhandenen Vertretungsmacht geradezu aufdrängen müssen, oder wenn sonstige Anhaltspunkte vorliegen, die im konkreten Fall zu begründeten Zweifeln an der Vertretungsmacht führen. Überwiegend haftet der Nachtragsliquidator somit gemäß § 179 Abs. 2 BGB, wenn er seine Vertretungsmacht überschreitet. Diese Haftung ist auch als Druckmittel unerlässlich, um ihn dazu anzuhalten, die ihm gesetzten Grenzen einzuhalten. Würde demgegenüber ein Ausschluss der Haftung nach § 179 Abs. 3 BGB aufgrund fahrlässiger Unkenntnis des Vertragspartners von der fehlenden Vertretungsmacht angenommen, wäre der Nachtragsliquidator nicht derselben Gefahr ausgesetzt, persönlich zu haften, sollte er seine Vertretungsmacht überschreiten. Er könnte dann weitgehend risikolos für die Nach-GmbH außerhalb seiner Vertretungsmacht handeln und den Rechtsverkehr dadurch gefährden, solange nicht eine vorvertragliche oder deliktische Schadensersatzhaftung greift.

Eine Haftung aus § 179 Abs. 1 BGB scheidet nach herrschender Meinung allerdings aus, wenn der Vertretene den Anspruch nicht hätte erfüllen können, denn die Haftung des vollmachtlosen Vertreters soll den Vertragspartner nicht besser stellen, als er im Falle der Wirksamkeit des Vertrages gestanden hätte. Danach kommt die Haftung aus § 179 Abs. 1 BGB nicht in Betracht, wenn es sich um einen vermögenswerten Anspruch handelt und der Vertretene vermö-

---

1489 BGHZ 105, 283, 285 f.; MüKoBGB – *Schramm*, § 179, Rdn. 41.

genslos ist.[1490] Weil die Nachtragsliquidation oftmals allein aufgrund von vermögensneutralem Abwicklungsbedarf eröffnet wird, kann die vermögenslose Nach-GmbH regelmäßig keine vermögenswerten Ansprüche mehr erfüllen. Hier könnte der Nachtragsliquidator versuchen, seine Stellung auszunutzen, und Geschäfte im Namen der vermögenslosen Nach-GmbH eingehen. Jedoch wird er in solchen Fällen regelmäßig schuldhaft handeln, so dass deliktische Schadensersatzansprüche oder auch eine Haftung aus culpa in contrahendo in Betracht kommen, wenn dem Vertragspartner dadurch ein Schaden entsteht. Eine solche Haftung des Nachtragsliquidators entspricht in diesen Konstellationen der Billigkeit.

Um bei Neugeschäften sowohl dem Vertragspartner als auch sich selbst Sicherheit zu geben, sollte der Nachtragsliquidator unter Vorlage des gerichtlichen Bestellungsbeschlusses, aus dem der Umfang seiner Vertretungsmacht offensichtlich wird, auftreten. In Zweifelsfällen sollte er sich beim Gericht rückversichern, ob ein Geschäft, welches er für die Nach-GmbH durchführen möchte, von seiner Vertretungsmacht erfasst ist.

Grundsätzlich haftet der Nachtragsliquidator demnach, wenn er die Grenzen der ihm übertragenen Vertretungsmacht nicht einhält; entweder aus § 179 Abs. 1 BGB oder aufgrund culpa in contrahendo oder Deliktsrecht. Darüber hinaus käme auch eine Haftung gemäß § 43 Abs. 2 GmbHG gegenüber der Nach-GmbH in Betracht, sollte dieser ein Schaden entstanden sein.

## 4. Zusammenfassung

Die noch bestehenden Rechte und Pflichten der gelöschten GmbH werden zu solchen der Nach-GmbH. Sie haftet für die Verbindlichkeiten als Schuldnerin und der Nachtragsliquidator macht in ihrem Namen die Rechte geltend. Im Rahmen seiner Vertretungsmacht kann er gegebenenfalls sogar neue Geschäfte für sie eingehen, wobei zu betonen ist, dass die Vertretungsmacht des Nachtragsliquidators neue Geschäfte in aller Regel nicht umfassen wird.

Die Gesellschafter haften nicht für die Verbindlichkeiten der Nach-GmbH, denn § 13 Abs. 2 GmbHG findet weiterhin Anwendung. Dessen Voraussetzungen sind in der Phase der Nachtragsliquidation noch gegeben und es liegen keine anderweitigen Besonderheiten vor, die eine persönliche Haftung rechtfertigen.

Der Nachtragsliquidator haftet ebenfalls grundsätzlich nicht persönlich gegenüber den Gläubigern der Nach-GmbH. Etwas anderes ergibt sich nur, wenn er seine Vertretungsmacht überschreitet und die Gesellschaft infolgedessen nicht

---

1490 OLG Hamm MDR 93, 515; MüKoBGB – *Schramm*, § 179, Rdn. 34.

durch sein Handeln berechtigt und verpflichtet wird. Hier kommt eine Haftung gemäß § 179 Abs. 1 BGB und gegebenenfalls eine Schadensersatzhaftung aufgrund eines vorvertraglichen Schuldverhältnisses oder aufgrund deliktsrechtlicher Normen in Betracht.

## V. Die Nach-GmbH im Zivilprozess

Die Parteifähigkeit im Zivilprozess geht gemäß § 50 Abs. 1 ZPO konform mit der Rechtsfähigkeit. Da der Nach-GmbH umfassende Rechtsfähigkeit zukommt, ist sie auch parteifähig und kann dementsprechend Klägerin oder Beklagte in einem Prozess sein. Das Bestehen der Nach-GmbH und damit auch ihrer Rechts- und Parteifähigkeit richtet sich dabei nach der materiellen Rechtslage. Ob die Nach-GmbH als eine der juristischen Person ähnliche Personenvereinigung selbst prozessfähig sein kann oder lediglich durch das Vorhandensein eines Vertreters, soll im Rahmen der Untersuchung nicht vertiefend dargestellt werden.[1491] Denn unstreitig ist die Gesellschaft erst durch einen Vertreter fähig, vor Gericht zu handeln. Aufgrund dessen ist in jedem Fall ein Nachtragsliquidator nötig, damit die Nach-GmbH in einem Prozess auftreten kann und damit für und gegen sie Prozesshandlungen vorgenommen werden können. Weil die Vertretungsmacht des Nachtragsliquidators allerdings beschränkt ist, kann er nicht vollumfänglich für die Nach-GmbH prozessieren, sondern nur in dem Rahmen, der von seiner Vertretungsmacht erfasst ist. Gegebenenfalls muss er nach § 78 ZPO zusätzlich einen Prozessbevollmächtigten für die Nachgesellschaft bestellen.

### 1. Einleitung neuer Verfahren

Im Rahmen ihrer Partei- und Prozessfähigkeit kann die Nach-GmbH selbst klagen und verklagt werden. Diesbezüglich gelten keine Besonderheiten. Solange tatsächlich noch Abwicklungsbedarf vorhanden ist, kann sowohl im Namen der Nach-GmbH Klage erhoben als auch gegen sie geklagt werden. Ist unklar, ob tatsächlich Abwicklungsbedarf besteht, muss derjenige, der Klage erhebt, diesen nachweisen. Grundsätzlich ist die Nach-GmbH nur entstanden, wenn nach den objektiven Gegebenheiten noch unerledigte Liquidationsmaßnahmen vorliegen. Allerdings ist die tatsächliche Lage nicht immer offen erkennbar, so dass der Prozess gegebenenfalls gerade aufdecken soll, ob noch Abwicklungsbedarf be-

1491 Zu dem Streit bei der juristischen Person siehe die Hinweise in Fn. 625 f.

steht. Weil davon auch die Parteifähigkeit der Gesellschaft abhängt, ist diese zu unterstellen, damit die Frage nach der Parteifähigkeit und dem Abwicklungsdarf geklärt werden kann.[1492] Wird Klage gegen die Nach-GmbH erhoben, muss sie sich dagegen wehren können und eventuell auch ihre Parteiunfähigkeit geltend machen können. Ebenso muss ihr die Möglichkeit gegeben werden, selbst Abwicklungsbedarf aufzuzeigen und ihre Parteifähigkeit zu belegen, wenn sie eine Klage erheben will. Es sind jedoch hinreichende Anhaltspunkte für das Vorliegen von unerledigten Abwicklungsmaßnahmen und damit für das Bestehen der Nach-GmbH erforderlich. Die bloße Behauptung von offenem Liquidationsbedarf genügt dem nicht. Kommt das Gericht zu der Erkenntnis, dass keine Abwicklungsmaßnahmen mehr vorhanden sind, ist die Nach-GmbH tatsächlich nicht entstanden. In diesem Fall hat derjenige, der das Verfahren eingeleitet hat, die angefallenen Kosten zu tragen.[1493]

## 2. Fortführung eines von der GmbH begonnenen Prozesses

Es fragt sich, was mit einem anhängigen Prozess der GmbH bei ihrer Löschung passiert. Zumindest bei laufenden Aktivprozessen ist eine Löschung eigentlich nicht zulässig. Bei Passivprozessen ist dies umstritten.[1494] Es ist davon auszugehen, dass ein Prozess grundsätzlich einer Löschung entgegensteht, weil er eine Abwicklungsmaßnahme darstellt, so dass jegliche Prozesse vor der Handelsregisterlöschung beendet werden müssen. Erfolgt fälschlicherweise doch eine Löschung, obwohl noch ein Prozess schwebt, muss er im Rahmen der Nachtragsliquidation beendet werden. Da die GmbH an sich aufgrund der Handelsregisterlöschung untergegangen ist, kommt nur die Nach-GmbH als Prozessgegnerin in Betracht. Sie führt den Prozess, der Abwicklungsbedarf darstellt, nach Untergang der GmbH fort. Zu klären ist, wie die Fortführung von laufenden Prozessen durch die Nach-GmbH im Einzelnen abläuft.

### a. Unterbrechung des Prozesses nach § 239 ZPO aufgrund Rechtsnachfolge

In Betracht käme eine Unterbrechung des Prozesses entsprechend § 239 ZPO. Der Wortlaut setzt dafür jedoch das Vorliegen einer Rechtsnachfolge voraus. Weil die Nach-GmbH mit der GmbH identisch und dementsprechend nicht de-

1492 Vgl. BGH NJW-RR 86, 394; BGH NJW 08, 527, 528; OLGR Saarbrücken 2002, 259.

1493 BGH NJW-RR 95, 1237, 1238; MüKoZPO – *Lindacher*, Vor §§ 50 ff., Rdn. 26.

1494 Sowohl zu Aktivprozessen als auch zum Streit bezüglich der Passivprozesse vgl. C. VI. 1., 2., 3. a.

ren Rechtsnachfolgerin ist, scheidet eine Anwendung von § 239 ZPO aus. Eine Unterbrechung des Verfahrens nach dieser Norm tritt nicht ein. Ebenso wenig liegt eine Rechtsnachfolge im Sinne von § 265 ZPO vor.[1495]

## b. Parteiberichtigung bei Identität

In der vorangehenden Untersuchung wurde gezeigt, dass das Verhältnis der beiden Gesellschaften zueinander mit der Identität bei einer formwechselnden Umwandlung nach §§ 191 ff. UmwG vergleichbar ist. Es können deshalb im Prozess die im Falle des Formwechsels einschlägigen Vorschriften fruchtbar gemacht werden. Für das laufende Verfahren vor Urteilserlass findet sich in der ZPO jedoch keine Norm, die den Fall eines identitätswahrenden Formwechsels oder Ähnliches erfasst. Es ist aber anerkannt, dass die Parteibezeichnung im Klagerubrum berichtigt werden kann, wenn die Identität der Partei trotz der Berichtigung gewahrt bleibt.[1496] Dies trifft auf den Fall der formwechselnden Umwandlung zu. Auch im Hinblick auf die untergegangene GmbH und die nun den Prozess fortführende Nachgesellschaft ist die Lage keine andere. Der Parteibezeichnung muss mithin der von der Nach-GmbH geführte Zusatz hinzugefügt werden, der offenbart, dass sie sich in Nachtragsliquidation befindet. Durch solch eine Parteiberichtigung wird deutlich, dass die Nach-GmbH nunmehr die prozessführende Partei ist.

## c. Verfahrensunterbrechung entsprechend § 241 ZPO

Auch wenn eine Verfahrensunterbrechung nach § 239 ZPO nicht in Betracht kommt, ist dennoch an eine Unterbrechung zu denken und zwar eine solche entsprechend § 241 ZPO. Diese Vorschrift sieht eine Unterbrechung bei Verlust der Prozessfähigkeit vor. Auch wenn die Gesellschaft gemäß § 52 Abs. 1 ZPO selbst als prozessfähig angesehen würde[1497], kann sie doch, nachdem die bisherigen organschaftlichen Vertreter durch die Handelsregisterlöschung ihre Vertretungsbefugnis verloren haben, nicht mehr vor Gericht handeln. Bis zur Bestellung des Nachtragsliquidators durch das Registergericht ist die Nachgesellschaft deshalb ohne Vertreter und kann vor Gericht nicht auftreten. Diese Situation ist jedenfalls mit dem Verlust der Prozessfähigkeit vergleichbar. Dementsprechend muss das Verfahren analog § 241 ZPO unterbrochen werden, solange kein Nachtrags-

---

1495 So für den Fall des Formwechsels auch Lutter – *Decher*, § 202, Rdn. 41.

1496 BAGE 109, 47, 52 f.; BAG NJW 02, 459, 461; vgl. auch OLG Köln GmbHR 03, 1489, 1491 f. für die Parteiberichtigung im Falle einer formwechselnden Umwandlung, die bereits vor Klageerhebung durchgeführt wurde.

1497 So z. B. für die GmbH MüKoGmbHG – *Merkt*, § 13, Rdn. 46 m. w. N.

liquidator bestellt ist.[1498] Eine automatische Unterbrechung tritt gemäß § 246 ZPO allerdings nicht ein, falls die Gesellschaft in dem anhängigen Prozess durch einen Prozessbevollmächtigten vertreten war.

#### d. Berichtigung nach Urteilserlass gemäß § 319 ZPO

Bereits vor der Löschung für oder gegen die GmbH erlassene Urteile können aufgrund der bestehenden Identität zwischen ihr und der Nach-GmbH gemäß § 319 ZPO berichtigt werden[1499], so dass sie nunmehr den Namen der Gesellschaft mit dem den neuen Status verdeutlichenden Zusatz enthalten.

### 3. Vollstreckungsverfahren

Zu überlegen ist, ob aus einer vollstreckbaren Ausfertigung eines Urteils, die noch auf den Namen der GmbH lautet, gegen die Nachgesellschaft vollstreckt werden kann. Ebenso wie § 239 ZPO im anhängigen Erkenntnisverfahren nicht greift, weil kein Verhältnis der Rechtsnachfolge zwischen der GmbH und der Nach-GmbH vorliegt, ist im Vollstreckungsverfahren § 727 ZPO nicht anwendbar. Denn auch § 727 ZPO setzt ein Rechtsnachfolgeverhältnis voraus. Es wird aufgrund der Identität zwischen den beiden Gesellschaften lediglich ein Vermerk in der Vollstreckungsklausel angebracht, der die Parteibezeichnung berichtigt, so dass aus dem Titel nunmehr gegen die Nach-GmbH vollstreckt werden kann.[1500]

## VI. Die vollständige Beendigung der Nach-GmbH

Die Nach-GmbH entsteht nur, wenn nach der Löschung noch unerledigter Abwicklungsbedarf vorhanden ist. Ihre Existenz beruht allein darauf, dass die vormals der GmbH zugeordneten Rechte und Pflichten noch eines Zuordnungssubjekts bedürfen. Ihr einziger Sinn und Zweck ist es, die restliche Abwicklung zu ermöglichen und durchzuführen. Mit Erreichen ihres Zweckes muss sie deshalb untergehen. Daraus ergibt sich, dass sie nur so lange besteht, wie noch Liquida-

---

1498 So auch für den Fall der Löschung nach § 394 Abs. 1 FamFG Stein/Jonas – *Roth*, § 239, Rdn. 7; dieselbe Überlegung stellt auch *K. Schmidt*, FS-Henckel, S. 749, 763 für den vergleichbaren Fall der formwechselnden Umwandlung an, bei der ebenfalls die Vertretungsbefugnis endet.

1499 Vgl. OLG Zweibrücken NJW-RR 02, 212, 213.

1500 Vgl. Thomas/Putzo – *Seiler*, § 727, Rdn. 4.

tionsbedarf gegeben ist.[1501] Entscheidend ist hierbei wiederum die tatsächliche Lage. Es kommt nicht darauf an, ob der Abwicklungsbedarf bekannt ist oder nicht.

Hat der Nachtragsliquidator die ihm übertragenen Aufgaben erledigt, muss er dies dem Registergericht anzeigen und seine Bestellungsurkunde zurückgeben. Durch diese Vorgehensweise wird verhindert, dass er weiterhin für die Nach-GmbH tätig wird und sich dabei mit der Urkunde legitimieren kann. Weil die Vertretungsmacht des Nachtragsliquidators auf die Erledigung der Abwicklungsmaßnahmen beschränkt ist, kann er nicht mehr für die Nach-GmbH handeln, wenn alle Liquidationsmaßnahmen durchgeführt wurden. Unterlässt er die Anzeige an das Gericht und die Rückgabe der Bestellungsurkunde, kann das Gericht ihn offiziell von seinem Amt abberufen und dies öffentlich bekanntmachen. Auf das tatsächliche Ende der Nachgesellschaft hat die Anzeige des Nachtragsliquidators von der Beendigung seiner Aufgaben allerdings keine Auswirkungen. Sollten dennoch weitere unerkannte Rechte und Pflichten vorhanden sein, existiert die Nachgesellschaft unbemerkt fort. Es kann für ihre Existenz nicht auf die für den Nachtragsliquidator und das Gericht erkennbare Lage ankommen, denn auch für die unerkannt gebliebenen Rechte und Pflichten ist ein Zuordnungssubjekt erforderlich. Ebenso wie die Nach-GmbH nach Löschung der GmbH allein aufgrund der objektiven Rechtslage entsteht, besteht sie aufgrund dieser auch nach Durchführung einer Nachtragsliquidation fort. Dies stellt keinen übertriebenen Fortbestand dar. Werden die unerledigten Abwicklungsmaßnahmen nicht offenbar, fragt niemand nach der Nach-GmbH, die dann nicht aus ihrer latenten Existenz hervortritt. Sie treffen keine sonstigen Rechte und Pflichten mehr und ihr Weiterbestehens berührt keinerlei entgegenstehende Interessen. Zeigt sich der Abwicklungsbedarf dann doch noch, steht sie als Subjekt der Nachtragsliquidation, dem die Maßnahmen die ganze Zeit über zugeordnet waren, zur Verfügung.

## VII. Zusammenfassung

Nach der Löschung und dem damit verbundenen Untergang der Gesellschaft besteht die GmbH nicht mehr fort und ist deshalb auch in der Nachtragsliquidation nicht mehr vorhanden. Ihr folgt eine Nach-GmbH, die keine juristische Person darstellt, denn Voraussetzung dafür ist die Registereintragung. Von den bisher vertretenen Lösungsansätzen der Autoren, die eine konstitutive Löschungswirkung befürworten, überzeugt keiner vollkommen. Sie bieten aber dennoch

1501 So auch *H. Schmidt*, S. 180.

zum Teil brauchbare Ansatzpunkte für die Lösung der Problematik der Nachgesellschaft. Danach ist sie nicht in eine der vorhandenen Gesellschaftsformen einzuordnen, weil keine von ihnen passend erscheint. Ähnlich wie die Vorgesellschaft ist die Nach-GmbH eine Gesellschaft eigener Art, die weder den juristischen Personen noch den Personengesellschaften zugeordnet wird. Ihr kommt umfängliche Rechtsfähigkeit zu. Ebenso wie die GmbH ist sie weiterhin von ihren Mitgliedern unabhängig. Auch die Einpersonen-Nachgesellschaft ist deshalb ein selbstständiges Rechtssubjekt, dem eigene Rechtsfähigkeit zukommt.

Allerdings fehlt der Nach-GmbH die Rechtspersönlichkeit einer juristischen Person, was zu einer verminderten Verselbstständigung im Vergleich zur eingetragenen Kapitalgesellschaft führt. Dies zeigt sich insbesondere daran, dass sie nur noch ein Restgebilde darstellt, welches es abzuwickeln gilt.

Auf die Nach-GmbH werden in erster Linie die für sie geltenden Sonderregelungen angewandt. Jedoch decken diese nur einen kleinen Bereich ab, so dass auf das allgemeine GmbH-Recht zurückzugreifen ist, sofern es nicht die Rechtspersönlichkeit der Gesellschaft oder den Status einer Kapitalgesellschaft voraussetzt. In der Nachtragsliquidation müssen darüber hinaus die Besonderheiten einer normalen Liquidation beachtet werden, was zu einer weiteren Einschränkung des anwendbaren GmbH-Rechts führt.

Eine Fortsetzung der Nach-GmbH als werbende Gesellschaft ist nicht möglich, unabhängig davon, ob sie im regulären Liquidationsstadium zugelassen wird.

Im Rechtsverkehr tritt die Nachgesellschaft unter dem Namen der gelöschten GmbH auf, allerdings mit einem Zusatz, der ihren besonderen Status verdeutlicht.

Weil eine Wiedereintragung der Gesellschaft ins Handelsregister auf ihren Fortbestand als GmbH hindeutet, hat sie zu unterbleiben. Eine Eintragung des Nachtragsliquidators ist nur möglich, wenn das geschlossene Blatt wieder geöffnet, die Rötungen rückgängig gemacht und der Löschungsvermerk gerötet wird. Da dies ebenfalls auf das Vorhandensein einer GmbH hindeutet, kann auch die Eintragung des Nachtragsliquidators ins Handelsregister nicht vorgenommen werden.

Die Nach-GmbH entsteht nur, wenn noch unerledigter Abwicklungsbedarf vorhanden ist, für den ein Zuordnungssubjekt erforderlich ist. Dabei ist allein die objektive Rechtslage entscheidend. Es ist unerheblich, ob sich der Abwicklungsbedarf zeigt. Sind der GmbH bei ihrer Löschung noch unerkannt gebliebene Rechte und Pflichten zugeordnet, entsteht die Nach-GmbH gleichzeitig mit dem Untergang der juristischen Person, sprich mit der Handelsregisterlöschung. Beide Gesellschaften bestehen daher niemals zeitgleich nebeneinander, vielmehr folgt die Nach-GmbH zeitlich auf die GmbH.

Zwischen der GmbH und der Nach-GmbH besteht Identität vergleichbar der Identität bei einer formwechselnden Umwandlung. Durch letztere wird deutlich, dass sich die Rechtsnatur einer Gesellschaft ändern kann, ohne dass sie ihrer Identität verlustig geht. Eine Übertragung der Rechte und Übernahme der Pflichten ist nicht erforderlich. Die noch bestehenden Rechte und Pflichten werden ab dem Zeitpunkt der Löschung, in dem die GmbH untergeht und die Nach-GmbH entsteht, automatisch der Nachgesellschaft zugeordnet. GmbH und Nach-GmbH stellen lediglich verschiedene Lebensphasen einer Gesellschaft dar. Zu dieser Personenvereinigung ist weiter noch die Vor-GmbH zu zählen, die am Beginn des Lebens der Vereinigung steht. Aus ihr geht die GmbH hervor und zwischen diesen beiden besteht ebenfalls Identität.

Mit der Löschung der Gesellschaft aus dem Register geht auch die Organisation der GmbH unter. Die Nach-GmbH hat, solange sie latent besteht, keinerlei nach außen in Erscheinung tretende Organisation. Erst mit der Eröffnung der Nachtragsliquidation wird der Nachtragsliquidator als geschäftsführendes Organ bestellt. Dieser ist das einzige notwendige Organ der Nach-GmbH. Die vorherige Organisation der GmbH mit ihren konkreten Organwaltern lebt grundsätzlich nicht wieder auf. Die Gesellschafter behalten zwar generell ihre Stellung, jedoch kommen ihnen keinerlei nennenswerte Kompetenzen mehr zu. Ihnen verbleiben nur wenige Rechte, wie insbesondere das Recht auf Auskehrung eines Liquidationsüberschusses. Der Zusammentritt einer Gesellschafterversammlung ist im Stadium der Nachtragsliquidation grundsätzlich nicht mehr erforderlich.

Es wurde gezeigt, dass eine unbeschränkte Vertretungsmacht insbesondere im Handelsrechtsverkehr gilt. Weil die Nach-GmbH kein Formkaufmann ist und auch kein Gewerbe mehr betreibt, kommt eine unbeschränkte Vertretungsmacht des Nachtragsliquidators nicht in Betracht. Die ihm vom Gericht im Innenverhältnis gesetzten Grenzen gelten vielmehr auch im Außenverhältnis. Die Vertretungsmacht des Nachtragsliquidators ist somit beschränkt. Faktisch führt dies zu einer Begrenzung der Handlungsfähigkeit der Gesellschaft, denn sie verfügt darüber hinaus über keinen anderen Vertreter, der für sie handeln könnte. Dies berührt jedoch nicht ihre Rechtsfähigkeit und soll nur die Restabwicklung und damit den Untergang der Nachgesellschaft beschleunigen.

Für die noch bestehenden Verbindlichkeiten der Gesellschaft haftet den Gläubigern die Nach-GmbH selbst. Vermögensrechtliche Forderungen müssen aus dem ihr noch zustehenden Vermögen beglichen werden. Im Stadium der Nachtragsliquidation gilt generell noch die Beschränkung der Haftung auf das Gesellschaftsvermögen gemäß § 13 Abs. 2 GmbHG. Die Gesellschafter trifft mithin keine persönliche Haftung, wenn die Löschung und das ihr vorangehende Verfahren ordnungsgemäß erfolgt sind. Den Ausschluss der persönlichen Haftung haben die Gesellschafter ursprünglich durch die ordnungsgemäße Kapitalaufbringung verdient. Der fortdauernde Ausschluss rechtfertigte sich aufgrund der Kapitalerhaltung bei der GmbH. Hinzu trat die Publizität durch die Registereintragung und die Führung eines entsprechenden Rechtsformzusatzes. Die Einhaltung der Kapitalaufbringungs- und -erhaltungsvorschriften wird durch die Löschung nicht zunichte gemacht. Ebenso führt die Nach-GmbH weiter einen die Haftungsbeschränkung anzeigenden Zusatz. Allein die Löschung aus dem Register kann demnach nicht eine persönliche Haftung der Gesellschafter rechtfertigen.

Den Nachtragsliquidator trifft grundsätzlich keine persönliche Haftung für die Handlungen, die er im Namen der Nachgesellschaft ausführt. Etwas anderes gilt nur, wenn er seine Vertretungsmacht überschreitet oder schuldhaft handelt. Dann haftet er gemäß § 179 Abs. 1 BGB beziehungsweise aus culpa in contrahendo oder Delikt.

Die Nach-GmbH ist als rechtsfähige Personenvereinigung im Zivilprozess parteifähig. Voraussetzung der Rechts- und damit auch der Parteifähigkeit ist, dass sie überhaupt entstanden ist, weil noch Abwicklungsbedarf vorhanden ist. Für die Nach-GmbH handelt der Nachtragsliquidator, der jedoch nur im Rahmen seiner Vertretungsmacht tätig werden kann. Vor der gerichtlichen Bestellung des Vertreters kann die Gesellschaft nicht handeln, so dass durch und gegen sie keine Klagen erhoben werden können. Nach der Bestellung kann sie sodann klagen und verklagt werden. Für die Klärung des Vorliegens von Abwicklungsbedarf und damit ihrer Parteifähigkeit muss sie ebenfalls als parteifähig angesehen werden. Anhängige Prozesse der GmbH, die Abwicklungsbedarf darstellen, stehen ihrer Löschung entgegen. Wird die Löschung dennoch durchgeführt, sind die Prozesse durch die Nach-GmbH fortzuführen. Verfahren werden entsprechend § 241 ZPO unterbrochen, wenn die Gesellschaft nicht durch einen Prozessbevollmächtigten vertreten war. Bereits für oder gegen die GmbH ergangene Urteile können gemäß § 319 ZPO berichtigt werden, so dass sie nun auf die Nach-GmbH lauten. Aus Titeln gegen die GmbH kann nach Anbringung eines berichtigenden Vermerks gegen die Nach-GmbH vollstreckt werden.

Das vollständige Ende der Nach-GmbH und damit der mit der gelöschten GmbH identischen Personenvereinigung tritt ein, sobald keinerlei Abwicklungsbedarf mehr vorhanden ist. Ebenso wie bei der Entstehung der Nach-GmbH kommt es auch hier auf die objektive Lage an und nicht darauf, ob die Abwicklungsmaßnahmen ersichtlich sind.

# G. Zusammenfassende Schlussbetrachtung

## I.

Das GmbH-Gesetz enthält keine Aussage darüber, in welchem Zeitpunkt die GmbH untergeht. Über die Frage der Beendigung der Kapitalgesellschaft herrscht deshalb in Literatur und Rechtsprechung Uneinigkeit. Dieser Streit hängt eng damit zusammen, welche Wirkung der Löschung aus dem Handelsregister beigemessen wird. Eine Löschung aus dem Handelsregister wird entweder nach durchgeführter Abwicklung auf Anmeldung der Liquidatoren gemäß § 74 Abs. 1 S. 2 GmbHG vorgenommen oder erfolgt gemäß § 394 Abs. 1 FamFG aufgrund Vermögenslosigkeit von Amts wegen.

In der Vergangenheit herrschte die Auffassung vor, die Löschung aus dem Register habe lediglich deklaratorische Wirkung. Sie bekunde nur die in der Regel bereits eingetretene Beendigung der GmbH, habe aber selbst keinen Einfluss auf sie. Der Untergang trete außerhalb des Handelsregisters ein. Meist wurde als Kriterium dafür die Vermögenslosigkeit herangezogen, teilweise aber auch die Betriebseinstellung, der Willen dazu, der Wegfall der Organisation, das Fehlen jeglichen Abwicklungsbedarfs oder ganz vereinzelt das Fehlen von Verbindlichkeiten. Der Bundesgerichtshof ist in der Vergangenheit der Ansicht von der deklaratorischen Löschungswirkung gefolgt, wobei er für die Beendigung der GmbH das Vorliegen von Vermögenslosigkeit gefordert hat. Diese Ansicht hat er bis heute nicht ausdrücklich aufgegeben. Wird ihr gefolgt und der Handelsregisterlöschung lediglich kundtuende Wirkung beigemessen, besteht die GmbH so lange, bis sie kein Vermögen mehr hat beziehungsweise bis die Erlöschenskriterien, auf die abgestellt wird, eingetreten sind. Zeigt sich nach der Löschung dann noch Vermögen, besteht die GmbH als juristische Person fort. Es findet in der Folge eine Nachtragsliquidation statt. Regelmäßig wird von den Verfechtern der deklaratorischen Löschungswirkung die Möglichkeit einer Nachtragsabwicklung auch bei nichtvermögensrechtlichem Abwicklungsbedarf befürwortet, selbst wenn nur Vermögenslosigkeit als Beendigungskriterium herangezogen wird. Diesen Weg geht auch der Bundesgerichtshof, nach dessen Ansicht die Gesellschaft eigentlich bereits beendet sein müsste, denn wenn sich nur vermögensneutraler Abwicklungsbedarf zeigt, liegt Vermögenslosigkeit vor. Entgegen der gängigen Praxis müsste die Durchführung einer Nachtragsliquidation dann eigentlich abgelehnt werden. Das Vorgehen der Befürworter der deklaratorischen Löschungswirkung führt zur Unschlüssigkeit ihrer Ansicht.

Die Gegenansichten sprechen der Löschung Relevanz für den Untergang der GmbH zu. Nach der Lehre vom Doppeltatbestand, die in Literatur und Rechtsprechung viele Anhänger gefunden hat, erlischt die GmbH bei Vorliegen des

Doppeltatbestandes aus Vermögenslosigkeit und Handelsregisterlöschung. Die Anhänger des erweiterten Doppeltatbestandes verlangen neben der Löschung das Fehlen jeglichen Abwicklungsbedarfs. Solange die Gesellschaft noch im Register eingetragen ist, besteht sie danach fort. Sie kann aber auch darüber hinaus existieren, wenn ihr noch Vermögen beziehungsweise bei Befürwortung des erweiterten Doppeltatbestandes auch anderer Abwicklungsbedarf zugeordnet wird.

Nach einer dritten Ansicht hat die Löschung aus dem Register konstitutive Wirkung und die GmbH als solche geht immer gleichzeitig mit ihr unter. Ist dann noch Vermögen oder anderer Liquidationsbedarf vorhanden, muss aber eine Abwicklung möglich sein. Für den Fortbestand der juristischen Person ist der Liquidationsrückstand aber vollkommen unbedeutend. Weil die GmbH selbst nicht mehr als Subjekt für die Liquidation zur Verfügung steht, sind die Rechte und Pflichten nun einem anderen Gebilde zuzuordnen, welches abgewickelt wird. Dieses Gebilde bestimmen die Verfechter der konstitutiven Löschungswirkung auf unterschiedliche Art und Weise. Bisweilen wird es gar nicht genauer definiert, teilweise als Gesamthand der ehemaligen Gesellschafter angesehen oder als teilrechtsfähige Nach-GmbH, die mit der GmbH identisch ist und einen Rest derselben darstellt, sowie zum Teil als untypische Personifikation zwischen juristischer Person und Gesamthand eingeordnet. Nach der letzten Variante der Ansicht verliert die GmbH mit der Löschung die durch die Eintragung erlangte Rechtspersönlichkeit, besteht aber weiterhin als Personenverband, wobei zwischen dem nun bestehenden Gebilde und der GmbH ebenfalls Identität angenommen wird.

Zwischen allen Ansichten herrscht Einigkeit, dass eine Abwicklung durch einen gerichtlich bestellten Liquidator gemäß § 66 Abs. 5 GmbHG beziehungsweise analog § 273 Abs. 4 AktG durchgeführt werden muss, wenn sich nach der Löschung noch Vermögen oder sonstiger Abwicklungsbedarf zeigt. Uneinigkeit herrscht lediglich über das abzuwickelnde Gebilde und hinsichtlich einzelner die Durchführung der Abwicklung betreffende Punkte, wie der Befugnisse des Liquidators, der Handelsregistereintragung und der Möglichkeit der Fortsetzung als werbende Gesellschaft.

Im Rahmen der vorstehenden Untersuchung wurde gezeigt, dass die Ansicht von der deklaratorischen Löschungswirkung abzulehnen ist, weil sie zu Rechtsunsicherheit hinsichtlich des Unterganges der GmbH führt, denn die von ihr geforderten Kriterien sind für den Rechtsverkehr und selbst für die Mitglieder und Organe der Gesellschaft sowie das Gericht nicht offensichtlich. Es wäre deshalb zu wünschen, dass der Bundesgerichtshof sich, nach einer langen Zeit, in der er keine ausdrückliche Aussage zu der Löschungswirkung einer Kapitalgesellschaft getroffen hat, unmissverständlich dazu äußert, insbesondere weil er vor mehr als 25 Jahren anerkannt hat, dass beachtliche Gründe für eine konstitutive Löschung sprechen, ohne näher auf diese Gründe einzugehen.

# II.

Um festzustellen, ob die Lehre vom Doppeltatbestand oder die Ansicht, welche der Löschungseintragung konstitutive Wirkung beimisst, vorzugswürdig ist, wurde im Verlauf der Untersuchung die GmbH genauer betrachtet und hinterfragt, ob bestimmte Merkmale, die sie typischerweise aufweist, zwingend für ihren Fortbestand sind. Dabei wurde auch die Bedeutung der Eintragung genauer in den Blick genommen.

Zunächst wurde der Stellenwert des Vermögens für die Existenz der GmbH herausgearbeitet, weil jenem nicht nur nach der Auffassung von der deklaratorischen Löschungswirkung, sondern auch nach der Lehre vom Doppeltatbestand eine bedeutende Rolle für diese zukommt. Die meisten untersuchten Normen, die das Vermögen der GmbH betreffen, sind allerdings nicht mit der Vermögenslosigkeit vergleichbar, da sie regelmäßig Situationen betreffen, die weit vor dem Eintritt der Vermögenslosigkeit gegeben sind. Die Anordnung der Löschung im Falle von Vermögenslosigkeit gemäß § 394 Abs. 1 FamFG zeigt jedoch, dass dem Vorhandensein von Vermögen sehr wohl Relevanz für die Existenz der GmbH zukommt. Diese geht allerdings nicht so weit, dass mit ihrem Eintritt der Untergang der Gesellschaft verbunden ist. Dieser soll lediglich auf den Weg gebracht werden. Während des Löschungsverfahrens nach § 394 Abs. 2, Abs. 3 FamFG muss die GmbH hingegen noch bestehen, denn sonst könnte sie nicht an dem Verfahren beteiligt werden. Darüber hinaus dient das Verfahren regelmäßig gerade zur Klärung der Frage, ob Vermögenslosigkeit vorliegt, weil diese oftmals nicht offensichtlich ist. Das Vorliegen von Vermögenslosigkeit an sich kann keine Auswirkungen auf den Bestand der GmbH oder ihren Status als juristische Person sowie ihre Rechtsfähigkeit haben.

Dass es vermögenslose juristische Personen und damit vermögenslose Gesellschaften mit beschränkter Haftung geben kann, zeigt ferner die Existenz von Mantelgesellschaften in dieser Rechtsform. Auch sie verfügen oftmals über kein Vermögen mehr, sind aber trotzdem als juristische Personen anerkannt.

Aus der Untersuchung hat sich ergeben, dass für den Fortbestand der GmbH als juristische Person kein Vermögen erforderlich ist. Von den Fürsprechern der deklaratorischen Löschungswirkung wird die Bedeutung des Vermögens mithin überbewerten.

Anschließend an die Frage nach der Erforderlichkeit von Vermögen wurde die Notwendigkeit eines Betriebes untersucht. Weil eine GmbH zu jedem zulässigen Zweck gegründet werden kann, muss sie nicht wirtschaftlich tätig werden oder sogar einen Gewerbebetrieb im Sinne des Handelsrechts führen. Ferner muss sie kein Unternehmen betreiben. Dies verdeutlichen insbesondere unternehmenslose, aber als GmbH anerkannte Ausgestaltungen wie die Mantel- und Vorratsgesellschaft sowie Holdinggesellschaften und Komplementär-GmbHs. Darüber hinaus sieht das Gesetz selbst unternehmenslose Kapitalgesellschaften vor, beispielsweise unmittelbar nach ihrer Entstehung, weil nach dem Gesetzgeber eine Aufnahme der Tätigkeit vor der Eintragung im Handelsregister nicht vorgesehen ist, so dass im Zeitpunkt der Entstehung auch noch kein Unternehmen vorhanden sein kann. In der Liquidationsphase betreibt die GmbH zumindest am Ende ebenfalls kein Unternehmen mehr, wird aber noch als eine vollwertige, wenn auch aufgelöste GmbH angesehen. In beiden Phasen wird der Gesellschaft der Status als juristische Person nicht aufgrund eines fehlenden Unternehmens aberkannt. Generell besteht keine Betriebspflicht für die GmbH, was in dem Sinne zu verstehen ist, dass keine Pflicht zu einer Tätigkeit überhaupt besteht. Eine Untätigkeit kann sich dementsprechend nicht negativ auf ihren Bestand auswirken. Auch eine Vorrats- oder Mantelgesellschaft übt keine Tätigkeit aus und ist dennoch als eine juristische Person anerkannt.

Als konstituierendes Element einer Personenvereinigung ist allerdings ein gemeinsamer Zweck der Gründer erforderlich sowie ein eigener überindividueller Zweck der Gesellschaft. Ersterer kann den Gesellschaftern der GmbH weiterhin unterstellt werden, weil davon auszugehen ist, dass sie die Gesellschaft abschließend liquidieren wollen. Dabei ist unschädlich, dass dieser Zweck auf die Beendigung der Personenvereinigung gerichtet ist. Der überindividuelle Zweck besteht ebenfalls in der vollständigen Liquidation der Gesellschaft und läuft mithin parallel zum gemeinsamen Zweck der Gesellschafter. Aus diesen Zwecken lässt sich allerdings nichts für die Ausgestaltung der Gesellschaft in der Nachtragsliquidation gewinnen, weil jede Gesellschaftsform von derartigen Zwecksetzungen getragen wird.

Sodann wurde die Organisation der GmbH untersucht, zu der zwingend zwei Organe gehören: der Geschäftsführer und die Gesellschafterversammlung.[1502] Ist ein Organ unbesetzt, führt dies nicht zum Fortfall des Organs an sich, vielmehr muss dem Mangel abgeholfen werden. Hinsichtlich des Geschäftsführungsorgans kann hier gegebenenfalls die gerichtliche Zuständigkeit analog § 29 BGB greifen. Deshalb führt der Wegfall der Geschäftsführer nicht zu einem Untergang der GmbH. Auch eine Keinmann-GmbH ohne außenstehende Gesellschafter kann jedenfalls vorübergehend bestehen. In der Nachtrags-

1502 Beziehungsweise die Gesamtheit der Gesellschafter, je nachdem, was als Organ angesehen wird.

liquidation sind regelmäßig noch Gesellschafter vorhanden, die das Organ der Mitglieder bilden könnten, sowie mit dem gerichtlich bestellten Nachtragsliquidator auch ein geschäftsführendes Organ. Die Organisation würde folglich der einer GmbH genügen. Jedoch kann aus der Organisation nicht auf die Ausgestaltung eines Verbandes geschlossen werden. Vielmehr bestimmt sich die konkrete Organisation durch die Rechtsnatur der bestehenden Vereinigung. Die vorhandene Organisation spricht also nicht gegen, aber auch nicht für die Fortexistenz der GmbH als solcher über die Löschung hinaus.

Nach der Untersuchung der Organisation einer GmbH wurde der Frage nachgegangen, ob die Fremdbestimmung der Gesellschaft in der Nachtragsliquidation dazu führt, dass keine GmbH mehr vorliegen kann. Nach dem Grundsatz der Verbandssouveränität geht die Leitungsmacht von den Mitgliedern aus. Diese bestimmen zumindest mittelbar über die Besetzung des Geschäftsführungsorgans. Insbesondere in der regulären Liquidationsphase wird die Bestellungskompetenz der Gesellschafter hoch gewertet und überwiegend sogar für unentziehbar gehalten.

Es hat sich gezeigt, dass eine Fremdbestimmung der GmbH nicht nur in der Nachtragsliquidation gegeben ist. Von Interesse ist dabei vor allem, dass auch in der regulären Liquidationsphase eine gerichtliche Bestellung der Abwickler in Betracht kommt. Hier kann die Fremdbestimmung auch sehr weitgehend sein und dazu führen, dass allein gerichtlich bestellte Liquidatoren für die GmbH tätig werden. Regelmäßig – so auch in der Nachtragsliquidation – ist die gerichtliche Zuständigkeit für die Bestellung des Vertretungsorgans aus Schutzgesichtspunkten, entweder des Rechtsverkehrs, der Gläubiger oder auch der (Minderheits-)Gesellschafter gerechtfertigt. Hinter diesen Gesichtspunkten hat das Interesse der Gesellschafter(-mehrheit) an Autonomie zurückzustehen. Niemand zieht aufgrund der Fremdbestimmung in Betracht, dass die Gesellschaft ihren Status als juristische Person und Kapitalgesellschaft verlieren könnte. Eine Fremdbestimmung an sich führt keinen Statuswechsel der Gesellschaft herbei, so dass die GmbH auch in der Nachtragsliquidation noch als solche bestehen könnte.

Als letztes Merkmal der GmbH wurde die Handelsregistereintragung betrachtet. Vor ihrer Eintragung existiert die GmbH noch nicht als juristische Person und Kapitalgesellschaft, sondern es besteht eine Vorgesellschaft. Es ist somit bereits ein Personenzusammenschluss vorhanden, dem allerdings die Rechtspersönlichkeit der GmbH, mithin der Status als juristische Person, fehlt. Die Eintragung wirkt insoweit konstitutiv. Die weitere Untersuchung hat ergeben, dass die Löschung einer konstitutiv wirkenden Eintragung nicht zwangsläufig ebenfalls konstitutive Wirkung haben muss. Infolgedessen kann aus einer konstitutiven Eintragung nicht auf eine ebenso wirkende Löschung geschlossen werden. Für letztere streitet bei der GmbH allerdings der Wortlaut von § 74 Abs. 1 GmbHG, wonach vor Löschung der GmbH die Beendigung der Liquidation zum Handelsregister angemeldet werden muss. Es wird also nicht die Beendigung der Gesellschaft angemeldet, was darauf hindeutet, dass diese bisher noch nicht eingetreten ist.

Sinn und Zweck der Handelsregistereintragung sprechen ebenfalls für die konstitutive Wirkung der Löschung. Zunächst soll das Eintragungserfordernis eine staatliche Kontrolle ermöglichen. Auf diese Weise soll die Einhaltung der Normativbestimmungen festgestellt werden. Die Kontrollfunktion ist aber mit der Entstehung der GmbH weitgehend erschöpft, denn eine ständige Überprüfung der GmbH findet im Hinblick darauf nicht statt. Auch ist das Vorliegen der Normativbestimmung nur bis zur Entstehung der juristischen Person erforderlich. Fallen sie später weg, beispielsweise bei einem Sinken des Vermögens unter die Höhe des Stammkapitals, hat dies keine Auswirkungen auf den Status der Kapitalgesellschaft. Darüber hinaus dient die Eintragung ins Handelsregister der Publizität. Dem Rechtsverkehr soll offenbart werden, dass eine nicht körperlich fassbare juristische Person existiert und dass die Haftung derselben auf ihr eigenes Vermögen beschränkt ist, die Gesellschafter oder andere Personen mithin nicht für die eingegangenen Verbindlichkeiten haften. Mit der Löschung fehlt es an dieser Publizität. Die Existenz einer GmbH wäre danach nicht mehr ersichtlich. Dies kann nicht sein, so dass das Publizitätserfordernis für eine konstitutive Wirkung der Löschung spricht. Allein auf diese Art und Weise ist Rechtssicherheit gegeben. Die GmbH verliert durch die Löschung zumindest das, was sie durch die Eintragung erlangt hat: den Status als juristische Person und Kapitalgesellschaft. Wenn kein Vermögen oder sonstiger Abwicklungsbedarf mehr vorhanden ist, verschwindet die Gesellschaft zeitgleich vollständig aus dem Rechtsleben und ist beendet. Zeigt sich aber noch die Erforderlichkeit von Abwicklungsmaßnahmen, lebt die GmbH als solche nicht wieder auf. Dafür wäre eine Neugründung mit Einhaltung der Normativbestimmungen notwendig. Allein das Vorhandensein von Abwicklungsbedarf kann nicht über die fehlende Publizität in der Zwischenzeit hinweghelfen. Somit steht fest, dass die GmbH als solche mit ihrer konstitutiven Wirkung aus dem Register untergeht. Die im Titel aufgeworfene Frage lässt sich dahingehend beantworten, dass eine Nach-GmbH erforderlich ist, wenn eine Nachtragsliquidation durchgeführt werden muss.

# III.

Um Rechtssicherheit für die Phase der Nachtragsliquidation zu erreichen, ist im letzten Teil der vorstehenden Arbeit die genaue Ausgestaltung der Nach-GmbH herausgearbeitet worden. Da die GmbH als solche untergegangen ist, muss die Nach-GmbH eine andere Rechtsnatur haben. Die von den Anhängern der konstitutiven Löschungswirkung erarbeiteten Lösungen vermögen nicht völlig zu überzeugen. Insbesondere die Verfechter der teilkonstitutiven Löschungswirkung liefern aber brauchbare Ansätze hinsichtlich der Ausgestaltung der Nachgesellschaft. Nicht zu folgen ist jedoch der Annahme von Teilrechtsfähigkeit. Ein Vergleich mit einigen anerkannten Rechtsformen von Personenvereinigungen hat ergeben, dass keine davon passend für die Nachgesellschaft ist. Sie ist deshalb nicht unter eine der herkömmlichen Gesellschaftsformen einzuordnen. Die wenigen die Nachtragsliquidation betreffenden Vorschriften zeigen, dass der Gesetzgeber die Nach-GmbH generell anerkannt hat. In dieser Hinsicht ist sie mit der Vorgesellschaft vergleichbar, welche der Gesetzgeber durch einige Normen ebenfalls anerkannt hat. Ähnlich wie diese ist sie auch eine Gesellschaft sui generis. Ihr kommt umfassende Rechtsfähigkeit zu, jedoch fehlt ihr die Rechtspersönlichkeit einer juristischen Person wie der GmbH, weil diese an die Eintragung geknüpft ist. Sie ist weiterhin von ihren Mitgliedern verselbstständigt und weist eine körperschaftliche Struktur auf. Allerdings ist sie lediglich auf Abwicklung gerichtet und wird nicht mehr autonom durch von den Mitgliedern bestellte Leitungsorgane geführt, sondern von dem gerichtlich bestellten Nachtragsliquidator. Hier zeigt sich, dass die Nachgesellschaft weniger verselbstständigt ist als die eingetragene GmbH. Andererseits geht die Verselbstständigung weiter als bei der Vor-GmbH, deren Existenz dadurch bedingt ist, dass die Gesellschafter ihre Eintragungsabsicht weiter verfolgen. Für die Nach-GmbH kommt dem Willen der Mitglieder hingegen eine geringere Bedeutung zu. Die Nachtragsliquidation findet auch dann statt, wenn die Gesellschafter kein konkretes Interesse daran zeigen. Aufgrund der gegebenen Verselbstständigung kommt der Einpersonen-Nach-GmbH ebenfalls umfassende Rechtsfähigkeit zu.

Auf die Nach-GmbH werden zunächst die speziellen, die Nachtragsliquidation regelnden Vorschriften angewandt. Darüber hinaus findet das Recht der GmbH Anwendung, sofern es nicht die Eintragung und den Status als juristische Person zur Voraussetzung hat oder die Anwendbarkeit im Liquidationsstadium generell ausgeschlossen ist.

Eine Rückführung ins werbende Stadium scheidet für die Nach-GmbH aus. Sie ist lediglich auf Restabwicklung gerichtet und existiert allein aus diesem Grund. Weil sie keine juristische Person mehr darstellt, kann sie nicht durch eine mögliche Fortsetzung erneut zu einer solchen werden. Dafür wäre vielmehr eine

Neugründung erforderlich, was allerdings eine vollkommen neue, andere Gesellschaft entstehen ließe, der die in der Nachtragsliquidation vorhandenen Rechte und Pflichten nicht ohne besondere Übertragung zugeordnet werden könnten.

Die Nach-GmbH tritt unter dem ehemaligen Namen der GmbH auf, allerdings mit einem das besondere Liquidationsstadium verdeutlichenden Zusatz.

Auf eine Wiedereintragung ins Handelsregister muss verzichtet werden, denn dies deutet auf das Vorhandensein einer typisierten juristischen Person hin. Der Nachtragsliquidator kann ebenfalls nicht eingetragen werden, denn seine Eintragung wäre technisch nur möglich, indem das geschlossene Registerblatt der GmbH wieder geöffnet und der Löschungsvermerk gerötet wird. Weil dies den Eindruck einer existierenden GmbH mit sich bringt, muss auf die Eintragung des Nachtragsliquidators verzichtet werden. Legitimieren kann er sich durch den Bestellungsbeschluss des Gerichts.

Die Nach-GmbH kommt mit der Löschung der GmbH zur Entstehung. Allerdings nicht in jedem Fall, sondern nur, wenn aus objektiver Sicht tatsächlich noch Abwicklungsbedarf vorhanden ist. Es kommt dabei nicht darauf an, ob der Bedarf bekannt ist, denn mit dem Untergang der GmbH bedürfen die Rechte und Pflichten eines Zuordnungssubjekts, welches sie mit der Nach-GmbH erhalten. Sie entsteht im Falle ihrer Erforderlichkeit gleichzeitig mit dem Untergang der GmbH im Zeitpunkt der Handelsregisterlöschung. Solange sich die Notwendigkeit einer weiteren Abwicklung aber nicht offenbart, existiert sie unbemerkt. Erst wenn sich der Abwicklungsbedarf zeigt, wird das Vorhandensein der Nachgesellschaft ersichtlich.

Eine Übertragung der Rechte und Übernahme der Pflichten der gelöschten GmbH ist nicht erforderlich, denn die Nach-GmbH ist mit der GmbH identisch. Die Identität ist vergleichbar der bei einer formwechselnden Umwandlung. Eine alternativ in Frage kommende Gesamtrechtsnachfolge muss ausscheiden, weil es sich bei GmbH und Nach-GmbH lediglich um verschiedene Entwicklungsstadien derselben Gesellschaft handelt. Dass sich ihre Rechtsnatur ändert, ist unschädlich. Ein identitätswahrender Formwechsel ist ebenfalls von einer juristischen Person zu einer Gesamthandsgesellschaft und umgekehrt möglich. In diesem Fall ist die Änderung der Rechtsnatur aber weitaus gewichtiger, als wenn die GmbH zu der ihr ähnlichen Nach-GmbH wird. Mit der Löschung der GmbH werden der gleichzeitig entstehenden Nach-GmbH alle noch vorhandenen Rechte und Pflichten der Gesellschaft automatisch zugeordnet.

Aufgrund der Identität bleiben die Gesellschafter der GmbH solche der Nach-GmbH. Sie behalten ihre Stellung. Ihnen stehen in der Nachtragsliquidation allerdings nicht mehr dieselben Rechte wie im werbenden Stadium zu. Insbesondere können sie den Nachtragsliquidator nicht bestimmen, weil er vom Gericht bestellt und überwacht wird. Die Gesellschafter behalten aber ihr Recht auf Auszahlung eines etwaigen Liquidationsüberschusses. Andere Rechte werden in der Regel gegenstandslos, da ein Tätigwerden der Gesellschafter in der Nachtragsliquidation nicht mehr erforderlich ist.

Einziges Organ der Nach-GmbH, welches in der Nachtragsliquidation tatsächlich tätig werden muss, ist der gerichtlich bestellte Nachtragsliquidator. Er nimmt die restliche Abwicklung der Gesellschaft unter Aufsicht des Gerichts vor und führt die Gesellschaft so ihrem Ende zu. Die Regelung des § 37 Abs. 2 GmbHG findet auf ihn keine Anwendung, so dass seine Vertretungsmacht nicht unbeschränkt ist. Das rechtfertigt sich dadurch, dass die Nachgesellschaft keine GmbH und Handelsgesellschaft ist. Der Grundsatz der unbeschränkbaren Vertretungsmacht gilt insbesondere für die organschaftlichen und typisierten rechtsgeschäftlichen Vertreter im Handelsrecht. Dadurch soll dem Verkehrsschutz im Handelsrecht genügt werden, denn für den Rechtsverkehr ist eine etwaige Beschränkung nicht ersichtlich. Mangels Kaufmannseigenschaft kann dies für die Nach-GmbH keine Gültigkeit erlangen. Darüber hinaus tritt sie auch mit einem ihren Status verdeutlichenden Zusatz auf, so dass der Rechtsverkehr, sollte er mit der Nachgesellschaft in Berührung kommen, nicht von einer typisierten Vertretungsmacht ausgehen kann. Bei der Nach-GmbH richtet sich die Vertretungsmacht ihres organschaftlichen Vertreters deshalb nach den ihm vom Gericht übertragenen Aufgaben. Die Geschäftsführungsbefugnis bestimmt mithin auch über die Vertretungsmacht.

Für die Verbindlichkeiten der Nach-GmbH haftet diese selbst. Vermögensrechtliche Verbindlichkeiten sind allerdings nur insoweit erfüllbar, wie der Nachgesellschaft noch Vermögen zusteht. Vermögensneutrale Pflichten muss der Nachtragsliquidator regelmäßig für die Nach-GmbH begleichen. Es gilt weiterhin § 13 Abs. 2 GmbHG, so dass die Gesellschafter nicht für die Schulden der Gesellschaft einstehen müssen. Die Beschränkung der Haftung auf das Gesellschaftsvermögen – und damit auch der Ausschluss der Gesellschafterhaftung – ist nicht durch die Eigenschaft der juristischen Person bedingt. Sie rechtfertigt sich vielmehr durch die Aufbringung und Erhaltung des Stammkapitals als Haftungsfonds sowie die Trennung der Vermögensmasse der Gesellschaft von derjenigen der Gesellschafter. Solange die Gesellschafter nicht gegen die Kapitalaufbringungs- und -erhaltungsregeln oder das Trennungsprinzip verstoßen, trifft sie keine persönliche Haftung. Weil in der Nachtragsliquidation – bei ordnungsgemäßem Verhalten im Vorfeld – ein Verstoß nicht vorliegt, ist eine persönliche Haftung der Gesellschafter auch in dieser Phase ausgeschlossen. Als weitere Bedingung ist die Publizität der Haftungsbeschränkung erforderlich. An ihr mangelt es aber nicht bereits deshalb, weil die Gesellschaft nicht mehr im Handelsregister eingetragen ist. Der Publizität ist durch das Auftreten unter dem

Rechtsformzusatz Genüge getan. Dadurch wird dem Rechtsverkehr offenbart, dass allein die Gesellschaft selbst für ihre Verbindlichkeiten haftet. Den Nachtragsliquidator trifft ebenfalls keine persönliche Haftung für sein Handeln im Namen der Nach-GmbH. Etwas anderes gilt nur, wenn er die ihm gesetzten Grenzen der Vertretungsmacht überschreitet. Dann kommt eine Haftung als Vertreter ohne Vertretungsmacht sowie aus vorvertraglicher Vertragsverletzung und Delikt in Betracht.

Die Parteifähigkeit im Zivilprozess richtet sich nach der Rechtsfähigkeit, das heißt die Nach-GmbH ist parteifähig. Der Nachtragsliquidator kann allerdings nur im Rahmen seiner Vertretungsmacht für sie Prozesse führen. Im Rahmen der Abwicklung kann die Gesellschaft selbst neue Prozesse einleiten. Ebenso können Gläubiger gegen sie klagen. Ist unklar, ob noch Abwicklungsmaßnahmen zu erledigen sind, steht gerade auch die dadurch bedingte Rechts- und Parteifähigkeit in Zweifel. Damit der Prozess eine Klärung hinsichtlich des Vorhandenseins von Abwicklungsbedarf herbeiführen kann, ist die Parteifähigkeit der Nach-GmbH für dieses Verfahren zu unterstellen, wenn hinreichend Anhaltspunkte für noch bestehenden Abwicklungsbedarf vorhanden sind.

Ist die GmbH trotz eines anhängigen Prozesses gelöscht worden, wird das Verfahren durch die Nach-GmbH fortgeführt. Bis zur Bestellung eines Nachtragsliquidators wird das Verfahren allerdings analog § 241 ZPO unterbrochen, wenn nicht bereits vorher ein Prozessbevollmächtigter bestellt war. Aufgrund der Identität der beiden Gesellschaften ist die Parteibezeichnung im Klagerubrum zu berichtigen. Ebenso ist eine Berichtigung eines schon erlassenen Urteils nach § 319 ZPO angezeigt.

Aus einem Titel gegen die GmbH kann nach Anbringung eines Parteiberichtigungsvermerks gegen die Nach-GmbH vollstreckt werden.

Das endgültige Ende der Nach-GmbH tritt ein, sobald ihr keine Rechte und Pflichten mehr zugeordnet werden. Wie bei ihrem Entstehen kommt es hierfür auf die objektive Rechtslage und nicht auf das Offenbarwerden der Rechte und Pflichten an. Es kann somit sein, dass die Nach-GmbH auch nach Beendigung einer Nachtragsliquidation weiterhin fortbesteht. Dies ist erforderlich, damit die Abwicklungsmaßnahmen einem Subjekt zugeordnet werden können. Es kann dann erneut eine Nachtragsliquidation eröffnet werden, wenn sich die Rechte und Pflichten zeigen.

# Literaturverzeichnis


*Bärwaldt, Roman/Schabacker, Joachim*, Keine Angst vor Mantel- und Vorratsgesellschaften, in GmbHR 1998, S. 1005–1014

*Barbasch, Edith*, Ausgewählte Probleme der „großen Familienkommanditgesellschaft“, Baden-Baden 1989

*Bartl, Harald/Bartl, Angela/Fichtelmann, Helmar/ Koch, Detlef/Schlarb, Eberhard*, GmbH-Recht, 6. Aufl., Heidelberg, München, Landsberg, Frechen, Hamburg 2009 (zit.: Bartl – *Bearbeiter*)

*Bauer, Jan Michael*, Der Notgeschäftsführer in der GmbH, Köln 2006

*Baumbach, Adolf* (Begr.)/*Hopt, Klaus J.*, Handelsgesetzbuch, 35. Aufl., München 2012 (zit.: Baumbach/ Hopt – *Bearbeiter*)

*Baumbach, Adolf* (Begr.)/*Hueck, Alfred*, GmbH-Gesetz, 19. Aufl., München 2010 (zit.: Baumbach/Hueck – *Bearbeiter*)

*Behr, Johannes*, Verfahren zur Abgabe der Offenbarungsversicherung – Tendenzen und Entwicklungen in der Rechtsprechung, in Rpfleger 1988, S. 1–10

*Beitzke, Günther*, Bürgschaft für totalenteignete Handelsgesellschaften, in NJW 1952, S. 841–844

*Bergmann, Hans*, Hat die Löschung einer Kapitalgesellschaft konstitutive oder deklaratorische Bedeutung?, in DNotZ 1935, S. 782–786

*Ders.*, Umwandlung, Auflösung und Löschung von Kapitalgesellschaften – Erläuterungen zu den neuen handelsrechtlichen und steuerrechtlichen Vorschriften, Berlin 1935

*Beuthien, Volker*, Gibt es eine organschaftliche Stellvertretung?, in NJW 1999, S. 1142–1146

*Beuthien, Volker/Gätsch, Andreas*, Vereinsautonomie und Satzungsrechte Dritter – Statutarischer Einfluss auf die Gestaltung von Körperschaftssatzungen, in ZHR 156 (1992), S. 459–479

*Bing, Fritz*, Anmerkung zu RG, Urteil vom 12.05.1930, in JW 1930, S. 2943–2944

*Bokelmann, Gunther*, Der Prozeß gegen eine im Handelsregister gelöschte GmbH, in NJW 1977, S. 1130–1133

*Bommert, Rainer*, GmbH-Mantelkauf und Gründungsrecht – Zugleich eine Besprechung von OLG Hamburg, Urteil vom 15.04.1983, in GmbHR 1983, S. 209–213

*Bork, Reinhard*, Die als vermögenslos gelöschte GmbH im Prozeß, in JZ 1991, S. 841–850

*Bork, Reinhard/Schäfer, Carsten* (Hrsg.), GmbHG, Kommentar zum GmbH-Gesetz, 2. Aufl., Köln 2012 (zit.: Bork/Schäfer – *Bearbeiter*)

*Brandes, Helmut*, Anmerkung zu OLG Stuttgart, Urteil vom 30.09.98, in NZG 1999, S. 33–34

*Braun, Eberhard* (Hrsg.), Insolvenzordnung (InsO), Kommentar, 5. Aufl., München 2012 (zit.: Braun – *Bearbeiter*)

*Bretschneider, Alfred*, Die rechtlichen Schicksale einer juristischen Person nach ihrem Ende, Halle, Wittenberg 1938

*Brox, Hans/Walker, Wolf-Dietrich*, Allgemeiner Teil des BGB, 36. Aufl., München 2012

*Buchner, Gerhard*, Amtslöschung, Nachtragsliquidation und masselose Insolvenz von Kapitalgesellschaften, Köln, Berlin, Bonn, München 1988

*Buchwald, F.*, Der eigene Anteil der GmbH, in GmbHR 1958, S. 169–173

*Bürgers, Tobias/Körber, Thorsten* (Hrsg.), Aktiengesetz, 2. Aufl., Heidelberg, München, Landsberg, Frechen, Hamburg 2011 (zit.: Bürgers/Körber – *Bearbeiter*)

*Büttner, Hermann*, Identität und Kontinuität bei der Gründung juristischer Personen, Bielefeld 1967

*Butz, Wolf-Dieter*, Die Mantelverwertung bei der Gesellschaft mit beschränkter Haftung, Göttingen 1972

*Ders.*, Die Mantelverwertung bei der GmbH, in GmbHR 1972, S. 270–275

*Claussen, Lorenz*, Gesamtnachfolge und Teilnachfolge, Baden-Baden 1995

*Cramer, Johann-Ulrich Freiherr von*, Die Rechtsfähigkeit der aufgelösten juristischen Person im Fall der Nachtragsliquidation, Göttingen 1930

*Crisolli, Karl-August*, Scheintod einer Aktiengesellschaft, in JW 1934, S. 963–964

*Ders.*, Die Auflösung und Löschung von Gesellschaften nach dem Gesetz vom 9. Oktober 1934, in JW 1934, S. 2657–2661

*Crisolli, Karl-August/Groschuff, Hans/Kaemmel, Ernst*, Umwandlung und Löschung von Kapitalgesellschaften, 3. Aufl., Leipzig 1937

*Däubler, Wolfgang*, Die Löschung der GmbH wegen Vermögenslosigkeit, in GmbHR 1964, S. 246–247

*Dauner-Lieb, Barbara/Simon, Stefan* (Hrsg.), Kölner Kommentar zum UmwG, Köln 2009 (zit.: KölnerKommUmwG – *Bearbeiter*)

*Dölle, Hans*, Bemerkungen zur Blankozession, Ein Beitrag zur Lehre von den subjektiven Rechten, in *von Caemmerer, Ernst/Hallstein, Walter/Mann, F. A./Raiser, Ludwig* (Hrsg.), Festschrift für Martin Wolff, Tübingen 1952, S. 23–32

*Dudenredaktion* (Hrsg.), Duden, Deutsches Universalwörterbuch, 7. Aufl., Mannheim, Zürich 2011

*Ebenroth, Carsten Thomas/Müller, Andreas*, Vorratsgründungen im Kapitalgesellschaftsrecht zwischen ökonomischen Bedürfnissen und der Registereintragung, in DNotZ 1994, S. 75–87

*Ensthaler, Jürgen/Füller, Jens Thomas/Schmidt, Burkhard*, Kommentar zum GmbH-Gesetz (GmbHG), 2. Aufl., Köln 2010 (zit.: Ensthaler/Füller/Schmidt – *Bearbeiter*)

*Feine, Hans Erich*, Die Gesellschaft mit beschränkter Haftung, in *Ehrenberg, Victor* (Hrsg.), Handbuch des gesamten Handelsrechts, Dritter Band, III. Abteilung, Leipzig 1929

*Fichtelmann, Helmar*, Die Rechtsstellung des Geschäftsführers der GmbH in der Insolvenz der Gesellschaft, in GmbHR 2008, S. 76–84

*Ders.*, Auswirkungen der Löschung einer vermögenslosen GmbH im Handelsregister – Zugleich Anmerkung zum BFH-Urteil vom 9.6.2010 – IX R 65/09 –, in GmbHR 2011, S. 912–916

*Fleischer, Holger/Goette, Wulf* (Hrsg.), Münchener Kommentar zum Gesetz betreffend die Gesellschaften mit beschränkter Haftung – GmbHG, Band 1, §§ 1–34, München 2010 (zit.: MüKoGmbHG – *Bearbeiter*)

*Dies.* (Hrsg.), Münchener Kommentar zum Gesetz betreffend die Gesellschaften mit beschränkter Haftung – GmbHG, Band 3, §§ 53–85, München 2011 (zit.: MüKoGmbHG – *Bearbeiter*)

*Dies.* (Hrsg.), Münchener Kommentar zum Gesetz betreffend die Gesellschaften mit beschränkter Haftung – GmbHG, Band 2, §§ 35–52, München 2012 (zit.: MüKoGmbHG – *Bearbeiter*)

*Flume, Werner*, Allgemeiner Teil des Bürgerlichen Rechts, Erster Band, Erster Teil, Die Personengesellschaft, Berlin, Heidelberg, New York 1977 (zit.: *Flume*, Personengesellschaft)

*Ders.*, Allgemeiner Teil des Bürgerlichen Rechts, Erster Band, Zweiter Teil, Die juristische Person, Berlin, Heidelberg, New York, Tokyo 1983 (zit.: *Flume*, Juristische Person)

*Foerste, Ulrich*, Insolvenzrecht, 5. Aufl., München 2010

*Frank, Johann*, Anmerkung zu OLG Düsseldorf, Beschluss vom 14.07.2010, in MittBayNot 2011, S. 304–305

*Freese, Bernhard*, Anmerkung zu OLG Frankfurt/Main, Beschluss vom 02.07.1962, in GmbHR 1963, S. 232–234

*Galla, Stefan*, Nachtragsliquidation bei Kapitalgesellschaften, Aachen 2005

*Ders.*, Fortsetzung einer GmbH in Nachtragsliquidation, in GmbHR 2006, S. 635–640

*Gehrlein, Markus*, Möglichkeiten und Grenzen der Fortsetzung einer aufgelösten GmbH, in DStR 1997, S. 31–35

*Gierke, Otto von*, Deutsches Privatrecht, Erster Band, Allgemeiner Teil und Personenrecht, Leipzig 1895

*Godin, Reinhard von/Wilhelmi, Hans* (Begr.), Aktiengesetz vom 6. September 1965, Band II, §§ 179–410, Einführungsgesetz, Sachverzeichnis, 4. Aufl., Berlin 1971 (bearb. von Wilhelmi, Sylvester) (zit.: *Godin/Wilhelmi*)

*Götker, Uwe*, Der Geschäftsführer in der Insolvenz der GmbH – Der Einfluß der Insolvenzordnung auf die Rechts- und Pflichtenstellung eines GmbH-Geschäftsführers, Köln 1999

*Goette, Wulf/Habersack, Mathias* (Hrsg.), Münchener Kommentar zum Aktiengesetz, Band 4, §§ 179–277, 3. Aufl., München 2011 (zit.: MüKoAktG – *Bearbeiter*)

*Gottschling*, Anmerkung zu BayObLG, Beschluss vom 04.10.1955, in GmbHR 1956, S. 76

*Gottwald, Peter* (Hrsg.), Insolvenzrechts-Handbuch, 4. Aufl., München 2010 (zit.: Gottwald – *Bearbeiter*)

*Gröger, Erich*, Die Firma ist gelöscht – Was nun?, in RpflegerJahrb 1984, S. 332–350

*Groschuff, Hans*, „Erlöschen einer Firma“ und „Gesellschaftsmantel“, in JR 1933, S. 85–94

*Ders.*, Wiederbelebung von Firmen – Zugleich ein Beitrag zur Wandlung der Rechtsanschauung im geltenden Rech, in JW 1935, S. 1738–1747

*Ders.*, Anmerkung zu LG Berlin, Beschluss vom 15.11.1935, in JW 1936, S. 746

*Ders.*, Anmerkung zu KG, Beschluss vom 03.04.1941, in DR 1941, S. 1544

*Großkommentar Aktiengesetz*, Dritter Band, §§ 179–290, 3. Aufl., Berlin 1973 (zit.: GroßKomm – *Bearbeiter*)

*Grunewald, Barbara*, Gesellschaftsrecht, 8. Aufl., Tübingen 2011

*Grunwald, Axel*, Offene Fragen der Notorganschaft gemäß § 29 BGB, Mainz 1993

*Grziwotz, Herbert*, Sonderfälle der Liquidation von Gesellschaften, in DStR 1992, S. 1813–1815

*Gustavus, Eckhart*, Probleme mit der GmbH ohne Geschäftsführer, in GmbHR 1992, S. 15–19

*Hachenburg, Max*, Zum Erwerbe eigener Geschäftsanteile durch die Gesellschaft mit beschränkter Haftung, in Staatwissenschaftliche Fakultät Zürich (Hrsg.), Festschrift für Georg Cohn zu seinem siebenzigsten Geburtstage, Zürich 1915, S. 79–91

*Ders.* (Begr.), Gesetz betreffend die Gesellschaften mit beschränkter Haftung (GmbHG), Großkommentar, Band 3, §§ 53–85, 7. Aufl., Berlin, New York 1984 (7. Lieferung 1983) (zit.: Hachenburg[7] – *Bearbeiter*)

*Ders.* (Begr.), Gesetz betreffend die Gesellschaften mit beschränkter Haftung (GmbHG), Großkommentar, Zweiter Band, §§ 35–52, hrsg. von *Ulmer, Peter*, 8. Aufl., Berlin, New York 1997 (zit.: Hachenburg – *Bearbeiter*)

*Ders.* (Begr.), Gesetz betreffend die Gesellschaften mit beschränkter Haftung (GmbHG), Großkommentar, Dritter Band, §§ 53–85, hrsg. von *Ulmer, Peter*, 8. Aufl., Berlin, New York 1997 (zit.: Hachenburg – *Bearbeiter*)

*Häsemeyer, Ludwig*, Insolvenzrecht, 4. Aufl., Köln, München 2007

*Halm, Dirk/Linder, Stephanie*, Die Fortsetzungsmöglichkeit bei der aufgelösten GmbH nach der neuen Insolvenzordnung, in DStR 1999, S. 379–382

*Hancke, Katrin*, Vorrats- und Mantel-GmbH – Gläubigerschutz durch analoge Anwendung der Gründungsvorschriften, Berlin 2007

*Heerma, Jan Dirk*, Mantelverwendung und Kapitalaufbringungspflichten, Köln 1997

*Heidel, Thomas* (Hrsg.), Aktienrecht und Kapitalmarktrecht, 3. Aufl., Baden-Baden 2011 (zit.: Heidel – *Bearbeiter*)

*Held, Gerhard*, Die Beendigung einer GmbH aufgrund ihrer Vermögenslosigkeit, Mainz 1996

*Helios, Marcus/Strieder, Thomas* (Hrsg.), Beck'sches Handbuch der Genossenschaft, München 2009 (zit.: Beck'sches Handbuch Gen – *Bearbeiter*)

*Heller, Christoph*, Die vermögenslose GmbH, Köln, Berlin, Bonn, München 1989

*Henssler, Martin*, Die verfahrensrechtlichen Pflichten des Geschäftsführers im Insolvenzverfahren über das Vermögen der GmbH und der GmbH & Co. KG, in Arbeitskreis für Insolvenzwesen Köln e.V. (Hrsg.), Kölner Schrift zur Insolvenzordnung, 3. Aufl., Münster 2009, S. 990–1020

*Henssler, Martin/Strohn, Lutz* (Hrsg.), Gesellschaftsrecht, München 2011 (zit.: Henssler/Strohn – *Bearbeiter*)

*Herbig*, Rechtsfragen bei der Löschung von Kapitalgesellschaften, in DNotZ 1935, S. 787–794

*Herchen, Hilke*, Vorratsgründung, Mantelverwendung und geräuschlose Beseitigung der GmbH, in DB 2003, S. 2211–2216

*Hönn, Günther*, Die konstitutive Wirkung der Löschung von Kapitalgesellschaften, in ZHR 138 (1974), S. 50–79

*Hösel, Wolfgang*, Eigene Geschäftsanteile der GmbH, in DNotZ 1958, S. 5–16

*Hofmann, Paul*, Zur Auflösung einer GmbH, in GmbHR 1975, S. 217–227

*Hohlfeld, Matthias*, Der Notgeschäftsführer in der GmbH, in GmbHR 1986, S. 181–185

*Ders.*, Anmerkung zu BayObLG, Beschluss vom 14.09.1999 und vom 29.09.1999, in GmbHR 1999, S. 1294–1295

*Ders.*, Anmerkung zu KG, Beschluss vom 09.01.2001, in GmbHR 2001, S. 255–256

*Ders.*, Anmerkung zu OLG Düsseldorf, Beschluss vom 12.11.2001, in GmbHR 2002, S. 161–162

*Hohner, Georg*, Subjektlose Rechte, Unter besonderer Berücksichtigung der Blankozession, Bielefeld 1969

*Hommelhoff, Peter*, Unternehmensführung in der mitbestimmten GmbH, in ZGR 7 (1978), S. 119–155

*Hopt, Klaus J./Wiedemann, Herbert* (Hrsg.), Aktiengesetz Großkommentar, Zweiter Band, §§ 53a–75, 4. Aufl., Berlin 2008 (zit.: GroßKommAktG – *Bearbeiter*)

*Huber, Ulrich*, Vermögensanteil, Kapitalanteil und Gesellschaftsanteil an Personengesellschaften des Handelsrechts, Heidelberg 1970

*Ders.*, Rechtsfähigkeit, juristische Person und Gesamthand, in *Schneider, Uwe H./Hommelhoff, Peter/Schmidt, Karsten/Timm, Wolfram/Grunewald, Barbara/Drygala, Tim* (Hrsg.), Festschrift für Marcus Lutter zum 70. Geburtstag, Köln 2000, S. 107–139

*Hübner, Heinz*, Anmerkung zu BAG, Urteil vom 13.04.1967, in AP Nr. 1 zu § 1913 BGB

*Ders.*, Allgemeiner Teil des Bürgerlichen Gesetzbuches, 2. Aufl., Berlin, New York 1996

*Hüffer, Uwe*, Das Gründungsrecht der GmbH – Grundzüge, Fortschritte und Neuerungen, in Jus 1983, S. 161–169

*Ders.*, Das Ende der Rechtspersönlichkeit von Kapitalgesellschaften – Überlegungen zur konstitutiven Wirkung der Gesellschaftslöschung und zur Zuordnung von Restvermögen, in *Jahr, Günther* (Hrsg.), Gedächtnisschrift für Dietrich Schultz, Köln, Berlin, Bonn, München 1987, S. 99–115

*Ders.*, Aktiengesetz, 10. Aufl., München 2012 (zit.: *Hüffer*, AktG)

*Jäger, Axel*, Anmerkung zu BAG, Vorlagebeschluss vom 23.08.1995, in DStR 1996, S. 231–232

*Jaeger, Ernst* (Begr.), Insolvenzordnung, Großkommentar, Erster Band, §§ 1–55, hrsg. von *Henckel, Wolfram/Gerhardt, Walter*, Berlin 2004 (zit.: Jaeger – *Bearbeiter*)

*Jauernig, Othmar* (Hrsg.), Bürgerliches Gesetzbuch mit Allgemeinem Gleichbehandlungsgesetz (Auszug), 14. Aufl., München 2011 (zit.: Jauernig – *Bearbeiter*)

*John, Uwe*, Die organisierte Rechtsperson, System und Probleme der Personifikation im Zivilrecht, Berlin 1977 (zit.: *John*, Rechtsperson)

*Ders.*, Personenrecht und Verbandsrecht im Allgemeinen Teil des Bürgerlichen Rechts – Werner Flumes Buch über „Die juristische Person", in AcP 185 (1985), S. 209–243

*Ders.*, Die Gründung der Einmann-GmbH, Köln 1986 (zit.: *John*, Einmann-GmbH)

*Josef, Eugen*, Zweifelsfragen aus dem Tätigkeitsbereich eines Notars, Umschreibung einer Briefhypothek und Erteilung der Vollstreckungsklausel, wenn der Zedent nach der privatschriftlichen Abtretung die Rechtspersönlichkeit verliert., in BayNotV 1927, S. 240–242

*Jula, Rocco*, Der GmbH-Geschäftsführer, 3. Aufl., Berlin, Heidelberg 2009

*Jung, Peter*, Handelsrecht, 9. Aufl., München 2012

*Kantak, Ralf*, Mantelgründung und Mantelverwendung bei der GmbH, München 1989

*Kasten, Dieter*, Anmerkung zu BGH, Urteil vom 10.10.1988, in WuB II C. § 60 GmbHG 1.89, S. 475–478

*Keidel, Theodor* (Begr.), FamFG, Kommentar zum Gesetz über das Verfahren in Familiensachen und die Angelegenheiten der freiwilligen Gerichtsbarkeit, hrsg. von *Engelhardt, Helmut/Sternal, Werner*, 17. Aufl., München 2011 (zit.: Keidel – *Bearbeiter*)

*Kießling, Erik*, Vorgründungs- und Vorgesellschaften, Zur Struktur und Kontinuität der Entstehungsphasen bei AG, GmbH, e.G. und e.V., Berlin, New York 1999

*Kirberger, Petra*, Die Notwendigkeit der gerichtlichen Liquidatorenbestellung im Falle der Nachtragsliquidation einer wegen Vermögenslosigkeit gelöschten Gesellschaft oder Genossenschaft, in Rpfleger 1975, S. 341–344

*Kirchhof, Hans-Peter/Lwowski, Hans-Jürgen/Stürner, Rolf* (Hrsg.), Münchener Kommentar zur Insolvenzordnung, Band 1 (§§ 1–102 InsO, InsVV), 2. Aufl., München 2007 (zit.: MüKoInsO – *Bearbeiter*)

*Dies.* (Hrsg.), Münchener Kommentar zur Insolvenzordnung, Band 2 (§§ 103–269 InsO), 2. Aufl., München 2007 (zit.: MüKoInsO – *Bearbeiter*)

*Koller, Ingo/Roth, Wulf-Henning/Morck, Winfried*, Handelsgesetzbuch, 7. Aufl., München 2011

*Kraft, Alfons/Kreutz, Peter*, Gesellschaftsrecht, 11. Aufl., Neuwied, Kriftel 2000

*Kresse, Stefan*, Die Verwendung von Mantel- und Vorratsgesellschaften in der Rechtsform der GmbH und der AG, Baden-Baden 2010

*Kreutz, Peter*, Von der Einmann- zur „Keinmann"-GmbH, in *Lutter, Marcus/Mertens, Hans-Joachim/Ulmer, Peter* (Hrsg.), Festschrift für Walter Stimpel, Berlin, New York 1985, S. 379–397

*Kronstein, Heinrich*, Die abhängige juristische Person, München, Berlin, Leipzig 1931

*Krüger, Wolfgang/Rauscher, Thomas* (Hrsg.), Münchener Kommentar zur Zivilprozessordnung mit Gerichtsverfassungsgesetz und Nebengesetzen, Band 1, §§ 1–354, 4. Aufl., München 2013 (zit.: MüKoZPO – *Bearbeiter*)

*Kübler, Friedrich/Assmann, Heinz-Dieter*, Gesellschaftsrecht, 6. Aufl., Heidelberg, München, Landsberg, Berlin 2006

*Kühn, Manfred*, Die Minderheitsrechte in der GmbH und ihre Reform, Hamburg 1964

*Labes, Friedrich*, Über Ansprüche des Gläubigers einer völlig beendigten Aktiengesellschaft gegen deren letzte Aktionäre auf Grund der Ausschüttung des Aktiengesellschaftsvermögens unter sie, in LZ 1914, S. 742–745

*Lange-Ronneberg, Erwin*, Zum Gesetz über die Auflösung und Löschung von Gesellschaften und Genossenschaften vom 9. Oktober 1934, in Wirtschaftsblatt der Industrie- und Handelskammer zu Berlin 1935, S. 60–64

*Larenz, Karl/Wolf, Manfred*, Allgemeiner Teil des Bürgerlichen Rechts, 9. Aufl., München 2004

*Leuering, Dieter/Simon, Stefan*, Die gelöschte GmbH im Prozess, in NJW-Spezial 2007, S. 27–28

*Lindacher, Walter F.*, Die Nachgesellschaft – Prozessuale Fragen bei gelöschten Kapitalgesellschaften, in *Gerhardt, Walter/Diederichsen, Uwe/Rimmelspach, Bruno/Costede, Jürgen* (Hrsg.), Festschrift für Wolfram Henckel zum 70. Geburtstag am 21. April 1995, Berlin, New York 1995, S. 549–562

*Lorenz, Heinz*, Die Rückverwandlung der aufgelösten Aktiengesellschaft und Gesellschaft mit beschränkter Haftung in werbende Gesellschaften, Halle (Saale) 1932

*Lutter, Marcus/Hommelhoff, Peter*, GmbH-Gesetz, Kommentar, 18. Aufl., Köln 2012 (zit.: Lutter/Hommelhoff – *Bearbeiter*)

*Lutter, Marcus/Winter, Martin* (Hrsg.), Umwandlungsgesetz, Band II, §§ 152–325, SpruchG, 4. Aufl., Köln 2009 (zit.: Lutter – *Bearbeiter*)

*Marcus*, Unter die Voraussetzungen der Wiedereröffnung der Liquidation einer Gesellschaft mit beschränkter Haftung nachdem die Beendigung der Liquidation und Erlöschen eingetragen ist: § 74 G. 20.4.1892/20.5.1989 §§ 145 ff. RFG, in Holdheim 17 (1908), S. 27–28

*Marowski*, Die Rechtsverhältnisse bei gelöschten Kapitalgesellschaften, in JW 1938, S. 11–14

*Meyer-Landrut, Joachim/Miller, Georg/Niehus, Rudolf*, Gesetz betreffend die Gesellschaften mit beschränkter Haftung (GmbHG) einschließlich Rechnungslegung zum Einzel- sowie zum Konzernabschluss, Berlin, New York 1987

*Meyer, Stefan*, Abberufung und Kündigung des Liquidators einer GmbH, in GmbHR 1998, S. 1018–1021

*Michalski, Lutz* (Hrsg.), Kommentar zum Gesetz betreffend die Gesellschaften mit beschränkter Haftung (GmbH-Gesetz), Band I, Systematische Darstellungen, §§ 1–34 GmbHG, 2. Aufl., München 2010 (zit.: Michalski – *Bearbeiter*)

*Ders.* (Hrsg.), Kommentar zum Gesetz betreffend die Gesellschaften mit beschränkter Haftung (GmbH-Gesetz), Band II, §§ 35–85 GmbHG, §§ 1–4 EGGmbHG, 2. Aufl., München 2010 (zit.: Michalski – *Bearbeiter*)

*Mitglieder des Bundesgerichtshofes* (Hrsg.), Das Bürgerliche Gesetzbuch mit besonderer Berücksichtigung der Rechtsprechung des Reichsgerichts und des Bundesgerichtshofes, Band I, §§ 1–240, 12. Aufl., Berlin, New York 1982 (zit.: BGB-RGRK – *Bearbeiter*)

*Mülbert, Peter O.*, Die rechtsfähige Personengesellschaft – Rechtsfähigkeit, akzessorische Mitgliederhaftung und das Umwandlungsrecht –, in AcP 199 (1999), S. 38–103

*Müller, Hans-Friedrich*, Der Verband in der Insolvenz, Köln, Berlin, Bonn, München 2002

*Müller, Jürgen*, Zu Voraussetzungen, Verfahren und Folgen der Löschung einer GmbH, in JurBüro 1985, S. 335–340

*Müller, Klaus*, Anmerkung zu BGH, Urteil vom 10.10.88, II ZR 92/88, in EWiR 1989, S. 83–84

*Mümmler, A.*, Anmerkung zu LG Berlin, Beschluss vom 06.08.1974, in JurBüro 1975, S. 675

*Müther, Peter-Hendrik*, Die Löschung juristischer Personen wegen Vermögenslosigkeit – Ein Problemkind der Praxis?, in Rpfleger 1999, S. 10–13

*Nebelung*, Gelöschte Kapitalgesellschaften, in DNotZ 1935, S. 451–454

*Noack, Ulrich*, Gesellschaftsrecht, Sonderband 1 zu *Kübler, Bruno M./Prütting, Hanns* (Hrsg.), Kommentar zur Insolvenzordnung, Köln 1999

*Oberwinter*, Über Vereine, Aktiengesellschaften und Gewerkschaften im Liquidationszustande nach Verteilung des gesamten Vermögens unter die Anfallberechtigten, in Gruchot Beiträge 53 (1909), S. 769–790

*Oldenburg, Dirk*, Die Keinmann-GmbH – Ein unmögliches Rechtsgebilde?, Frankfurt am Main, Bern, New York 1985

*Palandt, Otto* (Begr.), Bürgerliches Gesetzbuch, 72. Aufl., München 2013 (zit.: Palandt – *Bearbeiter*)

*Passarge, Malte/Torwegge, Christoph*, Die GmbH in der Liquidation – Recht, Steuern, Bilanzierung, München 2008

*Paulick, Alfred*, Die GmbH ohne Gesellschafter – Eine Untersuchung zur Entstehung, Zulässigkeit und Handhabung der Keinmann-GmbH, Göttingen 1979

*Pecht, Friedrich*, Der Verbleib des Vermögens eines aufgelösten rechtsfähigen Vereins nach dem Bürgerlichen Gesetzbuche, Güstrow 1904

*Peters, Birgitta*, Der GmbH-Mantel als gesellschaftsrechtliches Problem, Köln 1989

*Peus*, Anmerkung zu LG Berlin, Beschluss vom 08.02.1935, in JW 1935, S. 1585–1586

*Piorreck, Friedrich*, Löschung und Liquidation von Kapitalgesellschaften nach dem Löschungsgesetz, in Rpfleger 1978, S. 157–160

*Priester, Hans-Joachim*, Drittbindung des Stimmrechts und Satzungsautonomie, in *Hadding, Walther/Immenga, Ulrich/Mertens, Hans-Joachim/Pleyer, Klemens/Schneider, Uwe H.* (Hrsg.), Festschrift für Winfried Werner zum 65. Geburtstag am 17. Oktober 1984, Berlin, New York 1984, S. 657–679

*Prütting, Hanns/Wegen, Gerhard/Weinreich, Gerd* (Hrsg.), BGB Kommentar, 7. Aufl., Köln 2012 (zit.: PWW – Bearbeiter)

*Raisch, Peter*, Geschichtliche Voraussetzungen, dogmatische Grundlagen und Sinnwandlung des Handelsrechts, Karlsruhe 1965

*Raiser, Thomas*, Der Begriff der juristischen Person. Eine Neubesinnung, in AcP 199 (1999), S. 104–144

*Raiser, Thomas/Veil, Rüdiger*, Recht der Kapitalgesellschaften, 5. Aufl., München 2010

*Reif, Georg*, Die Schicksale des Vermögens eines rechtsfähigen Vereins nach der Auflösung oder der Entziehung der Rechtsfähigkeit, Erlangen 1906

*Richert, Erich*, Zur Frage der Wiedereintragung einer gelöschten Handelsgesellschaft als noch in Liquidation befindlich, in MDR 1956, S. 149–151

*Rittner, Fritz*, Die werdende juristische Person, Tübingen 1973

*Robrecht, Friedrich H.*, Die Rechtsposition der Organe der GmbH, der Personalgesellschaften und eingetragenen Genossenschaften nach Eröffnung des Konkursverfahrens über das Gesellschaftsvermögen, in DB 1968, S. 471–476

*Röhricht, Volker/v. Westphalen, Friedrich Graf* (Hrsg.), Handelsgesetzbuch, 3. Aufl., Köln 2008 (zit.: Röhricht/Graf v. Westphalen – *Bearbeiter*)

*Roth, Günter H./Altmeppen, Holger*, Gesetz betreffend die Gesellschaften mit beschränkter Haftung (GmbHG), 7. Aufl., München 2012

*Rowedder, Heinz* (Begr.)/*Schmidt-Leithoff, Christian* (Hrsg.); Gesetz betreffend die Gesellschaften mit beschränkter Haftung, 4. Aufl., München 2002 (zit.: Rowedder/Schmidt-Leithoff – *Bearbeiter*)

*Rück, Heino W. G.*, Die Keinmann-Gesellschaft mit beschränkter Haftung, Mainz 1994

*Säcker, Franz Jürgen/Rixecker, Roland* (Hrsg.), Münchener Kommentar zum Bürgerlichen Gesetzbuch, Band 5, Schuldrecht, Besonderer Teil III, §§ 705–853, Partnerschaftsgesellschaftsgesetz, Produkthaftungsgesetz, 5. Aufl., München 2009 (zit.: MüKoBGB – *Bearbeiter*)

*Dies.* (Hrsg.), Münchener Kommentar zum Bürgerlichen Gesetzbuch, Band 1, Allgemeiner Teil, §§ 1–240, ProstG, AGG, 6. Aufl., München 2012 (zit.: MüKoBGB – *Bearbeiter*)

*Dies.* (Hrsg.), Münchener Kommentar zum Bürgerlichen Gesetzbuch, Band 8, Familienrecht II, §§ 1589–1921, SGB VIII, 6. Aufl., München 2012 (zit.: MüKoBGB – *Bearbeiter*)

*Säcker, Franz Jürgen/Rixecker, Roland/Oetker, Hartmut* (Hrsg.), Münchener Kommentar zum Bürgerlichen Gesetzbuch, Band 2, Schuldrecht Allgemeiner Teil, §§ 241–432, 6. Aufl., München 2012 (zit.: MüKoBGB – *Bearbeiter*)

*Dies.* (Hrsg.), Münchener Kommentar zum Bürgerlichen Gesetzbuch, Band 4, Schuldrecht, Besonderer Teil II, §§ 611–704, EFZG, TzBfG, KSchG, 6. Aufl., München 2012 (zit.: MüKoBGB – *Bearbeiter*)

*Saenger*, Schulden einer nicht mehr bestehen G.m.b.H., in DJZ 1926, S. 297–299

*Saenger, Ingo*, Die im Handelsregister gelöschte GmbH im Prozeß, in GmbHR 1994, S. 300–306

*Saenger, Ingo/Inhester, Michael* (Hrsg.), GmbHG Handkommentar, Baden-Baden 2011 (zit.: Saenger/ Inhester – *Bearbeiter*)

*Sammeck, Ralph*, Die Vollbeendigung einer Personenvereinigung während des Passivprozesses, Köln 1996

*Schlegelberger, Franz/Quassowski, Leo u. a.*, Aktiengesetz, 3. Aufl., Berlin 1939

*Schlutius, Walter*, Der Mantelkauf mit Verlustabzug, Köln 1962

*Schmelz, Christoph*, Das Liquidationsrecht der GmbH, terra incognita?, in NZG 2007, S. 135–137

*Schmidt, Hubert*, Zur Vollbeendigung juristischer Personen, Bielefeld 1989

*Ders.*, Klageerhebung erst nach Wiedereintragung einer gelöschten GmbH: Verjährungshemmung wegen höherer Gewalt? – Bemerkungen im Anschluß an OLG Hamm, Urt. v. 6.10.1989 – 11 U 102/89, DB 1990 S. 1226 –, in DB 1990, S. 1703–1705

*Schmidt, Karsten*, Systemfragen des Vereinsrechts, in ZHR 147 (1983), S. 43–68

*Ders.*, Verbandszweck und Rechtsfähigkeit im Vereinsrecht – Eine Studie über Erwerb und Verlust der Rechtsfähigkeit nichtwirtschaftlicher und wirtschaftlicher Vereine, Heidelberg, 1984 (zit.: *K. Schmidt*, Verbandszweck)

*Ders.*, Löschung und Beendigung der GmbH – Grundfragen der Vermögenslosigkeit, Vollbeendigung und Nachtragsliquidation, in GmbHR 1988, S. 209–213

*Ders.*, Wege zum Insolvenzrecht der Unternehmen – Befunde, Kritik, Perspektiven, Köln 1990 (zit.: *K. Schmidt*, Wege)

*Ders.*, Universalsukzession kraft Rechtsgeschäfts – Bewährungsproben eines zivilrechtsdogmatischen Rechtsinstitut im Unternehmensrecht, in AcP 191 (1991), S. 495–525

*Ders.*, Zur Ablösung des Löschungsgesetzes – Was ändert die Insolvenzrechtsreform für GmbH und GmbH & Co.?, in GmbHR 1994, S. 829–835

*Ders.*, Das Prozeßrechtsverhältnis bei Umstrukturierung, Auflösung und Konkurs einer Handelsgesellschaft, Ein Beitrag zur zivilprozessualen Parteilehre und zu §§ 239 ff. ZPO, in *Gerhardt, Walter/Diederichsen, Uwe/Rimmelspach, Bruno/Costede, Jürgen* (Hrsg.), Festschrift für Wolfram Henckel zum 70. Geburtstag am 21. April 1995, Berlin, New York 1995, S. 749–772

*Ders.*, Handelsrecht, 5. Aufl., Köln, Berlin, Bonn, München 1999 (zit.: *K. Schmidt*, HandelsR)

*Ders.*, Gesellschaftsrecht, 4. Aufl., Köln, Berlin, Bonn, München 2002 (zit.: *K. Schmidt*, GesR)

*Ders.* (Hrsg.), Münchener Kommentar zum Handelsgesetzbuch, Band 1 (Erstes Buch. Handelsstand, §§ 1–104a), 3. Aufl., München 2010 (zit.: MüKoHGB – *Bearbeiter*)

*Ders.* (Hrsg.), Münchener Kommentar zum Handelsgesetzbuch, Band 2 (Zweites Buch. Handelsgesellschaften und stille Gesellschaft, Erster Abschnitt. Offene Handelsgesellschaft, §§ 105–160), 3. Aufl., München 2011 (zit.: MüKoHGB – *Bearbeiter*)

*Schmidt, Karsten/Lutter, Marcus* (Hrsg.), Aktiengesetz, Kommentar, II. Band (§§ 150–410, SpruchG), 2. Aufl., Köln 2010 (zit.: K. Schmidt/Lutter – *Bearbeiter*)

*Schmidt, Karsten/Uhlenbruck, Wilhelm* (Hrsg.), Die GmbH in Krise, Sanierung und Insolvenz, 4. Aufl., Köln 2009 (zit.: K. Schmidt/Uhlenbruck – *Bearbeiter*)

*Schönfeld, Walther*, Rechtsperson und Rechtsgut im Lichte des Reichsgerichts als Vorarbeit zu einer künftigen Wirklichkeitslehre des deutschen Rechts, in *Schreiber, Otto* (Hrsg.), Die Reichsgerichtspraxis im deutschen Rechtsleben, Festgabe der juristischen Fakultäten zum 50jährigen Bestehen des Reichsgerichts, Band II, Berlin, Leipzig 1929, S. 191–272 (zit.: Schönfeld, Festgabe RG II)

*Scholz, Franz*, Fortsetzung der aufgelösten Gesellschaft mit beschränkter Haftung und Aktiengesellschaft, in ZHR 93 (1929), S. 73–166

*Ders.*, Fortsetzung der aufgelösten GmbH, in JZ 1952, S. 199–205

*Ders.* (Begr.), Kommentar zum GmbH-Gesetz, I. Band, §§ 1–44, 6. Aufl., Köln 1978/1983 (zit.: Scholz[6] – *Bearbeiter*)

*Ders.* (Begr.), Kommentar zum GmbH-Gesetz, II. Band, §§ 45–85, 8. Aufl., Köln 1995 (zit.: Scholz[8] – *Bearbeiter*)

*Ders.* (Begr.), Kommentar zum GmbH-Gesetz mit Anhang Konzernrecht, II. Band, §§ 35–52, 10. Aufl., Köln 2007 (zit.: Scholz – *Bearbeiter*)

*Ders.* (Begr.), Kommentar zum GmbH-Gesetz mit Anhang Konzernrecht, III. Band, §§ 53–85, Nachtrag MoMiG, §§ 1–4 EGGmbHG, 10. Aufl., Köln 2010 (zit.: Scholz – *Bearbeiter*)

*Ders.* (Begr.), Kommentar zum GmbH-Gesetz mit Anhang Konzernrecht, I. Band, §§ 1–34, Anh. § 13 Konzernrecht, Anh. § 34 Austritt und Ausschließung eines Gesellschafters, 11. Aufl., Köln 2012 (zit.: Scholz – *Bearbeiter*)

*Scholz, Peter*, Die Fortsetzung der Liquidations-GmbH, in GmbHR 1982, S. 228–234

*Schück, Otto*, Die Auflösung der Körperschaft nach dem Bürgerlichen Gesetzbuch, Göttingen 1898

*Schürnbrand, Jan*, Organschaft im Recht der privaten Verbände, Tübingen 2007

*Schulz, Wolf*, Die masselose Liquidation der GmbH – Zum Zweck von Konkurs und Liquidation am Beispiel der GmbH, Heidelberg 1986

*Schumann, Hans*, Die rechtliche Stellung der Gläubiger einer Aktiengesellschaft und einer Gesellschaft mit beschränkter Haftung nach ihrer Liquidation (unter Berücksichtigung des französischen und englischen Rechts), Marburg 1930

*Semler, Johannes/Stengel, Arndt* (Hrsg.), Umwandlungsgesetz mit Spruchverfahrensgesetz, 3. Aufl., München 2012 (zit.: Semler/Stengel – *Bearbeiter*)

*Soergel, Hans Theodor* (Begr.), Bürgerliches Gesetzbuch mit Einführungsgesetz und Nebengesetz, Band 1, Allgemeiner Teil 1, §§ 1–103, hrsg. von *Siebert, Wolfgang/Baur, Jürgen F.*, 13. Aufl., Stuttgart 2000 (zit.: Soergel – *Bearbeiter*)

*Spindler, Gerald/Stilz, Eberhard* (Hrsg.), Kommentar zum Aktiengesetz, Band 2 (§§ 150–410, IntGesR, SpruchG, SE-VO), 2. Aufl., München 2010 (zit.: Spindler/Stilz – *Bearbeiter*)

*Staub, Hermann* (Begr.), Staub's Kommentar zum Handelsgesetzbuch, Zweiter Band, §§ 178–342, 14. Aufl., Berlin, Leipzig 1933 (zit.: Staub – *Pinner*)

*Ders.* (Begr.), Handelsgesetzbuch, Großkommentar, Erster Band, Einleitung, §§ 1–47b, hrsg. von *Canaris, Claus-Wilhelm/Habersack, Mathias/Schäfer, Carsten*, 5. Aufl., Berlin 2009 (zit.: GroßKommHGB – *Bearbeiter*)

*Staudinger, Julius von* (Begr.), J. von Staudingers Kommentar zum Bürgerlichen Gesetzbuch mit Einführungsgesetz und Nebengesetzen, Buch 1, Allgemeiner Teil, §§ 21–79 (Allgemeiner Teil 2) Neubearbeitung 2005 von Habermann, Norbert; Weick, Günter, Berlin 2005 (zit.: Staudinger – *Weick*)

*Ders.* (Begr.), J. von Staudingers Kommentar zum Bürgerlichen Gesetzbuch mit Einführungsgesetz und Nebengesetzen, Buch 5, Familienrecht, §§ 1896–1921 (Rechtliche Betreuung und Pflegschaft) Neubearbeitung 2006 von Bienwald, Werner, Berlin 2006 (zit.: Staudinger – *Bienwald*)

*Stein, Friedrich/Jonas, Martin*, Kommentar zur Zivilprozessordnung, Band 3, §§ 128–252, 22. Aufl., Tübingen 2005 (zit.: Stein/Jonas – *Bearbeiter*)

*Strauß, Herbert*, Der Mantelkauf, Wertheim 1928

*Süß, Theodor*, Schulden ohne Schuldner und Bürgschaft für haftungsfreie Schulden – Bemerkungen zu einem Urteil des Reichsgerichts, in ZAkDR 1937, S. 335–338

*Theobald, Wolfgang*, Vor-GmbH und Gründerhaftung, Köln, Berlin, Bonn, München 1984

*Theil, Clemens*, Anmerkung zu BGH, Urteil vom 05.04.1979, (= BGHZ 74, 212), in JZ 1979, S. 567–568

*Thierack, Georg*, Wem fällt das Vermögen eines rechtsfähigen Vereins des Bürgerlichen Gesetzbuchs nach dem Verluste seiner Rechtsfähigkeit zu und wie gestaltet sich dieser Anfall?, Borna, Leipzig 1914

*Thomas, Heinz/Putzo, Hans* (Begr.), Zivilprozessordnung, 33. Aufl., München 2012 (zit.: Thomas/Putzo – *Bearbeiter*)

*Uhlenbruck, Wilhelm*, Die Durchsetzung von Gläubigeransprüchen gegen eine vermögenslose GmbH und deren Organe nach geltendem und neuem Insolvenzrecht, in ZIP 1996, S. 1641–1651

*Uhlenbruck, Wilhelm/Hirte, Heribert/Vallender, Heinz* (Hrsg.), Insolvenzordnung, 13. Aufl., München 2010 (zit.: Uhlenbruck – *Bearbeiter*)

*Ulmer, Eugen*, Anmerkung zu LG Hamburg vom 17.01.46, in SJZ 1947, S. 195–198

*Ulmer, Peter/Habersack, Mathias/Winter, Martin* (Hrsg.), Gesetz betreffend die Gesellschaften mit beschränkter Haftung (GmbHG), Großkommentar, Band I, Einleitung, §§ 1 bis 28, Tübingen 2005 (zit.: Ulmer – *Bearbeiter*)

*Dies.* (Hrsg.), Gesetz betreffend die Gesellschaften mit beschränkter Haftung (GmbHG), Großkommentar, Band II, §§ 29 bis 52, Tübingen 2006 (zit.: Ulmer – *Bearbeiter*)

*Dies.* (Hrsg.), Gesetz betreffend die Gesellschaften mit beschränkter Haftung (GmbHG), Großkommentar, Band III, §§ 53 bis 87, Tübingen 2008 (zit.: Ulmer – *Bearbeiter*)

*Vogt, Wilhelm A.*, Der Zusammenhang von Vermögensbindung, persönlicher Haftung und Liquidationsgebot bei Gesellschaften, Lohmar, Köln 2000

*Waldmann*, Zur Wiedereröffnung der Abwicklung von Handelsgesellschaften, in DFG 1944, S. 6–9

*Weinbörner, Udo*, Offenbarungsversicherung der GmbH nach Amtslöschung – Vertretung der gemäß § 2 LöschG aufgelösten GmbH, in Rpfleger 1984, S. 261–263

*Westermann, Harm Peter*, Der Notgeschäftsführer der GmbH – der Mann zwischen den Fronten, in *Forster, Karl-Heinz/Grunewald, Barbara/Lutter, Marcus/Semler, Johannes* (Hrsg.), Festschrift für Bruno Kropff, Aktien- und Bilanzrecht, Düsseldorf 1997, S. 681–696

*Westermann, Harm Peter/Grunewald, Barbara/Maier-Reimer, Georg* (Hrsg.), Erman, Bürgerliches Gesetzbuch, Band I, 13.Aufl., Köln 2011 (zit.: Erman – *Bearbeiter*)

*Dies.* (Hrsg.), Erman, Bürgerliches Gesetzbuch, Band II, 13.Aufl., Köln 2011 (zit.: Erman – *Bearbeiter*)

*Westermann, Harry*, Der konstitutive und deklaratorische Hoheitsakt als Tatbestand des Zivilrechts, in *Pawlowski, Hans-Martin/Wieacker, Franz* (Hrsg.), Festschrift für Karl Michaelis zum 70. Geburtstag am 21. Dezember 1970, Göttingen 1972, S. 337–353

*Wiedemann, Herbert*, Verbandssouveränität und Außeneinfluss – Gedanken zur Errichtung eines Beirats in einer Personengesellschaft, in *Fischer, Robert/Hefermehl, Wolfgang* (Hrsg.), Gesellschaftsrecht und Unternehmensrecht, Festschrift für Wolfgang Schilling, Berlin, New York 1973, S. 105–124

*Ders.*, Gesellschaftsrecht, Band I Grundlagen, München 1980

*Wilhelm, Jan*, Kapitalgesellschaftsrecht, 3. Aufl., Berlin 2009

*Wimpfheimer, Heinrich*, Die Gesellschaften des Handelsrechts und des bürgerlichen Rechts im Stadium der Liquidation, in *Fischer, Otto* (Hrsg.), Abhandlungen zum Privatrecht und Zivilprozeß des Deutschen Reiches, 17. Band, 2. Heft, München 1908

*Windbichler, Christine*, Gesellschaftsrecht, 22. Aufl., München 2009

*Winnefeld, Robert*, Löschung oder Fortbestand einer vermögenslosen GmbH?, in BB 1975, S. 70–72

*Wolf, Manfred/Neuner, Jörg*, Allgemeiner Teil des Bürgerlichen Rechts, 10. Aufl., München 2012

*Zinn, Philip-André*, Abschied vom Grundsatz der Selbstorganschaft bei Personengesellschaften? – Umgehung durch Gestaltung und ihre Bedeutung für die Zulässigkeit einer sog. Drittorganschaft, Frankfurt am Main, Berlin, Bern, New York, Paris, Wien 1998

*Zöller, Richard* (Begr.), Zivilprozessordnung, 29. Aufl., Köln 2012 (zit.: Zöller – *Bearbeiter*)

*Zöllner, Wolfgang*, Inhaltsfreiheit bei Gesellschaftsverträgen, in *Lutter, Marcus/Ulmer, Peter/Zöllner, Wolfgang* (Hrsg.), Festschrift 100 Jahre GmbH-Gesetz, Köln 1992, S. 85–125

*Ders.* (Hrsg.), Kölner Kommentar zum Aktiengesetz, Band 5/3, §§ 262–290 AktG, 2. Aufl., Köln, Berlin, München 2004 (zit.: KölnerKommAktG – *Bearbeiter*)

**Schriftenreihe zum Gesellschafts- und Kapitalmarktrecht**

Herausgegeben von Lutz Michalski,
Axel Jäger und Klaus-Rudolf Wagner

Band 1 Volker Schulenburg: Bankenhaftung bei geschlossenen Immobilienfonds. Zugleich eine Untersuchung der Wissenszurechnung im Konzern. 2002.

Band 2 Jan Wittenberg: Der Bestandsschutz von Arbeitsverhältnissen im Umwandlungsrecht. 2002.

Band 3 Christian A. Eichner: Management-Buy-Out-Gestaltungen beim Konzern-Spin-Off. Unter besonderer Berücksichtigung der Unternehmenssteuerreform. 2002.

Band 4 Thomas Wunsch: Tracking Stocks – Geschäftsbereichsbezogene Gewinnbeteiligungen bei Aktiengesellschaften. Eine systematische gesellschafts- und steuerrechtliche Betrachtung. 2002.

Band 5 Jan Blumentritt: Die privatrechtlich organisierte Börse. Ein Beitrag zur Diskussion um die Neuordnung des Börsenwesens. 2003.

Band 6 Michael Grüner: Die Beendigung von Gewinnabführungs- und Beherrschungsverträgen. 2003.

Band 7 Holger Pittroff: Die Zurechnung von Stimmrechten gemäß § 30 WpÜG. 2004.

Band 8 Wolfgang Höhn: Ausgewählte Probleme bei Lock-up Agreements. 2004.

Band 9 Gunter Reiff: Gesellschaftsrechtliche Aspekte des regulären Delistings. 2004.

Band 10 Christoph Radke: Die Entsprechenserklärung zum Deutschen Corporate Governance Kodex nach § 161 AktG. Grundlagen und Haftungsfragen. 2004.

Band 11 Gordon Geiser: Gesellschaftsorganisation und Gesellschaftsinnenrecht virtueller Unternehmen. 2004.

Band 12 Gero F. Pfeiffer: Die Kommanditgesellschaft auf Aktien als Beteiligte eines Beherrschungsvertrags und einer Eingliederung. Ein Beitrag zum Konzernrecht einer hybriden Rechtsform. 2005.

Band 13 Markus Rasner: Die Pflichten der Zielgesellschaft bei unfreundlichen Übernahmeangeboten nach dem neuen deutschen WpÜG. Unter besonderer Berücksichtigung europäischer und US-amerikanischer Übernahmeregelungen sowie der Konzeption des Gemeinsamen Entwurfs einer EU-Übernahmerichtlinie. 2005.

Band 14 Julia Kraft: Die Europäisierung der deutschen Mitbestimmung durch das SE-Beteiligungsgesetz. Eine europa- und verfassungsrechtliche Analyse der Richtlinienumsetzung 2001/86/EG zur Ergänzung des Statuts der Europäischen Gesellschaft hinsichtlich der Beteiligung der Arbeitnehmer. 2005.

Band 15 Tobias A. Heinrich: Kapitalmarktrechtliche Transparenzbestimmungen und die Offenlegung von Beteiligungsverhältnissen. Eine rechtsvergleichende Untersuchung des europäischen, deutschen, englischen und US-amerikanischen Rechts. 2006.

Band 16 Hendrik Mielke: Die Rechtsstellung der Verfahrensbeteiligten im gesellschaftsrechtlichen Spruchverfahren. 2006.

Band 17 Florian Mahler: Rechtsgeschäftliche Verfügungen über sonder- und sammelverwahrte Wertpapiere des Kapitalmarktes. 2006.

Band 18 Ines Tauscher: Der Anwendungsbereich der §§ 293a–293g Abs. 1, 2 S. 1, Abs. 3 AktG. In einstufigen vertraglichen Unternehmensverbindungen. 2007.

Band 19 Wolfgang Böh: Die Aufklärungspflicht einer Bank bei der Finanzierung einer Beteiligung an einem geschlossenen Immobilienfonds. 2007.

Band 20 Angela Koch: Die Abkehr von der „bilanziellen Betrachtungsweise" und ihre Auswirkungen auf die Existenzvernichtungshaftung. 2007.

Band 21 Markus Käppler: Die Rücknahme von Erwerbs- und Übernahmeangeboten nach dem WpÜG. 2008.

Band 22 Lars M. Laeger: Deutsch-amerikanisches Internationales Gesellschaftsrecht. Festschreibung der Gründungstheorie durch den deutsch-amerikanischen Freundschaftsvertrag? 2008.

Band 23 Wolf Rainer Bussian: Due Diligence bei Pakettransaktionen. Zur Rechtsstellung des Vorstands zwischen Auskunftsanspruch der Aktionäre, Insiderverboten und Datenschutz. 2008.

Band 24 Arne Kießling: Der übernahmerechtliche Squeeze-out gemäß §§ 39a, 39b WpÜG. Analyse eines neuen Instituts zum Ausschluss von Minderheitsaktionären. 2008.

Band 25 Uwe Trafkowski: Kreditderivate und Versicherungsderivate als Risikotransferverträge. 2009.

Band 26 Jörg Christoph Bussian: Die Verantwortung der Organe einer Aktiengesellschaft bei Fehlinformation des Sekundärmarkts. 2009.

Band 27 Dennis A. Lepczyk: Rechtliche Aspekte internationaler Börsenfusionen. Gesellschaftsrecht – Organisationsrecht – Aufsichtsrecht. 2009.

Band 28 Anna Lucia Izzo-Wagner: Kollisionsrecht und Gesellschaftsrecht nach der EuGH-Rechtsprechung und europäischen Normgebung. Konsequenzen für grenzüberschreitende Sitzverlegungen nach Inspire Art und Restrukturierungen von Kapitalgesellschaften nach Sevic, der Verschmelzungsrichtlinie und SEStEG unter Berücksichtigung steuerrechtlicher Aspekte. 2009.

Band 29 Hans-Georg Schulze: Geschäfte der Kapitalgesellschaft mit ihren Organmitgliedern. Ein Rechtsvergleich zwischen Deutschland, England und Frankreich. 2010.

Band 30 Annette Christoph: Insiderhandel unter besonderer Berücksichtigung von M&A-Transaktionen. 2010.

Band 31 Magdalena Boguslawska: Das Verbot des Handels in eigenen Aktien und seine Ausnahmen. 2010.

Band 32 Philipp Storm: Alternative Freiverkehrssegemente im Kapitalmarktrecht. Zugleich ein Beitrag zur rechtsökonomischen Analyse emittentenbezogener Regulierung durch einen Marktveranstalter und zum System der Segmentierung. 2010.

Band 33 Manuel M. Meder: Die persönliche Unabhängigkeit der Aufsichtsratsmitglieder und Directors in börsennotierten Aktiengesellschaften. Eine vergleichende Untersuchung zum deutschen und US-amerikanischen Aktienrecht. 2010.

Band 34 Niko Oertel: Fungibilität von Anteilen an Publikumskommanditgesellschaften. Der Entscheidungsspielraum unter Vinkulierungs- und Erwerbsvorrechtsklauseln. 2010.

Band 35 Henning Blaufuß: Rechtsfähige Wohnungseigentümergemeinschaft und nicht rechtsfähige Gemeinschaft der Wohnungseigentümer. Entstehung der rechtsfähigen Wohnungseigentümergemeinschaft als Folge richterlicher Rechtsumgestaltung und ausgewählte Folgeprobleme. 2010.

Band 36 Christoph R. Wolter: Der Gläubigerschutz bei der grenzüberschreitenden Verschmelzung von Kapitalgesellschaften unter Beteiligung einer GmbH. 2012.

Band 37 Andreas Voth: Beratende Hauptversammlungsbeschlüsse – zugleich eine kritische Betrachtung des § 120 Abs. 4 AktG. 2012.

Band 38 Marcus Jerg: Eine Analyse der Unternehmergesellschaft (haftungsbeschränkt) unter besonderer Berücksichtigung des Gläubigerschutzes. 2013.

Band 39 Dörthe Imberg: Die „Best Execution" im deutschen Wertpapierhandel gemäß § 33a WpHG. Der mit der europäischen MiFID bezweckte Anlegerschutz und seine Berücksichtigung im nationalen Aufsichts- und Haftungsrecht. 2013.

Band 40 Anja Wiedemann: Die GmbH nach ihrer Löschung aus dem Handelsregister. Erfordernis einer „Nach-GmbH"? 2013.

www.ingramcontent.com/pod-product-compliance
Ingram Content Group UK Ltd.
Pitfield, Milton Keynes, MK11 3LW, UK
UKHW021832290926
8980IPUK00004B/402

9 783631 640418